普通高等教育"十一五"国家级规划教材

国际金融实务

(第三版)

主编 刘 园

副主编 耿晔强 周 杨

Guoji Jinrong Shiwu

高等教育出版社·北京

内容简介

本书为高等学校国际经济与贸易专业主要课程教材。第三版仍由四篇组成。

第一篇为外汇市场与外汇业务篇。本篇在全面介绍国际货币体系主要内容的基础上，重点阐述了外汇和国际收支的概念，分析了决定汇率的主要因素和汇率制度的形成与作用。本篇系统介绍了外汇市场和主要外汇交易工具的类型，详细演示了外汇交易工具的实际操作原理。本篇的相关数据和阅读专栏全部更新，具体内容有较大调整。

第二篇为衍生产品与衍生市场篇。本篇重点介绍了最重要的衍生金融工具——外汇期货、外汇期权、利率期货和股指期货的交易原理、交易机制及交易策略。

第三篇为国际融资业务篇。本篇从国际融资业务的主要方式着手，重点介绍了国际信贷融资方式、国际债券市场融资方式和国际股票市场融资方式，并对这三类主要融资方式的优势与劣势进行了比较与分析。

第四篇为国际金融风险管理篇。本篇重点介绍了国际金融风险的类型、管理过程和各种管理工具原理，对金融机构和企业在市场上的业务操作有着很强的针对性。

图书在版编目（CIP）数据

国际金融实务 / 刘园主编. --3版. --北京：高等教育出版社，2017.1（2022.12重印）
ISBN 978-7-04-046597-6

Ⅰ.①国… Ⅱ.①刘… Ⅲ.①国际金融-高等学校-教材 Ⅳ.①F831

中国版本图书馆CIP数据核字（2016）第243894号

策划编辑 赵 鹏　责任编辑 赵 鹏　封面设计 钟 雨　版式设计 张 杰
插图绘制 尹文军　责任校对 殷 然　责任印制 刘思涵

出版发行	高等教育出版社	网　址	http://www.hep.edu.cn
社　址	北京市西城区德外大街4号		http://www.hep.com.cn
邮政编码	100120	网上订购	http://www.hepmall.com.cn
印　刷	北京玥实印刷有限公司		http://www.hepmall.com
开　本	787mm×960mm 1/16		http://www.hepmall.cn
印　张	23.75	版　次	2011年6月第1版
字　数	410千字		2017年1月第3版
购书热线	010-58581118	印　次	2022年12月第3次印刷
咨询电话	400-810-0598	定　价	49.00元

本书如有缺页、倒页、脱页等质量问题，请到所购图书销售部门联系调换

物 料 号 46597-00

第三版前言

本次修订是在全球金融市场格局出现巨大变化的背景下完成的。

进入2015年,国际金融史掀开了全新的一页:由中国倡导成立的亚洲基础设施投资银行横空出世,极大地影响了第二次世界大战后形成的国际金融格局;中国的人民币在历经多年努力后终于加入了国际货币基金组织的特别提款权(SDR)货币篮子,成为国际储备货币中新兴市场国家的唯一货币代表。与此同时,全球经济和金融运行正在经历新的严峻挑战:几乎所有新兴市场国家都在经历本币贬值、资本外逃、股市暴跌、互联网金融对传统金融的攻城拔寨……金融风险以前所未有的深度正在继2008年的全球金融危机后卷土重来!各国监管机构如何调整和预判金融发展的未来趋势,各国企业如何应对全新的金融市场竞争压力,各国百姓又如何适应金融变革给人们现实生活带来的新要求、新方式,这一切都使得研究和学习国际金融实务有了更加重要的现实意义。

在第二版的基础上,除保留本书原有的风格和体系外,根据读者的反馈意见,本版调整了大部分章节的内容,增加了课前和课后的新闻导读和延伸阅读内容、课后习题的测试,更加注重了课堂与市场运行、实际操练的连接。与第二版相比,本版教材内容的前沿性、时效性、完整性和科学性更为突出,从而也更加有利于教师的讲授和学生的自学。

新版仍由对外经济贸易大学国际经贸学院金融系博士生导师刘园教授担任主编,耿晔强、周杨担任副主编。此外,丁宁、林天晨(习题设计)、陈浩宇、李捷嵩、诺朋(参与第一章、第五章编写)等均对本书最后成稿做出了贡献,在此一并致谢。

刘　园

2016年8月于北京

第二版前言

2008年爆发的全球金融危机，深刻地改变了国际金融业的发展进程，使各国经济至今仍在谷底艰难徘徊。无论是金融机构的调整还是金融工具的发展，无论是金融监管的制度设计还是金融产品的创新研发，均在这场第二次世界大战后范围最广、烈度最大的危机中深受影响。三年多来，金融机构经历了重大变革，衍生金融产品承受了市场严峻的拷问，金融市场的培育和金融风险管理之间的博弈关系发生了深刻变化……所有这一切，都是在后危机时代摆在金融业人士面前必须回答的严峻课题。

本书在第一版的基础上，根据广大读者的建议，对相应的数据进行了更新调整，对有关内容进行了增删提炼。与第一版相比，本书的实战性、操作性、时效性更强，内容安排也更加紧凑。本书由对外经济贸易大学刘园教授担任主编，韩斌博士任副主编。此外，闫晗、范炳强、袁博、王云升、孙彦廷、许荻迪、吕萍、王倩、董雯等均对本书最后成稿做出了贡献，在此一并致谢。

刘　园

2011年3月

第一版前言

随着经济全球化进程的不断加快，全球范围内的金融市场、机构和工具都发生了巨大变化：金融产品的创新层出不穷，金融交易的内容日新月异，金融风险的形式复杂多变，金融体系的结构不断调整。如何利用国际金融市场进行投融资活动，提高资源配置效率，创造更多社会财富，如何利用各种金融工具进行资本运营，提高竞争力，并有效地规避各种金融风险，已成为微观经济活动主体所面临的重要课题。

根据国际金融市场的最新变化，适应中国加入WTO过渡期结束后的全新环境，培养提高学生分析问题、解决问题的能力，紧跟学科发展的前沿，既是高等院校金融专业及其相关专业课程教学所追求的目标，更是《国际金融实务》教材的编写宗旨。

根据"国际金融实务"课程的教学目的及在课程体系中的作用，本教材以微观经济体如何掌握、操作各种金融业务并有效利用国际金融市场从事各种金融活动为主线展开，由"外汇市场与外汇业务篇"、"衍生产品与衍生市场篇"、"国际融资业务篇"以及"国际金融风险管理篇"四篇共十一章组成。

与其他同类教材相比，本教材编写在结构和内容上突出了"国际"——视角的广阔性、前沿性和"实务"——内容的时效性、实用性的特点，并注重科学性和趣味性的有机结合。为取得更好的教学效果，本教材在各章节设置了"阅读专栏"、"案例分析"、"相关链接"等栏目，并在部分章节结合中国经济发展的现实进行了有针对性的分析，以拓宽学生的知识面，提高学生的综合素质。

本教材各章以学习要求—主要概念—阅读资料—正文—小结—相关链接—思考题这一顺序展开，每章都附有类型比较丰富的习题和案例分析。本教材由对外经济贸易大学博士生导师刘园教授担任主编，负责拟定提纲、总纂定稿和相关章节的撰写，由对外经济贸易大学武璟、刘皇岑、梁律、罗飞飞博士等任副主编（各篇撰稿负责人）。此外，吴青（参与第一、二章）、温小芳（参与第三、四章）、江海川（参与第五章）、许亦平（参与第九章）、柬景虹（参与第十章）、孙芳（参与第十一章）等均对本教材各篇的撰写工作做出了贡献。

本教材存在的不足之处，敬请学术界同行和读者不吝赐教。

刘　园

2006年7月1日于北京

目　录

第一篇　外汇市场与外汇业务

第二篇　衍生产品与衍生市场

第三篇　国际融资业务

第四篇　国际金融风险管理

第一篇
外汇市场与外汇业务

第1章 外汇与汇率

本章学习要求

通过本章的学习，应掌握外汇、国际收支以及汇率的基本概念，汇率的标价方法和种类，以及影响国际收支和汇率变动的主要因素。了解西方主要汇率理论的基本原理，了解国际货币体系的演变过程和各国现行的汇率制度的运行机制。

本章主要概念

外汇(Foreign Exchange)　国际收支平衡(Balance of Payments)　经常账户(Current Account)　资本和金融账户(Capital and Financial Account)　汇率(Exchange Rate)　直接标价法(Direct Quotation)　间接标价法(Indirect Quotation)　即期汇率(Spot Rate)　远期汇率(Forward Rate)　金本位制度(Gold Standard System)　购买力平价理论(The Theory of Purchasing Power Parity)　利率平价理论(Interest Rate Parity Theory)　资产市场理论(The Theory of Portfolio Market)　固定汇率制(Fixed Exchange Rate System)　浮动汇率制(Floating Exchange Rate System)

章前阅读

材料一：

当前我国外汇市场健康发展，交易主体自主定价和风险管理能力不断增强。为顺应市场发展的要求，加大市场决定汇率的力度，建立以市场供求为基础、有管理的浮动汇率制度，中国人民银行决定扩大外汇市场人民币兑美元汇率浮动幅度。现就有关事宜公告如下：

自 2014 年 3 月 17 日起，银行间即期外汇市场人民币兑美元交易价浮动幅度由 1%扩大至 2%，即每日银行间即期外汇市场人民币兑美元的交易价可在中国外汇交易中心对外公布的当日人民币兑美元中间价上下 2%的幅度内浮动。外汇指定银行为客户提供当日美元最高现汇卖出价与最低现汇买入价之差不得超过当日汇率中间价的幅度由 2%扩大至 3%，其他规定仍遵照《中国人民银行关于银行间外汇市场交易汇价和外汇指定银行挂牌汇价管理有关问题的通知》(银发〔2010〕325 号)执行。

材料二：

中国人民银行将继续完善人民币汇率市场化形成机制，进一步发挥市场在人民币汇率形成中的作用，增强人民币汇率双向浮动弹性，保持人民币汇率在合理、均衡水平上的基本稳定。

为增强人民币兑美元汇率中间价的市场化程度和基准性，中国人民银行决定完善人民币兑美元汇率中间价报价制度。自 2015 年 8 月 11 日起，做市商在每日银行间外汇市场开盘前，参考上日银行间外汇市场收盘汇率，综合考虑外汇供求情况以及国际主要货币汇率变化向中国外汇交易中心提供中间价报价。

资料来源：中国人民银行网站，http://www.pbc.gov.cn。

第一节　国际收支及平衡

一、国际收支的概念

根据国际货币基金组织(IMF)所下的定义，国际收支是指在一定的时期内，一国居民与非居民之间经济交易的系统记录。正确理解国际收支的概念，要注意以下问题。

(一) 国际收支是一个流量的概念

它与国际借贷不同，国际借贷是指一定的时点上一国居民对外资产和对外负债的汇总，是一个存量概念。两者虽是两个不同的概念，却存在密切的联系。各国经济交往中，经常发生债权债务关系，国际债权债务关系必须进行清算，这就产生了国际收支。因此国际借贷是国际收支产生的原因，有国际借贷必然会有国际收支。此外，它们在内容上也不完全相同，如赠与、侨汇、战争赔款等都在国际收支中有所反映，但不包括在国际借贷内。

(二) 关于国际经济交易的内容与特性

国际收支所反映的内容是经济交易，实质上就是价值的交换，也就是指经济

价值从一个经济单位向另一个经济单位的转移。根据转移的内容和方向不同,经济交易可分为五类:

(1) 金融资产与商品、劳务之间的交换,即商品和劳务的买卖;

(2) 商品、劳务与商品、劳务之间的交换,即易货贸易;

(3) 金融资产与金融资产之间的交换;

(4) 无偿的单方面的商品和劳务转移;

(5) 无偿的单向的金融资产转移。

(三) 国际收支强调的是居民与非居民之间的经济交易

判断一项经济交易是否属于国际收支范围,所依据的不是交易双方的国籍,而是依据交易是否在该国居民与非居民之间发生。居民以居住地为标准,包括个人、政府、非营利团体和企业四类。个人居民是指那些长时期居住在本国的自然人,即使是外国公民,只要他在本国长期从事生产消费行为,也属于本国的居民。IMF 规定:移民属于其工作所在国家的居民,逗留时期在一年以上的留学生、旅游者也属于其工作所在国家的居民,但官方外交使节、驻外军事人员一律算是所在国的非居民。各级政府、非营利私人团体属于所在国的居民。企业也属于从事经济活动所在国的居民。国际性机构如联合国、国际货币基金组织和世界银行等是任何国家的非居民。

二、国际收支平衡表

为了及时准确地分析和掌握对外经济状况,一国需要将其国际收支活动按照复式簿记原理,分类、分层次编制国际收支平衡表。

(一) 国际收支平衡表的概念

国际收支平衡表是一个国家按照复式簿记原则,对一定时期的居民与非居民之间国际交易的系统记录。它集中反映了该国国际收支的具体构成和总貌。有些国家在编制国际收支表格时,将平衡项目单列,这种表格称国际收支差额表;如果包括平衡项目,则称为国际收支平衡表。

(二) 国际收支平衡表的编制原理

国际收支平衡表按照复式簿记原理,采用现代会计普遍使用的借贷记账法进行编制,即“有借必有贷,借贷必相等”。每发生一桩经济交易都要以相等金额同时在相关的借贷账户进行两笔或两笔以上的记录。国际收支平衡表把全部交易活动划分为贷方、借方、差额三项,分别反映一国一定时期各项对外经济交易的发生额和余额。

贷方是记录收入项目或负债增加、资产减少的项目,即记录那些引起本国外

汇收入的交易,也称“+”号项目。凡属于下列情况均应记入贷方:

(1) 向外国提供商品或劳务(输出);

(2) 外国人提供的捐赠与援助;

(3) 国内官方当局放弃国外资产或国外负债的增加;

(4) 国内私人放弃外国资产或国外负债的增加。

借方是记录支出项目或负债减少、资产增加的项目,即记录那些引起本国外汇支出的交易,也称“-”号项目。凡属下列情况均应记入借方:

(1) 从外国获得的商品和劳务(进口);

(2) 向外国政府或私人提供的援助、捐赠等;

(3) 国内官方当局的国外资产的增加或国外负债的减少;

(4) 国内私人的国外资产的增加或国外负债的减少。

(三) 国际收支平衡表的主要内容

根据国际货币基金组织《国际收支手册》(第六版)的规定,国际收支平衡表主要包括以下内容。

1. 经常账户(Current Account)

经常账户记录一国一定时期内对外经常性经济交易,反映一国与他国之间资源的实际转移状况。主要是指国际收支狭义概念所包括的内容,即反映一国一定时期内所发生的全部外汇收入和支出,是国际收支平衡表中最基本、最重要的项目,也是决定和影响一国国际收支真实平衡的基本内容。其子项目有 4 个。

(1) 货物(Goods)。即商品贸易或有形贸易,主要指一般商品的进口与出口。除此之外,还包括用于加工的货物、货物修理、非货币性黄金(即不作为储备资产的黄金)等的进出口。一般按离岸价格(FOB)计算。出口记入贷方,进口记入借方。

在国际收支平衡表中,货物收支统计数据的来源及商品价格计算的方式在各国不尽相同。按国际货币基金组织的规定,货物进出口统计一律以海关统计为准,商品价格一律按离岸价格(FOB or Free On Board)计算。但实际上有许多国家对出口商品按离岸价格计算,而对进口商品则按到岸价格(CIF or Cost Insurance and Freight)计算。这两种不同的价格条件,在计算进出口总值时,会产生一定的差额。例如,进口商品以 CIF 计价,其中运费和保险费属于劳务方面的支出,这样就会产生重复入账的项目,结果影响了国际收支平衡表的精确性。

(2) 服务(Services)。即劳务贸易或无形贸易,指由提供或接受劳务服务以及无形资产的使用所引起的收支。其具体内容主要包括运输、旅游、通信、建筑、保险、金融、计算机和信息等服务,专利权和特许权使用费,以及其他商业服务所

引起的收支活动。其输出记入贷方,输入记入借方。服务具体包含的项目现分列如下:

第一,运输通信收支。它包括海、陆、空运商品和旅客运费的收支。有些国家将运输工具的修缮费、港湾费与码头的使用费、船舶注册费等均纳入运输收支的项目。通信方面,属于国际电报、电话、电传、卫星通信等服务项目引起的外汇收支都记入劳务账户下。

第二,保险收支。凡本国人向外国保险公司投保,则称为保险费的支出;如外国人向本国保险公司投保,则称为保险费的收入。

第三,旅游收支。它指本国居民到国外旅游或外国居民到本国旅游而产生的伙食费、交通等服务性费用的收支。

第四,其他服务收支。如办公费、专利权使用费、广告宣传费、手续费、使领费等项目收支。

目前,劳务收支的重要性日趋突出,不少国家的劳务收支在该国的国际收支中占有举足轻重的地位,有的甚至还超出了有形贸易收支。

(3) 收益(Income)。即生产要素国际流动引起的要素报酬收支。包括非居民职工的报酬、投资收益等。如非居民工作人员的工资、薪金、福利;跨国投资所获股息、利息、红利、利润等。属本国的收入记入贷方,属本国的支出则记入借方。

(4) 经常转移(Current Transfer)。又称无偿转移(Unrequited Transfer)或单方面转移(Unilateral Transfer),属非资本性所有权的转移。内容包括政府转移和私人转移。如无偿援助、战争赔款、侨汇(Foreign Exchange of Overseas Chinese)、捐赠等。从国外转移至本国的资金记入贷方,从本国转移出国外的资金则记入借方。单方面转移包括经常转移和资本转移,其中经常转移放在经常项目里,资本转移放在资本和金融项目的资本项目中。经常转移包括所有非资本转移的转移项目,即包括排除下面三项的所有转移:第一,固定资产所有权的资产转移;第二,同固定资产收买/放弃相联系的或以其为条件的资产转移;第三,债权人不索取回报而取消的债务。经常转移包括各级政府的转移(如政府间经常性国际合作,对收入和财产支付的经常性税收)和其他转移(如工人汇款)。

2. 资本和金融账户(Capital and Financial Account)

资本和金融账户分为两类子项目。输入本国的记贷方,输出本国的记借方。

(1) 资本项目(Capital Account)反映国际资产的转移,属资本性所有权的转移。分为两个部分:

① 资本转移(Capital Transfer)。内容包括投资捐赠和债务注销。投资捐

赠,即固定资产所有权的无偿转移,以及同固定资产的收买或放弃相联系或以其为条件的转移;债务注销,即债权人不索取任何回报而取消的债务。

② 非生产、非金融资产的收买或售卖。指非生产创造的有形资产与无形资产,即土地或地下资产、无形资产的买卖。这里关于无形资产的记录与经常账户中服务项下无形资产的记录不同,这里记录的是各种专利权、特许权及各种知识产权的买卖所产生的收支,而经常账户服务项下记录的是由专利权、特许权的使用所发生的费用。

(2) 金融项目(Financial Account)反映国际投资与借贷的增减变化。分为四个部分:

① 直接投资(Direct Investment)。反映跨国投资者的永久性权益,即拥有控股权或经营权的投资,包括股本资本(控股比例最低为10%)、用于再投资的收益和其他资本。直接投资的主要特征是投资者对另一经济体的企业拥有永久利益,这一永久利益意味着直接投资者和企业之间存在长期的关系,并且投资者对企业经营管理施加着相当大的影响。直接投资在传统上主要采用在国外建立分支企业的形式,目前越来越多采用购买一定比例的股票的形式来达到,如果是这样的话,一般要求这一比例最低为10%。

② 证券投资(Portfolio Investment)。即跨国投资者股本证券和债务证券的投资。证券投资是指为了取得一笔预期的固定货币收入而进行的投资,它对企业没有发言权。证券投资资本交易包括股票、中长期债券、货币市场工具和衍生金融工具(如期权)。投资的利息收支记录在经常项目中,本金还款记录在金融项目中。

③ 其他投资(Other Investment)。是指上述两种投资之外的跨国金融交易。这是一个剩余项目,包括所有直接投资、证券投资或储备资产未包括的金融交易,比如长短期的贸易信贷、贷款、货币和存款以及应收款项和应付款项等。

④ 储备资产(Reserve Assets)。是指一国官方拥有的国际储备资产,反映一国一定时期国际收支活动的结果,一国国际收支的状况最终都表现为官方储备资产的增减。官方储备资产主要包括以下三类:一是黄金储备,是传统储备形式,现已退居二线。二是外汇储备,以外币表示的流动资产,为一线储备。在国际货币基金组织的储备头寸,即IMF会员国普通提款权中25%以黄金外汇所缴份额的部分,可自由动用。三是特别提款权(Special Drawing Rights,SDRs),是IMF会员国除普通提款权以外的提款权利,是一种按会员国所缴份额分配的账面资产。

3. 净差错与遗漏(Errors and Omissions)

净差错与遗漏账户是为了轧平国际收支平衡表借贷方总额而设立的项目。按照复式记账法,国际收支借方总额应与贷方总额相等,差额为零。但实际上由于国际收支活动的资料来源比较复杂,数据经常会有偏离或不一致,而且在统计工作中,常有可能发生统计误差,加之还有一些人为因素,使得国际收支借贷方总额不能够自动达到平衡。因此,出于会计记账借贷必须平衡的需要,人为地设置了净差错与遗漏这一科目进行调整。当国际收支平衡表的各项数字因统计错误而导致总额不平衡时,就将其差额列入此项目。从账面上使国际收支借方总额与贷方总额相等,差额为零。

2014 年中国国际收支平衡表如表 1.1 所示。

表 1.1　2014 年中国国际收支平衡表　　单位:亿美元

项目	差额	贷方	借方
一、经常账户	2 197	27 992	25 795
A. 货物和服务	2 840	25 451	22 611
a. 货物	4 760	23 541	18 782
b. 服务	-1 920	1 909	3 829
1. 运输	-579	382	962
2. 旅游	-1 079	569	1 649
3. 通信服务	-5	18	23
4. 建筑服务	105	154	49
5. 保险服务	-179	46	225
6. 金融服务	-4	45	49
7. 计算机和信息服务	99	184	85
8. 专有权利使用费和特许费	-219	7	226
9. 咨询	164	429	265
10. 广告、宣传	12	50	38
11. 电影、音像	-7	2	9
12. 其他商业服务	-217	14	231
13. 别处未提及的政府服务	-10	11	20
B. 收益	-341	2 130	2 471
1. 职工报酬	258	299	42

续表

项目	差额	贷方	借方
2. 投资收益	-599	1 831	2 429
C. 经常转移	-302	411	714
1. 各级政府	-29	16	46
2. 其他部门	-273	395	668
二、资本和金融账户	382	25 730	25 347
A. 资本账户	0	19	20
B. 金融账户	383	25 710	25 328
1. 直接投资	2 087	4 352	2 266
1.1 我国在外直接投资	-804	555	1 359
1.2 外国在华直接投资	2 891	3 797	906
2. 证券投资	824	1 664	840
2.1 资产	-108	293	401
2.1.1 股本证券	-14	170	184
2.1.2 债务证券	-94	123	217
2.1.2.1(中)长期债券	-92	123	215
2.1.2.2 货币市场工具	-2	0	2
2.2 负债	932	1 371	439
2.2.1 股本证券	519	777	258
2.2.2 债务证券	413	594	181
2.2.2.1(中)长期债券	410	497	88
2.2.2.2 货币市场工具	4	97	94
3. 其他投资	-2 528	19 694	22 222
3.1 资产	-3 030	995	4 025
3.1.1 贸易信贷	-688	282	970
长期	-14	6	19
短期	-674	276	950
3.1.2 贷款	-738	177	915

续表

项目	差额	贷方	借方
长期	-455	—	455
短期	-282	177	459
3.1.3 货币和存款	-1 597	514	2 111
3.1.4 其他资产	-8	22	29
长期	0	—	—
短期	-8	22	29
3.2 负债	502	18 699	18 197
3.2.1 贸易信贷	-21	154	174
长期	0	3	3
短期	-20	151	171
3.2.2 贷款	-343	17 464	17 807
长期	-57	511	569
短期	-286	16 953	17 239
3.2.3 货币和存款	814	994	180
3.2.4 其他负债	52	87	35
长期	58	64	6
短期	-6	23	29
三、储备资产变动额	-1 178	312	1 490
3.1 货币黄金	0	—	—
3.2 特别提款权	1	1	1
3.3 在国际货币基金组织的储备头寸	10	13	4
3.4 外汇储备	-1 188	298	1 486
3.5 其他债权	0	—	—
四、净误差与遗漏	-1 401	—	1 401

资料来源：国家统计局网站（http://www.stats.gov.cn）。

三、国际收支的平衡与调节

（一）国际收支平衡的概念

1. 国际收支的账面平衡与真实平衡

国际收支账面平衡是指国际收支平衡表的账面平衡。从会计意义上讲，国际收支平衡表的账面总额总是平衡的。其中虽然某些账户可能出现赤字，但可以用其他账户的盈余来弥补。这是由编制国际收支平衡表所依据的复式簿记原理和借贷记账法所决定的，并非国际收支的真实平衡。国际收支真实平衡是指国际收支在经济意义上的平衡。事实上，一国的国际收支活动是由各种各样的对外经济交易引起的，不可能做到收支完全相抵。因此，一国真实的国际收支活动往往不是顺差，就是逆差，只是数额大小的不同而已。

分析一国国际收支是否平衡，最直观的办法就是从国际收支平衡表的账面上，根据储备资产项目的增减变动数额来判断。国际收支顺差则储备资产增加，国际收支逆差则储备资产减少。

2. 国际收支的主动平衡与被动平衡

一国国际收支记录的全部对外经济交易可以分为自主性交易和弥补性交易。由自主性交易形成的国际收支平衡为主动平衡，由弥补性交易带来的国际收支平衡为被动平衡。

弥补性交易也称事后交易，主要是指金融账户中由官方调节性措施引起的短期资本流动及储备资产变动。当自主性交易出现较大差额，需要动用储备资产或利用短期投融资人为地进行弥补或调节时，才由弥补性交易达成国际收支的被动平衡。

自主性交易也称事前交易，是交易者出于特定的经济目的自主进行的交易。如经常账户的各项交易及资本与金融账户中的一些交易，包括资本转移，非生产、非金融资产的收买或放弃，直接投资等大都是出于获取经济利益的目的自发进行的交易。这种自发交易引起的收支活动，总是会产生差额。或者收大于支，或者支大于收，不可能完全相等。由自主性交易达成的主动平衡才是各国国际收支平衡追求的目标。自主性交易的平衡与否是判断一国国际收支真实平衡的标准。

项目逆差，将加重该国外债负担；储备资产的骤增或骤减影响该国货币供求关系变动与本币币值稳定等。所以，只有量与结构的同时平衡才是真实平衡。

（二）国际收支的不平衡及其原因

为了及时调节国际收支的不平衡，需要分析其产生的具体原因，以便采取相应措施。根据其形成原因,国际收支不平衡可以分为以下类型。

1. 周期性不平衡(Cyclical Disequilibrium)

周期性不平衡即各国处于经济周期的不同阶段所引起的国际收支失衡,如处于周期高涨阶段的国家可能因进口增加而出现暂时性的贸易逆差。

2. 结构性不平衡(Structural Disequilibrium)

结构性不平衡即各种结构性因素引起的国际收支不平衡,如美国的科技进步这种结构性因素使各国资本大量流入美国,并使一些国家出现逆差。

3. 货币性不平衡(Monetary Disequilibrium)

货币性不平衡即货币供给增加通过物价上升引起该国出现贸易逆差。

4. 收入性不平衡(Income Disequilibrium)

收入性不平衡即长期增长速度的差异引起的国际收支失衡。在其他条件不变的前提下,增长快的国家会因进口增加而出现逆差。但是,当增长伴随劳动生产率下降时,成本下降也可能引起出口的迅速增加。

5. 偶然性不平衡(Temporary Disequilibrium)

偶然性不平衡即随机因素造成的国际收支不平衡,如自然灾害、战争、国际商品价格的偶发变动等。

(三)国际收支不平衡对一国经济的影响

尽管对大多数发展中国家而言,国际收支不平衡问题突出表现在长期国际收支逆差给本国经济带来的不利影响,但持续大量的国际收支顺差对一国经济也有一定的负面影响。

1. 国际收支逆差的消极影响

第一,它可能恶化就业状况和降低经济发展速度。无论是贸易逆差还是资本净流出,都会产生类似影响。第二,它在浮动汇率制下会导致本币对外贬值,可能引起贸易条件恶化,汇率不稳定也可能加大贸易和投资活动中的风险。第三,政府在逆差情况下维持汇率稳定,则会使外汇储备减少;当外汇储备减少到一定程度时,该国可能出现国际支付的困难乃至发生国际债务危机。第四,若政府采取各种国际收支逆差调节政策,可能对国民经济运行形成冲击,如利率上升的紧缩效应以及直接管制造成的资源配置扭曲。

2. 国际收支顺差的消极影响

第一,它通过外汇储备的增加造成货币供给增加,影响政府物价稳定目标的实现。第二,一个国家的持续顺差意味着其他国家出现持续逆差,它会加剧国际矛盾,可能引起对方的报复行为,不利于对外经贸关系的长远发展。第三,在浮动汇率制下,顺差造成本币对外升值,这对该国商品的国际竞争力有消极影响。

第四，若政府在顺差情况下力图维持汇率稳定，就要干预外汇市场并相应增加外汇储备；外汇储备一旦超出适度规模，该国要付出很大的机会成本，即相应的官方资本输出是以牺牲本国经济发展为代价的。

（四）国际收支的调节

由于市场机制对国际收支失衡的自发调节存在一定的局限性，影响了其国际收支调节作用的发挥，甚至可能造成一国经济外部均衡与内部均衡的冲突，偏离国民经济正常发展的轨道，因此，在国际收支出现严重不平衡而市场调节机制失灵或有缺陷时，世界各国大都采取干预的方式，对国际收支失衡进行政策调节。

1. 外汇缓冲政策

外汇缓冲政策即利用外汇储备调节外汇市场的供求关系，以缓冲国际收支不平衡对本国经济带来的冲击和影响。具体做法是中央银行通过在外汇市场上买卖外汇改变外汇供求关系的方式，对国际收支进行调节。

2. 汇率政策

汇率政策是指一国通过调整其货币的汇率，来影响进口和出口，调整贸易收支，从而调整国际收支的政策措施。在固定汇率制条件下，如果一国国际收支出现逆差，则政府可以通过采取本币法定贬值的办法进行调节。实质上，这种政策的实施是政府有意识地利用国际收支的汇率调节机制来调节国际收支失衡。

3. 财政政策和货币政策

政府可以通过在国内采取相应的财政政策和货币政策来影响物价和利率，从而影响进出口与资本流动，改善国际收支失衡状况。如果一国出现国际收支逆差，则可以采取紧缩性政策。通过提高税率、缩减财政支出的紧缩财政政策，以及提高利率、减少货币供给量、紧缩银根的货币政策，抑制社会总需求与进口需求，降低物价，以刺激出口，减少进口，吸引资本流入，使国际收支逆差得到改善。

4. 行政管制政策

政府可以采用直接干预国际经济交易的政策和措施，来达到调节国际收支失衡的目的。主要包括财政管制、外汇管制及贸易管制三种管制措施。

5. 国际经济合作

在一国国际收支不平衡出现时，还可以寻求国际社会的帮助和支持，加强国际经济和金融的合作。如成立国际金融机构、协调各国金融政策，以及开展贸易谈判、利用国际信贷等。

第二节　外汇、汇率及其决定理论

一、外汇的定义与特征

（一）外汇的定义

外汇有动态与静态两种含义。

静态的外汇含义描述的是外汇作为一种物质的特性。即外汇是指一国所持有的、以外币表示的、可以用于国际结算和支付的流通手段和支付手段。其具体形态包括:存放在国外银行的外币资产或以外币表示的银行存款;可以在国外得到偿付的、以外币表示的各种商业票据和支付凭证;外国政府库券和其他外币有价证券;其他对外债权及外币现钞等。

动态的外汇含义描述的是外汇作为一种活动的特性,即外汇是指国际汇兑。它是指把一国货币兑换成另一国货币并借以清偿国际债权债务关系的一种专门性经营活动。早期的外汇概念指的就是这种国际汇兑活动。

国际货币基金组织为了在国际统一口径,给外汇所下的定义是:外汇是货币行政当局(中央银行、货币管理机构、外汇平准基金组织及财政部)以银行存款、财政部库券、长短期政府证券等形式所持有的在国际收支逆差时可以使用的债权。

《中华人民共和国外汇管理条例》规定:"本条例所称外汇,是指下列以外币表示的可以用作国际清偿的支付手段和资产:

（一）外币现钞,包括纸币、铸币;

（二）外币支付凭证或者支付工具,包括票据、银行存款凭证、银行卡等;

（三）外币有价证券,包括债券、股票等;

（四）特别提款权;

（五）其他外汇资产。"

（二）外汇的特征

作为外汇必须具备以下三个特征:

(1) 外汇必须以本国货币以外的外国货币来表示。即使本国货币及以其表示的支付凭证和有价证券等,可用作国际结算的支付手段或国际汇兑,但对本国居民来说仍不是外汇。

(2) 外汇必须是可以自由兑换的货币。一种货币能够自由兑换成其他货币或者其他形式的资产时,才能作为国际支付和国际汇兑的手段。

(3) 外汇具有普遍接受性。

二、汇率的定义与标价

(一) 汇率的概念

作为一种资产,外汇可以和其他商品一样进行买卖。商品买卖中是用货币购买商品,而货币买卖中是用货币购买货币。汇率(Foreign Exchange Rate)又称汇价,即两国货币的比率或比价,也即以一国货币表示的另一国货币的价格。例如,USD1=CNY8.27,即以人民币表示美元的价格,说明了人民币与美元的比率或比价。外汇是实现两国之间的商品交换和债务清偿的工具,是两种不同货币的买卖行为;汇率是买卖外汇的价格。因此,可以说,外汇是对兑换行为的质的表述;汇率则是对兑换行为的量的度量。

在不同的环境下,汇率有不同的称谓。直观上看,汇率是一国货币折算成另一国货币的比率,因此汇率又可称为"兑换率"。从外汇交易的角度来看,汇率是一种资产价格,即外汇价格。外汇作为一种特殊的商品,可以在外汇市场上买卖,这就是外汇交易,进行外汇交易的外汇必须有价格,即"汇价",它是以一国货币表示的另一国货币的价格。由于外汇市场上的供求经常变化,汇价也经常发生波动,因此汇率又称为"外汇行市"。在一些国家,如我国,本币兑换外币的汇率通常在银行挂牌对外公布,这时,汇率又称为"外汇牌价"。

(二) 汇率的标价方法

折算两个国家的货币,先要确定用哪个国家的货币作为基准。由于确定的基准不同,存在两种外汇汇率的标价方法:直接标价法和间接标价法。此外,根据外汇市场惯例,还有美元标价法与非美元标价法。现分别介绍如下:

1. 直接标价法

直接标价法(Direct Quotation),亦称应付报价。即以本币表示外币的价格,也是以单位外币作标准,折合为若干数量本币的方法。这是除英、美两国外,其他国家所采用的方法。用这种标价方法计算时,外币的数额固定不变,而本币的数额则随着外币币值或本币币值的变化而变化。我国采用直接标价法。例如,我国某日外汇市场的外汇行情为:1美元=6.577 6/6.603 2元人民币。

2. 间接标价法

间接标价法(Indirect Quotation),亦称应收报价。即以外币表示本币的价格,也是以1单位本币作标准,折合为若干数量外币的方法。世界上只有英、美两国采用此方法。所以,间接标价法标出的实际上是美元和英镑的价格。用这种标价方法计算时,本币的数额固定不变,而外币的数额则随着本币币值或外币币值的变化而变化。

3. 美元标价法与非美元标价法

美元标价法与非美元标价法是国际外汇市场买卖外汇报价的习惯做法，在国际上已约定俗成，形成惯例。在美元标价法下，美元作为基准货币，其他货币是标价货币；在非美元标价法下，非美元货币作为基准货币，美元是标价货币。在国际外汇市场上，除英镑、澳大利亚元、新西兰元、欧元、南非兰特等几种货币采用非美元标价法以外，其他大多数货币均采用美元标价法。这一惯例已被世界市场参与者接受。

三、汇率的种类

汇率可以按照不同标准，从不同角度、根据不同需要划分为各种不同的种类。

（一）按银行业务操作情况来划分

据此标准，汇率或汇价可以分为买入价、卖出价、中间价和现钞价几种类型。

买入价和卖出价是在银行与非银行客户交易时所使用的汇率，也叫商人汇率。其买入和卖出是站在银行角度而言的，其价格是银行买入外汇或卖出外汇时所使用的汇率。

买入价（Buying Rate），即买入汇率，是银行买入外汇时所使用的汇率。

在直接标价法下，外汇的买入价是前一数字，即数值较小的一个。例如，USD1＝CNY8.275 8—8.276 2，意味着银行所买的外汇是单位美元，在等式的左端。银行买外汇是收进美元，付出人民币。而付出的人民币数额就是等式右端带有下划线的数字，即单位外汇——美元的买入价。

在间接标价法下，外汇的买入价是后一数字，即数值较大的一个。例如，USD1＝CNY8.275 8—8.276 2，意味着银行所买的外汇是若干人民币，在等式的右端，即带有下划线的数字。银行买外汇是收进人民币，付出美元。而这时美元是本币。

卖出价（Selling Rate），即卖出汇率，是银行卖出外汇时所使用的汇率。

在直接标价法下，外汇的卖出价是后一数字，即数值较大的一个。例如，USD1＝CNY8.275 8—8.276 2，意味着银行所卖的外汇是单位美元，在等式的左端。银行卖外汇是付出美元，收进人民币。而收进的人民币数额就是等式右端带有下划线的数字，即单位外汇——美元的卖出价。

在间接标价法下，外汇的卖出价是前一数字，即数值较小的一个。例如，USD1＝CNY8.275 8—8.276 2，意味着银行所卖的外汇是若干人民币，在等式的右端，即带有下划线的数字。银行卖外汇是付出人民币，收进美元。而这时美元是本币。

中间价，即中间汇率（Middle Rate），或挂牌价格，往往是官方汇价。它是外汇买入价和卖出价的平均数，是市场报价时所使用的汇率。也叫同业汇率，一般在银行间外汇市场上使用。

现钞价，即现钞汇率，是买卖外币现钞时使用的汇率。外币现钞买卖一般为外汇零售业务。由于外币现钞不能直接用于大宗国际贸易支付，而只有运回其母国才能正常使用，因此可能发生运费、保险费等费用。所以，外币现钞的买入价要比外汇买入汇率低，是从外汇买入价中扣除掉将其运往其母国的运费和保险费以后的价格，但其卖出价与外汇相同。

（二）按照交割期限来划分

据此标准，外汇汇率可以分为即期汇率和远期汇率。

即期汇率，即现汇汇率（Spot Exchange Rate），是外汇买卖成交后在两个营业日内进行交割时所使用的汇率。一般即期外汇交易都是通过电话、电报、电传方式进行的，因此，即期汇率就是电汇汇率，同时是外汇市场上的基本汇率。

远期汇率，也称期汇汇率（Forward Exchange Rate），是外汇买卖成交后，按照约定在到期日进行交割时所使用的汇率。远期汇率常以对即期汇率的升水或贴水来报价。

升水（Premium）意味着远期汇率比即期汇率高，$P=F>S$；

贴水（Discount）意味着远期汇率比即期汇率低，$D=F<S$；

平价（Par）意味着远期汇率与即期汇率相等，不升不贴，$F=S$。

即期汇率主要是由外汇交易当时的供求状况所决定的，而远期汇率则主要是由约定的到期日时的外汇交易供求状况所决定的。一般说来，即期汇率较高，因为短期内可以兑现，风险较小。而远期汇率则低一些，因为它要经过一段时间才能兑现，风险较大。

（三）按换算标准划分

据此标准，外汇汇率可分为基础汇率（Basic Rate）和套算汇率（Cross Rate）。

基础汇率是指一国货币同关键货币的比价，如美元对其他国家货币的汇率。套算汇率又称交叉汇率，指两国货币通过各自对第三国货币的汇率套算出的汇率。

（四）按测算方法来划分

据此标准，外汇汇率可以分为名义汇率、实际汇率和有效汇率。

名义汇率是指官方公布的汇率或在市场上通行的、没有剔除通货膨胀因素的汇率。

实际汇率 er 是能够反映国际竞争力的汇率。与名义汇率不同的是，它反映了物价因素对汇率的影响。人们使用价格指数代替价格水平，实际汇率可表示为：

$$er = e(P_t^* / P_t)$$

式中：P_t^* 和 P_t 分别为 t 期外国和本国的价格指数。

价格指数具有大量的统计数据，这是该实际汇率概念具有可操作性的长处。但是，各国在编制价格指数时，选择的基期不同，容易给人们造成混淆。此外，它只适用于跨时分析，在静态分析中价格指数不能说明什么问题。

有效汇率指用本币数量表示的一篮子外币的加权平均值。其定义方程为：

$$EER = \sum_{i=1}^{n} W_i e_i \quad i = 1,2,3,\cdots$$

式中：n 为一篮子货币中的货币种类数；e_i 为第 i 种外币的汇率（直接标价法）；W_i 为第 i 种外币在计算中的权数。一篮子货币中货币种类的选择以及权数的计算主要由本国与其他国家对外经贸往来的密切程度确定。

四、决定汇率的基础

汇率是两种货币之间的相对价格或兑换比率，所以各国货币所具有或代表的价值是汇率决定的基础。但由于在不同货币制度下，货币发行基础、货币种类和形态各异，因而决定汇率的基础也各不相同。

（一）金本位制下决定汇率的基础

金本位制是指一国以法律规定一定成色及重量的黄金作为本位货币而进行流通的货币制度。本位货币是指作为一国货币制度基础的货币。以流通中货币与黄金联系程度的不同为标准进行划分，以黄金作为本位货币的制度，最典型的是金币本位制度（Gold Coin Standard System）。

在金本位制下，各国货币都规定含金量，汇率就是两国货币以其内在的含金量为基础而确定的交换比例。两国货币汇率决定的基础称为铸币平价（Mint Par）。铸币平价表示的是铸币含金量与其面额相一致的关系，即金属货币在其铸造时所耗用的金属价值与其交换价值相一致的关系。铸币的含金量也叫金平价，是一国通过立法程序规定的。两国货币的含金量之比称为法定平价。因此，铸币平价是金本位制条件下两国货币汇率决定的基础。

法定平价一般不会轻易变动，但实际汇率却时有涨落。受外汇市场上供求关系的影响，外汇的实际汇率经常围绕两国货币的法定平价上下波动。但其波动幅度自发地受到黄金输送点的限制。所以,黄金输送点是金本位制条件下汇率上下波动幅度的界限。

黄金输送点(Gold Transport Points),即黄金输出点(Gold Export Points)与黄金输入点(Gold Import Points)的总称,是金本位制条件下由汇率波动引起黄金输出和输入的界限,也是汇率波动范围的界限。

黄金输出点=铸币平价+运费

黄金输入点=铸币平价-运费

在金本位制下,尽管黄金是世界货币,但由于在国际结算中用黄金作为支付手段要发生很多费用和麻烦的手续,如运费、保险费等,所以一般的贸易往来都采用非现金结算,即用汇票作为支付手段,而汇票结算就必然带来汇率波动问题。

从债务人或进口商的角度看,如果汇率上涨到黄金输出点以上,则意味着用汇票形式清偿债务或支付货款不如用黄金形式直接进行清偿和支付更划算,所以债务人或进口商就不去购买汇票而以直接向对方运送黄金的方式来清偿或支付。由此,容易发生黄金输出增加及汇票由于需求减少而价格回落的情况。

从债权人或出口商的角度看,如果汇率下跌到黄金输入点以下,则意味着用汇票形式收回债权或得到货款不如直接用黄金形式进行清算结算收益更大,所以债权人或出口商不收汇票而要求对方直接以支付黄金的方式来清算或结算,收取黄金后自行运回国内。由此,发生黄金输入及汇票由于供给减少而价格回升的情况。

因此,汇率的变动以黄金输送点为上下限,在黄金输出点和黄金输入点的范围内上下波动。一旦越过此范围,就会引起黄金的输出入,从而使汇率又回到以黄金输送点为界限的范围之内。

(二)纸币流通条件下决定汇率的基础

纸币是价值符号,可以代表金属货币执行流通手段的职能。在纸币流通条件下,汇率实质上是两国纸币以各自所代表的价值量为基础而形成的交换比例。所以在纸币流通条件下,纸币所代表的实际价值是决定汇率的基础。

纸币所代表的价值,在历史的发展演变过程中曾经有两种含义。

第一种含义是指纸币所代表的金平价,即国家法令所规定的纸币的含金量。在纸币发行以金准备为限的纸币流通条件下,金平价说明了每单位纸币所代表的金量。所以,两国纸币的金平价是决定两国汇率的基础。

但是,纸币发行是由政府控制的。第一次世界大战前后,参战各国滥发纸币,纸币发行越来越超过黄金准备的限制,使纸币贬值。通货膨胀成为经常现象,导致纸币不能兑换黄金。金平价逐渐与其名义上所代表的黄金量完全背离,纸币日益脱离了与黄金的联系。因此,汇率便无法以纸币名义上的金平价为基础来决定,而只能以纸币所代表的实际价值量为依据。

第二种含义是指纸币的购买力。即每单位纸币能购买到的商品量。按照马克思劳动价值论和货币理论,决定两国货币汇率的是两国纸币的购买力。

在 1973 年以后黄金非货币化的影响下,黄金完全脱离了与货币的联系,不再作为各国货币的定值标准,各国也不再规定货币的含金量。而纸币发行也演变为纯粹的不兑现的信用货币发行。在这样的纸币流通制度下,纸币所代表的实际价值就是纸币的购买力。

在纸币流通条件下,汇率的变动主要受外汇供求关系的影响。而这种情况在历史上可以分为两个时期:在布雷顿森林体系时期,西方各国用法律规定纸币的含金量,并人为规定了汇率的波动幅度,把汇率的变动限制在一定的范围之内;在牙买加协定基础上的现行国际金融体系时期,黄金已经非货币化,纸币的金平价也已被废止,汇率则基本摆脱了自发的及人为的限制,主要受外汇供求关系的作用,波动频繁,幅度很大。影响外汇供求关系的因素也更加复杂化。

五、汇率的变动

汇率的变动受很多因素的影响。其中既包括经济因素,也包括政治因素、心理因素及其他因素。各因素之间在相互联系的同时相互制约,并且其作用的强弱经常发生变化,有时以这些因素为主,有时以另一些因素为主,而同一种因素在不同的国家或在同一国家的不同时期所发挥的作用也不尽相同。因此,汇率变动的原因是极其错综复杂的。但从根本上来说,影响汇率变动的主要因素是一些基本的经济因素。它们都是通过影响外汇的供求关系而导致汇率变动的,这些基本经济因素主要包括以下方面:

(一)国际收支状况

国际收支对汇率变动的影响,需要区分两种情况。即在不同的汇率制度下,国际收支对汇率有不同的影响。

在浮动汇率制下,由于汇率受市场自发作用的调节,因此国际收支状况对一国的汇率变动会直接产生影响。其作用过程为:一国国际收支逆差可导致本国外汇供给的减少或外国对本币需求的减少,从而造成市场上的外汇供不应求或本币供过于求,引起外汇汇率上涨,本币汇率下跌;反之,一国国际收支顺差则引起外汇汇率下跌,本币汇率上涨。

在固定汇率制下,由于汇率是由官方人为控制的,因此国际收支状况不会直接导致汇率变动,但它会带来汇率变动的压力。例如,长期、大量的国际收支逆差往往是本币法定贬值的先导。政府往往迫于市场作用的压力而改变汇率。

(二) 通货膨胀差异

通货膨胀(Inflation)对汇率变动的影响是长期性的,而且可以从不同方面表现出来。

通货膨胀对汇率变动的影响,首先表现在国内货币供给过多造成通货膨胀和物价上涨,导致本国出口商品和劳务在世界市场上的价格竞争能力降低,从而使出口需求减少。与此同时,国内通货膨胀、物价上涨还会导致进口价格相对降低而刺激进口需求增加,从而使国际收支产生逆差。而一国国际收支逆差则导致其外汇供不应求,引起本币贬值和外汇汇率上升。其次,一国货币的对内贬值,将会降低其本币在国际上的信誉,不可避免地会影响其对外价值,导致其本币汇率下跌。

(三) 利率差异

利率对汇率变动的影响一般是短期性的,但表现较为剧烈,尤其是在浮动汇率制条件下。

首先,利率影响汇率变动,主要通过对国际收支资本项目的影响而发挥作用。因为在开放经济条件下,国际利率的差异往往会引起短期资本在国际上的流动。本币利率高的国家会发生资本流入,本币利率低的国家会引起资本流出。而资本的流入流出则会引起外汇市场的供求关系发生变化,从而对汇率变动产生影响。

其次,利率对汇率变动的影响,通过对国际收支经常项目的影响而发挥作用。利率可以通过与国内货币供给政策的联系而影响物价水平。一般情况下,提高本币利率伴随着国内货币供给减少及信用紧缩政策,以至于引起物价下跌,从而影响进出口和国际收支乃至汇率。

(四) 经济增长率

一国经济增长率高低对汇率变动的影响较为复杂,主要表现在以下几方面:

对发展中国家而言,一般表现为在国内经济增长的同时,伴随着国际收支逆差,从而影响汇率变动。这主要是由于发展中国家经济增长率的提高会引起国内需求水平的提高,而它们又往往依赖于增加进口以弥补国内供给的不足,从而导致其出口增长慢于进口增长,使其国际收支出现逆差,造成本币汇率下跌。

对出口导向型国家而言,则与上述情况相反。出口导向型国家的经济增长主要表现为出口的增长,因而导致其国际收支出现顺差,以至于影响汇率变动。

另外,经济增长也反映一国经济实力的变化。从市场参与者的心理角度分析，一国经济增长表明了该国经济实力的提高，从而会增强外汇市场上对其货币的信心，提高其本币信誉，导致其本币汇率上升。

当然，在其他条件不变的情况下，如果各国经济增长率同步变化，就不会对汇率产生太大影响。

（五）财政赤字

一国财政赤字对汇率变动的影响较为复杂。一般说来，庞大的财政赤字说明财政支出过度，因而会引发通货膨胀，导致国际收支经常项目恶化，使一国货币汇率下降。但这种情况是否会发生，主要取决于弥补财政赤字的方法。

在市场经济条件下，如果采用财政性发行方法来弥补财政赤字，就会导致出现国内通货膨胀和物价上涨，利率下降，不仅不利于本国出口，而且会导致资本流出，从而使国际收支恶化，本币汇率下降。

如果通过紧缩信贷来弥补财政赤字，则会导致国内利率上升，物价下跌，不仅有利于本国出口，而且会吸引资本流入，从而改善国际收支，使本币汇率趋于坚挺。

（六）外汇储备

中央银行所持有的外汇储备表明了一国干预外汇市场、维持本币汇率的能力。但一国外汇储备对汇率变动的影响较为有限，而且只能在短期内起作用。因为在一定的时期内，一国的外汇储备毕竟是一个有限的量。

（七）政策因素

政府机构是外汇市场的交易主体之一，故政府可直接通过外汇买卖来影响汇率。在中央银行参与外汇市场交易不足以实现政府的汇率政策目标时，政府可借助外汇管制来限制外汇供求关系，以使汇率变动在政府可以接受的范围之内。

政府其他经济政策也会对汇率产生间接影响。例如，扩张性财政政策会通过刺激经济增长，引起进口增加，带来本币对外贬值压力。紧缩性货币政策会通过抑制通货膨胀和利率上升，引起贸易顺差和资本流入，最终导致本币对外升值。

政府的贸易政策既可能刺激出口，如出口退税，又可以限制进口，如非关税壁垒，对汇率也有较长期的影响。政府还可以与他国政府进行政策协调，共同采取干预汇率的措施。

（八）市场心理预期

若人们预期外币汇率上升，资本就会流出，从而外币汇率就会上升。这说明汇率预期具有自我实现的功能。人们对其他价格信号和宏观经济变量的预期也有类似特点。例如,若人们产生通货膨胀预期,就会抢购,以避免物价上升给自己带来的损失,而人们的行为引起物价上升成为现实。所以,通货膨胀预期会引起外币汇率上升。其他变量的预期也会产生类似作用。

(九)重大国际国内政治事件

重大国际国内政治事件也是影响汇率变化的因素,因政治事件对经济因素会产生直接或间接影响,而汇率变化对政治事件尤为敏感。国际上的军事行动,如1991年的海湾战争,2003年3月21日美英联军发动的对伊拉克的战争,2001年9月11日恐怖分子对纽约世贸中心的突发袭击,均对美元汇率产生重大影响。1991年8月19日在苏联发生的对当时总统戈尔巴乔夫的非常事件,曾使美元对德国马克的汇率在两天内疯涨1 500点,为第二次世界大战后造成汇率波动最大的一次国际政治事件。此外,一国首脑人物的政治丑闻、错误言论以及主管金融外汇官员的调离任免都会对短期汇率走势产生不同程度影响。

专栏1.1

人民币汇改大事记

我国启动人民币汇率形成机制改革以来,有管理的浮动汇率制度的框架和内涵不断完善,动态趋向合理均衡汇率水平的机制逐步形成,汇率定价更加依照市场供求关系,汇率形成的市场机制不断完善。

2005年7月21日19时,中国人民银行宣布启动人民币汇率形成机制改革,开始实行以市场供求为基础、参考一篮子货币进行调节、有管理的浮动汇率制度。人民币对美元汇率一次提高2%,为8.11元人民币兑换1美元,作为次日银行间外汇市场上外汇指定银行之间交易的中间价。

2005年9月23日,中国人民银行决定适当放宽人民币汇价交易幅度,扩大即期外汇市场非美元货币对人民币交易价的浮动幅度,从原来的上下1.5%扩大到上下3%,适度扩大了银行对客户美元挂牌汇价价差幅度,并取消了银行对客户挂牌的非美元货币的价差幅度限制。

2006年1月4日,中国人民银行决定在银行间即期外汇市场上引入询价交易方式,同时在银行间外汇市场引入做市商制度,为市场提供流动性,由此改进了人民币汇率中间价的形成方式。2006年5月15日,人民币对美元汇率中间价首度“破8”。

2007年5月18日,中国人民银行宣布自2007年5月21日起,银行间即期外汇市场人民币对美元交易价浮动幅度由3‰扩大至5‰。

2008年4月10日，人民币对美元汇率中间价首度“破7”。

2008年9月金融危机爆发至2010年6月，为应对金融危机影响，我国采取了人民币实质盯住美元的特殊汇率机制。

2010年6月19日，中国人民银行宣布在2005年汇改的基础上进一步推进人民币汇率形成机制改革，增强人民币汇率弹性。

自2014年3月17日起，银行间即期外汇市场人民币对美元交易价浮动幅度由1%扩大至2%，即每日银行间即期外汇市场人民币对美元的交易价可在中国外汇交易中心对外公布的当日人民币对美元中间价上下2%的幅度内浮动。

自2015年8月11日起，做市商在每日银行间外汇市场开盘前，参考上日银行间外汇市场收盘汇率，综合考虑外汇供求情况以及国际主要货币汇率变化向中国外汇交易中心提供中间价报价。

第三节　汇率决定理论

一、国际借贷理论

国际借贷理论(The Theory of International Indebtedness)，也称外汇供求理论，由英国经济学家戈逊(G. L. Goshen)在1861年出版的《外汇理论》一书中提出。

该理论的主要观点是：一国货币汇率的变化是由外汇的供给与需求决定的，而外汇的供给与需求则取决于该国对外流动借贷(Floating Indebtedness)的状况。一国的对外流动借贷，是指该国处于实际收支阶段的对外债权与对外债务，该国国际收支中的经常账户与资本金融账户的收支，构成该国对外流动债权与对外流动债务。当一国的对外债权大于对外债务，即对外流动借贷出现顺差时，外汇供给将大于外汇需求，而使该国货币汇率上涨。相反，如果该国的外汇债务大于对外债权，即对外流动借贷出现逆差时，外汇需求将大于外汇供给，该国货币汇率便会下跌。如果该国对外债权与对外债务相等，外汇供求平衡，则该国货币汇率不会发生变化。

二、国际收支理论

国际收支理论是凯恩斯主义的汇率理论。该理论认为，外汇汇率决定于外汇的供求。由于国际收支状况决定着外汇的供求,因而汇率实际取决于国际收支。经常账户收支是影响外汇供求的决定性因素。一国经常账户收支状况取决于该国国民收入状况:国民收入下降,进口需求缩减,贸易收支改善,本币汇率上升;国民收入上升,进口需求扩大,贸易收支恶化,本币汇率下降。资本金融账户收支也会影响汇率:本国利率相对高于外国,由于本国资产(货币、证券)与外国资产之间具有相互替代性,而会导致资本流入,外汇供给增加,对本币的需求增大,从而本币汇率上升;反之,本国利率相对低于外国,则会导致资本外流,市场上本币供给增加,对外币的需求增大,从而本币汇率下跌。

1981 年,美国经济学家 V.阿尔吉(V.Argy)在其出版的著作中对凯恩斯主义汇率理论作了改进和深化,从而形成新凯恩斯主义汇率理论。后者对前者的改进之处主要包括:① 它不仅分析了本国的国民收入变化对经常账户收支的影响,而且分析了外国国民收入的变化、本国与外国的价格水平对经常账户收支的影响;② 它进一步分析了汇率预期(Expectation),以及本国货币政策、财政政策与工资水平对汇率的影响。

国际收支理论对于短期汇率的分析是有贡献的,但其局限性也是明显的。首先,它只适合于有发达外汇市场的国家,因为如果一国外汇市场不发达,外汇供求的真实情况就会被掩盖。其次,凯恩斯主义汇率理论与新凯恩斯主义的汇率理论过于强调国民收入和经常账户收支对汇率的影响,有失偏颇。例如,在 20 世纪 80 年代前半期,美国既有巨额的经常账户收支逆差,又有美元的高汇率,就是一个反例。反例之二是,日本、德国是西方国家中国民收入增长最快的国家,而其货币汇率则长期处于坚挺状态。

三、购买力平价理论

购买力平价理论(The Theory of Purchasing Power Parity),是西方国家汇率理论中最具有影响力的一个理论。它主要形成于第一次世界大战期间和战后初期,最早由瑞典经济学家卡塞尔(G.Cassevl)提出。

购买力平价理论认为:本国人需要外国货币,是因为该外国货币在其发行国有购买力;外国人需要本国货币,则是因为本国货币在本国有购买力。购买力平价有两种形态:绝对购买力平价(Absolute Purchasing Parity)与相对购买力平价(Relative Purchasing Parity)。购买力平价理论认为,按一定比率用本币购买外币,也就是购进了外币的购买力。所以,两国货币之间的兑换率由两国货币的购买力决定。由于货币的购买力实际上是一般物价水平的倒数,两国货币的汇率就决定于两国一般物价水平之商。这是绝对购买力平价。

（一）绝对购买力平价

由于一个国家生产多种商品，绝对购买力平价的精确表达式为：

$$e = \sum_{i=1}^{n} W_i P_i \Big/ \sum_{i}^{n} W_i^* P_i^*$$

或：

$$e = P/P^*$$

式中：P_i 为用本币表示的第 i 种商品的价格；W_i 为用外币表示的价格；e 为外币汇率（直接标价法表示的汇率）；P 为本国价格水平；P^* 为外国价格水平；W 为权数，通常用该商品在销售额中所占比重来衡量；n 为商品种类，为分析简化这里设两国商品种类相同。

绝对购买力平价是由一价定律推导出来的。然而，一价定律和购买力平价是存在差别的：一价定律适用于单个商品的情况；购买力平价理论适用于价格水平，即一篮子基准商品的组合价格水平。

（二）相对购买力平价

相对购买力评价表示如下：

$$\mathrm{d}\ln e = \mathrm{d}\ln P - \mathrm{d}\ln P^*$$

即汇率变动率等于两国通货膨胀率之差。虽然相对购买力平价由绝对购买力平价推导而来，但相对购买力平价比绝对购买力平价更具有可操作性。由于人们难于找到加权平均价格的统计数据，而且其用途不大。例如，汽油和食盐的加权平均价格并不能说明什么。一方面，一国政府通常不会采用国际标准的商品篮子来计量本国价格指数。而另一方面，绝对购买力平价要求两国采用相同的商品篮子进行比较。所以，当我们不得不使用政府公布的价格统计数据评估购买力平价时，绝对购买力平价将变得没有意义。相对购买力平价可直接用物价指数进行计算，而物价变动趋势有明显的经济学意义。

同时，交易成本的存在使得绝对购买力平价通常不会被满足。但只要那些使得实际情形偏离绝对购买力平价的因素随时间基本不变，那么相对价格的变化率之差仍约等于汇率变动率，即相对购买力平价依旧成立。

（三）对购买力平价理论的评价

对卡塞尔的购买力平价理论，西方学术界在过去和现在都有很大的争论。这个理论的合理性在于，它有助于说明通货膨胀与汇率变动之间的联系。然而，这个理论也存在严重的缺陷：

（1）它仅着眼于表面现象，而未触及汇率的本质。纸币代表一定价值量是本质，纸币的购买力仅仅是现象，而汇率是以两国纸币代表的价值量的比例为基础的。这就说明，卡塞尔的购买力平价理论是把现象当成本质来论述汇率的。

(2) 把汇率的变动完全归之于购买力的变化，忽视了其他因素，如国民收入、国际资本流动、生产成本、贸易条件、政治经济局势等对汇率变动的影响。它不能解释短期与中期的汇率变动趋势，更难以解释有些货币的汇率长期偏离购买力平价的现象。

(3) 该理论在计算具体汇率时存在许多困难，主要表现在物价指数的选择上，很难确定是以参加国际交换的贸易商品物价为指标，还是以国内全部商品的价格即一般物价为指标。最理想的是选择一接近长期均衡的以一年为基期的汇率。但这些统计学上的先决条件，在目前情况下几乎无实现的可能。

(4) 绝对购买力平价方面的一价定律失去意义。因为诸如运费、关税、商品不完全流动、产业结构变动以及技术进步等会引起国内价格的变化从而使一价定律与现实状况不符。

四、利率平价理论

利率平价理论(Interest Rate Parity Theory)，亦称远期汇率理论(Forward Exchange Rate Theory)。它由英国经济学家凯恩斯(J.M.Keynes)于 1923 年提出，后经西方国家一些经济学家发展而成。

利率平价理论产生和发展的历史背景是：随着生产与资本国际化的不断发展，国际资本流动的规模日益扩大，并成为货币汇率(尤其是短期汇率)决定的一个重要因素。购买力平价理论已不能解释这种新现象。只有用一种新的理论才能解释这一新现象。利率平价理论就是适应这种需要而产生和发展起来的。

利率平价理论认为，两国货币的利差影响并决定了远期汇率与即期汇率的关系。在稳定均衡的外汇市场条件下，两国货币的利差幅度应该等于其远期汇率与即期汇率的差价幅度。利率较低的货币，其远期差价应为升水，升水幅度应等于利差；反之亦然。如果远期差价偏离利差，就会发生套利的活动，引起资本在两国间的流动，从而影响即期汇率和远期汇率的变化，直到远期差价与利差重新一致，市场才重新恢复平衡稳定。

远期差价与利差之间的等量关系用数学公式可表示为：

$$\frac{F-e}{e}=i-i^*$$

式中：e 为即期汇率；F 为远期汇率；i 为本国利率；i^* 为外国利率。

利率平价理论阐明了利率与汇率之间的关系，合理地解释了利率变动对汇率变动的影响，发展了有关远期汇率决定的理论。但是，利率平价理论由于忽略了外汇交易的成本因素,也未考虑外汇管制等限制资本流动的因素,而使得按该理论预测的远期汇率同即期汇率的差价往往与实际不符。特别是在货币危机的条件下,按该理论预测的远期汇率同即期汇率的差价更与实际相去甚远。

五、资产市场理论

资产市场理论(The Theory of Portfolio Market)是在国际资本流动高度发展的历史背景下,于20世纪70年代产生的一种汇率决定理论。同传统的汇率决定理论相比,资产市场理论的突出特点,是将商品市场、货币市场和证券市场结合起来进行汇率决定的分析。资产市场理论主要有以下三种模式。

(一)汇率的货币论

汇率的货币论(Monetary Approach to Exchange Rate)亦被称为"国际货币主义汇率理论",是由美国经济学家约翰逊(H. G. Johnson)、蒙代尔(R. A. Mundell)于20世纪70年代初创立的一种汇率理论。该理论实际是购买力平价理论的现代翻版。这个理论强调货币市场均衡对汇率的决定性作用:当国内货币供给大于货币需求时,本国物价就会上涨。这时,国际商品的套购机制就会发生作用,其结果会使外币汇率上浮,本币汇率下跌。相反,当国内货币需求大于货币供给时,本国物价则会下跌,而会通过国际商品套购机制,使本币汇率上浮,外币汇率下跌。所以,汇率变动是这样一种货币现象:

外汇汇率的变动与本国货币供给的变化呈正比例关系,与外币供给的变化呈反比例关系。一国货币供给相对于他国货币供给增加时,外币汇率上浮,本币汇率下跌。

同汇率的国际收支理论看法相反,汇率的货币论认为,国民收入、利息率等因素是通过影响货币需求,而对汇率发生作用的:本国国民收入增加,会扩大货币需求,从而本币汇率上浮;本国利息率上升,会缩小货币需求,从而本币汇率下跌。

这样,汇率的货币论就认为:一国货币疲软(Soft),是其货币量增长过快所致。故此,这个理论主张:货币量的增长率只有控制在与GNP增长率相一致的水平上,才能保持汇率的稳定;否则,汇率将是不稳定的。

汇率的货币论有助于说明汇率的长期趋势,并唤醒人们对货币均衡的重视。但是,它过于绝对地把物价与货币市场均衡相联系,而忽略了影响物价的其他因素。另外,实证分析也表明,汇率符合购买力平价的现象极为少见。

(二)汇率的超调模式

汇率的超调模式(Overshooting Model of Exchange Rate)是由美国经济学家

鲁迪格·多恩布什(Rudiger Dornbusch)在1976年提出的。他也强调货币市场均衡对汇率变动的作用。但他认为:从短期来看,商品市场价格由于具有黏性(Stick),对货币市场失衡的反应很慢,而证券市场的反应却很灵敏,因而利息率立即发生变动。这样,货币市场的失衡就完全由证券市场来承受,从而形成利息率的超调,即利率的变动幅度大于货币市场失衡的变动幅度。如存在资本在国际上自由流动的条件,利息率的变动必然引起套利活动和汇率的变动,而且汇率的变动幅度大于货币市场失衡的变动幅度。这就是汇率超调现象。从长期来看,由于利息率、汇率的变动,商品价格也会慢慢发生变动,而最终达到国际货币主义汇率理论所说明的汇率的长期均衡水平。正是由于这个缘故,汇率的超调模式与国际货币主义汇率理论同属货币论。所不同的是,汇率的超调是货币论的动态模式。汇率的超调理论有助于人们认识短期内的汇率变动,这是它的贡献,但它将汇率的变动完全归因于货币市场的失衡,则有失偏颇。

(三)汇率的资产组合平衡模式

汇率的资产组合平衡模式(Portfolio Balance Model of Exchange Rate)是对托宾(J. Tobin)的资产选择理论(The Theory of Portfolio Selection)的应用,由库礼(P. Kouri)等提出。该理论接受了多恩布什的价格在短期内具有黏性的看法,因而认为在短期内汇率取决于资产市场(包括货币市场和证券市场)的均衡。由于各国资产(货币和证券)之间具有替代性,一国居民既持有本国资产,也持有外国资产。当国内外利息率、货币财政政策、经常账户差额和对汇率的预期发生变化时,人们就会进行资产组合的调整,从而引起资本的国际流动、外汇供求与汇率的变动。在长期内,物价也会慢慢调整,物价与经常账户差额相互发生作用,共同影响汇率。资产组合平衡理论有助于人们认识当今发达国家货币汇率的短期波动,但由于它建立在金融市场十分发达和资本国际流动完全自由化的基础上,因而其在应用上有很大的局限性。

第四节　国际货币体系

一、国际货币体系概述

国际货币体系(International Monetary System)又称国际货币制度,是指各国政府为了解决国际经济交往中对于国际货币(即国际支付手段和国际储备资产)的需要,对涉及国际货币流通的各方面,包括国际支付原则和汇率制度、国际收支的调节机制、国际储备供应与管理等,在国际范围内做出的制度性安排。

建立国际货币体系的主要目的是建立稳定的国际货币秩序,保证货币在国际上顺利地发挥世界货币的作用,促进世界经济的发展。国际货币体系主要包括四个方面的内容。

(一)国际收支及其调节机制

国际收支是各国对外经济活动的系统记录。保持各国国际收支的基本平衡既是国际货币制度建立的目的,又是国际货币制度稳定的必要条件。因此,国际货币制度的一个首要内容就是确定国际收支调节机制,有效地帮助和促进国际收支出现不平衡的国家进行调节,并使各国在国际范围内能公平地承担国际收支调节的责任。

(二)汇率及汇率制度

货币在国际上的流通涉及货币的对外支付是否受到限制、货币之间是否可以自由兑换,以及汇率如何确定、调整和维护等。这方面的制度会给各国的对外经济活动带来重大影响,因此必须在国际上作出各国均可接受的统一制度安排。

(三)国际货币或储备资产的确定

不同国家的储备资产的选择,不但取决于各国本身的经济状况,也取决于国际协调或国际的普遍可接受性。因此,整个国际社会需要的储备资产的数量、新储备资产的供应与创造都需要国际性的规则与制度妥善安排。

(四)国际货币活动的协调与管理

国际收支调节、国际汇率制度、国际储备体制都牵涉不同的国家,而这些国家又都有着不同的社会经济条件和特定的政策目标,所以在国际货币制度中,就产生了国际货币活动的协调与管理问题。它的实质就是协调各国的国际货币活动和与此有关的经济政策。这种管理通常是通过国际货币机构和组织进行的,具体落实在制定若干各方所共同认可和遵守的规则、惯例和制度上。

二、国际货币体系的演变

国际货币体系随着历史的发展不断演变。从时间先后来看,国际货币体系大体可以分为三个阶段,即国际金本位制阶段、布雷顿森林体系阶段及现行的牙买加体系阶段。

(一)国际金本位制阶段

国际金本位制是世界上第一个国际货币制度,是在 19 世纪 70 年代至 1914 年第一次世界大战前各主要资本主义国家普遍实行金本位制的情况下自发形成的。1816 年英国颁布了《金本位制度法案》,率先采用了金本位制。随后,其他资本主义国家纷纷效仿,于 1871—1897 年相继采用了金本位制,从而形成了当时的国际货币制度。

在国际金本位制下，黄金充分发挥世界货币的职能，充当支付、流通与贮藏手段，并作为社会财富的代表，在国际交往中自由转移。各国政府都规定以黄金作为本位货币，确定本国铸币的货币单位及含金量。金币具有无限法偿的权利，并能与银行券自由兑换。由于金币能自由流通，黄金可以在各国间自由输出与输入，因而就能自动调节国际收支并保证外汇行市的稳定和国际金融市场的统一，所以国际金本位制是一种比较稳定、健全的货币制度。

1880—1914年是国际金本位体系的"黄金时代"。国际金本位制维持了汇率的稳定，可以自动调节国际收支，促进了资本主义经济的快速发展和高度繁荣。然而，金本位制也存在其固有的缺陷，黄金的增长速度远远落后于各国经济贸易增长的速度，由此造成的清偿手段的不足严重制约了各国经济的发展。

国际金本位制度的崩溃始于1929年爆发的世界经济危机。为避免本国黄金大量外流，奥地利、德国、英国等相继被迫放弃金本位制，禁止黄金输出，并对外汇实行相应的管制。其中，英国在1931年9月放弃金本位制；美国在1933年3月宣布停止银行券兑现；1936年，法、比、瑞士、意、波等国组成的金集团，放弃金本位制。

1936年9月，英、美、法三国为了恢复国际货币秩序，达成所谓"三国货币协定"，同意尽力维持三国货币的汇价，减少汇价波动，保持货币关系稳定，同年10月又签订了三国间自由兑换黄金的"三国黄金协定"。虽然这些协定在恢复国际货币秩序、缓和外汇倾销等方面收到了一些效果，但由于20世纪30年代后期世界军备竞赛加剧等原因，这些协定并没有实际执行下去，更谈不上统一的国际货币体系的建立了。至此，可以说国际金本位制已全面崩溃。

（二）布雷顿森林体系阶段

1944年7月，在美国新罕布什尔州的布雷顿森林镇召开有44国参加的"联合和联盟国家国际货币金融会议"，通过了以"怀特计划"为基础的《国际货币基金组织协定》和《国际复兴开发银行协定》，总称《布雷顿森林协定》(Bretton Woods Agreement)。该协定的达成，标志着第二次世界大战后以美元为中心的国际货币体系的诞生。

布雷顿森林协定的主要内容有：第一，美元和黄金挂钩，即黄金官价为35美元=1盎司黄金。第二，其他国家货币与美元挂钩。第三，实行固定汇率。布雷顿森林体系决定建立国际货币基金组织，作为永久性的国际金融机构；以黄金为基础，以美元为主要国际储备货币，建立以美元为中心的固定汇率制；各国有责任制定稀缺货币条款，调节国际收支，废除外汇管制等。布雷顿森林协定确立了第二次世界大战后以美元为中心的固定汇率体系,即布雷顿森林体系。

布雷顿森林体系的建立,确立了相对稳定的国际货币金融关系,缓解了会员国的国际收支困难,促进了国际贸易和国际资本流动的发展,以及更加广泛的国际货币合作和国际金融关系的协调,促成了20世纪60年代资本主义国家经济高速增长的“黄金时代”,对全球经济贸易的发展发挥了积极作用。

然而,布雷顿森林体系也存在一些严重的缺陷:① 美国的信用保证有限和国际储备资产的不断增长的两难矛盾,即“特里芬难题”(Triffin Dilemma);② 汇率制度过于刚性,国际收支调节机制不健全;③ 布雷顿森林体系下,国际收支调节的责任不对称。

美元与黄金挂钩、各国货币与美元挂钩是布雷顿森林体系赖以生存的两大支柱。自20世纪50年代始,上述种种缺陷不断地动摇布雷顿森林体系的基础,最终在70年代使其陷入崩溃的境地。第二次世界大战后,美国的经济实力空前增强,1949年美国拥有当时世界黄金储备的71.2%,达245.6亿美元。而饱受战争创伤的西欧、日本为发展经济需要大量美元,但又无法通过商品和劳务输出来满足,从而形成了普遍的美元荒。20世纪50年代初,美国发动侵朝战争,国际收支由顺差转为逆差,黄金储备开始流失,1960年,美国的黄金储备下降到178亿美元。与此同时,西欧和日本的经济已经恢复,进入迅速发展时期,出口大幅度增长,国际收支由逆差转为顺差,从而爆发了第一次美元危机。1960年10月,国际金融市场上掀起了抛售美元、抢购黄金的风潮,伦敦金融市场的金价暴涨到41.5美元1盎司,高出黄金官价的18.5%。

美元危机的爆发严重动摇了美元的国际信誉。为了挽救美元的颓势,美国与有关国家采取了一系列维持黄金官价和美元汇率的措施,包括“君子协定”“巴塞尔协定”“黄金总库”以及组成“十国集团”签订“借款总安排”(General Agreement to Borrow, GAB)等,目的在于当汇率波动时,运用各国力量共同干预外汇市场。尽管如此,也未能阻止美元危机的再度发生。

20世纪60年代中期以后,美国的侵越战争升级,国际收支更加恶化,黄金储备不断减少,对外债务急剧增加。1968年3月,第二次美元危机爆发,巴黎市场的金价涨至44美元1盎司,美国的黄金储备半个月之内流失了14亿美元。“黄金总库”被迫解散,美国与有关国家达成“黄金双价制”的协议,即黄金市场的金价由供求关系自行决定,35美元1盎司的黄金官价仅限于各国政府之间。

70年代中期以后,美国经济状况继续恶化,1971年爆发了新的美元危机,美国的黄金储备降至102亿美元,不到其短期债务的1/5。1971年8月15日美国政府宣布实行“新经济政策”,内容之一就是对外停止履行美元兑换黄金的义务,切断了美元与黄金的直接联系,从根本上动摇了布雷顿森林体系。

美元停兑黄金以后,引起了国际金融市场的极度混乱,“十国集团”于 1971 年 2 月通过了《史密森协议》(Smithsonian Agreement)。但是美国的国际收支状况并未好转。

最终,在 1973 年 2 月国际外汇市场再度爆发美元危机,出现抛售美元,抢购德国马克、日元、黄金的风潮,迫使美元再度贬值。各国政府为了维护本国的经济利益,不得不放弃固定汇率制,实行浮动汇率制。至此,布雷顿森林体系彻底崩溃。

(三)牙买加体系阶段

国际货币基金组织理事会在 1972 年 7 月成立了一个专门委员会——“二十国委员会”,由它负责研究国际货币制度的改革问题,并于 1974 年 6 月 14 日提出了一份《国际货币体系改革纲要》,具体包括 12 项临时性货币制度改革方案。1976 年 1 月,国际货币基金组织在牙买加首都金斯敦举行会议,对许多有关国际货币制度的问题达成协议,并建议修改《国际货币基金协定》的条款。1976 年 4 月,国际货币基金组织理事会通过了基金协定修改草案。1978 年 4 月 1 日获得法定 3/5 会员国和 4/5 投票权的多数批准,修改后的《国际货币基金协定》正式生效。这个协定称为《牙买加协定》。国际上把《牙买加协定》生效后的国际货币体系称为“牙买加体系”,由此而形成了国际货币关系的新格局。

1. 牙买加体系的主要内容

(1) 增加成员国的基金份额。国际货币基金组织成员国的基金份额,从原来的 292 亿特别提款权增加到 390 亿特别提款权。各成员国基金份额的比重有所调整,石油输出国的比重由 5%提高到 10%,联邦德国和日本以及某些发展中国家的份额有所扩大,其他西方工业国家都有所下降。

(2) 浮动汇率合法化。修改后的《国际货币基金协定》规定,成员国可以自行选择汇率制度,承认固定汇率制与浮动汇率制并存。

(3) 黄金非货币化。黄金非货币化是指黄金与货币彻底脱钩,不再作为各国货币定值的标准,取消黄金官价,各国可在国际市场上自由买卖黄金。取消会员国之间、会员国与国际货币基金组织之间用黄金清偿债权债务的义务。国际货币基金组织对各成员国原以黄金交纳的份额进行处理,按市价出售它持有的 1/6(约 2 500 万盎司)黄金,另提 1/6 按官价归还各会员国,其余的部分根据成员国 85%的多数票决定做其他处理。

(4) 提高特别提款权的国际储备地位。新协定规定,特别提款权可以作为各国货币定值的标准,可以供设立这种账户的国家用来清偿对国际货币基金组织的债务,也可以特别提款权进行借贷。

(5) 扩大对发展中国家的资金融通。用按市场价格出售1/6的黄金超过官价的收益部分,设立一笔信托基金,向最不发达的发展中国家以优惠条件提供援助,帮助其解决国际收支问题。将国际货币基金组织的信贷部分贷款额度由会员国份额的100%增加到145%。增加基金“出口波动补偿贷款”的数量,由占成员国份额的50%提高到75%。

2. 牙买加体系的主要特点

牙买加体系是以美元为中心的国际储备多元化和浮动汇率的体系。其主要特点是:

(1) 美元仍是最主要的国际货币,但美元的地位正在下降。而日元、特别提款权和欧元的国际货币地位正在加强。黄金的国际货币作用受到严重削弱,但并没有完全丧失。

(2) 以浮动汇率为主的混合汇率体制得到发展。

(3) 国际收支的调节是通过汇率机制、利率机制、国际货币基金组织的干预和贷款、国际金融市场的媒介作用和商业银行的活动,以及有关国家外汇储备的变动和债务及投资等因素结合起来进行的。

牙买加体系比较灵活地适应国际经济的发展变化和各个主要国家的政策变动,也在一定程度上缓和了布雷顿森林体系调节机制不灵的困难。但是,在牙买加体系下,汇率频繁浮动,给国际贸易和投资以及各国经济带来了不利影响,再加上国际储备多元化,缺乏统一的货币标准,最终导致国际经济混乱。

专栏1.2

布雷顿森林体系的瓦解与欧元区的建立

布雷顿森林体系的逐步瓦解促使欧洲主要国家建立货币联盟,并于1972年正式实行成员国货币汇率的联合浮动。所谓联合浮动,对内参与该机制的成员国货币互相之间保持可调整的盯住汇率,并规定汇率的波动幅度;对外则实行集体浮动汇率。虽然布雷顿森林体系的崩溃、石油危机以及70年代的经济危机使得欧洲货币联盟计划夭折,但其间的众多制度为欧洲货币一体化积累了宝贵的经验。

欧共体9国首脑于1978年在布鲁塞尔达成协议,于1979年建立起欧洲货币体系(EMS)。欧洲货币体系基本上促成了成员国货币间汇率的稳定,有利于成员国间通胀差异的缩小、经济政策的协调,扩大了欧洲货币单位在官方领域和私人领域的使用,为统一货币的推行创造了条件。

1991年12月欧共体成员国在荷兰马斯特里赫特签署《经济与货币联盟条约》和《政治联盟条约》(合称《欧洲联盟条约》,又称《马斯特里赫特条约》,简称《马约》)。《马约》的主要内容是:在政治上于1993年11月1日建立欧洲联盟,实行共同的安全和外交政策;从1999年1月1日起,开始实施欧洲单一货币计划。

第五节　汇率制度

汇率制度(Exchange Rate Regime)是指一国货币当局对本国汇率水平的确定、汇率变动的基本方式等问题所作的一系列安排或规定。其基本内容包括:① 确定汇率的原则与依据;② 维持与调整汇率的方法;③ 管理汇率的法规、制度和政策等;④ 制定、维持与管理汇率的官方机构。

一、固定汇率制

固定汇率制(Fixed Exchange Rate System)是指两国的货币比价基本固定,汇率波动幅度被限制在一定范围内的汇率制度。固定汇率制包括国际金本位制下的固定汇率制和布雷顿森林体系下的固定汇率制。

(一)国际金本位制下的固定汇率制

金本位制的特点是用黄金来规定货币所代表的价值,即每种货币都有法定的含金量。两国汇率的制定以两国本位币的含金量为基础,形成汇率之间的固定比值。黄金的自由输入和自由输出保证现实汇率的波动不超过黄金输送点。由于两国货币的金平价是不变动的,所以各国之间的汇率比较稳定。金本位制下的固定汇率制是比较典型的固定汇率制,它为促进国际贸易的发展提供了有利的条件。

(二)布雷顿森林体系下的固定汇率制

第二次世界大战结束后,布雷顿森林体系确立了以美元为中心的固定汇率制,即美元与黄金挂钩,其他货币与美元挂钩的“双挂钩”制度。规定1盎司黄金等于35美元的官价,1美元的含金量为0.888 671格令。其他货币与美元保持固定比价,其波动幅度保持在货币平价上下1%幅度内。各国政府有义务干预金融市场的外汇汇率,以便保持外汇市场的稳定。因此布雷顿森林体系下的固定汇率制,实质上是一种可调整的盯住汇率制,它兼有固定汇率与弹性汇率的特点。

但是,布雷顿森林体系下的固定汇率制与金本位制下的固定汇率制有着本质上的区别:

(1) 金本位制下的固定汇率制是自发形成的。两国货币之间的中心汇率是按两国本位币含金量决定的金平价之比来自行确定的,黄金的自由输入输出能保证汇率的波动不超过黄金输送点。但是在布雷顿森林体系下,固定汇率制是通过国际协议(《布雷顿森林协定》)人为建立起来的,各国货币当局通过规定虚设的金平价来制定中心汇率,实际市场汇率则是通过外汇干预、外汇管制或国内经济政策等措施,使汇率波动维持在人为规定的狭小范围内。

(2) 在金本位制下,各国货币的金平价通常是不会变动的,因此汇率能够保持真正的稳定,而在布雷顿森林体系下,各国货币的金平价是可以调整的。因此布雷顿森林体系下的固定汇率制,严格来说是可调整的盯住汇率制(Adjustable Pegging System),又称为以美元为中心的金汇兑本位制。

20 世纪 60 年代后,频繁的经济危机以及朝鲜战争、越南战争的爆发,导致美国国际收支恶化,经济实力下降,美元地位减弱。而 60 年代末 70 年代初美元先后三次贬值,到 1973 年西方国家纷纷放弃对美元的固定汇率,采用了浮动汇率制。

二、浮动汇率制

浮动汇率制(Floating Exchange Rate System)是指各国汇率根据外汇供求状况的变化而变化,政府对汇率不加任何干涉的汇率制度。当外币供过于求时,外币价格下跌,外汇汇率就下降;当外币供不应求时,外币价格上涨,外汇汇率就上升。

(一) 浮动汇率制的类型

1. 按照浮动的方式分类

按照浮动的方式,浮动汇率制可分为以下四种类型。

单独浮动(Single Floating),是指一国货币不与其他国家货币确定固定联系,其汇率根据外汇市场的供求变化来确定。美国、英国、加拿大、日本、澳大利亚等国家采取这种浮动方式。

联合浮动(Joint Floating),又称共同浮动,是指国家集团在成员国之间实行固定汇率制,同时对非成员国的货币实行同升同降的浮动汇率。例如,从 1999 年 1 月 1 日欧元正式启动到 2002 年 2 月 28 日期间,欧元区国家原有货币和欧元同时存在,它们彼此之间保持固定汇率,但是与其他国家货币实现联合浮动。

盯住单一货币(Pegging a Currency),是指本国货币与另一种货币相挂钩,本国汇率随后者的变动而变动。一般的，通货不稳定的国家可以通过盯住一种稳定的货币来约束本国的通货膨胀；或者由于一些国家对外贸易主要集中于某些工业发达国家，为了稳定该国国内经济发展，避免汇率波动带来的风险，这些国家往往盯住一个工业发达国家的货币。

盯住一篮子货币（Pegging a Basket of Currency），是指将本国货币与一篮子外国货币挂钩。这一篮子外币主要由与本国经济联系最密切的国家的货币和国际支付使用最多的货币组成。如沙特阿拉伯、阿拉伯联合酋长国等国货币就与特别提款权挂钩。

2. 按照政府是否干预分类

按照政府是否干预来划分，浮动汇率制可以分为自由浮动和管理浮动。

自由浮动（Free-floating）又称清洁浮动（Clean Floating），是指政府对外汇市场汇率的浮动不采取干预措施，汇率完全听任外汇市场的供求变化而自由涨落、自由调节。

管理浮动（Managed Floating）又称肮脏浮动（Dirty Floating），是指政府为了保护本国的利益，对市场汇率进行不同形式、不同程度的干预，以使本币汇率朝有利于本国经济发展的方向变化。

目前西方工业国家主要采取的是管理浮动和联合浮动两种。而大部分的发展中国家实行盯住汇率制，少数实行单独浮动。目前世界各国汇率制度呈现出多样化的局面，以浮动汇率为主的混合汇率体制得到发展。

（二）浮动汇率制的优缺点

1. 浮动汇率制的优点

（1）一国政府可以采取自主的货币政策、财政政策和汇率政策，尽量维护内部平衡和外部平衡的同时实现，保证国内经济的相对稳定性和持续发展。

（2）浮动汇率制可以发挥调节国际收支的经济杠杆作用，并且具有连续调节的能力。

（3）浮动汇率制能在一定程度上抵御国外经济波动对本国经济的冲击。

（4）一国政府可以免除为了维持固定汇率而保有过多的外汇储备，可以用这部分资金增加投资，促进经济发展。

2. 浮动汇率制的缺点

（1）浮动汇率制调节国际收支的能力是有限的。

（2）汇率波动的不确定性导致浮动汇率制存在很大风险，影响了国际贸易和投资的发展。

（3）助长了外汇投机活动，会加剧国际金融市场的动荡与混乱。

三、其他汇率制度

（一）爬行盯住制

爬行盯住制是指汇率可以作经常的、小幅度的调整的固定汇率制。在这一制度下，一方面，一国负有维持某种平价的义务，这使得它属于固定汇率制这一大类；另一方面，这一平价可以经常进行小幅度的调整，这又使得它与一般的可调整的盯住制相区别。

爬行盯住制兼具固定汇率制和浮动汇率制的优点，汇率可以被用来调节国际收支，可以使一国抵制境外通货膨胀的输入，可以减少一国持有的外汇储备的数量。但是爬行盯住制也有可能兼具固定汇率制和浮动汇率制的缺陷。在爬行盯住制下，由于政府仍负有维持货币平价的义务，本国的货币制度就仍将被用来调节国际收支、稳定汇率，从而无法用于实现内部平衡目标。爬行盯住的汇率调整是小幅度的，当国民经济在遭受突然的外在冲击而需要对汇率水平进行大的调整时，这一制度就显得不够及时、不够到位。

（二）汇率目标区制

汇率目标区制是指将汇率浮动限制在一定区域内的汇率制度。在盯住汇率制和浮动汇率制的两极之间，爬行盯住制比较靠近盯住汇率制，而汇率目标区制则更靠近浮动汇率制。

同管理浮动汇率制相比，汇率目标区制中，一国货币当局负有更多的管理汇率的责任：一方面，要在一定时期内对汇率波动制定出比较确定的区间限制；另一方面，要更关注汇率变动，必要时应利用货币政策等措施，将汇率变动尽可能地限制在目标区内。

而同传统的可调整盯住制相比，在汇率目标区制下，政府并不严格承诺在任何情况下都对外汇市场进行干预，以将汇率维持在目标区内。同时，目标区下汇率变动的范围更大。

（三）货币局制

货币局制是指在法律中明确规定本国货币与某一外国可兑换货币保持固定的兑换率，并且对本国货币的发行作特殊限制，以保证履行这一法定义务的汇率制度。货币局制通常要求货币发行必须以一定的该外国货币作为准备金，并且要求在货币流通中始终满足这一准备金要求。这一制度中的货币当局被称为货币局，而不是中央银行。因为在这种制度下，货币发行量的多少不再完全听任货币当局的主观愿望或经济运行的实际状况，而是取决于可用做准备金的外币数量的多少。中央银行失去了货币发行者和最后贷款人的功能。

货币局制是一种极端的固定汇率制。货币局制赋予了货币政策的高度可信性,并且它的管理与操作非常简便。但是这种汇率制度过于僵化,不能及时调节国际收支,不能有效地抵御国外经济波动对本国经济的冲击。

（四）无单独法定货币的外汇汇率制度

这是指同属于一个货币同盟的国家共同使用唯一的一种法定货币。

（五）水平波动盯住汇率制度

这是指能在盯住点超过±1%的范围内波动的货币汇率制度。

（六）爬行变动外汇汇率制度

这是指外汇汇率可以在一定的波动范围内周期性地调整,随选择性的量化指标变化而变化。

专栏1.3

人民币汇率制度的历史沿革如表1.2所示。

表1.2 人民币汇率制度的历史沿革

时期	汇率政策目标	汇率制度	汇率水平
1942—1952年	汇率调整的基本依据是按国内物价和国外物价的相对水平的变化,同时考虑到调节进出口贸易与鼓励侨汇的需要	爬行盯住(盯住内外物价比)	汇率高频率的调整。这一时期,人民币汇率以美元为基础,因国内通货膨胀严重而不断贬值,共调整过52次
1953—1972年	实行固定汇率,这一时期的人民币汇率制度是依附于“统一经营、统负盈亏”的外贸体制而存在的	盯住单一货币美元	人民币汇率表现出两个明显的特征:一是在国内物价的扭曲状态下,长期保持稳定;二是汇率水平长期固定不变
1973—1980年	稳定汇率,维持人民币的坚挺	盯住一篮子货币	人民币汇率稳中有升
1981—1984年	保护非贸易外汇收入,同时适当刺激外贸出口	盯住一篮子货币(双重汇率)	人民币汇率持续小幅下调

续表

时期	汇率政策目标	汇率制度	汇率水平
1985—1993 年	国际收支高额逆差和高通货膨胀使得汇率目标为平衡国际收支	从爬行盯住到管理浮动（以盯住出口换汇成本为主）	人民币汇率大幅度下调
1994—2005 年 7 月	维持汇率稳定	实现汇率并轨，实行以市场供求为基础的、单一的、有管理的浮动汇率制	汇率基本稳定
2005 年 7 月—2015 年 8 月	维持人民币汇率在合理、均衡水平上的稳定	以市场供求为基础的，参考一篮子货币进行调节、管理的浮动汇率制	汇率稳中有升
2015 年 8 月以后	提升人民币汇率的市场化程度	以市场供求为基础，参考一篮子货币进行管理的浮动汇率制（波动幅度更大）	人民币兑美元汇率大幅下调

章后阅读

2014 年中国国际收支报告

国际收支呈现“双顺差”。2014 年，我国国际收支总顺差 2 579 亿美元，较 2013 年下降 48%。其中，经常项目顺差 2 197 亿美元，增长 48%；资本和金融项目顺差 382 亿美元，下降 89%。

货物贸易顺差增长较快。按国际收支统计口径，2014 年，我国货物贸易出口 23 541 亿美元，进口 18 782 亿美元，分别较上年增长 6%和 1%；顺差 4 759 亿美元，增长 32%。

服务贸易逆差继续扩大。2014 年，服务贸易收入 1 909 亿美元，较上年下降 7%；支出 3 829 亿美元，增长 16%；逆差 1 920 亿美元，扩大 54%，其中运输项目逆差较上年微增 2%，旅游项目逆差延续扩大态势，增长 40%。

收益项目逆差收窄。2014 年，收益项目收入 2 130 亿美元，较上年增长 16%；支出 2 471 亿美元，下降 6%；逆差 341 亿美元，缩小 57%。其中，职工报酬顺差 258 亿美元，扩大 60%；投资收益逆差 599 亿美元，下降 37%。投资收益为负不代表我国对外投资损失，实际上，当年我国对外投资收益 1 831 亿美元，较上年增长 10%；外来投资利润利息、股息红利支出 2 429 亿美元，较上年下降 7%。

经常转移逆差大幅增长。2014 年，经常转移收入 411 亿美元，较上年下降 23%；支出 714 亿美元，增长 15%；逆差 303 亿美元，增长 2.5 倍。经常转移主要包括捐赠、赔偿、社会保障、税收、罚款以及博彩等。自 2013 年起，经常转移由顺差转为逆差，反映了随着居民收入提高，境内对境外的捐赠增多。

直接投资净流入小幅下降。按国际收支统计口径，2014 年，直接投资顺差 2 087 亿美元，较上年下降 4%。其中，我国对外直接投资净流出 804 亿美元，增长 10%；外国来华直接投资净流入 2 891 亿美元，下降 1%。

证券投资净流入快速增长。2014 年，证券投资项下净流入 824 亿美元，较上年增长 56%。其中，我国对外证券投资净流出 108 亿美元，扩大 102%；境外对我国证券投资净流入 932 亿美元，增长 60%。

其他投资由净流入转为净流出。2014 年，其他投资项下净流出 2 528 亿美元，而上年为净流入 722 亿美元。其中，我国对外的贷款、贸易信贷和资金存放等资产净增加 3 030 亿美元，较上年增长 113%；境外对我国的贷款、贸易信贷和资金存放等负债净增加 502 亿美元，下降 77%。

储备资产增幅放缓。2014 年，我国新增储备资产（剔除汇率、价格等非交易价值变动影响，下同）1 178 亿美元，较上年下降 73%，其中，外汇储备资产增加 1 188 亿美元，下降 73%。截至 2014 年年末，我国外汇储备余额达 38 430 亿美元，较上年年末增加 217 亿美元，同比少增 4 880 亿美元。外汇储备余额增幅小于外汇储备资产 971 亿美元，主要反映了国际市场上主要货币汇率和资产价格变化带来账面估值的波动，并没有实际的跨境资金流动。

资料来源：国家外汇管理局，http://www.safe.gov.cn。

本章小结

外汇广义上泛指以不同形式表示的、能够进行偿付的国际债权。它不仅限于外币债权，也包括具有外币职能的本币债权。外汇可以分为贸易外汇和非贸易外汇，自由外汇和记账外汇，即期外汇和远期外汇，硬币外汇和软币外汇。汇率的标价法可以分为直接标价法、间接标价法和美元标价法。从不同的角度，按照不同的标准，汇率可以分为基本汇率和套算汇率，买入汇率、卖出汇率、中间汇率和现钞价，即期汇率和远期汇率。

国际收支是在一定时期内一国居民与非居民之间经济交易的系统记录。它是一个流量概念，所反映的内容是经济交易，实质上就是价值的交换，强调的是居民与非居民之间的经济交易。国际收支平衡表主要包括经常项目、资本和金融项目、储备资产、净差错与遗漏。

在金本位制度下，两种货币含金量之比得到的汇价即铸币平价，是汇率决定的基础。市场汇率也受外汇市场的供求状况的影响，围绕铸币平价上下波动，其波动幅度受制于黄金输送点。布雷顿森林体系下的汇率是一种相对稳定的、人为的固定汇率制。两种货币的法定含金量之比，即金平价，是纸币流通固定汇率制度下的汇率决定基础。汇率的变动受到国际收支状况、通货膨胀率差异、利率差异、经济增长率以及政府的政策等因素的影响。

西方汇率理论主要经历了国际借贷说、购买力平价说、利率平价说、国际收支说以及资本市场说五个阶段。这些学说是随着经济发展的需要和经济学理论的变迁而发展演变的。

国际货币体系是各国政府为了解决国际经济交往中对于国际货币的需要，对涉及国际货币流通的各个方面，在国际范围内做出的制度性安排。国际货币体系经过了金本位制、布雷顿森林体系以及牙买加体系。当前的国际货币体系主要是有约束的浮动汇率制。供给和需求的力量在不断地改变着主要货币之间的价格，但是汇率仍然受到某些制度性安排的约束。除了浮动汇率制，还存在固定汇率制、爬行盯住制、汇率目标区制以及货币局制。

相关链接

http://www.imf.org　国际货币基金组织

http://www.safe.gov.cn　国家外汇管理局

http://www.pbc.gov.cn　中国人民银行

http://www.worldbank.org.cn　世界银行(中文)

http://www.chinamoney.com.cn　中国货币网

http://www.eurobank.org　欧洲银行集团

思考题

1. 什么是外汇？外汇的三个基本特征是什么？

2. 什么是汇率？有几种标价方法？

3. 简述汇率上升时对经济的影响。

4. 固定汇率制度有何特点？浮动汇率对经济有什么影响？

5. 简述人民币汇率制度改革对经济的影响。

即测即评

请扫描二维码，在线测试本章学习效果。

第2章 外汇市场业务

本章学习要求

通过本章的学习，应熟练掌握外汇市场的概念、分类及基本特征，了解世界主要外汇市场的制度建设和突出功能。应学会灵活运用即期外汇业务、远期外汇业务、掉期业务、套汇业务等外汇工具，准确判断和有效规避外汇市场上的风险。

本章主要概念

外汇市场（Foreign Exchange Market） 外汇经纪人（Foreign Exchange Brokers） 即期外汇交易（Spot Exchange Transaction） 远期外汇交易（Forward Exchange Transaction） 择期交易（Optional Forward Transaction） 买空（Buy Long） 卖空（Sell Short） 外汇掉期交易（Swap Transaction） 掉期率（Swap Rate） 直接套汇（Direct Arbitrage） 间接套汇（Indirect Arbitrage） 无抵补套利（Uncovered Interest Arbitrage） 抵补套利（Covered Interest Arbitrage）

章前阅读

外管局首次公布中国外汇市场交易数据

近日，外管局（国家外汇管理局）首次发布了中国外汇市场交易数据。中国银行间外汇市场建立的22年里，外汇市场交易数据对于交易商来说并不是秘密，但正式通过官方平台发布还是首次。

数据显示，2015 年 1 月，外汇市场交易量达 7 万亿元人民币，其中即期市场 3.7 万亿元，远期、掉期和期权市场各完成 2 983.23 亿元、28 466.34 亿元和 2 123.15 亿元人民币交易。

其中，备受关注的远期交易数据显示，1 月买入外汇 1 575 亿元，卖出外汇 1 215 亿元。远期交易一直以来是人民币汇率风险规避的一种重要手段。民生银行首席研究员温彬对《第一财经日报》记者表示，远期交易净买入，反映出市场对人民币汇率看跌的预期。

中国人民大学经济学院副院长刘元春向本报记者表示，中国一直强调汇率的市场化形成机制，但有管理的浮动汇率制度目前仍然存在一定的争议。把数据公布出来，能够更加透明地表现市场对于人民币预期的变化。"此前市场对人民币看涨还是看跌，主要参考的是香港市场的 NDF(无本金远期汇率交易产品)，此后外汇远期交易有可能成为一个重要的市场预期参数。"

资料来源:一财网,2015 年 3 月 1 日。

第一节　外汇市场

一、外汇市场的概念

外汇市场(Foreign Exchange Market)是指从事外汇交换、外汇买卖和外汇投机活动的场所,是国际金融市场的重要组成部分。现在的国际金融市场上,外汇交易都是通过计算机和通信网络来完成的。外汇市场已经成为一个遍及全世界的国际交易网络。

在外汇市场上进行买卖的货币主要是美元、日元、欧元、英镑、瑞士法郎、加拿大元、港元等发达国家或地区的货币。其中美元是最活跃的币种。

二、外汇市场的类型

(一)有形外汇市场和无形外汇市场

外汇市场按照有无固定交易场所可以划分为有形外汇市场和无形外汇市场。

有形外汇市场,又称欧洲大陆式外汇市场,是指有固定的交易场所,参加外汇交易的双方按照规定的营业时间和交易程序在交易所内进行交易的市场。欧洲大陆的德国、法国、荷兰、意大利等国的外汇市场就属于这一类,如德国的法兰克福外汇市场、法国的巴黎外汇市场、荷兰的阿姆斯特丹外汇市场等。目前这种外汇市场的交易十分有限,一般只做部分当地现货交易。

无形外汇市场,又称英美式外汇市场,是指没有具体的交易场所,也没有一定的开盘和收盘时间，而是由参加外汇交易的银行和经纪人，通过电话、电报、电传或计算机终端等组成的通信网络达成交易的市场。英国、美国、加拿大等国家的外汇市场属于这一类。世界上最大的外汇市场都是无形外汇市场，例如伦敦、纽约、东京、苏黎世等外汇市场。

（二）客户、银行和中央银行间外汇市场

外汇市场按照交易对象可以分为三种类型，即客户、银行和中央银行间外汇市场，这也反映了外汇市场的三个层次。

客户与银行间外汇市场，也称商业市场（Commercial Markets）、客户市场（Customer Markets）。客户可以是个人，也可以是厂商，包括进出口商、跨国公司以及出国旅游者等对外汇的供给者和需求者。客户出于各种动机向银行买卖外汇，在此过程中，银行实际是在外汇终极供给者和外汇终极需求者之间起中介作用，赚取外汇的买卖差价。这是外汇市场的第一层次。

银行与银行间外汇市场，也称同业市场（Interbank Markets）。其存在起源于弥补客户与银行交易产生的买卖差额的需要，目的在于避免由此引起的汇率波动风险，调整银行自身外汇资金的余缺。同业市场的交易金额一般都比较大，每笔至少100万美元。银行同业间的外汇交易占外汇市场总额的90%以上。因此同业市场也被称为批发市场，它是外汇市场的第二层次。

中央银行与银行间外汇市场，是外汇市场的第三层次。各国中央银行通过与银行的外汇交易干预市场，稳定本国货币的汇率和调节国际收支。

（三）官方外汇市场、黑市

按照政府的外汇管制程度外汇市场可以划分为官方外汇市场、黑市。

官方外汇市场（Official Foreign Exchange Market）是指由政府批准设立的按照政府的外汇管制法令来买卖外汇的市场，参与交易者要按照官定汇率进行外汇交易的。由于一个国家的外汇数量以及汇率水平的波动会影响该国的经济，所以各国政府都会一定程度地对外汇交易进行限制。

黑市是指政府限制或法律禁止的非法外汇市场。它是由于官方汇率偏离实际外汇市场汇率水平，造成外汇的供需不平衡，为满足外汇交易者的需要而产生的场外外汇交易市场。它虽是不合法的，但政府又很难取缔它，它是政府外汇管制的产物。

三、外汇交易的参与者

一般而言，凡是在外汇市场上进行交易活动的人都可定义为外汇市场的参与者。但是外汇市场主要由外汇银行、外汇经纪人、中央银行和客户四部分

组成。

（一）外汇银行（Foreign Exchange Banks）

外汇银行是外汇市场的主体，它是指由各国中央银行指定或授权经营外汇业务的银行。它包括专营或兼营外汇业务的本国商业银行和其他金融机构，设在本国的外国银行分支机构、代办处或其他金融机构。外汇银行从事的外汇交易主要分为两个部分：一是为客户提供服务，通过代客户买卖外汇，赚取差价，同时从为客户提供的各种服务中收取一定的手续费。二是为自身利益进行外汇交易，为平衡自身的外汇头寸进行同业间的外汇交易，并进行一定的外汇投机活动。

（二）外汇经纪人（Foreign Exchange Brokers）

外汇经纪人是指介于外汇银行之间或者银行与客户之间，为交易双方提供迅速而准确的信息，促成外汇交易并从中赚取佣金的中介人。外汇经纪人必须经中央银行批准方可参加外汇交易。目前，这项业务已经由大的交易商垄断。

（三）中央银行（Central Banks）

外汇的变动会极大地影响一国的进出口贸易和国际收支。为维护外汇市场的正常秩序，保证经济的稳定发展，各国的中央银行都经常地参与外汇市场交易，对外汇市场的买卖活动进行干预。当外汇市场上外汇短缺时，大量抛售外汇购买本币；当外汇市场上外汇过多时，大量购买外汇，抛售本币。从而影响外汇市场上外汇的供求，以达到外汇市场的均衡。目前许多国家都设立了外汇平准账户，用来干预外汇市场。

（四）客户

在外汇市场上从事外汇交易的客户主要有以下四种类型：

（1）交易性的外汇买卖者，如进出口商、国际投资者、旅游者等。

（2）出于保值性的外汇买卖者。

（3）投机性的外汇买卖者。

（4）跨国公司。跨国公司已经成为外汇市场上的主要客户，它拥有雄厚的资金和广泛的经营业务。其经营活动涉及大量的进出口结算，直接投资以及证券投资，因而经常性地参与外汇交易。

国际各种货币的交易份额如表 2.1 所示。

表 2.1　国际各种货币的交易份额（%）

货币名称	1998 年	2001 年	2004 年	2007 年	2010 年	2013 年
美元	87.3	90.3	88.7	86.3	84.9	87

续表

货币名称	1998 年	2001 年	2004 年	2007 年	2010 年	2013 年
欧元	—	37.6	37.2	37	39.1	33.4
日元	20.2	22.7	20.3	16.5	19	23
英镑	11	13.2	16.9	14.9	12.9	11.8
澳元	3.1	4.2	5.5	6.7	7.6	8.6
瑞士法郎	7.1	6.1	6.1	6.8	6.3	5.2
加元	4.5	4.2	4.3	4.3	5.3	4.6
墨西哥比索	0.5	0.8	1.1	1.3	1.3	2.5
人民币	—	—	0.1	0.5	0.9	2.2
港元	1.3	2.3	1.9	2.8	2.4	1.4
合计	135	181.4	182.1	177.1	179.7	179.7

资料来源:国际清算银行,2013 年 12 月。

注:全球合计份额为 200%。

第二节　即期外汇交易

一、即期外汇交易的概念

即期外汇交易(Spot Exchange Transaction)又称为现汇交易,是指外汇买卖成交后,交易双方于当天或两个交易日内办理交割手续的一种交易行为。即期外汇交易是外汇市场上最常用的一种交易方式,即期外汇交易占外汇交易总额的大部分。主要是因为即期外汇买卖不但可以满足买方临时性的付款需要,也可以帮助买卖双方调整外汇头寸的货币比例,以避免外汇汇率风险。

交易双方进行资金交割的日期被称为交割日(Delivery Date)或起息日(Value Date)。根据交割日期的不同,即期外汇买卖可以分为以下三种类型:

(1) 当日交割(Value Today),即在交易达成的当日办理货币的收付。如港元对美元的即期交易。

(2) 次日交割(Value Tomorrow),是在成交的第一个营业日办理交割。如港元对日元、新加坡元、马来西亚林吉特、澳大利亚元就是在次日交割。

(3) 标准日交割(Value Spot),是在成交的第二个营业日办理交割。目前大部分的即期外汇交易都使采用这种方式。

即期交易的交割日根据不同的市场的习惯而不同。在欧美市场上，交割日是成交后的第二个营业日。即期外汇交易中所指的“日”是指营业日，即两个清算国的银行均开门营业的日子，以保证交易双方同时完成货币的收付。例如，2005 年 6 月 1 日成交的英镑对美元的即期交易，一般应在 6 月 3 日交割，如果遇到其中一国的法定休息日（周末或者节假日），则交割日期应向后顺延，遇周末则要顺延至下周。

二、外汇交易的报价

即期外汇交易是外汇市场上最常见、最普遍的交易，而即期交易的报价是达成交易的基础。在即期外汇市场上，一般把提供交易价格（汇价）的机构称为报价者，通常由外汇银行充当这一角色；与此相对，外汇市场把向报价者索价并在报价者所提供的即期汇价上与报价者成交的其他外汇银行、外汇经纪、个人和中央银行等称为询价者。外汇报价如表 2.2 所示。

表 2.2 外汇报价

货币	汇率	最高	最低	波动(%)	买入价	卖出价
欧元/美元	1.426 1	1.436 7	1.421 1	−0.71	1.426 1	1.426 6
英镑/美元	1.605 6	1.607 6	1.593 3	0.53	1.605 6	1.606
澳元/美元	1.075 2	1.078 7	1.070 7	−0.21	1.075 2	1.075 7
美元/日元	80.63	81.47	80.53	−0.73	80.63	80.69
美元/瑞士法郎	0.836 9	0.851 6	0.836 4	−0.85	0.836 9	0.837 4
美元/加元	0.962 6	0.966 3	0.957 5	0.43	0.962 6	0.963 1
美元/人民币	6.464	6.466 1	6.464 5	−0.02	6.464	6.465
港元/人民币	0.830 61	0.830 95	0.830 5	−0.03	0.830 6	0.830 7
日元/人民币	0.080 198	0.080 234	0.079 4	0.74	0.080 2	0.080 1

资料来源：http://www.reuters.com，2011 年 7 月 7 日。

在即期外汇交易中，外汇银行在报价时都遵循一定的惯例：

(1) 外汇银行的报价一般都采用双向报价方式，即银行同时报出买价和卖价。

买入价和卖出价的差额称为差价。所报的汇率一般用 5 位有效数字表示，由大数和小数两个部分组成。大数(The Big Figure)是汇价的基本部分，通常交易员不会报出，只有在需确认交易的时候，或是在变化剧烈的市场才会报出。小

数(The Small Figure)是汇价的最后两个数字。例如,某银行的即期外汇报价为:

EUR/USD=1.198 1/86

GBP/USD=1.744 6/52

USD/JPY=118.41/46

公式斜线左边的货币称基准货币(Base Currency);斜线右边的货币称标价货币(Quoted Currency)。在EUR/USD=1.198 1/86中,欧元是基准货币,美元是标价货币。1.19是大数,81和86是小数,81和86之间的差额5称为差价。

一般外汇市场上汇率的小数变化非常活跃,而大数相对稳定。在报价时采用省略方式,力求简练,只要熟知行情的人能听懂就可以。因此,外汇银行之间报价通常只报最末两位数,即两位基本点。如上述报价可以简单报为:

EUR/USD:81/86

GBP/USD:46/52

USD/JPY:41/46

即期外汇交易中,报价的最小单位,市场称基本点(Basic Point),基本点是标价货币最小价格单位的1%。例如,美元兑换日元的汇率从120.53上升到120.63,则称外汇市场的汇率上升了10个基本点或10个点。

(2) 除特殊标明外,所有货币的汇价都是针对美元的,即采用以美元为中心的报价方法。在外汇市场上,外汇交易银行所报出的买卖价格,如没有特殊标明外,均是指所报货币与美元的比价。

(3) 除英镑、爱尔兰镑、澳大利亚元和新西兰元单位的汇率报价是采用间接标价法以外,其他可兑换货币的汇率报价均采用直接标价法表示。

(4) 在通过电信(如电话、电传等)报价时,报价银行只报汇价的最后两位数。

三、即期外汇交易的应用

即期外汇交易可以满足临时性的支付需要。通过即期外汇交易业务,可以将一种货币兑换成另一种货币,用来支付进出口贸易、投标、海外工程承包等的外汇结算或归还外汇贷款。

即期外汇交易可以调整所持有的不同货币的比例,规避外汇风险。例如,某国家外汇储备中美元比重较大,但为了防止美元下跌带来的损失,可以卖出一部分美元,买入日元、欧元等其他货币,调整外汇储备结构。同样,投资者也可以通过即期外汇交易调整手中外币的币种结构,优化投资组合。

通过即期外汇交易进行外汇投机。外汇市场上汇率的频繁波动为投机行为创造了条件，但是投机行为有很大的风险性，可以带来丰厚利润，也可能造成巨额亏损。

四、即期套汇汇率的计算

国际外汇市场习惯以美元为货币汇率中心，如果要知道两种非美元之间的即期汇率，就要运用套汇汇率。套汇汇率的计算规则是：

（1）如果报价方报出的两个即期汇率都以美元为基准货币，则采用交叉相除的方法进行套算。

（2）如果报价方报出的两个即期汇率都以美元为标价货币，也采用交叉相除的方法进行套算。

（3）如果报价方报出的两个即期汇率中，一个以美元为基准货币另一个以美元为标价货币，则采用同边相乘的方法进行套算。

例 2.1　已知某日香港外汇市场上的报价：

USD/EUR = 1.011 4/24

USD/HKD = 7.792 0/30

问：EUR/HKD 为多少？

解：因为两个报价都是以美元为基准货币，所以采用交叉相除的方法。EUR/HKD = USD/HKD÷USD/EUR

欧元买入价（港元卖出价）：7.792 0÷1.012 4≈7.696 6

欧元卖出价（港元买入价）：7.793 0÷1.011 4≈7.705 2

所以 EUR/HKD = 7.696 6/7.705 2

例 2.2　已知 GBP/USD = 1.582 0/30，AUD/USD = 0.732 0/25

问：GBP/AUD 为多少？

解：因为两个报价都以美元为标价货币，所以采用交叉相除的方法。

GBP/AUD = GBP/USD÷AUD/USD

英镑买入价（澳元卖出价）= 1.582 0÷0.732 5≈2.159 7

英镑卖出价（澳元买入价）= 1.583 0÷0.732 0≈2.162 6

所以 GBP/AUD = 2.159 7/2.162 6

例 2.3　某外汇市场上的汇率报价为：

USD/JPY = 120.10/90

GBP/USD = 1.481 9/30

问：某客户要将 1 000 万日元兑成英镑，按即期汇率能够得到多少英镑？

解：因为一个即期汇率以美元为基准货币，另一个以美元为标价货币，所以采用同边相乘的方法进行套算。

英镑买入价(日元卖出价)= 120.10×1.481 9 = 177.98

英镑卖出价(日元买入价)= 120.90×1.483 0 = 179.29

则 GBP/JPY = 177.98/179.29,所以该客户 1 000 万日元可以兑换 5.58(1 000÷179.29 = 5.58)万英镑。

在外汇买卖中,银行的收益来自卖出价和买入价的汇价差,汇价差越大,银行的收益越大。因此银行要实现收益最大化,就会选择最大汇价差来报价。根据银行收益最大化规则,在计算套汇汇率时,选择最小金额为买入价,最大金额为卖出价。

五、即期外汇交易的操作

一般每笔即期外汇交易都需要经过询价、报价、成交(或放弃)和证实四个步骤来完成。下面举例说明交易程序。

A:SPDEM5Mio	A:即期交易,美元兑换德国马克,金额 500 万美元
B:76/80	B:报价 76/80
A:I Sell USD	A:我方卖出美元
B:5Mio agreed	B:500 万美元成交
To confirm at 1.737 6 I buy 5 Mio USD AG DEM value 10 July 2005 my USD to B bank NY for our account. Thanks and bye	证实我方在 1.737 6 买入 500 万美元兑德国马克,起息日为 2005 年 7 月 10 日,美元付我行纽约分行账户。谢谢,再见
A:OK. Agreed my DEM to A bank FFT. Thanks and bye	A:同意,马克付我行法兰克福账户。谢谢,再见

(一) 询价(Asking Price)

询价方在询价时需要报出所询价格的交易类型,交易币种和交易金额,所询汇率使用美元标价法。在上例中,以缩写 SP 或 SPOT 来表示即期交易类型,DEM 表示交易币种为美元兑换德国马克。YEN 表示美元兑换日元的交易,GBP 表示英镑兑换美元的交易。交易金额通常以百万为单位,以 Million 表示,可以缩写为 MIO 或 M,甚至可以省略。在国际外汇市场上,正常的交易金额为500 万至 1 000 万美元,1 000 万美元以上称为大金额,而 200 万美元以下是小金额,25

万美元以下是微小金额。

（二）报价（Quotation）

接到询价的外汇银行的交易员应迅速完整地报出所询问的有关货币的现汇买入价和卖出价。由于交易双方对汇价的大致水平都比较清楚，因此报价时通常只需要报出汇率的小数。特殊情况下，将汇率的大数也同时报出，以免造成误会。

（三）成交（Done）或放弃（Noting）

当报价方报出询价方需要的汇价后，询价方应迅速做出反应，或者成交，或者放弃。如果询价方略有迟疑，报价方通常会说 URRISK，表示刚才的报价已经取消，询价方还想交易就必须再次询价。如果询价方对报价满意，可以用 BUY，IBUY 等来表示买入的意愿；或者 SELL，ISELL 等来表示卖出的意愿。如果询价方对报价不满意，可以先用 MYRISK 表示愿报价不再有效，并在数秒内再次请求报价，或是用 SORINTH 表示不继续询价，放弃。一旦成交，汇率水平、交易金额、交易币种等细节就都已经确定，对交易双方有约束力。

（四）证实（Confirmation）

成交后，交易双方就交易的内容进行一次完整的重复证实，在上例中可以看到包括汇率水平、交易金额、交易币种、起息日和收付账户。交易结束后，如果发现原证实有错误或遗漏，交易员则应尽快与交易对方重新证实。重新证实后的内容只有得到交易双方的同意才可以生效。

第三节　远期外汇交易

一、远期外汇交易的定义

远期外汇交易（Forward Exchange Transaction），又称期汇交易，是指外汇交易双方成交后签订合同，规定交易的币种、数额、汇率和交割日期，到规定的交割日期才办理实际交割的外汇交易。远期外汇交易的期限一般按月计算，通常为1个月、2个月、3个月、6个月，也可以长达1年，通常为3个月。超过1年的远期外汇交易称为超远期外汇交易。远期外汇交易的交割日是指合同到期日后的第二个营业日。例如，2003年2月22日签订的2个月远期外汇交易合同，则合同到期日为4月22日，交割日为4月24日（星期四）。

远期外汇交易按照交割日期是否固定可以分为两类：固定交割日的远期交易和选择交割日的远期交易。

固定交割日的远期交易(Fixed Forward Transaction)是指外汇交易合同规定某一固定日期作为外汇交易履行的交割日,既不能提前也不能推迟。例如 2005 年 3 月 2 日,美国公司 A 与日本一家银行签订了一份购买日元的期限为 3 个月的远期外汇合约。那么交割日期为 6 月 4 日,在这天美国公司 A 交付美元,银行交付日元。

选择交割日的远期交易(Optional Forward Transaction),又称择期交易,指交割日期不确定,交易的一方在合约有效期内任何一个营业日内有权要求另一方按双方约定的远期汇率进行交割。如上例,签约日为 3 月 2 日,则交割日可以是 3 月 4 日至 6 月 4 日期间的任何一个营业日。由于在择期外汇交易中,客户可以在约定的期限内选择交割日,这就使得银行承受较大的汇率风险。

二、远期外汇交易的标价

(一)直接标出远期汇率

直接标价法是指银行按照期限的不同直接报出某种货币的远期外汇交易的买入价和卖出价。例如,表 2.3 是中国银行人民币远期外汇牌价。

表 2.3 中国银行人民币远期外汇牌价

2011 年 7 月 8 日星期五　　单位:人民币/100 外币

期限	买/卖	美元	欧元	日元	港元	英镑	瑞士法郎	澳元	加元
7 天(7D)	买入	634.72	719.65	5.3	81.72	977.34	664.81	457.74	489
	卖出	640.62	730.96	5.39	82.8	990.14	673.67	465.77	496.17
1 个月(1M)	买入	635.63	720.75	5.32	81.85	978.85	666.18	458.04	489.59
	卖出	641.7	732.12	5.4	82.94	992.01	675.51	466.32	497.06
3 个月(3M)	买入	638.5	724.89	5.34	82.22	982.74	670.92	458.4	491.57
	卖出	644.63	736.34	5.43	83.32	995.99	680.35	466.73	499.07
6 个月(6M)	买入	641.4	729.87	5.38	82.61	987.03	676.34	458.97	493.75
	卖出	647.73	741.43	5.47	83.72	1 000.42	685.85	467.36	501.27
9 个月(9M)	买入	643.51	733.29	5.41	82.86	989.8	681.3	458.72	495.14
	卖出	650.03	745.15	5.5	84	1 003.55	691.05	467.19	502.87
12 个月(1Y)	买入	645.26	737.72	5.44	83.09	992.75	686.45	458.4	496.47
	卖出	651.89	749.88	5.53	84.25	1 006.7	696.59	466.95	504.33

资料来源:中国银行网站。

（二）差额报价法

差额报价法是指银行只报出货币远期汇率和即期汇率的差价，这个差价称为远期汇水（Forward Margin），通常表现为升水、贴水和平价。升水（Premium）是指某种货币的远期汇率大于即期汇率。贴水（Discount）是指某种货币的远期汇率小于即期汇率。平价（Par）是指某种货币的远期汇率等于即期汇率。

升水和贴水是一个相对的概念，甲货币相对于乙货币的远期汇率是升水，则乙货币相对于甲货币的远期汇率是贴水。例如，某日某外汇市场远期汇率报价（见表 2.4），该报价是以差额报价法表示的。

表 2.4　外汇市场远期汇率报价

	EUR/USD	USD/JPY	USD/AUD
即期汇率	1.184 6/1.185 7	118.03/118.07	1.356 4/1.357 3
1 个月	18/20	117.59/117.65	1.357 2/1.358 5
2 个月	39/42	117.126/117.194	1.358 0/1.359 5
3 个月	63/63	116.636/116.71	1.358 7/1.360 3
6 个月	127/133	115.197/115.293	1.360 1/1.362 2
12 个月	253/257	112.417/112.543	1.362 5/1.365 7

远期外汇交易时，银行通常只报出远期汇率的升水或贴水点数（汇率表达的基本单位），但是并不标明是升水还是贴水。判断远期升水还是贴水的规则如下：

在直接标价法下，所报点数的小数在前，大数在后，表示远期汇率升水；相反，如果点数的大数在前，小数在后，表示远期汇率贴水。

在间接标价法下，点数的小数在前，大数在后，表示远期汇率贴水；相反，如果点数的大数在前，小数在后，表示远期汇率升水。

远期汇率是在即期汇率的基础上加减远期差额得到的，但是由于汇率的标价方法不同，计算远期汇率的方法也不同。

在直接标价法下：

远期汇率＝即期汇率＋升水

远期汇率＝即期汇率－贴水

在间接标价法下：

远期汇率＝即期汇率－升水

远期汇率＝即期汇率＋贴水

例 2.4 某日香港外汇市场的外汇报价为：

即期汇率 USD/HKD = 7.781 0/20，3 个月远期 30/50。

因为香港外汇市场采用直接标价法，且所报点数的小数在前，大数在后，所以美元远期升水，远期汇率 = 即期汇率 + 升水。3 个月远期：USD/HKD = 7.784 0/70。

例 2.5 某日外汇市场的外汇报价为：

即期汇率 USD/DEM = 1.841 0/1.842 0，6 个月远期 20/8。

因为纽约外汇市场采用间接标价法，且所报点数的大数在前，小数在后，所以马克远期升水，远期汇率 = 即期汇率 - 升水。6 个月远期：USD/DEM = 1.839 0/1.841 2。

（三）用年率表示升水率和贴水率

升水率或贴水率一般都用年率来表示，也就是升水年率或贴水年率。升水年率是指远期汇率的升水率以年率的形式来表示，而贴水年率是指远期汇率的贴水率以年率的形式来表示。

例 2.6 某日美元和加元的即期汇率为：USD/AUD = 1.359 0。(1) 如果 3 个月后美元升值，其升水年率为 2.3%，则 3 个月后美元的远期汇率是多少？(2) 如果 3 个月后美元贬值，其贴水年率为 3.3%，则 3 个月后美元的远期汇率是多少？

解：(1) 若美元升值，3 个月后的远期汇率是：

$1.3590 \times (1+2.3\% \times 3/12) = 1.3668$

所以 USD/AUD = 1.366 8

(2) 若美元贬值，3 个月后的远期汇率是：

$1.3590 \times (1-3.3\% \times 3/12) = 1.3478$

所以 USD/AUD = 1.347 8

通过比较两种货币的升水(贴水)合年率和利差，可以判断投资机会。如果远期汇率的升水合年率小于两种货币的利差，那么投资者可以投资利率较大的货币来获利。

三、远期汇率的决定

一般情况下，远期汇率取决于两种货币利率的差异。利率高的货币远期汇率贴水，利率低的货币远期汇率升水。之所以有这样的规律，是因为银行经营外汇业务必须遵守买卖平衡原则，即银行卖出多少外汇，同时就要补进相同数额的外汇。当银行卖出远期外汇时，为避免风险暴露，将会在即期买入外汇。假设本币利率高于外币利率,那么如果远期汇率等于即期汇率,则银行会因为这笔远期交易损失掉一部分利息,所以银行要调整远期汇率以弥补因利率差导致的利息损失。

下面举一个例子来具体说明:

假设,港元利率为6%,美元利率为8%,外汇市场上的即期汇率为:USD/HKD=7.781 0。如果一个客户向银行购买3个月远期港元,银行就会按照即期汇率用美元购买港元,存放在银行3个月以便3个月后进行交割。这样的操作会使银行放弃高利率的美元而存放低利率的港元,银行将遭受损失。但是银行不会自己承担这个损失,而是通过影响远期汇率将它转移到客户身上。因此远期外汇汇率下跌,即美元贬值。

远期汇率的变动就要求投资于美元和港元在3个月内的获利状况是一样的。可知每投资1美元,银行3个月内港元投资可以获得港元利息:

7. 781 0×6%×3/12=0.116 7 港币

现在我们考虑银行的损失(即机会成本)。如果没有这笔业务,银行每持有1美元,3个月后会获得(如果远期汇率等于即期汇率的话):

1×8%×3/12×7.781 0=0.155 6 港元

所以当考虑银行的损失时,3个月后银行获得的实际港元本金加利息应当为:

7. 781 0+0.116 7-0.155 6=7.742 1 港元

即银行为进行这笔远期交易,实际上是以更高的价格,即1∶7.742 1而不是即期汇率显示的1∶7.781 0购买的港元。所以为弥补银行因远期交易遭受的损失,该客户必须以同银行实际购买价相同的价格,即以1∶7.742 1的汇率购买远期港元。

所以,市场均衡的3个月的远期汇率为USD/HKD=7.666 5。可见,利率高的美元远期汇率是贴水的,利率低的港元远期汇率是升水的。

根据利率平价理论方程式推导和实际计算都表明:在其他因素不变的情况下,利率对远期汇率的影响是:利率高的货币远期汇率贴水,利率低的货币远期汇率升水;远期汇率的升贴水率大约等于两种货币的利率差。但是这只是在一般情况下,因为在固定汇率制下,有时某些国家实行货币法定贬值、升值政策;在浮动汇率制下,远期外汇供求的因素会对远期汇率的起伏产生影响。这些影响会使得远期汇率的贴水、升水数字很大,与利率差异没有直接关系。

四、远期汇率的计算与套算

(一)利率与远期汇率

在远期外汇交易中,外汇银行远期汇率的报价原则主要是遵循一价定律。

所谓一价定律是指在完全竞争的市场上,相同的交易产品或金融资产,经过汇率调整后,在世界范围内其交易成本一定是相等的。远期汇率由两种货币的利率差决定,又因为远期汇率是在即期汇率的基础上加减升贴水得到的,所以升贴水的计算公式为:

升水(贴水)数=即期汇率×两种货币的利率差×天数/360

判断是升水还是贴水的规则是:根据利率平价定理,利率高的货币远期贴水,利率低的货币远期升水。

例 2.7　英国某银行向客户卖出远期 3 个月美元,设即期汇率 GBP/USD = 1.962 0,伦敦市场利率 9.5%。纽约市场利率 7%。问 3 个月英镑远期汇率为多少?

解:英镑利率高于美元利率,所以英镑远期汇率贴水。

贴水的数字=即期汇率×两种货币的利率差×天数/360

=1.962 0×(9.5%-7%)×(90/360)= 0.012

所以伦敦市场 3 个月远期汇率为:GBP/USD=1.950 0(1.962 0-0.012)

(二)远期汇率的套算

远期套汇汇率(Forward Cross Rate)的计算方法与即期套汇汇率的原理基本一致,只是在计算远期套汇汇率时,首先要分别计算远期汇率,然后按照即期汇率套汇的方法(交叉相除或者同向相乘)计算远期套汇汇率。

例 2.8　已知:即期汇率 USD/HKD=7.781 0/20

3 个月 10/30

即期汇率 USD/JPY=120.25/35

3 个月 30/45

计算 HKD/JPY 的 3 个月远期汇率。

解:第一步计算美元兑港币和美元兑日元的 3 个月远期汇率:

USD/HKD=7.782 0/50

USD/JPY=120.55/80

第二步计算港币兑日元的 3 个月远期汇率:因为两个汇率都是以美元作为基准货币,所以套汇汇率应该交叉相除。

港币兑日元的远期买入价为:120.55÷7.785 0=15.48

港币兑日元的远期卖出价为:120.80÷7.782 0=15.52

所以 3 个月远期汇率:HKD/JPY=15.48/15.52

五、远期外汇交易的作用

(一)套期保值,规避汇率风险

远期外汇交易是国际上最常用的避免外汇风险的方法。从事国际贸易的进出口商,可以通过远期外汇业务规定交易时的汇率或外汇数量,事先固定贸易的外汇成本和收益,便于经济核算。避免外汇波动风险。下面分别从进口商和出口商方面来讲远期外汇交易的作用。

出口商可以通过远期外汇交易锁定出口收汇成本。一国出口商与外国进口商签订以外币结算的贸易合同后,从签约日到收回货款需要几个星期,甚至几个月的时间。这段时间内,如果结算货币汇率下跌,就会给出口商带来损失。所以,出口商可以与银行签订远期外汇交易进行套期保值。

例 2.9 美国出口商向英国出口 200 万英镑的货物,预计 3 个月后才收汇。假如 3 个月后英镑兑美元的汇率下跌为:GBP/USD = 1.511 5/45。

假设当天外汇市场行情为:

即期汇率 GBP/USD1.552 0/30

3 个月远期 20/10

如果美国出口商不进行套期保值,3 个月英镑贬值将会损失多少?如果采取套期保值措施,该出口商应该如何操作?

解:(1) 美国出口商不采取措施,3 个月后收到 200 万英镑,按 3 个月后 GBP/USD 的即期汇率兑换可以收到:

200×1.511 5 = 302.3 万美元

而即期收到 200 万英镑可以兑换的美元为:

200×1.552 0 = 310.4 万美元

由于汇率变动,美国出口商的损失为:

310.4-302.3 = 8.1 万美元

(2) 美国出口商采取用远期外汇交易来套期保值,在外汇市场上卖出 3 个月远期英镑,汇率是 GBP/USD = 1.550,3 个月后收到进口商的 200 万英镑可以兑换美元:

200×1.550 = 310 万美元

310-302.3 = 7.7 万美元

这种方法比不采取套期保值措施多获得 7.7 万美元。

但是,汇率的波动是双向的,可能上升,也可能下降。如果 3 个月后英镑汇率上升,此时进行套期保值的美国出口商就不能够获得英镑汇率上升时兑换较多美元的好处。所以,在利用远期外汇交易套期保值时,也可能因为预期失误而不能获得因汇率变动而带来的好处。

同理,进口商也可以通过远期外汇交易锁定进口付汇成本。

(二) 调整外汇银行外汇持有额和资金结构

从事外汇业务的银行,可以通过远期外汇市场调整外汇持有额和资金结构。

进出口商同外汇银行进行远期外汇买卖后就将汇率风险转嫁给了外汇银行。外汇银行在买卖某种外汇时,或是买入大于卖出(多头),或是卖出大于买入(空头),这样外汇银行就处于汇率变动的风险中。此时,外汇银行可以远期外汇交易来规避外汇风险。

例 2.10　伦敦某银行在 3 月 1 日卖出 6 个月远期 200 万瑞士法郎。

假设当天外汇市场行情为:

即期汇率 GBP/CHF = 13.750/70

6 个月远期 GBP/CHF = 13.800/20

如果 6 个月后瑞郎交割日的即期汇率为 GBP/CHF = 13.725/50,那么,该银行听任外汇敞口存在,其盈亏状况怎样?

解:如果该银行按 6 个月后的即期汇率买进瑞郎,需支付英镑为:

200÷13.750≈14.545 万英镑

同时银行履行 6 个月期的远期合约,获得英镑为:

200÷13.800≈14.493 万英镑

所以,银行如果听任外汇暴露存在,将会亏损:

14.545-14.493=0.052 万英镑

所以,银行应该将超卖部分的远期外汇买入、超买部分的远期外汇卖出。

(三)远期外汇交易为外汇投机者提供了机会

投机与套期保值不同,套期保值是为避免汇率变动风险而轧平对外债权债务的头寸,而投机活动的目的则是通过有意识地持有外汇多头或空头,从汇率变化中赚取差价收益。外汇投机包括现汇投机和期汇投机。利用现汇市场进行外汇投机,由于现汇交易要求立即进行交割,投机者手中必须持有足够的本币或者外币,而利用期汇市场进行期汇投机,投机者手中不必持有很多资金,因为期汇投机在到期时并不需要真正进行现汇买卖,双方只需要交割汇率变动的差价。

利用远期外汇买卖进行投机是基于投机者对汇率变化的正确预测,可以分为买空(Buy Long)和卖空(Sell Short)两种形式。买空,即先买后卖的投机交易,投资者预期某种货币未来升值,而在外汇市场上买入远期合同。如果在合约到期时即期汇率高于远期合约汇率,则投机者按照远期合约交割,然后到现汇市场上卖出,获取差价形式的投资利润。卖空,即先卖后买的投机交易,就是如果投机者预期某种货币未来贬值,在外汇市场上卖出远期合同。若到交割日时即期汇率低于远期合约汇率,则投机者可在现汇市场上买入现汇来交割远期合约。但是实际汇率的变动可能与投机者预测的汇率变化相反,那么投机者就会受到损失。

例 2.11 某加拿大投机商预期 6 个月美元对加元的汇率将会较大幅度下跌,于是做了 100 万美元的卖空交易。在纽约外汇市场上,6 个月期美元期汇的汇率为 USD/CAD = 1.368 0/90。假设预期准确,6 个月后美元的即期汇率下降到 USD/CAD = 1.353 0/50,该投机商可以获得多少利润?如果预期错误,6 个月后美元的即期汇率上升到 USD/CAD = 1.377 0/90,则该投机商的获利状况如何?

解:加拿大投机商在预测美元远期贬值的基础上,通过先卖后买的卖空交易来获利。6 个月后在即期市场上买入 100 万美元,需要支付 100×1.355 0 = 135.5 万加元。按照远期合约卖出 100 万美元,可以获得 100×1.368 0 = 136.8 万加元,则通过卖空交易,该投机商可以获得 136.8−135.5 = 1.3 万加元的利润。

但是如果预测错误,6 个月后美元汇率上升。该投机商 6 个月后在即期市场上买入 100 万美元,需要支付 100×1.379 0 = 137.9 万加元。而履行远期合约他可以获得 136.8 万加元。由于错误预期该投机商将遭受损失 1.1 万加元。

六、择期外汇交易

(一)择期外汇交易的定义

择期外汇交易是指在做远期外汇交易时,不规定具体的交割日期,只规定交割的期限范围。在规定的交割期限范围内,客户可以按预定的汇率和金额自由选择日期进行交割。交割的范围可以从成交后的第二个工作日至到期日的整个期间,也可以定于该期间内某两个具体日期之间,或具体的月份中。交割的期限越长,银行所承受的风险越大。

择期外汇交易使得客户可以选择合适的起息日进行资金的交割,为资金安排提供了较大的灵活性。进出口商在国际贸易中,签订了买卖商品的合同,但往往不能确定付款日期或收款期,如果签订了固定的远期合约,一旦到期不能付款或收款,都需承担违约责任,择期外汇交易不仅能够稳定贸易成本,而且可以避免外汇风险。

(二)择期外汇交易的定价

择期外汇交易的定价过程是:第一步确定择期外汇交易交割期限内的第一个和最后一个工作日。第二步计算出第一个和最后一个工作日的远期汇率。第三步比较这两个工作日的远期汇率,选择一个对银行最有利的报价。

例 2.12 即期汇率 USD/DEM = 1.841 0/20

3 个月远期 120/140

6 个月远期 260/300

客户向银行要求做一笔美元兑马克的择期外汇交易,请计算外汇银行报出

3个月至6个月的任选交割日的远期汇率。

解:首先,确定择期交割期限内第一天和最后一天的远期汇率。第一天的远期汇率,即3个月交割的远期汇率为:

USD/DEM = 1.853 0/1.856 0

最后一天的远期汇率,即6个月交割的远期汇率为:

USD/DEM = 1.867 0/1.872 0

最后选择对银行最有利的报价。

根据以上分析,如果客户要求买入美元、卖出马克,则银行卖出美元时,可供银行选择的汇率有1.856 0和1.872 0,此时选择1.872 0对银行更有利。如果客户要求卖出美元、买入马克,则银行买入美元时,可供选择的汇率有1.853 0和1.867 0,此时选择1.853 0对银行更有利。所以,3个月至6个月美元兑马克的择期远期交易,最有利于银行的报价为1.853 0/1.872 0。

从以上实例可以总结出银行在进行择期业务报价时依据的原则:

银行卖出择期远期外汇,且远期外汇升水时,银行按最接近择期期限结束时的远期汇率计算;若远期外汇贴水,则银行按最接近择期开始的远期汇率计算。

银行买入择期远期外汇,且远期外汇升水时,银行按最接近择期期限开始时的汇率计算;若远期外汇贴水,则银行按接近择期期限结束时的汇率计算。

(三)择期外汇交易

例2.13 2003年4月2日,美国A公司与德国B公司签订一份贸易合同,进口一套设备,金额为180万欧元,货款结算日期预计在1个月后到3个月之间。A公司预测欧元会升值,于是在4月2日与银行签订一份1个月至3个月的择期远期外汇交易合同,用美元买入180万欧元。外汇银行的外汇报价如下:

即期汇率 EUR/USD = 1.080 0/10

1个月远期 15/20

3个月远期 30/40

请计算A公司在1个月后到3个月的期间履行合同需要支付多少美元。

解:首先确定该外汇银行的择期外汇交易报价。根据外汇报价,1个月远期汇率的欧元卖出价为:

1. 081 0+0.002 0 = 1.083 0

3个月远期汇率的欧元卖出价为:

1. 081 0+0.004 0 = 1.085 0

所以1个月到3个月的择期远期外汇交易合同的汇率为:

EUR/USD = 1.085 0

因而 A 公司在 1 个月后到 3 个月期间执行合同需支付的美元金额为：

180×1.085 0 = 195.3 万美元

第四节 外汇掉期

一、外汇掉期的定义

外汇掉期(Swap)是指买进或卖出某种货币的同时,卖出或买进期限不同的同种货币。这两笔外汇交易中,币种相同、交易金额相等,但是交易方向相反、交易期限不同。外汇掉期交易的主要目的包括两个方面:一是轧平外汇头寸,避免汇率变动引起的风险;二是利用不同交割期限汇率的差异,通过贱买贵卖谋取利润。

二、外汇掉期的分类

(一) 根据起息日进行的分类

1. 即期对远期的掉期交易(Spot-forward Swaps)

这是掉期交易中最常见的形式,指买进或卖出一笔现汇的同时,卖出或买进一笔期汇的掉期交易。在短期投资中,通常运用掉期交易将一种货币转换成另一种货币,固定换汇成本,规避风险。在实际操作中常见的即期对远期的掉期交易有:

(1) 即期对次日掉期(S/N,Spot/Next)。即第一个交割日在即期,后一个交割日安排在次日的掉期交易。

(2) 即期对一周掉期(S/W,Spot/Week)。即第一个交割日在即期,后一个交割日是一星期的远期。

(3) 即期对整数月掉期,如 1 个月、2 个月、3 个月和 6 个月等。第一个交割日在即期,后一个交割日是 1 个月或 2 个月等整数月远期。

2. 即期对即期的掉期交易(Spot Against Spot)

这是指买进或卖出一笔即期外汇的同时,卖出或买进另一种同种货币的即期。这两笔即期交易的区别在于它们的交割日期不同。可以用来调整短期头寸和资金缺口。常见的交易有:

(1) 今日对明日掉期(Today-Tomorrow Swap)。指将第一个交割日安排在成交的当天(即“今天”),并将后一个交割安排在成交后的第一天(即“明天”)的掉期,又称为隔夜交易(O/N,Over-Night)。

(2) 明日对后天掉期(Tomorrow-Next Swap)。指将第一个交割日安排在成交后的第一个工作日(即“明天”),将后一个交割安排在成交日后的第二个工作日(即“后天”),又称为隔日交易(T/N,Tom-Next)。

今日对明日和明日对后天掉期交易的时间跨度都是一个交易日。

3. 远期对远期的掉期交易(Forward Against Forward)

这是指两笔交易金额相等、交易方向相反、不同期限的远期外汇交易组成。这种交易有两种方式:一是买进较短交割期的远期外汇,卖出较长交割期的远期外汇;二是买进期限较长的远期外汇,而卖出期限较短的远期外汇。

(二) 根据交易的买卖对象进行的分类

1. 纯粹掉期(Pure Swap)

它是指对某交易者而言,掉期交易中的两笔方向相反、期限不同、金额相同的交易是与同一个交易对手进行的。例如,甲向乙卖出了 30 天远期的 100 万美元的同时,又从乙处买进 90 天远期的 100 万美元。

2. 制造掉期(Engineered Swap)

它是指掉期交易中的两笔方向相反、期限不同、金额相同的交易是与不同的交易对手进行的。例如,甲向乙卖出了 30 天远期的 100 万美元的同时,从丙处购买了 90 天远期的 100 万美元。

三、外汇掉期的报价

掉期率(Swap Rate)是掉期交易的价格,在外汇市场上一般只报出掉期率。掉期率的报价通常采用双向报价,即同时报出买入价和卖出价。掉期率一般用基本点来表示买入价和卖出价。买入价表示即期卖出基准货币与远期买入基准货币的汇率差额;卖出价表示即期买入基准货币与远期卖出基准货币的汇率差额。

外汇掉期交易中,判断升水或贴水的方法为:

如果掉期率是按照左小右大排列,则表示升水。远期汇率等于即期汇率加上掉期率;如果掉期率是按照左大右小排列,则表示贴水。远期汇率等于即期汇率减去掉期率。

例 2.14 某外汇市场上的汇率报价为:

即期汇率 GBP/USD = 1.563 5/50

3 个月掉期率 20/45

所以 3 个月的远期汇率为:

GBP/USD = 1.565 5/95

因为掉期率是按照左小右大排列，所以表示升水，远期汇率等于即期汇率加上掉期率。20 买入价表示即期卖出基准货币与远期买入基准货币的汇率差额；45 卖出价表示即期买入基准货币与远期卖出基准货币的汇率差额。

即期买入英镑　　　　　　1.563 5

3 个月远期卖出英镑　1.568 0（1.563 5+0.004 5）

即期卖出英镑　　　　　　1.565 0

3 个月远期买入英镑　1.577 0（1.565 0+0.002 0）

四、外汇掉期交易的应用

掉期交易是由两笔币种相同、交易金额相等但是交易方向相反、交易期限不同的交易构成的。它可以用于以下方面：

（一）进行套期保值

例如，中国出口商与美国进口商签订合同，规定 3 个月后支付 100 万美元货款。中国出口商将在 3 个月后获得 100 万美元。但是在这期间，如果美元汇率下跌，中方将遭受损失。为了规避外汇风险，中方卖出 3 个月远期美元给银行。银行如果不做相反的交易，3 个月后会出现 100 万美元的多头风险。银行可以用掉期交易来规避风险。银行即期卖出 100 万美元，加上远期从客户买入的 100 万美元，这样美元一买一卖相互抵消转移了客户带给银行的外汇风险。

（二）货币转换

掉期交易可以使投资者将闲置的货币转换为所需要的货币，并得以运用，从中获取利益。现实中，许多公司和银行及其他金融机构就利用这项新的投资工具，进行短期的对外投资。在进行这种短期对外投资时，它们必须将本币兑换为另一国的货币，然后调往投资国或地区，但在资金回收时，有可能发生外币汇率下跌使投资者蒙受损失的情况，为此，就利用掉期交易避开这种风险。例如，某银行因为业务需要，以日元购入意大利里拉存放 3 个月。为了防止 3 个月后里拉汇率下跌，该银行利用掉期业务，在买入里拉的同时，卖出 3 个月远期的里拉，实现了货币转换，避免了风险。

（三）轧平交易中的资金缺口

例如，某出口企业收到国外进口商支付的货款 100 万美元，该企业需要将货款换成人民币。但同时该企业 3 个月后需要支付进口原材料 100 万美元的货款。此时，该企业就可以与银行办理一笔掉期业务，即期卖出 100 万美元，取得相应的人民币，3 个月远期以人民币买入 100 万美元。通过掉期交易，该出口企业可以轧平交易中的资金缺口，达到规避风险的目的。

（四）进行投机性的掉期交易，从中获得利润

外汇掉期交易中的远期汇率在掉期交易进行时已经确定,考虑到未来的市场利率与汇率都可能发生变化,人们可以根据对利率变化的预期,做出对未来某个时刻市场汇率的预期,并根据这种预期进行投机性的掉期交易,从中获得利润。

五、外汇掉期交易

例 2.15　某香港公司从欧洲进口设备,1 个月后将支付 100 万欧元。同时该公司向欧洲出口产品,3 个月后将收到 100 万欧元货款。香港公司做了笔掉期交易来规避外汇风险。假设外汇市场上的汇率报价为:

即期汇率:　　　　EUR/HKD = 7.790 0/05

1 个月远期差价　　　　10/15

3 个月远期差价　　　　30/45

问:香港公司如何进行远期对远期掉期交易以保值? 其收益状况如何?

解:香港公司可进行 1 个月对 3 个月的远期对远期掉期交易,即买入 1 个月远期的 100 万欧元,同时卖出 3 个月远期的 100 万欧元。

1 个月后香港公司买入 100 万欧元,需支付港元为:

100×7.792 0 = 779.20 万港元

3 个月后香港公司卖出 100 万欧元,可获得港元为:

100×7.793 0 = 779.30 万港元

通过远期对远期的掉期交易可以获得港元收益为:

779.30 万港元-779.20 万港元 = 1 000 港元

如果香港公司是通过做两笔即期对远期的掉期交易来规避风险的,则操作是:对于 1 个月后支付的货款,在远期市场上买入 1 个月 100 万欧元,同时在即期市场上卖出;对于 3 个月后将收到的货款,在即期市场上买入 100 万欧元,同时卖出 3 个月远期的 100 万欧元。收益状况为:

1 个月支付的货款:香港公司买入 1 个月远期欧元需要支付 100×7.791 5 = 779.15 万港元,在即期市场上卖出获得 100×7.790 0 = 779.00 万港元,损失 1 500 港元。

3 个月收到的货款:香港公司在即期市场买入欧元需要支付 100×7.790 5 = 779.05 万港元,卖出 3 个月远期欧元可获得 100×7.793 0 = 779.30 万港元,其收益为 2500 港元。

所以通过两笔即期对远期的掉期交易可以获得 1 000 港元。

第五节 套汇、套利

一、套汇交易

从理论上来说,尤其是在当今电信业如此发达的情况下,世界范围内某种货币的汇率应该是趋向同一的。然而,由于外汇供求或者其他关系的变动,以及信息交流不够充分等因素,不同的外汇市场在同一时刻的货币汇率存在差异。这种短暂的外汇差异为套汇人提供了投机的机会。

套汇(Arbitrage),是指套汇人利用两个或两个以上外汇市场在同一时刻货币的汇率差异进行外汇交易,在汇率较低的市场上买入一种货币,在汇率较高的市场上卖出该货币,从中赚取差价利润的活动。

套汇交易结束后,原先汇率较低的外汇市场上,该种货币的需求大于供给,从而该货币的汇率上升;原先汇率较高的外汇市场上,该种货币的供给大于需求,使得货币汇率下降。这样,各个市场的汇率差异减小,趋于消失。

套汇交易一般可以分为直接套汇和间接套汇。

(一)直接套汇

直接套汇(Direct Arbitrage),又称两角套汇或两点套汇、两地套汇,是套汇者利用两个外汇市场之间在同一时间的汇率差异,同时在两个市场上买卖该货币,赚取汇差利润的外汇交易。例如,在某一时刻,香港和纽约外汇市场上的汇率如下:

香港外汇市场上:USD1=HKD7.818/28

纽约外汇市场上:USD1=HKD7.801/11

显然,美元在香港外汇市场上的汇率高于在纽约外汇市场上的汇率,套汇者根据直接套汇的原则,在纽约外汇市场上以USD1=HKD7.811买入美元,在香港外汇市场上以USD1=HKD7.818卖出美元。如果套汇资金为781.1万港元,那么获得的套汇收益为781.8-781.1=0.7万港元。

但是上面的交易中未考虑电话、电传、佣金等费用,所以套汇利润必须大于套汇费用,否则套汇者便无利可图,套汇活动就不会发生。

(二)间接套汇

间接套汇(Indirect Arbitrage),又称三地套汇,是利用三个或三个以上外汇市场同一时间的汇率差异,在多个市场间调拨资金,贱买贵卖,从中获取利润的外汇交易。由于间接套汇涉及多个外汇市场,情况复杂,所以必须判断是否存在套汇机会。判断的方法是:将三地的汇率换算成同一标价法(都换成直接标价法或间接标价法)下的汇率,然后将三个汇率连乘,若乘积等于1,则不存在汇率差异;若乘积不等于1,则存在汇率差异,可以进行套汇。

例2.16　同一时间,纽约、伦敦、香港外汇市场上的汇率如下:

纽约外汇市场:USD1=HKD7.850 8/18

伦敦外汇市场:GBP1=USD1.651 0/20

香港外汇市场:GBP1=HKD12.490/500

要求:判断三地是否存在套汇机会。如果存在套汇机会,某港商有200万港元投资成本,如何进行套汇?获利多少?不考虑其他费用。

解:首先将三地的汇率换算成同一标价法下的汇率,由于纽约和伦敦外汇市场都采用间接标价法,则将香港外汇市场的汇率换算成间接标价法。HKD1=GBP0.080 0/01将三个汇率同边相乘得到:

(0.08×1.651 0×7.850 8)/(0.080 1×1.652 0×7.851 8)≈1.036 9/1.039 0

由此可以看出套汇机会。图2.1演示了该套利业务的操作过程。

套汇的方向为:先在香港外汇市场上卖出港元、买入英镑,然后在伦敦外汇市场上卖出英镑、买入美元,最后在纽约外汇市场上卖出美元、买入港元。

该港商获得的套汇收入为:

200×(0.08×1.651 0×7.850 8)=207.386 7(万港元)

207.386 7-200=7.386 7(万港元)

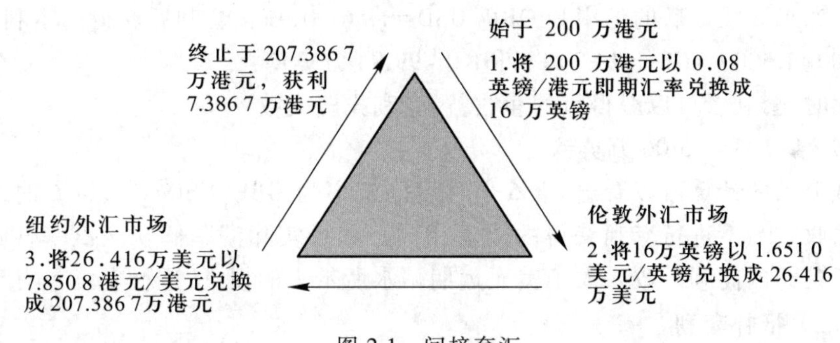

图2.1　间接套汇

二、套利交易

套利交易(Interest Arbitrage Transaction)也叫利息套汇,是指投资者利用不同国家或地区短期利率的差异,将资金由利率较低的国家或地区转移到利率较高的国家或地区进行投资,以从中获得利息差额收益的外汇交易。按照套利者在套利的同时是否做远期外汇交易进行保值，套利交易可分为无抵补套利和抵补套利。详见利率平价理论。

（一）无抵补套利

无抵补套利（Uncovered Interest Arbitrage）是指套利者把短期资金从利率较低的市场调到利率较高的市场进行投资，以谋取利息差额收入。由于套利者在套利的同时没有做远期外汇交易进行保值的套利交易，因而要承担汇率波动产生的风险。

例 2.17　假设即期汇率 GBP/USD = 1.500 0，美元年利率为 8%，而同期英镑年利率为 6%，在预期 6 个月后市场汇率为 GBP/USD = 1.504 0 的基础上，某英国套利者以 100 万英镑进行为期 6 个月的套利。

问：如果预期准确，该英国套利者可获得多少套利净收入？

解：如果预期准确，投资者先将 100 万英镑换为美元投资，6 个月后按照预期的汇率将获得的本利兑换成英镑：

100×1.500 0×（1+8%÷2）÷1.504 0 = 103.72 万英镑

如果不进行套利，100 万英镑 6 个月可以获得的本利为：

100×（1+6%÷2）= 103 万英镑

套利者可以获得的净收益为：

103.72－103 = 0.72 万英镑

但是如果套利者预测不准确，也不做远期外汇交易进行保值，就要承担外汇风险。如果 6 个月后的汇率为 GBP/USD = 1.561 0，那么套利后获得的本利为：

100×1.500 0×（1+8%÷2）÷1.561 0 = 99.94 万英镑

此时，套利者可以获得负的净收益，套利投资失败：

99.94－103 = －3.06 万英镑。

从上面的计算可以看出，当 6 个月后的汇率为 GBP/USD = 1.514 6 时，套利所得的收益与不进行套利获得的收益相同。如果实际汇率低于该汇率，则美元相对于英镑的高利差收入大于美元远期贴水所带来的损失，进行套汇是有利的。

（二）抵补套利

抵补套利（Covered Interest Arbitrage）是指套利者在套利的同时，通过远期外汇交易进行保值的套利交易。这种做法就是将套利交易和掉期交易相结合，避免外汇风险。抵补套利是比较常见的投资方法。

援引上例，假设 6 个月远期英镑对美元的汇率为 GBP/USD = 1.509 6，那么套利者在做套利的同时做掉期，卖出远期美元收入，可以避免汇率波动带来的风险。

100×1.500 0×（1+8%÷2）÷1.509 6－103 = 0.34 万英镑

值得注意的是,套利活动存在的条件是两个地区的利率差异大于两种货币的即期汇率和远期汇率的差异。如上题,当远期汇率为 GBP/USD = 1.504 0 时,英镑的年升水率为:

(1.504 0-1.500 0)÷1.500 0×12/6=0.005

两国的年利差为 8%-6%=2%,大于英镑的年升水率,所以套利成功。

而当远期汇率为 GBP/USD = 1.561 0 时,英镑的年升水率为 8%,大于两国的年利差,所以不能进行套利。

利率的差异使得资金从一国流向另一国会出现恢复利率平价的趋势。这是根据利率平价理论,外汇的远期差价是由两国利率的差异决定的。套利者买入即期高利率货币,卖出即期低利率货币。同时为了避免外汇风险,卖出远期高利率货币,买入远期低利率货币。这样必然使得高利率的货币远期贴水,低利率的货币远期升水,直至即期汇率和远期汇率的差异等于两地利率差异,套利活动会停止。

章后阅读

人民币离岸 NDF 市场的兴与衰

“NDF 市场在中国内地开始汇改,特别是 2005 年、2006 年第一次汇改之前,交易还是很活跃的。”中银香港发展规划部人民币业务处主管杨杰文表示。但随着汇改推进,人民币逐步开放,2010 年和 2011 年左右,香港人民币离岸 NDF 市场不断萎缩,与之相对的是,2010 年前后建立起来的 CNH 市场规模不断扩展。

根据央行最新发布的《人民币国际化报告(2015)》,去年香港、新加坡、伦敦等主要离岸市场人民币外汇日均交易量已经超过 2 300 亿美元,远超中国境内人民币外汇市场(含银行间市场和银行代客市场)550 亿美元的日均交易量。人民币离岸 NDF 市场开始于 1996 年左右,中国香港地区和新加坡人民币 NDF 市场是亚洲最主要的离岸人民币远期交易市场。银行是 NDF 交易的中介机构,供求双方基于对汇率看法的不同,签订非交割远期交易合约,合约到期时只需将约定汇率与实际汇率差额进行交割清算,一般以美元作为结算货币,无须对 NDF 的本金即受限制的货币进行交割。

“人民币离岸 NDF 市场的出现,是基于境外投资者的人民币风险管理或对冲人民币风险的需要。由于人民币不是可自由兑换货币,尽管境内有规模不小的人民币外汇交易市场,但由于资本项目管制,在境外市场接触不到境内人民币市场。”杨杰文介绍,场外交易的人民币 NDF 就成为这样一个在境外管理人民币汇率风险的工具。

相应地，人民币离岸 NDF 市场的参与者也就自然而然地包括那些在中国有投资项目或者投资与中国有关系的境外投资者，他们因有实际外汇风险对冲需求而参与 NDF 交易管理人民币汇率风险；另一类投资者则是基于对人民币汇率走势的预测，而进行投机交易的投资者。

2010 年 7 月，中国人民银行和香港金融管理局同意扩大人民币在香港的贸易结算安排，香港银行为金融机构开设人民币账户和提供各类服务不再面临限制，个人和企业之间可通过银行自由进行人民币资金的支付和转账，离岸人民币市场随之启动。

“CNH 市场的建立，加上离岸和在岸市场之间也有一定渠道互通，就改变整个离岸市场对人民币汇率风险对冲工具的选择，原来大家都只能被迫使用 NDF，2010 年之后随着 CNH 市场的建立和发展，境外很多银行可以提供远期、掉期和跨货币掉期等多种风险对冲的产品，这些离岸人民币产品又都是可交割的。”杨杰文指出，在这种局面下，人民币离岸 NDF 市场也就不断萎缩，成为边缘化市场。今年，人民币离岸 NDF 市场的每日成交量已经降至 8 亿美元左右。

接下来几年里，汇改政策的逐步出台，给 CNH 市场的发展带来更多助推力。“双向波动后，离岸人民币风险管理工具的效用更加明显。单向升值时，CNH 持有人不需要通过卖空来平衡汇率风险，对冲市场的交易量也不是很大。双向波动后，更多人愿意用外汇产品来做对冲，价格也更能体现货币的基本价格。”杨杰文指出，现在，做人民币外汇产品已经和其他币种非常接近，市场更加多元化。

“去年香港人民币清算平台交易量达 170 万亿元，其中 90%是离岸交易，香港或者通过香港到境内的交易量不超过 10%，余下都是离岸交易，绝大多数为同业交易，包括同业外汇交易、掉期或者其他衍生产品，CNH 市场的规模已经非常大。”杨杰文表示。

资料来源：一财网，http://www.yicai.com/news/，2015 年 7 月 22 日。

本章小结

本章介绍了外汇市场以及传统的外汇交易方式。外汇市场是指从事外汇买卖或者货币兑换的场所，是国际清算或转移债权债务的重要媒介。外汇交易的参与者主要有外汇银行、外汇经纪人、中央银行和客户。伦敦外汇市场、纽约外汇市场、法兰克福外汇市场、巴黎外汇市场、东京外汇市场等是世界上最著名的外汇市场。中国外汇交易中心是中国银行间外汇市场、人民币同业拆借市场、债券市场和票据市场的中介服务机构。

外汇交易品种存在多样化特点，一般传统的外汇交易包括即期外汇交易、远期外汇交易、掉期外汇交易、套汇套利。投资者可以通过这些外汇交易套期保值以规避风险，调整外汇持有额和资金结构，或者进行投机赚取利润。即期外汇交易和远期外汇交易是外汇市场上的两大基本交易形式。即期外汇交易是指以当时市场价格成交后，在两个营业日内办理货币交割的外汇业务。即期外汇报价时外汇银行的报价一般都采用双向报价方式，即银行同时报出买价和卖价。远期外汇交易是超过两个营业日交割的外汇业务。远期外汇标价可以直接标出远期汇率，也可以采用差额报价法。远期汇率取决于两种货币利率的差异。利率高的货币远期汇率贴水，利率低的货币远期汇率升水。

掉期交易是指交易者在买进或卖出某种货币的同时，卖出或买进期限不同的同种货币。利用同一时间点上两地或者三地间的汇率不一致，可以进行套汇交易。利用不同国家或地区短期利率的差异，可以进行套利交易。

灵活运用汇率的计算并且遵循进出口报价的原则，能提高进出口商的企业效益，规避风险。

相关链接

http://www.cme.com　芝加哥商业汇率网站

http://www.financialnews.com.cn　金融时报网站

http://www.bis.org　国际清算银行

http://finance.yahoo.com　雅虎财经频道

http://www.forbes.com　福布斯

http://www.safe.gov.cn　国家外汇管理局

思考题

1. 传统的外汇交易方式有哪些？它们各自的含义是什么？
2. 远期外汇交易的报价有哪几种？如何计算远期汇率？
3. 如何确定择期交易中的汇率？
4. 银行在择期交易中的报价原则是什么？
5. 如何判断是否存在套汇机会？
6. 怎样利用两国利率差进行抵补套利？

计算题

1. 某年10月末外汇市场行情为:

即期汇率:USD/DEM = 1.651 0/20

3个月远期差价 16/12

假定美国某进口商从德国进口价值100 000马克的机器设备,可在3个月后支付马克。若美国进口商预测3个月后 USD/ DEM = 1.642 0/30。问:

(1) 美国进口商若不采取保值措施,延后3个月支付马克比现在支付马克预计将多支付多少美元?

(2) 美国进口商如何利用远期外汇市场进行保值?

2. 在某一交易日,法兰克福、苏黎世、新加坡外汇市场上的汇率如下:

法兰克福外汇市场:EUR1 = CHF1.603 5/85;

苏黎世外汇市场:SGD1 = CHF0.285 8/86;

新加坡外汇市场:EUR1 = SGD5.661 0/50。

问:

(1) 请判断是否存在套汇机会。

(2) 一个套汇者若要进行100万欧元(EUR)的套汇交易,可以获利多少英镑?

即测即评

请扫描二维码,在线测试本章学习效果。

第二篇
衍生产品与衍生市场

第3章 期　货

本章学习要求

通过本章的学习，应深入了解期货合约的内容和合约性质，熟悉保证金的操作过程；明晓期货交易的一般程序，了解世界主要期货市场的特点，掌握期货合约的价格、性质及其结算、交割，期货合约的交易策略等知识点。

本章主要概念

期货合约(Futures Contract)　远期合约(Forward Contract)　保证金(Margin)　结算价格(Settlement Price)　套期保值者(Hedger)　投机者(Speculator)　市价订单(Market Order)　基差(Basis)　空头套期保值(Short Hedge)　多头套期保值(Long Hedge)　跟踪套期保值(Tailing the Hedge)

章前阅读

在最初的120年里，期货交易所只提供商品期货交易合同，比如农产品和金属。而后，到了1971年，主要的西方国家开始允许它们的货币汇率自由浮动，这就开启了1972年国际货币市场(International Monetary Market，IMM)的大门。

国际货币市场是芝加哥商品交易所的附属机构，专门从事外币的期货交易。它们最早被称为金融期货(Financial Futures)。第一份利率期货合约出现于 1975 年，当时芝加哥商品交易所首次出现 GNMA 期货，该种期货合约以政府国民抵押贷款联合会(Government National Mortgage Association)发售的凭证为标的，其收益反映了抵押贷款的利率。

1976 年，国际货币市场引入第一份短期政府债券期货合约，即 90 天美国政府债券(U.S. Treasury Bill)合约。在短短的几年中，国债期货成了交易最活跃的金融工具，远远超过了历时百年之久的农产品期货。但是，近来欧洲美元期货已超过美国国债期货成为美国最活跃的期货交易品种。

20 世纪 80 年代，股票指数期货蓬勃发展。这一金融工具，亦被戏称为“猪肚合约”，填平了纽约股票交易员和芝加哥期货交易员之间长久以来的鸿沟。芝加哥商品交易所下属的指数及期权市场推出了标准普尔 500 种股票指数期货(S&P 500 Futures Contract)。纽约期货交易所(New York Futures Exchange)也推出了自己的纽约股票指数期货交易(New York Stock Exchange Index Futures)。

资料来源:唐 · M.钱斯.衍生金融工具与风险管理.北京:中信出版社,2004。

第一节　期货市场概述

一、期货的概念

期货合约(Futures Contract)是指协议双方同意在约定的将来某个日期按约定的条件,包括价格、交割地点、交割方式,买入或卖出一定标准数量的某种标的资产的标准化协议。

期货合约是一种标准化的远期合约,在期货交易所场内进行交易,服从逐日结算的程序,保证合约的损失方将款项及时支付给对方。期货合约的主要条款包括合约规模、报价单位、最小价格变动、等级和交易时间,还必须明确交割术语、每日的价格限制以及交割清算的程序。远期合约(Forward Contract)指交易双方达成一种协议,同意按照当日确定的某一价格在将来某一日期买卖某种资产。

合约规模规定了一份期货合约所包含的标的资产的数量。规模如果过小,合约的交易成本就会较高,因为交易成本是按每份合约来计算的。同时,由于合约的不可分割性,如果合约太大,套期保值者将无法得到合适的对冲金额。

报价单位是合约规定的最小价格单位。例如,谷物的报价是以 1/4 美分为单位;国债期货以百分比形式报价,即以 1%的国债面值的 1/32 为单位。在绝大多数情况下,期货合约的报价使用即期市场的报价单位。

最小报价单位又称为最小价格变动。例如,国债的最小报价单位是 1/32,因此国债期货的最小价格变动是 1%的合约价的 1/32,即 0.000 312 5,如果合约面值即合约的规模为 10 万美元，最小的价格变动就是 0.000 312 5×100 000 = 31.25美元。

期货交易所规定了期货合约的等级制度，例如，在农产品期货交易中设定很多种等级，每一等级都在即期市场存在质量和价格上的差异。对于金融期货合约，必须明确标明适合交割的金融工具或其他工具的类型。

期货交易所对不同期货合约的交易时间有不同的规定，大多数农产品期货交易时间为每天 4~5 个小时，大多数的金融期货交易时间为每天 6 小时。

在期货合约中，必须清楚标明交割日期、交割程序和一系列的终止月份。对于无法交割的商品，如金融期货，交易所通常会把合约终止日定在 3 月、6 月、9 月和 12 月。

期货交易所可以规定期货合约的有效期间，对于一些合约，终止日可展期 1~2年，而对于欧洲美元期货则可展期长达 10 年左右。终止月份确定后，交易所会规定一个最后交易日，通常都会是每月的第三个星期五和每月的倒数第二个工作日。

二、期货合约的类型

期货交易所中的期货交易合约类型主要有：谷物和含油种子、牲畜和肉类、股票指数、金属和能源、杂项、外汇、短期国债和欧洲美元、中期国债和长期国债、经济指数、食物和纤维。表 3.1 为芝加哥期货交易所玉米期货和期权合约的主要内容。

表 3.1　芝加哥期货交易所玉米期货和期权合约的主要内容

	期货	期权
交易单位	5 000 蒲式耳	一个 CBOT 期货合约交易单位(5 000蒲式耳)
最小变动价位	每蒲式耳 1/4 美分(每张合约 12.50 美元)	每蒲式耳 1/8 美分(每张合约 6.25 美元)
每日价格最大波动限制	每蒲式耳不高于或低于上一交易日结算价各 10 美分(每张合约 500 美元)，现货月份无限制	每蒲式耳不高于或低于上一交易日结算权利金各 10 美分(每张合约 500 美元)
敲定价格		每蒲式耳 10 美分的整倍数
合约月份	12 月、3 月、5 月、7 月、9 月	12 月、3 月、5 月、7 月、9 月

续表

	期货	期权
交易时间	上午 9:30—下午 1:15(芝加哥时间),到期合约最后交易日交易截止时间为当日中午	同期货
最后交易日	交割月最后营业日往回数的第七个营业日	距相关玉米期货合约第一通知日至少 5 个营业日之前的最后一个星期五
交割等级	以 2 号黄玉米为准,替代品种价格差距由交易所规定	
合约到期日		最后交易日之后的第一个星期六上午 10 点(芝加哥时间)

三、期货合约报价单

图 3.1 为《华尔街日报》登载的期货合约报价单,交易日为 2015 年 12 月 15 日。报价单中的主要信息如下。

Interest Rate Futures

	Open	High	Contract hi lo	Low	Settle	Chg	Open interest
Treasury Bonds (CBT)-$100,000; pts 32nds of 100%							
Dec	158-090	158-200		156-160	**156-260**	–1-25.0	12,673
March'16	157-070	157-120		155-030	**155-140**	–1-25.0	517,414
Treasury Notes (CBT)-$100,000; pts 32nds of 100%							
Dec	127-215	127-240		127-000	**127-010**	–22.0	37,394
March'16	127-045	127-060		126-120	**126-135**	–23.5	2,645,285
5 Yr. Treasury Notes (CBT)-$100,000; pts 32nds of 100%							
Dec	119-215	119-217		119-110	**119-107**	–12.5	69,318
March'16	119-072	119-085		118-262	**118-267**	–13.5	2,375,919
2 Yr. Treasury Notes (CBT)-$200,000; pts 32nds of 100%							
Dec	109-037	109-055		109-000	**109-002**	–3.7	23,028
March'16	108-300	108-300		108-255	**108-260**	–3.7	958,635
30 Day Federal Funds (CBT)-$5,000,000; 100 - daily avg.							
Dec	99.778	99.778		99.773	**99.778**	...	95,130
Jan'16	99.695	99.695		99.680	**99.685**	–.005	187,617
10 Yr. Del. Int. Rate Swaps (CBT)-$100,000; pts 32nds of 100%							
March	102.781	102.969		102.516	**102.531**	–.422	29,204
1 Month Libor (CME)-$3,000,000; pts of 100%							
Dec	99.6650	99.6650		99.6650	**99.6555**	–.0095	5,695
Jan'16	99.5550	99.5650	▼	99.5550	**99.5950**	–.0150	820
Eurodollar (CME)-$1,000,000; pts of 100%							
Dec	99.4825	99.4825		99.4800	**99.4822**	.0022	911,937
March'16	99.3500	99.3500		99.3300	**99.3400**	–.0100	1,407,831
June	99.2200	99.2200		99.1900	**99.2000**	–.0150	1,220,126
Dec	98.9300	98.9300		98.8850	**98.9000**	–.0200	1,334,625

图 3.1　利率期货合约报价单

资料来源:《华尔街日报》,2015 年 12 月 15 日。

每一专栏的顶部是标题。我们能看到当日开盘价(Open)、最高价(High)、最低价(Low)和结算价(Settle),紧随其后的是上一工作日到现在的结算价格变化(CHG),接下来的两列是合约存续期内的最高价和最低价(LifeTime High,LifeTime Low),最后一列是未结权益(Open INT)。

第一行显示商品名称和交易所名称的缩写,接下来是合约规模和报价单位。以5年期国库券为例,在芝加哥期货交易所交易,面值为100 000美元,以1/32百分点报价。

报价的每一行显示一种特定合约。对于5年期国库券,我们可以找到2015年12月以及2016年3月结算的价格。

欧洲美元和短期国债的合约略微不同,主要是由于报价方式不同所致。

四、期货交易所

期货交易是在期货交易所(Futures Exchange)的组织下进行的,期货交易所是期货市场最重要的组成部分,也是期货市场有别于远期市场的关键。期货交易所是由会员组成的公司实体。大多数会员都是个人,会员们选举董事会成员,被选出的董事轮流选举交易所的管理者。交易所具备公司组织结构,包括高级职员、雇员和委员会。交易所制定会员规则,并对违规者进行处罚。

当期货交易由有组织的期货交易所执行时,必须遵守以下规则:

(1) 所有的交易在一系列规则指导下于指定区域进行,这一区域称为交易台。

(2) 所有交易在规定的时间内进行。在指定时间外不能交易,但不同的商品有不同的交易时间。

(3) 所有交易以公开叫价的方式进行。出价、要价须告知所有参与者,交易必须是公开的,不能私下交易。

(4) 所有交易是质量(等级)、交割日期、交割地点、过程、数量标准化的合约买卖。

(5) 交易台内只有价格因素能协商(出价、要价)。

(6) 如果合同要履行交割(在不到10%的交易中发生),对合约规格的任何改变都要引起升水(Premium)或贴水(Discount)。

(7) 交易所的清算公司担任全部交易的另一方当事人。买卖双方协商好价格以后,都对清算公司承担义务,而不是相互间承担义务,这样就不会出现平仓时找不到合适对家的问题。

(8) 所有的期货合约都能通过对冲合法取缔。因此,如果一位交易商买入了6份12月份的玉米合约,而后来又卖出了6份12月份的玉米合约,即被认为平仓,而无须再对该合约承担任何义务。

(9) 清算公司为所有合约提供担保。为做到这一点,清算公司要求其成员须有一笔由交易所规定的最低资金额存入他在清算公司的账户中,以充当他将来从事合约交易的保证金。

大多数期货交易所都拥有有限数量的完全会员资格,这种资格称为交易席位(Seat)。通常有一个交易席位买卖市场,并向公众公布最高和最低的出价。席位价格随市场的交易量和引进的新合约数量的变化而波动。价格最高曾达到1 000 000美元,最低70 000美元。

五、世界主要期货市场

自1848年美国创立芝加哥期货交易所至今的100多年中,期货交易所已有近百所之多,遍布世界各地,但最主要的交易所还是在美国、英国、日本和中国香港等地。其中,美国的交易所规模最大,业务量最高,上市品种最多。

美国商品期货市场有24个,其中11个具有国际性规模和水平。较著名的有:芝加哥谷物交易所、芝加哥商品交易所、国际货币市场、金属交易所、纽约期货交易所(NYFE)。

英国商品期货交易所有11个,其中伦敦有金属、谷物、塑胶、砂糖、羊毛等9个交易所,利物浦(Liverpool)有棉花、玉米两个交易所。伦敦9个商品期货交易所中有两个最活跃,即伦敦糖市和伦敦可可市。另外,伦敦国际金融期货交易所(London International Finance Futures Exchange, LIFFE)及伦敦金属交易所(London Metal Exchanges, LME)也是世界著名的交易所。

其他国家和地区也积极参与期货交易或设立期货交易所。加拿大的温尼伯商品交易所也是一个重要的期货市场,交易的主要商品是谷类。法国巴黎的商品交易所内期货交易的品种有可可、糖、玉米和黄豆粉。荷兰阿姆斯特丹有可可市场。

六、期货市场的参与者

(一) 期货交易商

期货交易商是期货交易所的个人成员,他们或者是到期货交易所的交易大厅进行交易,或者是坐在交易终端前进行交易。

1. 期货交易商的一般分类

期货交易商一般分为佣金经纪商或自营交易商。

佣金经纪商仅代表他人执行交易。在期货行业里,这些经纪公司被称为期货佣金商(Futures Commission Merchant,FCM),佣金经纪商仅代表期货佣金商的客户执行交易。自营交易商(Local)是那些在自己的账户上为自己进行交易的交易商。

2. 按交易策略分类

根据交易策略,期货交易商可以分为套期保值者、投机者、差额交易者、套利者。

套期保值者(Hedger)是指在即期市场上持有期货合约标的资产的投资者,如企业。

投机者(Speculator)是指试图通过推测期货市场的走向来获利的投资者。投机者包括自营交易商和期货交易大厅外的成千上万的个人和机构投资者。他们在市场上发挥重要作用,给市场提供流动性,使得套期保值成为可能,并且承担了套期保值试图规避的风险。

差额交易者(Spreader)是指利用期货差额在较低风险水平上进行投机交易的投资者。期货差额交易也涉及买进一种期货合约,同时卖出另一种期货合约,包括同种商品差额交易和不同种商品间的差额交易。同种商品差额交易是指差额交易者买进一份某一到期月份的合约,同时卖出一份具有不同到期月份的相似的合约。不同种商品间的差额交易由买进一种商品的期货合约和卖出另一种商品的期货合约组成,有些情况下,这两种商品甚至会属于不同的期货交易所。

套利者是指那些试图从即期和期货头寸价差中获利的人,如银行。当价格在理论线之外时,套利者会进入市场进行交易,将价格拉回到线内。

3. 按交易类型分类

根据操作的交易类型,期货交易商可分为抢帽子商、当日交易商、头寸交易商。

抢帽子商(Scalper)是指试图从合约价格的微小波动中获利的投资者。抢帽子商很少持有头寸超过几分钟。他们利用自己对市场短期走势的敏感分析技能进行交易,从公众手中以较低的买价买进,再以较高的卖价卖给公众。

当日交易商(Day Trader)是指持有头寸不超过一个交易日的投资者。同抢帽子商一样,他们企图从短期的市场变动中获利。不同之处在于他们持有头寸的时间会比抢帽子商长。

头寸交易商(Position Trader)是指持有敞口头寸的时间比抢帽子商和当日交易商都要长的投资者。头寸交易商确信自己能通过等待大的市场波动来赚钱。抢帽子商、当日交易商和头寸交易商相互间并不排斥,一个投机者在交易中可能使用任何一种或者全部投资技巧。

除了那些直接参与到交易中的人外,期货市场还存在一些别的参与者。引介经纪商(Introducing Broker,IB)是指那些从公众客户中招徕委托下单业务的个人。商品交易顾问(Commodity Trading Advisor,CTA)是指那些分析期货市场走势并公布分析报告,提供建议及推荐买进或卖出合约的个人和机构。商品交易合作基金运营商(Commodity Pool Operator,CPO)是指那些从公众手中筹集资金,汇集并使用这些资金进行期货交易的个人或机构。

(二)经纪行和经纪人

期货交易的交易人士从事期货买卖必须通过经纪行进行。经纪行和经纪人是代客户负责与期货交易所场内交易员联系和办理买卖期货的中间人。经纪行通过自己的经纪人与客户联系。他是替客户在交易所进行买卖的代理人,以收取佣金作为业务收入。

对于交易所来讲,它只承认经纪人是买卖的主体,委托人关于交易中的一切事宜,除直接与其委托的经纪人办理之外,与交易所毫无关系。在委托经纪人从事交易活动时,委托人应发出委托书。委托书后面说明买卖何种物品或证券、买卖的日期、买卖期货的价格等。经纪人根据其委托人的各项要求代为成交。经纪人的职责是:

(1) 代客户下达指令,办理买卖商品期货的各项手续;

(2) 向客户介绍和解释期货合约的内容和交易规则;

(3) 征收客户履约保证金;

(4) 经常向客户传递市场信息,提供市场研究报告,并在可能的情况下提出有利的交易策略;

(5) 报告合约的执行情况及盈亏结果。

每个交易所下设几个经纪行,每个经纪行规定经纪人的一定名额,每个经纪人本身必须缴纳身份保证金作为担保,具体数目由各交易所自行规定。

长期以来,经纪人除代理客户进行期货买卖外,实际上也为自己买卖。这样,经纪人往往把有利的交易机会留给自己,把不利的机会让给委托人。为加强市场管理,目前对期货交易市场的管理倾向于限制经纪人为自己的利益交易。有的期货交易市场对经纪人规定了职务要求:

(1) 在执行客户委托的指令中,如交易出现人为损失,则须由经纪人负责。

(2) 经纪人应优先执行客户的指令,然后为自己进行交易。

经纪行必须是经注册登记的期货交易所会员,经纪行委派经纪人作为会员代理经纪行的业务。

七、期货市场的管理

远期市场很少有规范的管理规定,但是,期货市场却有严格的管理规定。

美国商品期货交易委员会是1974年经美国国会同意,作为商品期货交易法案的一部分而设立的,是一家专门管理美国期货市场的联邦机构。商品期货交易委员会负责对各交易所颁发营业许可证和合约,有权审批每份被提议合约的条款,也有权修改现存的合约条款。如果一份合约想要通过商品期货交易委员会的批准,那它必须是基于经济目的,同时不能违反公众的利益。通常说来,所谓“经济目的”可以被解释为能够用作对冲。

商品期货交易委员会有责任确保交易所对公众公开价格信息。它也有责任建立报告投资头寸(Reportable Position)的必要条件,确保期货交易商上报他们超出额定限额的敞口头寸,这一限额因合约的不同而变化。商品期货交易委员会还会建立头寸限制(Position Limit),即每个交易商任一时点被允许持有的最大合约的数量。

美国国家期货委员会是由参与美国期货交易的个人和公司共同组成的一个组织。国家期货委员会是行业自律机构。所有的期货佣金商、商品交易合作基金运营商、引介经纪商、业务员以及商品交易顾问都被要求加入国家期货委员会,并且国家期货委员会的所有成员都不可以参与来自非成员的期货交易。

在其他国家更普遍的情况是:一个管理者同时监管期货和期权市场,有时候甚至还包括股票和债券市场。例如,在英国,金融服务署(Financial Services Authority)全面负责投资行业的监管,其中包括期货及期权市场。

第二节 期货交易机制

一、期货的交易程序

期货交易机制可以描述为:买方和卖方向各自经纪人下达交易指令,开始交易→买方和卖方的经纪人均要求其经纪公司的佣金经纪人执行交易→双方佣金经纪人在期货交易所的交易厅内碰面,经协商谈定价格→将交易信息向清算所报告→双方佣金经纪人分别向买方和卖方经纪人汇报协定价格→买方和卖方经纪人再分别向买方和卖方汇报协定价格→买方和卖方在其经纪人处存入保证金→买方和卖方经纪人向清算公司存入交易保证金→买方和卖方经纪人的清算公司再向清算所存入交易保证金。

从事期货交易者按照期货交易所规定的交易程序进行买卖。具体过程可以描述如下：

(1) 客户如果不是交易所会员，要进入期货市场进行买卖，首先要委托期货经纪行办理开户手续，包括签署一份授权经纪行代为买卖的合约及缴付保证金；经纪行被授权后就可按该合同的条款，根据客户的指示办理期货的买卖。

(2) 投资者可在交易所的电子报价机刊登的商品价格行情栏内选择较合适的价位，并向经纪人发出买卖期货的指令。

(3) 经纪人接到客户交易指令后，立即记下交易单的数量、价格、月份、商品，将其交给经纪公司的收单部，经该部审核后通过专线电话或网络通知经纪行驻交易所的交易代表。交易代表在收到的交易单上打上时间图章，送给交易所的场内经纪人即场内交易员。

(4) 场内经纪人根据各方客户的发盘彼此进行买卖交易。他们一般是采用大声公开喊价，并以手势辅助表达要买进或卖出的数量和价格。如果客户的限价指令加 MIT（触发市价订单），则按美国芝加哥期货交易所规则，只要当天出现该交易价位，则经纪公司不得以任何借口推诿而不执行指令，应尽量争取成交。

(5) 每笔交易成交后，场内经纪人须将交易记录记在交易卡和原来的订单上，并将交易详情送交清算所，同时场内经纪人通过经纪行将合约通知书转交客户。

(6) 客户要求将期货平仓时，其手续与买进或卖出时相同，由经纪人通过其在交易所的代表，委托场内经纪人将某宗期货合约进行对冲。如果客户在短期内不平仓，一般应在每天或每周按当天交易所结算价结算一次。结算中如有盈利，即由经纪行补交盈利差额给客户，如有亏损，则客户须补交亏损差额。到客户平仓时，再结算实际盈亏额。

(7) 交易所随时将各项期货商品行市在场内显示出来，场内经纪人和经纪行的交易代表及时了解价格的变动情况，同时将商品行情通过网络向全世界传送。

二、订单的类型

（一）市价订单（Market Order）

最容易下达的订单是市价订单。它是指订单到达交易台后，按当时要价或出价买卖合约的简单指令。出市经纪人一接到订单，就立即以当时所能达成的最有利的成交价格执行该订单。在活跃的市场中，市价订单相对保险而且经常被使用。在不够活跃的市场中，则只有在立即交易至关重要时才使用市价订单，因为在这种市场中出市经纪人按此订单达成的价格可能比交易商原先预想的高很多或低很多。

比如,指令是按市价买入,而出市经纪人的出价未得到响应,他就会将价格越提越高直到达成协议。交易商所接到的成交价格可能与期望的价格相差很大。

(二)市场不能支撑订单(Market-not-help Order)

市场不能支撑订单又叫随机应变型订单(DRT)。它要求出市经纪人根据自己的判断来执行订单以获得最佳价格。通常见于在小市场中交易大订单,以避免一下倾巢而出导致价格剧烈变动。

(三)开盘订单(Market-on-open Order)

开盘订单是要求在开盘后相当短的时间内按市场价格执行订单的指令。这种订单应在开市铃响之前到达出市经纪人那里。许多交易商认为开盘价不能很好地反映市场状况而倾向于避免下达这类订单。

(四)收盘订单(Market-on-close Order, MOC)

收盘订单是要求出市经纪人在收市前一段相当短的时间执行订单的指令。在活跃的市场中,这种订单常能带来好的协议,但有时一张 MOC 订单成交价格与标出的收盘价相差几个最小变动单位。

(五)触发市价订单(Market-if-touched Order, MIT)

触发市价订单是当市场价格达到预定水平后执行订单的指令。比如订单是"在 6.25 美元买黄豆触发市价",那么只有价格达到 6.25 美元时,订单才生效。然后经纪商尽力在市场中达成一个最好的价格,但由于市场变化,实际成交价格可能比 6.25 美元高出许多。

MIT 订单规定的价格在销售订单时通常比现有市场价格高,而在购买时比现有市价低。也即交易商希望以比要价更高的价格出售订单而以比出价更低的价格买入订单,这就是 MIT 订单的目的。但要记住,MIT 订单并不能确保订单在指定价格达成。因为一旦触发市价,MIT 订单将成为市价订单,成交价格可能比预定价格糟,尤其在小市场中这种情况经常发生。

(六)限价订单(Limit Order)

交易商要求像 MIT 订单一样在特定价格入市,但不愿接受比指定价格更糟的市价,为此使用限价订单,让经纪人以规定价格或比它更有利的价格达成订单。如果该订单是在 6.25 美元买黄豆,那么经纪人应在 6.25 美元或更低价格达成订单。反之,如果是在 6.25 美元卖出黄豆,则经纪人须在 6.25 美元或更高价格达成订单。

（七）停止订单（Stop Order）

停止订单是要求在市价高于某指定价格水平时买入或在市价低于某指定价格水平时卖出的一种订单。下达停止订单出于两种目的：一是通过规定市价背向运动时进行平仓的价格来限定某项交易的风险（止损）；二是在市价超出正常水平时入市。

（八）买入停止订单（Buy-stop Order）

买入停止订单是指在比现有市价高的特定价格买入的订单。当触及市价时，买入停止订单成为按市场行情买入的订单。

买入停止订单用于在市场强劲时入市成为多头。比如黄金的交易价格一直是520~525美元/盎司，而交易商认为一旦价格超出525美元——阻力点——价格将可能上升到很高，其买入停止订单将定在525美元的价位上，也许于525.50美元达成。这样，如果估计不错的话，交易商可坐收渔翁之利。

（九）卖出停止订单（Sell-stop Order）

卖出停止订单是指在比现有市价低的特定价格卖出的订单。与买入停止订单类似，当交易价格或出价达到或低于停止价格时，该订单成为市价订单。一旦触及，停止订单就以可能的最佳价格成交。与买入停止订单相同，它不一定要交易价格触及停止价格，只要出价触及该价格，就应执行卖出停止订单。这种订单用于在市场疲软时做空头。

（十）止损订单（Stop-loss Order）

止损是运用停止订单来减少损失的总称。止损订单可以是买入停止订单也可以是卖出停止订单。止损订单用于抵偿现有头寸或代替另一订单。如果一交易商买入价格为7.83美元的黄豆合约5份，想把损失限制在每份合约100美元，则卖出停止价格将为7.81美元（黄豆合约1美分的变动值是50美元）。如果市价上升，将不履行止损订单。如果市价下跌，将执行订单，交易商以500美元的亏损退离市场。“止损”一词不出现在订单里，只使用“停止”（Stop）一词。

（十一）停止限价订单（Stop-limit Order）

停止限价订单是停止订单和限价订单的结合。普通的停止订单在触及停止价格时变为市价订单，而停止限价订单则变为限价订单。在停止限价订单中要给出两种价格：停止价格，以保持订单的活力；限定价格，以将价格限制在交易商愿意接受的范围。订单可能如下：“卖5份黄豆停止价6.75美元，限价6.74美元。”

由于停止限价订单不一定能达成，这种订单不应用作止损订单。这种订单的好处在于成交价格不会比限定价格糟；缺点是如果市价在出市经纪人达成订单时超出限定价格，该订单就不能履行。

（十二）或更好订单（Or-better Order 或 OB）

有时交易商想以高于市价的价格达成买入限价订单或以低于市价的价格达成卖出限价订单。通常，或更好订单价格与市价仅相差几个最小变动单位，其目的是在突破点及时入市。比如，当白银的交易价格在 6.79 美元附近时，交易商希望赶上可能发生的突破行情，但又不想冒险下达市价订单或触及市价后就转换为市价订单的停止订单，因为这些订单的成交价格可能比指定价格高出很多，他可下达或更好订单。假如，该交易商最愿意支付的是 6.81 美元，订单可以这样下达："买 1 份白银价格 6.81 美元或更好。"如果未标明 OB，经纪商或其雇员可能将其视为不正确的订单（买入限价订单总是在低于市价时下达）而发送回去。有了 OB 标记，雇员和经纪商就能知道交易商的意图了。

可是，交易商经常在正规的限价订单上错误地加上 OB 标记，这提示经纪商该交易商是一新手。

（十三）成交或取消订单（Fill-or-kill Order，FOK）

成交或取消订单不常用，它是要求出市经纪人要么立即执行订单，要么撤销订单的指令。如果经纪商不能执行订单，他将回电"不成"，订单便被取消。

这种订单在交易商想在没有市价订单风险的情况下立即进入或退出市场时采用。FOK 订单用于小市场或价格始终在某一水平徘徊但因某种原因未达到希望价格的市场中。

（十四）除非顾客撤销否则一直有效订单（Good-till-canceled Order，GTC）

除非顾客撤销否则一直有效订单是一种开口订单，在它被执行或被取消之前，它将一直保留在交易台。除了这一类订单，大部分经纪公司在每个交易日收市时将清除所有未执行订单。一张开口订单在交易台待上 7 天或几周并不少见，但交易商应时刻记住已下达了这一订单；否则，当某天收到一意料之外的成交通知，交易商一定会大吃一惊。

（十五）一份撤销另一份订单（One-cancels-the-other Order，OCO）

有时，交易商希望在不考虑市场变动趋势的情况下能赶上突破行情及时进行买卖。为达到这一目的，交易商将下达两份订单，一份高于市价，一份低于市价，如果一份成交则另一份自动取消。

三、每日限价和交易停板

在一个期货交易日中，期货合约价格的波动持续不断，但是许多合约都没有每日的最大价格变动限制。如果一种合约上涨达到了上限，市场称为涨停板(Limit Up)；如果合约下跌达到下限，市场称为跌停板(Limit Down)。任何的这种波动，无论是上涨还是下跌，都称为限价波动(Limit Move)，通常高于最高限价和低于最低限价时都不允许进行交易。

有些期货合约，尤其是股票指数期货，还包含一种与限价同时发生的交易停止制度，有时称为断路器(Circuit Breaker)。当价格波动过于剧烈时，可以在预先确定的期限内停止交易。期货市场上的停板现象通常会伴有现货市场的停板。

四、逐日结算

在每天结束后，一个清算所职员组成的委员会将确定结算价格(Settlement Price)。结算价格通常是当天最后几笔交易的均价。每一个交易账户按照结算价格进行市值调整(Marked to Market)。当天的结算价格和前一天的结算价格间的差额被确定下来。如果结算价格上涨，那么，持有多头头寸的保证金账户将会有现金流入，而持有空头头寸的保证金账户将会有相等金额的现金流出，这一过程被称为逐日结算(Daily Settlement)，是期货市场的一个重要特征。

逐日结算的结果是期货合约每日进行结算而不是在其最后期限才进行结算。在每个交易日结束时，将投资者的盈利(亏损)加入其保证金账户(或从保证金账户中扣除)。这再次将期货合约的价值变为零，一个期货合约实际上是每天平仓并以新的价格重新开仓。

典型案例

假设交易开始于 7 月 1 日星期五，一个投资者在芝加哥期货交易所卖出一份美国国债期货合约，当天的开盘价是 97-27/32 = 97.843 75。一份这样的合约面值 100 000 美元，因此价格是0.978 437 5×100 000 美元 = 97 843.75 美元。我们假设初始保证金是 2 500 美元，维持保证金是 2 000 美元，投资者持有此头寸直到 7 月 18 日买回，当天开盘价为 100-16/32 = 100 500 美元。

在 7 月 1 日的结算价格为 97-13/32 = 97 406.25 美元，当日价格下跌 14/32，获得收益 437.50 美元，初始保证金存款 2 500 美元，加上按市值调整收益 437.50 美元，保证金账户余额为 2 937.50 美元。

在 7 月 4 日的结算价格为 97-25/32 = 97 781.25 美元，价格升高 12/32，导致亏损 375 美元，保证金账户余额调整为 2 562.50 美元，账户余额仍然超过保证金要求。在 7 月 5 日的结算价格为 9 618，即 96 562.50 美元，价格下跌 39/32，形成收益 1 218.75 美元，保证金账户余额上升至 3 781.25 美元，余额大大高于保证金要求。

在 7 月 6 日的结算价格为 96-7/32＝96 218.75 美元，价格下跌 11/32，形成收益 343.75 美元，保证金账户余额上升至 4 125.00 美元，余额大大高于保证金要求。

在 7 月 7 日的结算价格为 97-5＝97 156.25 美元，价格升高 30/32，形成亏损 937.50 美元，保证金账户余额下降至 3 187.50 美元，账户余额仍然超过保证金要求。

在 7 月 8 日的结算价格为 99-3/32＝99 093.75 美元，价格升高 62/32，形成亏损 1 937.50 美元，保证金账户余额下降至 1 250.00 美元，低于维持保证金 750 美元，须存入保证金。

在 7 月 11 日，投资者存入保证金 1 250 美元，并且当日的结算价格为101/32＝101 031.25 美元，价格升高 62/32，形成亏损 1 937.50 美元，当日保证金账户余额为 1 250.00+1 250.00-1 937.50＝562.50 美元，低于维持保证金 1 437.50 美元，须存入保证金。

在 7 月 12 日，投资者存入保证金 1 937.50 美元，当日的结算价格为 99-25/32＝99 781.25 美元，价格下跌 40/32，形成收益 1 250 美元，当日保证金账户余额为 562.50+1 937.50+1 250＝3 750.00 美元，超过维持保证金要求。

在 7 月 13 日，结算价格为 101/32，即 101 031.25 美元，价格升高 40/32，形成亏损 1 250 美元，保证金账户余额下降至 2 500 美元，账户余额仍然超过维持保证金要求。

在 7 月 14 日，结算价格为 100-25/32＝100 781.25 美元，价格下跌 8/32，形成收益 250 美元，保证金账户余额上升至 2 750.00 美元，账户余额仍然超过维持保证金要求。

在 7 月 15 日，结算价格仍然为 100-25/32＝100 781.25 美元，那么当日的保证金账户余额不变。

在 7 月 18 日，结算价格为 100-16/32＝100 500.00 美元，价格下跌 9/32，形成收益 281.25 美元，保证金账户余额上升至 3 031.25 美元，买回合约，将剩余保证金余额提出，这一投资者此期货交易的收益为 97 843.75-100 500+3 031.25-2 500-1 250-1 937.50＝-5 312.50 美元，即该投资者亏损 5 312.50 美元。

五、保证金

保证金（Margin）是投资者从事投资活动时应当存进的资金数额，其他交易所需资金量则向经纪公司借入。对于每一笔交易都有初始保证金(Initial Margin),必须在交易开始时存入。另外还有维持保证金(Maintenance Margin),必须在交易后每天维持在一定的金额。

设立维持保证金的目的在于,确保保证金账户的资金余额在任何情况下都不会为负值,其数额通常低于初始保证金。如果保证金账户的余额低于维持保证金,投资者就会收到保证金催付(Margin Call)通知,要求在很短的期限内将保证金账户内资金补足到初始保证金的水平,我们把追加的资金称为变动保证金(Variation Margin)。若投资者不能提供变动保证金,经纪人将出售合约来平仓。

在购买股票时,投资者可以支付现金或使用保证金账户。初始保证金通常为股票价值的50%,维持保证金通常为股票价值的25%。保证金交易的目的是利用比其现有资金量更少的数额进行投资,同时能够获得更高的收益。但是这种优势不可避免地伴随着风险的增加。假如股票价格没有沿着期望的方向波动足够的幅度,那么投资收益可能就不足以弥补保证金的贷款成本。

期货交易中的保证金存款与股票交易中的保证金不一样。在股票交易中,投资者存入保证金,股票交易金额的剩余部分向经纪商借入。在期货交易中,不仅所需的保证金比股票交易要少,而且资金的剩余部分无须向经纪商借入,保证金存款可以看做一种有良好信用保证的存款。

有些经纪人允许对投资者保证金账户的余额支付利息。为了满足初始保证金的要求,投资者有时可以将有价证券存入保证金账户。通常短期国库券可以按其面值的90%来代替现金。股票有时也可以代替现金,但通常大约为其面值的50%。

交易所设置初始保证金和维持保证金的最低水平,个别经纪人要求客户存放的保证金比交易所规定的高,但是不得低于交易所规定的保证金水平。保证金数额大小由标的资产价格的变化程度来决定,波动率越高,要求的保证金水平就越高。套期保值者的保证金要求通常低于对投机者的保证金要求。维持保证金通常为初始保证金的75%。

六、 结算

大多数非现金结算的金融期货合约允许在交割月的任何一个工作日交割。交割通常持续三天,始于首次可能交割日之前的两个工作日。清算会员公司向清算所汇报持有多头头寸的客户名单。在预期交割日的前两个工作日,试图进行交割的空头头寸持有人向清算所表达交割愿望,这天被称为头寸确定日(Position Day)。接下来的一个工作日称为意向通知日(Notice of Intention Day),交易所选择最早的多头头寸持有人接受交割。第三天为交割日(Delivery Day),交割发生在这天,多头持有者支付给空头持有者。对于大多数的金融期货,交割通过电汇方式完成。

一些金融期货,如标的资产为股票指数的期货,是以现金结算的。这是由于直接交割标的资产非常不方便或者不可能。例如,标的资产为S&P 500指数的期货合约,交割标的资产将包括交割一个500种股票的组合。当合约以现金结算时,按最后交易日结束时的价格进行盯市,并将所有的头寸了结。最后交易日的结算价格是标的资产现价的收盘价。

清算所是为期货交易所提供结算服务的财务部门,每一笔交易及一切收支和账目往来都由清算所处理。清算所的设置一般有两种模式:一种是商品交易所有自己的清算所,是独立核算的,如美国等;另一种是法国、瑞士、英国等,其商品交易所、清算所、保证公司三者各自独立,单独核算,而通过各自的业务又连为一个有机整体。

通常在当天的期货交易结束后,经纪人就把全部交易的情况送交清算所注册、担保和处理。经过清算所注册的订单,在缴足保证金后,就成立了合法的期货合约。清算所发出一份保证书交经纪人,再由经纪人发出一份合约通知书给有关交易方。期货交易的买方或卖方通过经纪人与商品清算所订立一份期货合约,买方与卖方并不直接联系,他们通过交易所和各自的经纪人将买卖合约对冲或交收实物。因此,清算所发挥着对买方来说是卖方,对卖方来说是买方的作用。

清算所的职责是:

(1) 按照未平仓的合约金额收取结算会员的保证金。保证金可以补足一天内市场价格涨跌。

(2) 每日交易结束后,清算所必须对每笔交易进行核对、注册,并以当日的收市价计算出每位结算会员未平仓的差价和已平仓的盈亏,在第二天开市前转入清算所账户。为了保证及时付款,各结算会员收取客户的保证金要与所在经纪商的账户分开,专立账户管理,自己账户的流动资金要保持在入股资本的50%以上,并指定结算银行,开立账户,结算银行负责按日划款。

(3) 清算所不仅要审核每位结算会员前一日的交易是否补足了保证金,而且要关注结算会员当日是否有能力补足保证金。清算所有权审查结算会员的财务报表,了解会员的财务及经营状况,监督结算会员未平仓的合同是否超出资本实力。一旦发现上述情况,立即停止会员的交易或平仓。

(4) 如果结算会员未平仓数额过大,则清算所有权要求结算会员当天补上差价。

(5) 如遇合约对象破产或无法履行承诺时,清算所仍然承担受损方的财务风险,负责合理的赔偿。

七、 结算保证金

交易清算所(Exchange Clearing House)是交易所的附属机构,它作为期货交易的媒介或中间人,保证每笔交易的双方履行合约。交易清算所拥有一定数量的会员,会员公司在清算所附近设立办公场所。不是交易清算所会员的经纪人,必须通过交易清算所的会员来从事业务。交易清算所的主要任务是对每日发生的所有交易进行记录,以便计算每一会员的净头寸。

与经纪人要求投资者开设保证金账户一样,交易清算所也要求其会员在交易清算所开设保证金账户,称为结算保证金(Clearing Margin)。与投资者保证金账户的操作方式类似,交易清算所会员的保证金账户余额在每一交易日结束时也按照其盈利和亏损进行调整。但是,对交易清算所会员来说,只有初始保证金,没有维持保证金。每一天每一种合约的保证金账户余额必须保持一定的金额,即必须等于初始保证金乘以流通在外的合约数。因此,交易清算所会员在每个交易日结束时,根据这天发生的交易和价格变动,可能必须在其结算保证金账户中追加资金。另一方面,他可能发现此时可从结算保证金账户中抽出资金。经纪人如果本身不是交易清算所会员,则他必须在交易清算所会员那里开设保证金账户。

专栏 3.1

交易清算所计算保证金的方式

交易清算所有两种计算结算保证金的方式:基于总头寸方式或是基于净头寸方式。基于总头寸方式是将客户开的多头总数与客户开的空头总数相加。基于净头寸方式是允许多头和空头相互抵消。假定某交易清算所会员有两个客户,一方持有 20 张合约的多头,另一方持有 15 张合约的空头。基于总头寸方式将以 35 张合约为基础来计算结算保证金;基于净头寸方式将以 5 张合约为基础来计算结算保证金。现在大多数的交易所运用基于净头寸方式计算结算保证金。

八、 期货的交易成本

期货市场的交易成本非常低,主要由交割成本、买卖价差、佣金组成。

由客户支付给经纪商的佣金(Commissions)是基于每份合约来估算的。佣金在发出指令时支付,包括开盘和平仓的佣金。一般不存在典型的佣金费率,佣金额随经纪商提供的服务而变化。无额外服务的折扣经纪商的收费一般为15美元或20美元,而全面服务经纪商的收费达25美元甚至更高。

期货市场不同于期权和股票市场,期货市场不存在真正的做市商。许多场内交易商,尤其是差额交易商和投机商可报出双向价格,同时能以买价买进,以卖价卖出,形成买卖价差。

持有头寸的期货交易商在交割时会面临产生实际交割成本的问题。对于大多数的金融产品来说,这一成本相当小。但是,对于商品期货来说,交割成本不能忽视。

九、 期货交易所对佣金、商品规格、交易时间和交收月份的规定

(一) 佣金制度

交易所规定对交易者的期货交易征收佣金。在美国,佣金按一个合同的一轮交易计算,从买期货合同到以后做抵补而卖出或做完全相反的交易都称为一轮交易。佣金数额视期货交易额收取不同的金额。对信用不同的客户收取的佣金额也不尽相同。对一些经营及财务状况良好的大户,收取较低的佣金,同一天内平仓的交易佣金也较低一些。

(二) 期货商品的统一规格标准

凡在商品交易所进行交易的商品,其品质规格均有统一的标准。期货交易所一般都选择国际贸易中最通用和交易量较大的商品规格和等级为标准。期货合约到期时,必须按照交易所统一规定的标准交收。

(三) 期货交易的时间规定

交易所一般每周营业5天(星期一至星期五)。日本的商品交易所都在每个月的第二个和第四个星期营业5天半,其余的星期营业5天。每个交易日分为上午和下午两盘,对每盘的交易时间各交易所有不同规定。

(四) 交收月份

交收月份是指合约规定的商品实际交出的月份。交易方在期货到期时应按照合约规定的数量和质量交出或接收货物,以履行期货合约。交收月份就是商品实际交出的月份。商品交易所对各种商品期货都规定不同月份的交收月份。一般交收月份的第一个交易日被指定为第一个通知日。从这一天起,买家会随时收到一张交收或开标通知单。当买家收到通知单时,即要付出合约货款。交割期有近期和远期差异,近期的1个月,远期最长可达两年之久。各月份期货价

格有所不同。

第三节　期货合约的价值分析

如果同一资产的远期和期货两种合约到期日相同,那么该资产的远期价格与期货价格近似。所以,可以通过分析远期价格及其与期货价格的关系来得到有关期货价格的一些属性。远期合约不需要每日结算,所以分析远期合约比期货合约更具有可行性。

一、期货合约的价格与价值

(一)期货合约的价格

价值是未来现金流量的现值,有效市场表现为资产价格等同于其真实的经济价值。期货合约的保证金要求不同于股票。在期货合约保证金账户中,只需存进相当于期货合约价格的 3%或者 5%的资金,而不用借入剩余的款项,这时的保证金仅仅是一种保险存款的类型。在这一过程中,期货合约的买方实际上没有支出成本,卖方也没有收到任何现金,因此远期合约和期货合约并不能算作资产。

期货合约的价格和价值是两个不同的概念。期货合约价格反映合约买卖双方对标的资产的未来交割价格,是可以观察到的数值,然而价值则是一个抽象的概念。在发售时,期货的价值为零,但期货合约的价格不可能为零。

(二)期货价格收敛于现货价格

如果在交割期间,期货价格高于现货价格,那么投资者可以通过卖空期货合约,买入资产,并且进行交割来获得盈利,该盈利额等于期货价格高于现货价格的部分,即存在套利机会。但是其他投资者也会发现这一套利机会,于是都采取相同的投资策略,期货的价格就会下降。同理,如果交割日期货价格低于现货价格,投资者可以通过购买期货合约,到期时以低于市场的价格买入资产来获利,但其他投资者也会发现这一套利机会,采取相同的策略,从而带来期货价格的上升。

由此可知,随着期货合约的交割月份的逼近,期货合约的价格收敛于标的资产的现货价格,到达交割期限时,期货价格等于或非常接近于现货价格。

(三)期货合约的价值

期货合约价格每天随行就市地发生变化,期货合约的价值在最开始发售时为零。

对于期货合约的多头，在按照市值调整之前的某个交易日之内的期货合约价值，等于当前的价格与合约创建或者上一次按市值调整的价格两者的差，用公式表示为：

$$V_t(T)=f_t(T)-f_t-1(T)$$

其中 $f_t(T)$ 代表 t 时刻期货合约价格，$V_t(T)$ 代表期货合约的价值。期货合约空头持有者的价值正好与多头相反，用公式表示为：

$$V_t(T)=f_t-1(T)-f_t(T)$$

期货合约按照市值调整时，其价值将回归为零。因为当期货合约按照市值调整时，从上一市值调整到现在价格变动的结果，必然是一方受益而同时另一方受损，这样合约随市值调整之后其价值将归零，用公式表示为：

$$V_t(T)=0$$

因此，多头期货合约的价值通过正向的价格变动实现，空头期货合约的价值则通过反向的价格变动实现。

二、远期合约的价格与价值

（一）不支付收益证券的远期合约

由于不存在套利机会，对不支付收益证券（No-income Security）而言，该证券远期价格与现货价格的关系可以表示为：

$$F=Se^{r(T-t)}$$

其中 F 为证券远期价格，S 为现货价格。

如果 $F>Se^{r(T-t)}$，投资者可以以无风险利率借入 S 美元，期限为 $T-t$，用来购买该证券资产，同时出售该证券资产的远期合约。在时刻 T，资产按远期合约中约定的价格 F 卖掉，同时归还借款本息 $Se^{r(T-t)}$，这样投资者在时刻 T 实现了 $F-Se^{r(T-t)}$ 的利润。如果 $F<Se^{r(T-t)}$，投资者可以出售标的证券，将所得收入以年利率 r 进行再投资，期限为 $T-t$，同时购买该资产的远期合约。在时刻 T，投资者以合约中约定的价格 F 购买资产，冲抵原来的空头，并实现利润 $Se^{r(T-t)}-F$。这样套利机会的存在将会使得上述等式关系成立。

（二）支付已知现金收益证券的远期合约

由于没有套利机会，远期合约价格 F 和现货价格 S 之间的关系可以表示为：$F=(S-I)e^{r(T-t)}$。其中 F 为远期合约价格，S 为现货价格，I 为远期合约有效期间所得收益的现值，贴现率为无风险利率。

如果 $F>(S-I)e^{r(T-t)}$，投资者可以借入现金 S，购买资产，出售远期合约。在到期时刻 T，以合约规定的价格 F 将资产出售，用所得收入偿还部分借款，在时

刻 T 需要归还的借款本息为$(S-I)e^{r(T-t)}$，于是在时刻 T，投资者可实现利润 $F-(S-I)e^{r(T-t)}$。如果 $F<(S-I)e^{r(T-t)}$，投资者可以卖空资产，将所得收入进行投资，同时购买远期合约，在到期时刻 T，可以获得$(S-I)e^{r(T-t)}-F$。同样，套利机会的存在会最终使得上述等式关系成立。

（三）一般结论

远期合约刚订立时的价值为零，之后价值可能为正也可能为负，对所有远期合约的多头价值都有下式成立：$f=(F-K)e^{r(T-t)}$，其中 f 为远期合约的多头价值，F 为远期合约价格，K 为交割价格。

将交割价格为 F 的远期合约多头和其他条件相同但交割价格为 K 的远期合约进行比较可知，两者价值的差额就是在时刻 T 标的资产所付金额的差值。前一个所付金额为 F，后一个所付金额为 K，在时刻 T 现金流出的差值 $F-K$ 转化为在 t 时刻的差值为$(F-K)e^{r(T-t)}$，这样交割价格为 F 的远期合约多头与交割价格为 K 的远期合约多头的价值的差额为$(F-K)e^{r(T-t)}$。交割价格为 F 的远期合约价值定义为零，于是可以得到交割价格为 K 的远期合约的价值为$(F-K)e^{r(T-t)}$。

三、远期合约价格与期货合约价格

（一）无风险利率恒定时的合约价格

期货合约只要一到到期日，其价格必然等于现货价格，用公式表示为：$f_T(T)=S_T$。如果该结论不正确，那么买进现货、出售期货，或者卖出现货的同时买进期货将会产生套利收益，而套利又会带来到期日期货与现货价格的等同。同样可以推出合约到期日，远期合约价格也会等于现货价格，于是可以得出：到期日的期货价格与远期合约价格相等。

合约到期日前 1 天：

假定不存在违约风险，在时点 t 的合约到期日之前的 1 天，做多远期合约，同时做空期货合约，远期合约与期货合约的初始价值都为零，所以该交易初始价值为零。到期日当天，我们可以通过远期合约买进该项资产，按照期货合约售出该资产，由于没有投入资金，该交易是无风险的，所以远期合约价格将等同于期货合约价格，否则将获得无成本的确定收益。用公式表示为：$f_t(T)=F(t,T)$，其中 f 为期货合约价格，F 为远期合约价格。

合约到期日前 2 天：

假定在这两天时间内利率 r 不发生变化，期货合约价格为 $f_{t-1}(T)$，而远期合约价格为 $F(t-1,T)$。在时间 $t-2$ 我们建立一个包含一份多头远期合约及(1+

$r)^{-1/365}$份期货合约的投资组合，时点 $t-2$ 的投资组合的价值为零。一天之后即时点 t，期货合约账户按市值进行调整，期货合约的价格是 $f_t(T)$，现金流量为 $-(1+r)^{-\frac{1}{365}}(f_t(T)-f_{t-1}(T))$，将期货合约平仓，即买回 $-(1+r)^{-\frac{1}{365}}$ 份期货合约，出售一份新的期货合约，将市值调整收益 $-(1+r)^{-\frac{1}{365}}(f_t(T)-f_{t-1}(T))$ 投资于无风险债券，这样可以计算出时点 t 投资组合的价值是 $-(1+r)^{-\frac{1}{365}}(f_t(T)-f_{t-1}(T))$。

在时点 T，期货价格与现货价格重合，债券到期价值为 $-(1+r)^{-\frac{1}{365}}(f_t(T)-f_{t-1}(T))(1+r)^{-\frac{1}{365}}=(f_t(T)-f_{t-1}(T))$，接受多头远期合约的交割资产，支付 $F(t-1,T)$，价值为 $S_T-F(t-1,T)$，同时出让空头期货合约的交割资产，收入 $f_t(T)$，价值为 $-(S_T-f_t(T))$，将三个价值加总得到到期日的资产组合价值为 $f_t(T)-f_{t-1}(T)+S_T-F(t-1,T)-(S_T-f_t(T))=f_{t-1}(T)-F(t-1,T)$，即合约到期日的现金流量总额为 $f_{t-1}(T)-F(t-1,T)$，即等于初始期货价格和远期合约价格之间的差额。

该项交易不要求我们支出或者收取任何资金，所以 $f_{t-1}(T)-F(t-1,T)$ 必然为零。如果不为零，那么通过该交易或者反向交易将产生套利收益，而套利本身会使得在将来价格相等。

所以，合约到期日之前的任何时点上，只要利率是已知的且是固定不变的，并且不存在违约风险，那么远期合约价格和期货合约价格均相等，都有下式成立：$f_{t-1}(T)-F(t-1,T)$。

但是我们比较一些现实中的远期合约与期货合约，可以发现距离到期日还剩 1 天以上时，期货合约价格与远期合约价格并不相同。这是因为，在不考虑信用风险的条件下，如果期货合约价格和利率同向变动，多头期货合约在利率上升时产生收益，期货合约按市值调整对多头期货合约持有者有利，多头期货合约比多头远期合约更有优势，从而使得期货合约价格大于远期合约价格。

同样在不考虑信用风险的条件下，如果期货合约价格和利率反向变动，多头期货合约在利率下跌时产生收益，这时在合约有效期末确认收益和损失对多头远期合约的持有者更为有利，从而使得期货合约价格小于远期合约价格。

典型案例

假定利率等于 6%，2 天之内不会发生变动，有一种 9 月 20 日到期的标准普尔 500 指数期货合约，在 9 月 18 日，也就是合约到期日前 2 天，合约定价为 1 332.15美元，假定投资者可以在 1 330 美元价位买进标准普尔 500 指数的远期合约，期货合约价格比远期合约价格高出 2.15 美元。

假定套利者有足够的资本买进 10 000 指数单位的远期合约，并且投机套利者可以发现，期货合约价格过高，而远期合约价格过低。于是，该套利者通过出售期货合约，同时买进远期合约，可取得无风险收益 10 000×2.15 美元＝21 500 美元。期货合约的数量为 10 000÷(1+6%/365)＝9 998，远期合约的数量为 10 000。

在 9 月 19 日，期货合约价格为 1 333.25 美元，套利者在期货合约上发生亏损 9 998×(1 333.25－1 332.15)＝10 998 美元。为了弥补亏损，套利者借进10 998 美元，期限为一天，利率为 6%，这样，期货合约头寸平仓之后，套利者创建了新的 10 000 单位的空头期货合约头寸。

在合约到期日，贷款期满，套利者应该偿付前日的借款，本息和为 10 998×(1+6%/365)＝11 000 美元。假设标准普尔远期指数以现金结算，合约到期日的标准普尔即期指数为 1 334，套利者在结算时，收到等于到期日即期价格减去初始远期价格与合约单位数量乘积之差的金额，为 10 000×(1 334－1 330)＝40 000 美元。这样，合约到期日套利者的净现金流量为－11 000+40 000－7 500＝21 500 美元，为套利者开始实施无风险套期保值的初始金额。

这样，在各个套利者买进远期合约、出售期货合约的共同作用下，远期合约价格和期货合约价格将逐渐靠拢。

（二）利率变化时的合约价格

现实世界中利率变化往往无法预测，这时远期价格和期货价格从理论上讲并不相同。假定标的资产价格 S 与利率高度正相关，当 S 上升时，一个持有期货多头头寸的投资者会因每日结算而立即获利。由于 S 的上涨几乎与利率的上涨同时出现，获得的利润将会以高于平均利率的利率进行投资。同样，当 S 下降时，投资者立即亏损，亏损部分将以低于平均利率水平的利率再融资。

持有远期多头头寸的投资者将不会因利率的这种方式的变动而受到与上面期货合约同样的影响，所以，在其他条件相同时，期货多头比远期多头更能吸引投资者。当 S 和利率正相关很强时，期货价格要比远期价格高；当 S 和利率负相关很强时，期货价格要比远期价格低。

第四节　期货的交易策略

期货交易分为套期保值、投机与套利三种交易方式。

一、套期保值

期货市场基本的经济功能之一就是为现货企业提供价格风险管理的机制。为了避免价格风险,最常用的手段便是套期保值。当现货企业利用期货市场来抵消现货市场中价格的反向运动时,这个过程就叫套期保值。

套期保值方法很多,买入套期保值和卖出套期保值是其基本方法。

(一) 买入套期保值

买入套期保值是指套期保值者先在期货市场上买入与其将在现货市场上买入的现货商品数量相等、交割日期相同或相近的该商品期货合约,即预先在期货市场上买空,持有多头头寸。然后,当该套期保值者在现货市场上买入现货商品的同时,在期货市场上进行对冲,卖出原先买进的该商品的期货合约,进而为其在现货市场上买进现货商品的交易进行保值。

例 3.1 某铝型材厂的主要原料是铝锭,2008 年 3 月铝锭的现货价格为 13 000元/吨,该厂根据市场的供求关系变化,认为两个月后铝锭的现货价格将要上涨,为了回避两个月后购进 600 吨铝锭时价格上涨的风险,该厂决定进行套期保值。

3 月初以 13 200 元/吨的价格买入 600 吨 5 月份到期的铝锭期货合约,到 5 月初该厂在现货市场上买铝锭时价格已上涨到 15 000 元/吨,而此时期货价格已涨至 15 200 元/吨(见表 3.2)。

表 3.2 铝锭的买入套期保值操作

市场时间	现货市场	期货市场
3 月初	现货市场价格为 13 000 元/吨,但由于资金和库存的原因没有买入铝锭	以 13 200 元/吨的价格买进 600 吨 5 月份到期的铝锭期货合约
5 月初	在现货市场上以 15 000 元/吨的价格买入 500 吨铝锭	以 15 200 元/吨将原来买进的 600 吨 5 月份到期的合约卖掉
结果	5 月初买入现货比 3 月初多支付 2 000元/吨的成本	期货对冲盈利 2 000 元/吨

由此可见,该铝型材厂在过了 2 个月以后以 15 000 元/吨的价格购进铝锭,比 3 月初买进铝锭多支付了 2 000 元/吨的成本。但由于做了买期套期保值,在期货交易中盈利了 2 000 元/吨的利润,用以弥补现货市场购进时多付出的价格成本,其实际购进铝锭的价格仍然是 13 000 元/吨,即实物购进价 15 000 元/吨

减去期货盈利的 2 000 元/吨,回避了铝锭价格上涨的风险。

(二)卖出套期保值

卖出套期保值是指套期保值者先在期货市场上卖出与其将要在现货市场上卖出的现货商品数量相等,交割日期也相同或相近的该种商品的期货合约。然后,当该套期保值者在现货市场上实际卖出该种现货商品的同时或前后,又在期货市场上进行对冲、买进原先所卖出的期货合约,结束所做的套期保值交易,进而实现为其在现货市场上卖出现货保值。

例 3.2 东北某农垦公司主要种植大豆,2008 年 9 月初因中国饲料工业的发展而对大豆的需求大增,同时 9 月初因大豆正处在青黄不接的需求旺季导致了现货价格一直在 4 300 元/吨左右的价位上波动,此时 2009 年 1 月份到期的期货合约的价格也在 4 400 元/吨的价位上徘徊。经过充分的市场调查,农垦公司认为 2008 年年底或 2009 年年初,大豆市场因价格一直过高而导致种植面积增加,同时大豆产区天气状况良好将使本年度的大豆产量剧增,预计日后的大豆价格将要下跌。为了回避日后大豆现货价格下跌的风险,该农垦公司决定为其即将收获的 50 000 吨新豆进行保值(见表 3.3)。

表 3.3 大豆的卖出套期保值操作

市场时间	现货市场	期货市场
2008 年 9 月初	大豆的价格为 4 300 元/吨,但此时新豆还未收获	卖出 2009 年 1 月份到期的大豆期货合约 50 000 吨,价格为 4 400 元/吨
2009 年 1 月初	卖出收获不久的大豆,平均价格为 3 700 元/吨	买进 50 000 吨 2009 年 1 月份到期的合约,价格为 3 800 元/吨,对冲原先卖出的期货合约
结果	2009 年 1 月初比 2008 年 9 月初平均少卖出 600 元/吨	期货对冲盈利 600 元/吨

由此可见,该农垦公司利用期货市场进行卖期保值,用期货市场上盈利的 600 元/吨弥补了现货市场价格下跌而损失的 600 元/吨,成功地实现了原先制定的 4 300 元/吨的销售计划,即现货市场上平均卖出的价格 3 700 元/吨加上期货市场盈利的 600 元/吨。

(三)基差

1. 基差的概念

在套期保值交易中,如果现货市场和期货市场价格变动的幅度完全相同,那么无论是进行买入套期保值还是卖出套期保值，均能够使两个市场盈亏完全相抵，实现完全的套期保值。在实际操作中，两个市场的变动趋势虽然相同，但变动幅度在多数情况下是不相同的。在这种情况下，两个市场的盈亏就不会完全相抵，可能出现净盈利或净亏损的情况。

基差是某一特定地点某种商品的现货价格与同种商品的某一特定期货合约价格间的价差。其公式为：

基差＝现货价格－期货价格

2. 正向市场与反向市场

基差可以用来表示市场所处的状态。对于同种商品来说，市场基本上存在两种状态。在正常情况下，期货价格高于现货价格（近期月份合约价格低于远期月份合约价格），基差为负值，市场状态称为正向市场或者正常市场；在特殊情况下，现货价格高于期货价格（近期月份合约价格高于远期月份合约价格），基差为正值，这种市场状态称为反向市场，或者逆转市场、现货溢价。

3. 基差的变化

用“强”或“弱”来评价基差的变化。基差为正且数值越来越大，或基差从负值变为正值，或基差为负值且绝对数值越来越小，这种基差的变化称为“走强”。基差为正且数值越来越小，或基差从正值变为负值，或基差为负值且绝对数值越来越大，这种基差的变化称为“走弱”。如图 3.2 所示。

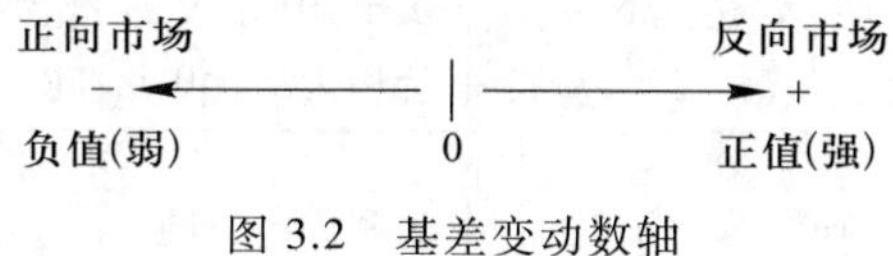

图 3.2　基差变动数轴

（四）基差变化与套期保值

在商品实际价格运动过程中，基差总是在不断变动，而基差的变动形态对一个套期保值者而言至关重要。由于期货合约到期时，现货价格与期货价格会趋于一致，而且基差呈现季节性变动，使套期保值者能够应用期货市场降低价格波动的风险。基差变化是判断能否完全实现套期保值的依据。套期保值者利用基差的有利变动，不仅可以取得较好的保值效果，而且可以通过套期保值交易获得额外的盈余。一旦基差出现不利变动，套期保值的效果就会受到影响，套期保值者就会因此而蒙受一部分损失。

1. 买入套期保值者愿意看到基差缩小

（1）现货价格和期货价格均上升，但现货价格的上升幅度大于期货价格的上升幅度，基差扩大，从而使得加工商在现货市场上因价格上升买入现货蒙受的损失大于在期货市场上因价格上升卖出期货合约的获利。如果现货市场和期货市场的价格不是上升而是下降,那么加工商将在现货市场获利,而在期货市场损失。但是只要基差扩大,现货市场的盈利不仅不能弥补期货市场的损失,反而会出现净亏损。

例 3.3　7 月 1 日,大豆的现货价格为每吨 2 040 元,某公司对该价格比较满意,希望能以此价格在三个月后买进 100 吨现货大豆。为了避免将来现货价格可能上升,从而提高原材料的成本,故决定在商品交易所进行大豆期货交易。而此时大豆 9 月份期货合约的价格为每吨 2 010 元,基差为 30 元/吨,该公司于是在期货市场上买入 10 手(1 手 = 10 吨)9 月份大豆合约。8 月 1 日,该公司在现货市场上以每吨 2 080 元的价格买入大豆 100 吨,同时在期货市场上以每吨 2 040元卖出 10 手 9 月份大豆合约,来对冲 7 月 1 日建立的多头头寸,此时基差为 40 元/吨。从基差的角度看,基差从 7 月 1 日的 30 元/吨变为 8 月 1 日的 40 元/吨,基差走强。该套期保值效果分析如表 3.4 所示。

表 3.4　大豆的套期保值的效果

	现货市场	期货市场	基差
7 月 1 日	卖出 100 吨大豆,价格为 2 040元/吨	买入 10 手 9 月份大豆合约,价格为 2 010 元/吨	30 元/吨
8 月 1 日	买入 100 吨大豆,价格为 2 080元/吨	卖出 10 手 9 月份大豆合约,价格为 2 040 元/吨	40 元/吨
套利结果	亏损 40 元/吨	盈利 30 元/吨	基差走强 10 元/吨
	净损失 100×40-100×30 = 1 000 元		

在例 3.3 中,现货价格和期货价格均上升,但现货价格的上升幅度大于期货价格的上升幅度,基差扩大,从而使得该公司在现货市场上因价格上升买入现货而蒙受的损失大于在期货市场上因价格上升而卖出期货合约的获利,盈亏相抵后仍亏损 1 000 元。

同样,如果现货市场和期货市场的价格不是上升而是下降,该公司在现货市场获利,在期货市场损失。但是,只要基差走强,现货市场的盈利不仅不能弥补期货市场的损失,反而会出现净亏损。

(2) 现货价格和期货价格均上升,但现货价格的上升幅度小于期货价格的上升幅度,基差缩小,从而使得加工商在现货市场上因价格上升买入现货蒙受的损失小于在期货市场上因价格上升卖出期货合约的获利。

如果现货市场和期货市场的价格不是上升而是下降,加工商在现货市场获利,在期货市场损失。但是只要基差缩小,现货市场的盈利不仅能弥补期货市场的全部损失,而且会有净盈利。

例 3.4 7月1日,铝的现货价格为每吨15 600元,某公司对该价格比较满意,卖出100吨现货铝。为了避免将来现货价格可能上升,从而提高原材料的成本,决定在期货交易所进行铝期货交易。而此时铝9月份期货合约的价格为15 400元/吨,基差200元/吨,该公司于是在期货市场上买入20手(1手=5吨)9月份铝合约。8月1日,该公司在现货市场上以每吨15 700的价格买入铝100吨,同时在期货市场上以每吨15 800元卖出20手9月份铝合约,来对冲7月1日建立的空头头寸,基差为-100元/吨。从基差的角度看,基差从7月1日的200元/吨变为8月1日的-100元/吨,市场从反向市场转变为正向市场,基差走弱。套期保值效果如表3.5所示。

表 3.5 铝的套期保值效果

	现货市场	期货市场	基差
7月1日	卖出100吨铝,价格15 600元/吨	买入20手9月份铝合约,价格15 400元/吨	200元/吨
8月1日	买入100吨铝,价格15 700元/吨	卖出20手9月份铝合约,价格15 800元/吨	-100元/吨
套利结果	亏损100元/吨	盈利400元/吨	基差走弱300元/吨
	净盈利100×400-100×100=30 000元		

在例3.4中,现货价格和期货价格均上升,但现货价格的上升幅度小于期货价格的上升幅度,市场从反向市场转变为正向市场,基差缩小,从而使得公司在现货市场上因价格上升买入现货蒙受的损失小于在期货市场上因价格上升卖出期货合约的获利,盈亏相抵后仍盈利30 000元。

同样,如果现货市场和期货市场的价格不是上升而是下降,公司在现货市场获利,在期货市场损失。但是只要基差缩小,现货市场的盈利不仅能弥补期货市场的全部损失,而且会有净盈利。由此可见,在市场从反向市场转变为正向市场时,进行买入套期保值能够完全实现套期保值,并且会有盈利。

2. 卖出套期保值者愿意看到基差扩大

(1) 现货价格和期货价格均下降,但现货价格的下降幅度大于期货价格的下降幅度,基差扩大,从而使得经销商在现货市场上因价格下跌卖出现货蒙受的损失大于在期货市场上因价格下跌买入期货合约的获利。

如果现货市场和期货市场的价格不是下降而是上升,经销商在现货市场获利,在期货市场损失。但是只要基差扩大,现货市场的盈利只能弥补期货市场的部分损失,结果仍是净损失。

(2) 现货价格和期货价格均下降,但现货价格的下降幅度小于期货价格的下降幅度,基差缩小,从而使得经销商在现货市场上因价格下跌卖出现货蒙受的损失小于在期货市场上因价格下跌买入期货合约的获利。

如果现货价格和期货价格不降反升,经销商在现货市场获利,在期货市场损失。但是只要基差缩小,现货市场的盈利不仅能弥补期货市场的全部损失,而且仍有净盈利。

期货价格与现货价格的变动趋势是一致的,但两种价格变动的时间和幅度是不完全一致的,也就是说,在某一时间,基差是不确定的,所以,套期保值者必须密切关注基差的变化。因此,套期保值并不是一劳永逸的事,基差的不利变化也会给套期保值者带来风险。虽然套期保值没有提供完全的保险,但它的确回避了与商业相联系的价格风险。套期保值基本上是风险的交换,即以价格波动风险交换基差波动风险。

二、投机

(一) 期货投机交易

期货投机交易是指在期货市场上以获取价差收益为目的的期货交易行为。投机交易主要是以期货市场为交易对象,投机者根据自己对期货价格走势的判断,做出买进或卖出的决定,利用期货合约价格的频繁波动来赚取价差收益。由于投机的目的是赚取价差收益,所以,投机者一般只是采用平仓了结持有的期货合约,而不进行实物交割。

投机交易举例:

例 3.5 买空投机。某投机者判断 7 月份的大豆价格趋涨,于是买入 10 张合约(每张 10 吨),价格为每吨 2 345 元。而后大豆价格果然上涨到每吨 2 405 元,于是按该价格卖出 10 张合约平仓。

获利:(2 405 元/吨-2 345 元/吨)×10 吨/张×10 张=6 000 元

例 3.6 卖空投机。某投机者认为 11 月份的小麦会比目前的 1 300 元/吨下跌,于是卖出 5 张合约(每张 10 吨)。而后小麦价格果然下跌至 1 250 元/吨,于是买入 5 张合约平仓。

获利:(1 300 元/吨-1 250 元/吨)×10 吨/张×5 张=2 500 元

(二) 投机交易的作用

投机交易是期货市场中不可缺少的重要组成部分。它在期货市场中的作用主要体现在以下四点。

1. 承担价格风险

期货投机者承担了套期保值者规避和转移的现货市场的价格波动风险,投机者所承担的风险也是其收益的来源。另外,如果套期保值者转移给市场的是剩余利润的话,那么投机者所承接的风险就会直接转变为收益。

2. 提高市场流动性

投机者建立头寸,对冲手中的合约,增加了期货市场的交易量,这使套期保值交易容易成交,充足的流动性又能减少交易者进出市场所可能引起的价格波动。

3. 保持价格体系稳定

各期货市场商品间价格和不同种商品价格之间具有高度相关性。投机者的参与,促进了相关市场和相关商品的价格调整,有利于改善不同地区和不同市场间价格的不合理状况,有利于改善商品不同时期的供求结构,使商品价格趋于合理,并且有利于调整某一商品对相关商品的价格比值,使其趋于合理化,从而保持价格体系的稳定。

4. 形成合理的价格水平,促进价格发现

投机者在价格处于较低水平时买进期货合约,使需求增加,推动价格上涨,在较高价格水平卖出期货合约,使需求减少,这样又平抑了价格,使价格波动趋于平稳,从而形成合理的价格水平,促进了期货市场价格发现功能的发挥。

三、套利

套利是指同时买进和卖出两张不同种类的期货合约,它利用期货市场中不同月份、不同市场、不同商品之间的相对价格差,同时买入和卖出不同种类的期货合约,来获取利润。正如一种商品的现货价格与期货价格经常存在差异,同种商品不同交割月份的合约价格变动也存在差异,同种商品在不同的期货交易所的价格变动也存在差异。这些价格差异的存在,使期货市场的套利交易成为可能。

套利交易丰富和发展了期货投机交易的内容,并使期货投机不仅仅局限于期货合约绝对价格水平的变化,更多地转向期货合约相对价格水平的变化。套利交易对期货市场的稳定发展有积极的意义。具体地讲,套利的作用主要表现在两个方面:一方面,套利提供了风险对冲的机会;另一方面,套利有助于合理价格水平的形成。

以跨市套利交易为例。跨市套利交易,是利用不同期货市场之间、同一商品合约的价格差距的变化,来获取期货投资利润的一种期货交易方式。在目前的国内政策条件下,这种交易的投资价值往往是以现货交易的最小获利能力来进行测算的。例如,上海期货交易所(SHFE)与伦敦金属交易所(LME)铜期货合约间的跨市套利,DCE 与 CBOT 大豆期货合约间的跨市套利等。

投资收益(风险)= 市场间价差 1-市场间价差 2-交易成本

市场间价差是指两期货市场之间,同一商品期货合约经过现行汇率转换后的同一货币标价差异,例如,LME 的 3 月份铜价为 2 550 美元/吨,而 SHFE 的 8 月份铜价为 25 850 元/吨,这两种报价本身是不可比的,我们必须根据现行汇率将 LME 的铜价换算成人民币标价。

而交易成本主要是指交易手续费和持仓费。这里所说的持仓费主要是指为拥有或保留和转让某种商品所需支付的仓储、保险、利息和税收等费用的总和,持仓费只会出现在实物套利交易中,而通常意义上的跨市套利交易是通过两个市场间同一商品合约差价的有利变化来实现的,是不涉及持仓费的。

例 3.7　周四,当 LME 3 月份铜价还在 2 550 美元/吨水平上的时候,SHFE 的 1008 铜合约价格曾经达到了 26 080 元/吨,两市场间的比价关系达到了 1∶10.23,而在过去的几个月里,两市场间的铜期货合约价格的比价关系基本处于 1∶10~1∶10.1 的水平上。这种比价关系的扩大,实际上反映出了两市场间价差被拉大了,这就有可能引起跨市套利交易者的交易兴趣,他们会在 LME 以 2 550美元/吨买入大量期货合约。假设买入开仓 10 000 吨期货头寸,并在 SHFE 的 1 008 铜合约上以 26 080 元/吨卖出开仓 10 000 吨期货合约。

周五,由于国内市场上的多头主动性平仓以及买铝抛铜和买伦敦抛国内的交易压力出现,两市场间的价格差距缩小了,尽管 LME 3 月份期铜价依然为 2 550美元/吨,但 SHFE 的 1008 铜合约价格回落到了 25 850 元/吨,那么该跨市套利交易者就可以在 LME 市场上卖出平仓所持有的 10 000 吨头寸,在 SHFE 市场上买入平仓所持有的 10 000 吨头寸。其交易结果如表 3.6 所示。

表 3.6　铜的套利交易

LME	SHFE
买入开仓 10 000 吨期货合约 2 550 美元/吨	卖出开仓 10 000 吨期货合约,26 080 元/吨

续表

LME	SHFE
卖出平仓 10 000 吨期货合约 2 550 美元/吨	买入平仓 10 000 吨期货合约,25 850 元/吨
盈亏为 0 手续费 1.19 万美元,约合 7.85 万元人民币	盈利 230 万元 手续费 11.7 万元
盈亏合计:230-7.85-11.7=210.45 万元	

通过例 3.7 我们可以看到,跨市套利交易仅仅是两个期货投机交易的简单对冲组合,交易过程也是较简单的,但由于该交易是双向持仓,且不同市场间的同一商品价格走势具有趋同性,所以这类交易的风险与获利也都相对单纯的期货投机交易要小。但是,其交易资金与成本却较大。

四、交易策略的联系与区别

套期保值、投机、套利作为期货市场交易的主要形式,具有相同的特点。第一,三者都是期货市场的重要组成部分,对期货市场的作用相辅相成。第二,三者都必须依据对市场走势的判断来确定交易的方向。第三,三者选择买卖时机的方法及操作手法基本相同。但三者又有一定的区别:第一,交易目的不同。套期保值的目的是回避现货市场的价格风险,投机的目的是赚取风险利润,套利则是为了获取较稳定的价差收益。第二,承担的风险不同。套期保值承担的风险最小,套利次之,投机最大。保值量超过正常的产量或消费量就是投机,跨期套利、跨市套利如果伴随着现货交易,则也可以当做保值交易。

各种策略的适用人群:

套期保值策略主要是把市场波动的风险转化为基差风险,适合风险厌恶型投资者,需要投资者具备一定的股票资产规模,例如机构和基金投资者。

套利策略主要是获取基差波动带来的利益,适合追求低风险和有稳定回报的投资者,需要有适合自己的套利模型的支持,投资者的资金规模要满足构建套利头寸的要求,适用于几乎所有的投资者,但是资金实力必须较强。

投机策略主要是追求市场价格涨跌带来的收益,适合风险喜好型的投资者,需要具备一定的投资经验,也适合具备相应风险承担能力的个人投资者;资产配置具备根据需求调整组合的风险收益特征,适合具备一定研究能力的机构投资者。

章后阅读

2014 年全球期货及期权交易量微增

据美国期货业协会(FIA)对全球 75 家衍生品交易所的最新统计,2014 年全球场内期货和期权总交易量约 218.7 亿手,增长 1.5%。虽然去年全球场内衍生品交易量连续两年增长,但相比 2011 年的 249.9 亿手峰值仍有一定的差距。

分区域看,北美地区交易量增长最为明显,欧洲地区小幅增长,亚太地区则有所下降。分产品看,交易量排在前三位的分别是个股、股票指数和利率,交易量增长较大的是工业金属、农产品和股票指数,增幅分别为 35%、15.7%和 8.3%。

交易所排名上,去年交易量排在前 5 位的分别为 CME 集团、洲际交易所、欧洲期货交易所集团、印度国家证券交易所、巴西证券期货交易所,和 2013 年一样。其中,CME 集团交易量达 34.4 亿手,较上年增长 8.9%;其他四家交易所交易量均较上年有所下降。

中国内地、香港和台湾的 6 家交易所交易量均保持增势,全部跻身前 20 名。上期所、大商所、郑商所、港交所、中金所和台湾期交所分列第 9、第 10、第 13、第 14、第 18 和第 19 位。其中,上期所、大商所和中金所的排名分别较 2013 年前进 3 位、1 位和 1 位,郑商所排名保持不变。

资料来源:去年全球期货及期权交易量微增.期货日报,2014 年 4 月 2 日。

本章小结

期货合约指协议双方同意在约定的将来某个日期按约定的条件,买入或卖出一定标准数量的某种标的资产的标准化协议。期货交易所中的期货交易合约类型主要有:谷物、股票指数、外汇、短期国债和欧洲美元、中期国债和长期国债等。前一交易日期货的交易价格可以在《华尔街日报》等报纸中查出。期货合约主要在期货交易所交易,世界著名的期货交易所有芝加哥商品交易所、国际货币市场、伦敦国际金融期货交易所等。期货交易商一般分为佣金经纪商和自营交易商;根据交易策略可以分为套期保值者、投机者、套利者和差额交易者。经纪行和经纪人是代客户负责与期货交易所场内交易员联系和办理买卖期货的中间人。

期货合约交易的机制可以大概描述为买方和卖方向各自经纪人下达交易指令,经协商谈定价格,存入保证金。期货交易主要的订单类型包括市价订单、市场不能支撑订单、开盘订单、收盘订单等。期货市场实行限价波动,高于最高限价和低于最低限价时都不允许进行交易。每天交易结束后,每一个期货交易账户按照结算价格进行市值调整，实行逐日结算。期货交易中所需的保证金比股票交易要少，保证金存款可以看做一种良好信用保证的存款。大多数非现金结算的金融期货合约允许在交割月的任何一个工作日交割，一些金融期货，如标的资产为股票指数的期货，以现金结算。期货的交易成本主要由交割成本、买卖价差、佣金这几个部分组成。期货交易所规定期货交易的佣金、商品规格、交易时间和交收月份。

期货合约的价格和价值是两个不同的概念。期货合约价格反映合约买卖双方对标的资产的未来交割价格，随着期货合约的交割月份的逼近，期货合约的价格收敛于标的资产的现货价格。期货合约的价值在最开始发售时为零。无风险利率恒定，并且不存在违约风险时，合约到期日之前的任何时点上，远期合约价格和期货合约价格均相等。

买入期货合约是多头套期保值，卖出期货合约是空头套期保值。基差指现货价格与期货价格之差。套期保值的决策内容包括多头还是空头、合约选择、选择到期月份和套期保值比率。跟踪套期保值是指在套期保值过程中，套期保值率应当根据资产组合价值的变化每天都加以调整，以反映利率对按市值计价的影响。对于股指期货的套期保值，一般采用最小方差套期保值率。价差交易是一种同时买卖期货合约的策略，主要包括时间价差和产品间价差。

相关链接

http://www.cme.com　芝加哥商业交易所集团

http://www.theice.com　美国洲际交易所

http://www.nyse.com　纽约泛欧证券交易所

http://www.eurexchange.com　欧洲期货交易所

http://www.sgx.com　新加坡交易所

http://www.cffex.com.cn　中国金融期货交易所

思考题

1. 试简单描述期货合约与远期合约的区别。
2. 试述期货交易所的基本作用。
3. 试述期货保值与投机的根本区别。
4. 试述期货市场的功能和作用。

计算题

1. 美国某进口商 2 月 10 日从英国购进价值 250 000 英镑的一批货物，1 个月后支付货款。在现货市场上，2 月 10 日现汇汇率为 1 英镑 = 1.603 8 美元。为防止英镑升值而使进口成本增加，该进口商买入 2 份 3 月份到期英国英镑期货合约，面值 125 000 英镑，价格为 1 英镑 = 1.625 8 美元。1 个月后英国英镑果然升值，3 月 10 日现汇汇率为 1 英镑 = 1.687 5 美元，而 3 月份到期英镑期货价格变为 1 英镑 = 1.703 6 美元。

计算：(1) 该进口商在现货和期货市场上的盈亏情况。

(2) 该进口商实际支付的美元。

2. 上海某一铝型材厂的主要原料是铝锭，某年 3 月初铝锭的现货价格是 16 000元/吨，该厂根据供求关系分析，认为铝锭的价格将上涨，可是目前库容不足且库存能够满足生产使用，为了回避以后再购进铝锭 600 吨时价格上涨的风险，该厂决定对铝进行套期保值，7 月份铝锭期货合约为 16 800 元/吨。到了 5 月份，铝锭现货价格涨到 17 500 元/吨，期货价格涨到 18 300 元/吨。

(1) 厂商应如何套期保值?

(2) 厂商套期保值的收益为多少?

即测即评

请扫描二维码，在线测试本章学习效果。

第4章 期 权

本章学习要求

通过本章的学习，应掌握期权合约的内容和合约的性质，熟悉期权交易的一般程序，明确期权合约的价值特征，了解期权定价的基本原则和期权保证金及期权的投资策略等知识点。

本章主要概念

看涨期权(Call Option)　期权费(Premium)　实值期权(In-the-money)　虚值期权(Out-of-the-money)　平值期权(At-the-money)　看跌期权(Put Option)　竞买价(Bid Price)　场外期权交易市场(Over-the-counter Options Markets)　内在价值(Intrinsic Value)　时间价值(Time Value)

章前阅读

18世纪，期权被引入金融市场。早期的股票期权交易属于场外交易，比较分散。19世纪后期，被喻为“现代期权交易之父”的拉舍尔·赛奇在柜台交易市场组织了一个买权和卖权的交易系统，并引入了买权、卖权平价概念。然而，场外交易市场上期权合约的非标准化、无法转让、采用实物交割方式以及无担保，使得这一市场的发展非常缓慢。

1973年4月26日，芝加哥期权交易所(CBOE)成立，开始了买权交易，标志着期权合约标准化、期权交易规范化。70年代中期，美洲交易所(AM-

EX)、费城股票交易所(PHLX)和太平洋股票交易所等相继引入期权交易，使期权获得了空前的发展。1977年，卖权交易开始了。与此同时，芝加哥期权交易所开始了非股票期权交易的探索。目前场内期权类的成交品种已包括股票期权(包括个股和ETF期权)、股指期权、利率期权、商品期权、外汇期权等多个品种。近10年来海外期权合约成交量稳步上升。从美国期货业协会(FIA)2013年统计数据来看，期权及期货的交易在地区分布上，主要集中在北美及亚洲地区。在交易量方面，股权类衍生品(包括股票期货及期权、股指期货及期权)占交易量的比重最大，分别为29.6%和24.8%。

相对于发达经济体和一些新兴市场，我国人民币外汇期权业务起步较晚。2011年2月14日，外汇局下发《国家外汇管理局关于人民币对外汇期权交易有关问题的通知》(汇发〔2011〕8号)定于2014年4月1日起我国银行间外汇市场正式开展人民币对外汇期权交易，人民币外汇期权业务推出之初，为了便于风险控制，商业银行仅可为客户办理买入欧式期权业务。2011年底，为了进一步推动人民币对外汇期权市场的发展，满足经济主体的避险需求，外汇局下发《国家外汇管理局关于银行办理人民币对外汇期权组合业务有关问题的通知》(汇发〔2011〕43号)文件推出期权组合产品。

资料来源:刘楠.简析人民币外汇期权业务.经营管理者,2014(23)。

第一节　期权市场概述

期权是买卖某种资产的权利,具有可以放弃的特点,是一种特殊的金融合约。期权费(Premium)是指购买者向售出者支付的一笔费用,即期权合约的价格。期权购买者买进或卖出资产所依据的固定价格被称作执行价格(Exercise Price)。到期日(Expiration Date)是指期权合约按照既定价格购入或者售出资产权利的有效持续期。

一、看涨期权

看涨期权(Call Option)是指按照固定价格,即执行价格,买进资产的期权合约,其中可以有多种类型的标的资产。例如,基于IBM公司股票的某美式期权,执行价格为55美元,到期日是4月21日,期权价格为2.5美元,指期权买方拥有在这之前的任何时点,按照每股55美元的价格买进股票的权利,并且期权卖方都有义务以55美元的价格把股票卖给他们,同时,期权买方支付给期权卖方2.5美元期权费,来得到这个权利。

股票价格在执行价格之上的看涨期权称为实值期权(In-the-money),股票价格在执行价格之下的看涨期权称为虚值期权(Out-of-the-money),而股票价格和执行价格相等时的期权合约就叫做平值期权(At-the-money)。

期权与期货不同,期权的买方无须有每日现金流动,不同于期货的盯市制度。期权的买方付给卖方期权费,以得到在未来某时刻买进或卖出资产的权利,即使标的资产价格朝不利的方向变动,期权看涨者也只需承受有限的期权费损失。

二、看跌期权

看跌期权(Put Option)是指按照固定价格,即执行价格,卖出资产的期权合约,同样可以有多种类型的标的资产。与看涨期权相同,看跌期权的买方也只需承受有限的期权费损失。例如,基于 IBM 公司股票的某美式看跌期权,每股执行价格为 55 美元,到期日为 4 月 21 日,那么,期权买方有权在 4 月 21 日之前的任意时刻以 55 美元的价格出售股票,并且卖方有义务以 55 美元的价格买入股票。

与看涨期权相反,股票价格在执行价格之下的看跌期权称为实值期权,股票价格在执行价格之上的看跌期权称为虚值期权,而股票价格和执行价格相等时的期权合约就叫做平值期权。

三、期权合约的性质

期权交易所会特别指明允许期权交易的资产类型。对于股票期权来说,交易所对合格股票的上市资格要求和股票首次发行上市的要求有些类似,但不如后者严格。交易所场内交易的标准化期权合约由 100 股单个的股票组成,如果投资者买进一种期权合约,等同于买进 100 股股票期权。

期权交易所对期权的执行价格有固定的标准,交易所将执行价格视为期权可以出售的价位,投资者必须同意在特定执行价格下实施期权交易。对于场外期权交易来说,只要交易双方达成一致的意见,就能够选定任意水平的执行价格。

对于场内交易的期权,通常情况下,如果执行价格低于 25 美元,期权执行价格按照 2.50 美元的间距变动;如果股票价格处在 25~200 美元,执行价格则按照 5 美元的间距变化;如果股票价格高于 200 美元,变动间距就调整为 10 美元。

期权交易所内,任何一只股票都要归入一个特定的有效周期。有效周期分为这样几种:1 月、4 月、7 月和 10 月,2 月、5 月、8 月和 11 月,3 月、6 月、9 月和 12 月。它们分别被称为 1 月周期、2 月周期以及 3 月周期。

美国证券交易委员会强制期权交易所实行头寸限制(Position Limit),即明确投资者作为市场参与的一方,可以持有的期权头寸的最大数量。期权交易所为每一只股票制定交易头寸限制,从 13 500 手到 75 000 手不等,视股票交易量和发行在外的股份数额来决定。

执行限额(Exercise Limit),就是任何个人投资者或者个人投资者的集合在任意5个连续交易日当中,可以执行的期权合约的最大数量。执行限额的性质与交易头寸限制相同。

四、交易所对期权合约的自行规定

为方便期权的流通,CBOE创立了上市期权交易,并首先将上市的期权加以标准化。其概要如下:

(一)股票的种类

期权交易对象的股票种类限于在证券交易所上市的股票,或是经证券交易所承认的股票,其发行股数已很多,要广泛分散为大众投资者所持有,并在市场上成交频繁。

(二)期权的执行日期

期权的执行日期都由CBOE的证券交易委员会来规定,期权合约以1月、4月、7月、10月为到期月,各到期月的期权交易原则上都在该到期月的9个月前开始。

(三)期权的执行价格

期权执行价格的计算如下:如果原股价为$ 44,期权的执行价格为$ 45;股票期权上市后股票的价格若发生变动,而股价未达$ 50时,其等级为$ 5,若在$ 50至$ 100之间,其等级为$ 10。股票期权的执行价格以此为基础确定。

(四)期权的原股股数

每一期权合约的原股股数通常为100股。

(五)期权交易开设账户时的有关规定

为防止不适合做期权交易的客户进行交易,会员经纪商必须向CBOE报告客户投资的目的、资金量及交易规模等资料,而后,期权登记负责人根据上述资料决定是否允许客户开设账户。期权登记负责人从对期权交易及交易所规则很清楚的会员经纪商中选出。

(六)对客户提交计划书

会员经纪商在客户未开户前,必须将最新的计划书交给客户,此计划书记载期权的概要、期权交易的风险及期权发行者、清算公司的财务情形等。该计划若有修改,则须将修改后的计划书交给已开户的客户。

(七)买卖的委任

这是指顾客委托经纪商买卖期权合约。除会员经纪商所属公司的董事或期权登记负责人的认可外,会员经纪商不能任意行使客户所给予的委任权。

(八) 买卖余额的限制

这是指限制客户持有过多的特定期权的买入或卖出余额。对于会员或客户单独或共同持有的期权余额,如果同一类的期权合约超过 1 000 单位,或是在某股票的某类期权中,某一到期日的期权合计达到 500 单位,那么将不得进行同一类期权的交易。

(九) 权利行使的限制

会员不得行使连续 5 日以内、合计超过某类 1 000 单位期权的买进余额的委任权。

五、 期权类型

(一) 权益期权

单个股票的期权合约通常被称为权益期权(Equity Option),目前 CBOE 已有 1 000 多种可交易的股票期权。

(二) 指数期权

指数期权(Index Option)是基于股票指数的期权合约,是一种测量股票集合整体价值的方法。第一笔指数期权合约,即 CBOE 100 种股票指数期权,发行于 1983 年 3 月 11 日,后更名为标准普尔 100 种股票指数,也是最活跃的指数期权,紧随其后的是 CBOE 的标准普尔 500 种股票指数期权。

(三) 外汇期权

外汇期权又称为货币期权。最主要的外汇期权交易所是纳斯达克 OMX 交易所,它提供英镑、澳大利亚元、加拿大元、瑞士法郎、日元这几种货币的期权合约,并且期权合约的大小取决于货币的种类。

(四) 期货期权

期货期权(Futures Option)是指标的资产是期货合约的期权。期货合约的到期日通常在该期货期权的到期日之后,大多数基于期货合约的标的资产都有该资产的期货期权合约交易。

(五) 其他类型的期权

创新性期权合约包括某些特别品种,其损益衡量建立在商品价格走势的基础上,譬如石油价格。还有一些期权,当遇到股票价格跌至特定水平时就到期失效。还有在有效期内建立在平均股价、最高股价以及最低股价之上的期权合约。以上的期权类型统称为外来期权(Exotics)。

六、 期权报价单

图 4.1 为《华尔街日报》登载的期权合约的报价单,交易日为 2005 年 2 月 16 日。

LEAPS-LONG TERM OPTIONS

OPTION/STRIKE		EXP	-CALL- VOL	LAST	-PUT- VOL	LAST
Alcatel	15	Jan 07	1000	1.65	1000	3
Altria	55	Jan 06	53	11.40	3453	1.95
65.51	65	Jan 06	571	5.20	3567	5.50
65.51	70	Jan 06	5025	3.10	85	8.40
Amazon	35	Jan 06	37	5.80	1134	4
AmExpr	50	Jan 07	7512	9.50	40	2.55
54.62	55	Jan 06	...	...	750	3.10
54.62	70	Jan 07	6021	1.25	...	...
Amgen	75	Jan 07	1081	4.70	...	...
Anheusr	50	Jan 07	723	3.97	...	...
Aon Corp	20	Jan 07	1123	6.90	...	...
AthroGen	30	Jan 06	1040	1.65	...	...
BestBuy	30	Jan 06	...	...	1500	0.35
BrMySq	27.50	Jan 07	47	1.10	847	4.70
Calpine	2.50	Jan 07	10577	1.75	137	0.70
3.50	5	Jan 06	1279	0.35	60	1.85
3.50	5	Jan 07	799	0.85	85	2.25
3.50	7.50	Jan 06	...	...	1145	4.10
3.50	7.50	Jan 07	385	0.55	1050	4.40
CareerEd	50	Jan 06	14210	2.70	...	...
37.19	60	Jan 06	5020	1.10	...	...
CircCity	15	Jan 06	820	2.30	25	0.80
16.19	20	Jan 07	57	0.60	806	4.20
CocaCola	40	Jan 07	689	6	10	1.70
Comcast sp	30	Jan 06	843	4.80	10	1.05
DeltaAir	2.50	Jan 07	...	...	8760	0.80
Disney	30	Jan 06	709	2.35	...	...
EOG Res	75	Jan 06	3300	15.30	...	...
84.99	80	Jan 07	...	...	1000	7.40
84.99	85	Jan 06	4488	9.40	30	7.30
EKodak	35	Jan 06	1703	3.20	...	...
EchoStar	25	Jan 07	2520	8.60	2530	1.75

OPTION/STRIKE		EXP	-CALL- VOL	LAST	-PUT- VOL	LAST
ElPasoCp	10	Jan 06	914	3	80	0.70
Exxon	55	Jan 07	2514	7.60	3	3.30
FordM	7.50	Jan 07	...	...	16126	0.25
FMCG	35	Jan 07	...	...	750	4.70
Gillette	50	Jan 07	1245	6.80	77	4.10
HCA	20	Jan 07	...	...	1551	0.50
Hallibtn	40	Jan 06	5142	5.70	10	2.95
HewlettP	20	Jan 06	33	2.75	10793	1.45
Intel	25	Jan 06	217	2.10	1194	2.40
Morgan	30	Jan 06	...	...	3925	0.65
37.33	40	Jan 06	93	1.25	2004	4.20
37.33	40	Jan 07	4000	2.70	20	5.10
KrspKrm	5	Jan 06	876	1.85	35	1.50
LillyEli	60	Jan 06	730	3.50	...	...
Lucent	2.50	Jan 06	8158	1	...	...
3.34	2.50	Jan 07	187	1.20	6000	0.25
Merck	35	Jan 06	2703	0.65	...	...
MerrLyn	45	Jan 06	...	...	2600	0.70
60.27	65	Jan 06	2007	2.75	...	...
MicronTc	10	Jan 07	8940	3.60	...	...
Microsft	24.50	Jan 07	12	3.60	1400	1.43
Motorola	17.50	Jan 07	35	2.20	4500	3.10
Nasd100Tr	38	Jan 06	10	2.95	900	2.20
37.98	39	Jan 06	1250	2.50	...	...
NewmntM	35	Jan 06	...	...	1120	1.20
NwstAirl	5	Jan 06	...	...	3840	0.90
7.18	10	Jan 06	...	...	1920	3.50
Nucor	55	Jan 06	1002	10.90	...	...
Pfizer	25	Jan 07	2172	3.40	153	2.90
24.95	30	Jan 07	810	1.50	10	6
ProtDsg	20	Jan 07	1697	3.30	...	...
ProvidFn	17.50	Jan 06	51	1.80	757	1.55

OPTION/STRIKE		EXP	-CALL- VOL	LAST	-PUT- VOL	LAST
ProvidF	17.50	Jan 07	1000	2.50	...	...
Rambus	70	Jan 07	887	1.10	...	...
RschMot	90	Jan 07	1284	14.70	...	...
SealAir	50	Jan 06	...	...	1203	2.85
SiriusSat	5	Jan 06	279	1.85	838	0.80
Starbucks	40	Jan 06	17	13	1000	1.25
Symantec	35	Jan 06	2012	0.45	...	...
UPS	65	Jan 06	...	...	845	0.85
Verizon	35	Jan 06	1283	3	481	2.30
Vodafone	20	Jan 06	...	...	1500	0.25
26.62	25	Jan 06	1503	2.75	...	...

Volume & Open Interest Summaries

BOSTON			
Call Vol:	7,235	Open Int:	0
Put Vol:	3,046	Open Int:	0
CHICAGO BOARD			
Call Vol:	36,215	Open Int:	6,304,563
Put Vol:	32,954	Open Int:	5,594,829
INTL SECURITIES			
Call Vol:	79,488	Open Int:	24,305,169
Put Vol:	42,851	Open Int:	23,121,579
PACIFIC			
Call Vol:	92,047	Open Int:	26,080,503
Put Vol:	29,462	Open Int:	24,304,130
TOTAL			
Call Vol:	214,985		
Put Vol:	108,313		

图 4.1　期权合约报价单

资料来源:《华尔街日报》,2006 年 3 月 15 日。

期权价格可以从每天的《华尔街日报》等许许多多的大城市日报中获得。以列于该报价单的 Calpine 公司的股票期权为例。该栏共分为七列,第一列第一行是股票名称。位于同一列第一行下面的,是纽约证券交易所的股票收盘价格。如果记载的是两种以上的期权合约,股票收盘价格就会重复填列,以占据所有的页面空白。对于交易不活跃的期权而言,如 CocaCola 公司的股票期权,只显示出一行信息,并且没有给出收盘价格。第二列是期权的执行价格。第三列是期权到期日。第四列是当天交易的看涨期权合约数量。第五列是看涨期权收盘价格。第六列和第七列则分别是看跌期权交易量和看跌期权收盘价格。尽管价格的确定以十六进制为基础,但还是按照十进制的形式体现出来。

从报价表可以看出,Calpine 公司 2007 年 1 月到期的、执行价格为 5 美元的看涨期权合约当天收盘价格为 0.85 美元,在该交易日,共成交 799 笔期权合约。

2007 年 1 月到期的、执行价格为 5 美元的看跌期权合约,以 2.25 美元的价格收盘,共成交 85 份期权合约。报价单中的省略号部分则代表当天没有发生交易的期权品种。

七、 期权交易市场

(一)场外期权交易市场

金融机构和大公司双方直接进行期权交易的市场称为场外期权交易市场(Over-the-counter Options Markets)。并不是所有的期权合约都在交易所中交易,机构投资者主导着相当巨大的场外期权交易市场,这些期权合约都是由大型企业集团、金融机构,有时甚至是政府部门私下达成的。

1. 场外期权交易与场内期权交易比较

首先,场外期权交易中,期权合约的条款和适用条件依交易双方的特定需求量身定制,期权的设计具有非标准化的特征。例如,百慕大期权(Bermuda Option)就是一个非标准化的期权,可在其有效期的某些特定天数之内执行。

其次,如果在期权交易所交易,一笔购买看跌期权合约的大额交易指令往往被认为是向市场发出的信号,这个信号逐渐形成市场的噪音,干扰市场的正常运作。但对于场外期权交易,投资者的交易均在私下达成,大额期权交易几乎对市场不具有影响。

2. 场外期权交易的使用

一个并不专门从事期权交易的机构,在决定购买一份利率期权之前,必须确认是否真正需要。非银行机构的财务部门有时也决定卖出利率期权,但面临着风险:当利率发生较大幅度的不利变动时,会造成很大的损失。因此,在非银行机构的财务部门里从事融资活动的人员要很好地控制期权的出售。

促成购买期权(期权敞口)的因素有:某机构拥有或在可预见的将来会拥有大笔浮动利率贷款,担心今后几个月内利率变动的幅度会增大,不利的利率变动将对借款成本或投资收益产生很大影响,等等。

3. 交易方式

希望购买期权的公司与银行(期权卖方)通常通过电话联系。期权费通过与银行协商确定。期权交易一般在 24 小时内由银行确认,确认条款将列出期权合约的细节。

购买者常常买入处于虚值状态的期权，这意味着在到期之前，利率水平只有发生较大幅度的不利运动，才有可能执行期权。而虚值状态的期权也有其优势，即期权费较低。

在英国，期权购买者向银行（卖方）付款包括以下两种情况：如果是以英镑计价的期权，则支付当天的价格；如果是以别种货币计价的期权，将在两个工作日后支付。这是由货币即期交易在两天后结算的特点决定的。

4. 平仓

当期权合约被执行或过期失效时，持有者的头寸将自动被轧平。但有些情况下，在到期之前持有者会认为不需要继续持有期权头寸。比如，未来的贷款计划被取消，也就不需要持有看涨期权了。同样，如果未来并未发生将持有的现金用于储蓄（或投资）的情况，看跌期权也就不需要了。

由于看涨期权与看跌期权都是场外交易的，由客户与银行单独商定，期权的持有者难以将其出售给其他人。与场内交易期权不同，场外交易期权并没有专门买卖它们的二手市场。

然而，持有者可以视情况采取以下三种行动：

(1) 继续持有期权，将其作为一笔投机性的投资，并期望在到期日行使期权以从中获益。如果继续持有，而在到期日未执行期权，最大成本只是支付的期权费。

(2) 要求银行中止期权合约，并协商在中止日市场利率水平基础上退还一部分期权费。此时除非银行认为期权合约还有价值，否则一般不愿意中止合约。

(3) 出售一份与原先交易方向相反的期权，并以期权费的形式实现其价值。

5. 场外期权交易的参与者

场外交易期权的购买方一般是银行、金融机构、政府部门或地方权力机构、投资公司、大型非金融公司。某些情况下，富有的个人也会购买。

（二）场内期权交易市场

交易所是具有法律地位、有组织的公司实体，以证券、期权以及期货合约的交易为目的，它提供一个实体性的机构，制定许多规章制度，承担着在其内部买卖金融工具的管理任务。为满足交易所内标准化期权合约交易的需要，组织化的交易所必须专门制定合约的条款和适用条件，以使期权合约的二级市场交易成为可能。美国最大的期权交易所是 CBOE，它成立于 1973 年 4 月 26 日，由芝加哥期货交易所的会员所组建。在此之前，期权在美国只是少数交易商之间的场外买卖。CBOE 建立了期权的交易市场，推出标准化合约，使期权交易产生革命性的变化。

1985 年推出股票期权，1989 年推出利率期权产品，1990 年推出长期期权 LEAPS，1992 年推出类股指期权，2003 年推出 VIX 指数期货。之后，美国商品期货交易委员会放松了对期权交易的限制，有意识地推出商品期权交易和金融期权交易。1982 年，作为试验计划的一部分，芝加哥期货交易所推出了长期国债期货的期权交易。

1983 年 1 月，芝加哥商业交易所推出了 S&P 500 股票指数期权。随着股票指数期权交易的成功，各交易所将期权交易迅速扩展至其他利率外汇等金融品种上。1984—1986 年，芝加哥期货交易所先后推出了大豆、玉米和小麦等品种的期货期权。

纳斯达克 OMX 交易所，其前身是费城股票交易所（PHLX），2008 年 7 月 24 日被纳斯达克 OMX 集团收购。通过此次收购，纳斯达克 OMX 开始运营美国第二大期权市场。

除美国之外，全球有影响的期权市场还有欧洲期货交易所（EUREX）、伦敦国际金融期货期权交易所（LIFFE）、香港交易所（HKEX）、韩国期货交易所（KOF-EX）等。期权市场无论从品种上还是地域上都获得了长足的发展。

欧洲期货交易所的前身为德国期货交易所（DTB）与瑞士期货期权交易所（SOFFEX）。1998 年由 DBAG 和 SWX 共同投资成立欧洲期货交易所，总部设于瑞士苏黎世。交易所交易的产品主要包括：货币市场衍生品、固定收入衍生品、股票衍生品、股票指数衍生品、交易所交易之基金的期货和期权。

伦敦国际金融期货期权交易所是英国最主要的金融期货市场，该所成立于 1982 年，1992 年与伦敦期权交易市场合并，1996 年收购伦敦商品交易所。该交易所买卖的产品包括货币、债券、短期利率、股票和商品的期货和期权合约，交易品种主要有英镑、欧元、美元、日元、瑞士法郎的期货和期权合约，70 种英国股票期权、金融时报 100 种股票指数期货和期权以及金融时报 250 种股票指数期货合约等。

香港交易所目前有期货及期权产品四类。① 股市指数产品系列，包括恒生指数期货及期权、小型恒指期货、H 股指数期货和期权、股息期货等。② 股票类衍生产品，包括股票期货、期权、国际股票期货和期权等。③ 利率产品，包括港元利率期货、外汇基金债券期货等。④ 外汇产品，包括日元、英镑、欧元的日转期汇等。

韩国期货交易所于 1999 年 2 月在釜山正式成立，是一个综合性金融市场，交易品种包括股票、债券（国债、企业债、可转换债券等）、股指期货、股指期权、单个股票期权、各种基金及投资信托、外汇期货、利率期货和黄金期货等。

（三）期权交易商

1. 做市商

做市商(Market Maker)的职责是满足公众对于期权的需求。当公众中有人希望买进或卖出一种期权合约,但是又没有其他成员愿意卖出或买进该期权时,做市商自己即要完成这笔交易。此交易体制下,只要私人投资者打算购买某个特定期权,肯定能保证有相应的卖方满足其要求。在 CBOE 购买交易席位的个人投资者既能申请成为做市商,又能申请成为场内经纪人。

竞买价(Bid Price)是做市商愿意为期权合约支付的最高价格,竞卖价(Ask Price)则是做市商可以接受的期权最低成交价格。竞卖价设定在高于竞买价的水平上,竞买价和竞卖价之间的差异被称做竞买价竞卖价价差(Bid-Ask Spread)。通过报出竞买价和竞卖价,做市商可以以一定的价位买进,而后又以更高的价格售出,从而实现获利的目的。

2. 场内经纪人

场内经纪人(Floor Broker)替社会公众的会员执行交易。如果有人打算买进或者卖出看跌期权合约,那么他首先必须在经纪公司开设交易账户,该经纪公司指派一名场内经纪人负责或者做出合约安排,通过合约,经纪公司与单个的场内经纪人或者处于竞争地位经纪公司的场内经纪人签订合作协议。场内经纪人同样为非会员执行交易指令,或者收取统一的报酬,或者根据每一笔成交的交易指令收取保证金。CBOE 也拥有大量的指定一级市场做市商(Designated Primary Market Maker,DPM),他们具备做市商和经纪人两重身份。

3. 指令簿处理人员

指令簿处理人员(Order Book Official,OBO)是期权交易市场上的第三类交易商,属于交易所的雇员。对于一张限价交易指令,即一种规定了买进时应支付的最高价格和卖出时可接受的最低价格的交易指令,要买进一种看涨期权合约,最高价格定为 3 美元。负责处理该交易指令的场内经纪人认为,由做市商提供的最佳报价是竞买价 2%,竞卖价 $3\frac{1}{4}$。这表明做市商出售看涨期权的最低价格水平是 $3\frac{1}{4}$。如果你的场内经纪人还有其他交易指令需要处理,那么交易所收到限价交易指令后,将连同其他所有的公开限价指令一起输入计算机,从而最佳公开限价交易指令即可通知到做市商。一旦条件有所变化,譬如,至少有一个做市商愿意报出 3 美元甚至更低的竞卖价,那么交易所就会促成限价交易指令的成交。

4. 其他交易商

专营商(Specialist)负责制定期权交易的买卖报价。专营商主张并且尝试促成公开限价交易指令的成交,但并不把信息对外披露。还有一种投资个体叫做注册期权交易商(Registered Option Trader,ROT),从事自营的期权合约买卖,同时作为他人的经纪人代理交易。

(四)交易所会员资格的成本和收益

期权价格并非期权交易所需的全部成本,弥补亏损必须有足够的资本,而且会员被要求向经纪公司缴纳一定的款项,作为对其信誉的保证,最低应缴资本额约为5万美元。同时,交易所会员接受相应的培训,通过考试检验他们对交易规则和程序的理解力,他们应当同意遵循交易所和美国证券交易委员会(SEC)颁布的所有管理规定。另外,还需要承担一些附加的初始成本以及月度收费。

(五)期权市场的管理规定

场内交易的期权业务按照不同水平级次实施监管,尽管已经有了联邦法规和各州法规的约束,该行业仍然要根据交易所和期权清算公司制定的规则和标准进行自我管理。

《约翰逊-沙德协定》(Johnson-Shad Agreement)又称《CFTC-SEC 协议》(CFTC-SEC Accord),明确规定 SEC 负责监管股票期权、股票指数期权以及外币期权,而美国商品期货交易委员会(CFTC)将致力于所有期货合约期权的管理。

第二节 期权的交易机制

一、期权交易过程

期权交易过程如图4.2所示。

(一)下达建仓交易指令

投资者有权下达各种类型的市场交易指令。市场交易指令(Market Order)允许场内经纪人自行获取最佳的市场价格。限价交易指令(Limit Order)却限定了购买可支付的最高价格以及出售时可接受的最低价格。限价交易指令既可以是撤销前有效的交易指令,又可以是当日交易指令。撤销前有效交易指令(Good-till-canceled Order)在宣布其失效前能够一直保持有效状态,当日交易指令(Day Order)则只在当时交易日的剩余时间内有效。停止交易指令(Stop Order)是指成交价格定在低于当前市价的水平,若市场价格跌破这个限制价位,经纪人就会按照指示,以最佳可行价格出售期权合约。

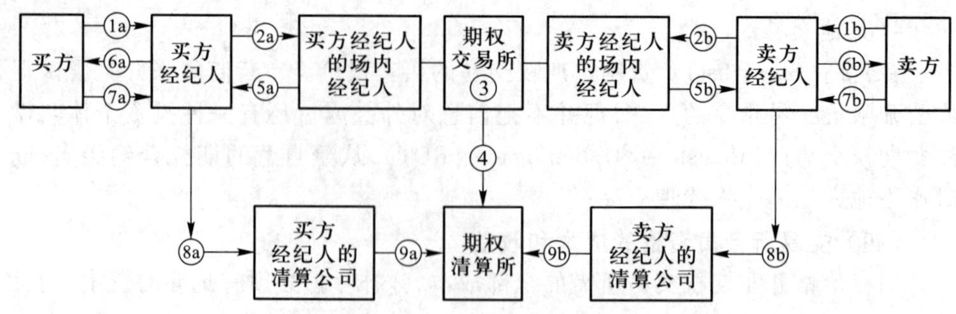

图 4.2　期权交易过程

资料来源：DonM.Chance，衍生金融工具与风险管理。

交易过程如下：

(1a)(1b)买方和卖方向各自经纪人下达交易指令，开始交易。

(2a)(2b)买方和卖方的经纪人均要求其经纪公司的场内经纪人执行交易。

③ 双方场内经纪人在期权交易所的交易厅内碰面，经协商谈定价格。

④ 向清算所报告交易信息。

(5a)(5b)买方和卖方场内经纪人分别向买方和卖方经纪人汇报协定价格。

(6a)(6b)买方和卖方经纪人再分别向买方和卖方汇报协定价格。

(7a)(7b)买方在买方经纪人处存入权利金，卖方在卖方经纪人处存入权利金。

(8a)(8b)买方和卖方经纪人再向清算公司存入交易权利金和保证金。

(9a)(9b)买方和卖方经纪人的清算公司再向清算所存入交易权利金和保证金。

（二）清算所

清算所的正式名称叫做期权清算公司（Options Clearing Corporation，OCC），是为了保证期权卖方的经营成果而设置的独立机构。它确保期权卖方按照合约的规定履行其义务，并记录其所有的多头和空头头寸状况。执行期权合约的期权买方面对的不是期权卖方，而是清算所。执行期权合约的期权卖方直接向清算所支付或者交割股票。

（三）下达对冲交易指令

通常把出售期权合约的指令称为对冲交易指令（Offsetting Order）。如果投资者持有一种看涨期权合约，而且其股票价格近期出现上涨，现在看涨期权价格比初始购买价格高得多，使得投资者可以通过在市场上出售期权合约获利，于是投资者可以下达对冲交易指令，轧平头寸。该交易指令的执行过程和建仓交易指令完全一致。

（四）执行期权合约

当投资者想要执行某个期权时，投资者需要通知经纪人，经纪人接着通知负责结清其交易的期权清算公司会员，该会员于是向期权清算公司发出执行指令。期权清算公司随机地选择某个持有相同期权空头的会员，这个会员按事先订立的程序，选择某个特定的出售该期权的投资者。如果期权是看涨期权，则出售该期权的投资者须按执行价格出售股票；如果期权是看跌期权，则出售期权的投资者须按执行价格买入股票。当某一期权履行合约时，期权的未平仓合约数将减少1。

如果期权是基于个股的看涨期权合约的话，卖方必须交割股票。但对于股票指数期权合约，它的执行可以使用一种替代性的执行程序——现金结算（Cash Settlement），一旦股票指数型看涨期权被执行，期权卖方将以期权合约倍数乘以指数价位和执行价格之间的差额向期权买方付款。

二、保证金制度

买进和卖出股票的最低初始保证金为50%，最低维持保证金限额为25%，很多清算公司在这些要求之外，又追加了额外5%的保证金。

期权保证金账户的操作方式与投资者从事期货合约交易保证金账户的操作方式一致。所有的买进期权合约都必须缴纳全额保证金，投资者必须全额支付期权的期权费。因为期权合约内已经包含了实质性的杠杆成分，保证金的附加使用将加大杠杆的作用，从而在很大程度上增加投资者投资头寸蒙受的风险。

对专营商和做市商则在必要保证金方面条件适当宽松，在一定的、具有相同做多或者做空方向的头寸净额交易的基础上，由专营商和做市商存入清算公司的保证金可按照不同方法计算出来。另外，保证金收取还需考虑因客户违约概率所应收取的额外金额。

无担保看涨期权是一种投资者出售不属于自己持有股票的看涨期权所形成的交易，如果期权合约遇到执行的情况，期权卖方就不得不在市场上按照当前市价购买股票履行合约义务，该义务没有价格上限，风险就非常之大。所以对于无担保看涨期权而言，投资者必须存入的保证金金额为期权费外加股票价值的20%。如果看涨期权是虚值期权，保证金要求则相应降低，降低的幅度等于该看涨期权的虚值金额。保证金至少应该相当于股票价值的10%。无担保看跌期权的应用道理相同。

对无担保看跌期权而言，投资者必须存入的初始保证金金额为以下两个计算结果中较大的那一个：① 出售期权的所有收入加上期权标的股票价值的20%

（对于指数期权则为 15%，因为通常指数的波动性比单个股票的波动性要小），减去期权处于虚值状态的数额（若期权处于虚值状态）；② 出售期权的所有收入加上期权标的股票价值的 10%。

避险式看涨期权是指期权卖方持有的期权所对应股票的期权。如果期权的执行价格与股票价格持平，投资者就无须在所要求的股票之外，存进任何额外的保证金款项，并且期权的期权费可用于减少该股票的必要保证金。但是，若执行价格低于股票价格，投资者在股票上可借入的最大资金数额是以看涨期权的执行价格为基础的，而非以股票价格为基础。举例来说，如果股票价格是 40 美元，期权执行价格是 35 美元，则在买进的股票上，投资者只能融资 0.5×3 500 美元＝1 750 美元，而不是 0.5×4 000 美元＝2 000 美元。

很多此类原则都有例外存在，特别是使用差额交易、同价对敲交易以及更复杂的期权交易方式时，这种例外更加明显。如果发生以上情况，必要保证金计算过程通常极为复杂。投资者应当咨询经纪人或者借助某些交易指南性的出版物，以获得应用于更复杂交易的额外信息。

三、期权交易的履约方法

期权交易的履约方法有三种：对冲、行使期权、自动失效。

（一）对冲

大多数期权买方和卖方在期权到期时或到期前选择用对冲方法来结清期权头寸。期权的买方在达成交易以后，必须于期权到期日之前，卖出同样敲定价格和到期日的期权合约，以对冲初始多头期权头寸。期权的卖方在成交以后，则必须在期权有效期内买回相同敲定价格、到期日等内容的期权合约，以结清初始空头期权头寸。

（二）行使期权

在期权合约有效期内虽然任何交易者，不管是买方还是卖方，均可通过反向买卖与初始相同的期权合约进行对冲，但是唯有期权买方才有权要求履行合约，行使买进或卖出的权利。如果期权的标的是期货合约，那么，期权买方行使期权以后，就在期权合约规定的价格水平上获得一个相应的期货交易地位。收购期权的买方和卖方取得了多头和空头期货地位，而销售期权的买方和卖方却相反，取得了空头和多头期货地位。

一般来说，只有当期权有内在价值时，买方才会行使期权。因此，履约时期权卖方将有负的内在价值，即将有损失。但是这并不意味着期权卖方必然遭受净损失，因为看跌期权所收的期权费也许会大于履约时负的内在价值。假如，大豆生产商卖出大豆期货的收购期权,敲定价格是每蒲式耳8美元,收取每蒲式耳0.15美元的期权费。当期权项下的期货价格上升到8.10美元时,收购期权可能要履约。卖方将以8美元敲定价格获得空头期货地位。由于现行期货价格为8.10美元,所以他处于空头期货地位将有每蒲式耳0.10美元的亏损。但是这笔亏损由于小于他看跌期权所收到的0.15美元的期权费,所以他仍然有每蒲式耳0.05美元的盈利。他可以通过购买相同的期货合约来结清空头期货头寸以获得利润。

(三)自动失效

如果期权是虚值,期权买方就不会行使期权、买卖商品或期货合约,而会等待到期,任由期权失效。这样,期权买方最多损失所交的期权费。

四、期权交易成本

(一)场内交易成本和清算费用

场内交易成本和清算费用是交易所、清算公司以及掌控交易的清算所估算的最低收费项目,对于通过经纪人完成的交易而言,该费用当中还应当包括经纪人的佣金。在CBOE,每笔交易的费用按单个合约算大约为0.24美元。清算所要另外收取0.09美元的费用,清算公司的收费则在0.20美元左右。此外,CBOE收取的年度会费和其他费用总计为2 700美元。

(二)交易佣金

期权交易佣金的计算,建立在固定的最低费率水平以及按每份合约收取的浮动部分的基础之上。某些经纪人则根据交易的总金额收取佣金费用,而另一些则面向交易较活跃客户提供折扣。

(三)竞买价竞卖价价差

竞买价竞卖价价差属于即刻发生的成本,从而可视为做市商愿意并且能够买进和卖出期望期权的保险成本,该成本无法被外在地观察到。

(四)其他交易成本

站在期权交易商的角度,还可能产生一些其他类型的交易成本,如保证金及其税负。

第三节 期权的价值分析

一、欧式期权与美式期权的价格公式

根据可执行日期的不同,期权可分为欧式期权和美式期权两种。美式期权

的买方可以在到期日前的任意一天选择是否执行期权。与它不同的是,欧式期权的买方只能在期权到期日这一天执行期权。一般情况下,美式期权的价格要高于欧式期权。

事实上,美式看涨期权可被看成附加特性的欧式看涨期权,该附加特性就是提前执行期权的权利。既然期权的执行不再受到约束,所以下式必然成立:

$$Ca(S_0,T,X)\geqslant Ce(S_0,T,X)$$

式中:$Ca(S_0,T,X)$为美式看涨期权价格;$Ce(S_0,T,X)$为欧式看涨期权价格;其内含的股票价格为 S_0,到期时间为 T,执行价格为 X。

同样对于看跌期权,可以得出下式:

$$Pa(S_0,T,X)\geqslant Pe(S_0,T,X)$$

式中:$Pa(S_0,T,X)$为美式看跌期权价格;$Pe(S_0,T,X)$为欧式看跌期权价格;其内含的股票价格为 S_0,到期时间为 T,执行价格为 X。

基本符号和术语含义如下:

S_0 为当天股票价格(时点 0 指当天);

X 为执行价格;

T 为到期时间;

R 为无风险利率;

S_T 为期权到期日的股票价格;

$C(S_0,T,X)$为看涨期权价格,其内含的股票价格为 S_0,到期时间为 T,执行价格为 X;

$P(S_0,T,X)$为看跌期权价格,其内含的股票价格为 S_0,到期时间为 T,执行价格为 X。

对于美式看涨期权和欧式看涨期权,价格将分别表示为 $Ca(S_0,T,X)$或者 $Ce(S_0,T,X)$。

二、期权价值的影响因素

(一)期权的内在价值和时间溢价

期权价值由两个基本的部分构成:内在价值和时间溢价:

期权价值=内在价值+时间溢价

1. 期权的内在价值

期权的内在价值是指期权立即执行产生的经济价值。内在价值的大小,取决于期权标的资产的现行市价与期权执行价格的高低。内在价值不同于到期日价值,期权的到期日价值取决于到期日标的股票市价与执行价格的高低。如果现在已经到期,则内在价值与到期日价值相同。

对于看涨期权来说,现行资产价格高于执行价格时,立即执行期权能够给持有人带来净收入,其内在价值为现行价格与执行价格的差额(S_0-X)。如果资产的现行市价等于或低于执行价格,立即执行不会给持有人带来收入,持有人也不会去执行期权,此时看涨期权的内在价值为零。例如,看涨期权的执行价格为100元,现行价格为120元,其内在价值为120-100=20(元)。如果现行价格变为20元,则内在价值为零。

对于看跌期权来说,现行资产价格低于执行价格时,其内在价值为执行价格减去现行价格($X-S_0$)。如果资产的现行价格等于或高于执行价格,看跌期权的内在价值等于零。例如,看跌期权的执行价格为100元,现行价格为80元,其内在价值为100-80=20(元)。如果现行价格变为120元,则内在价值为零。

由于标的资产的价格是随时间变化的,所以内在价值也是变化的。当执行期权能给持有人带来正回报时,称该期权为实值期权,或者说它处于实值状态(溢价状态);当执行期权将给持有人带来负回报时,称该期权为虚值期权,或者说它处于虚值状态(折价状态);当资产的现行价格等于执行价格时,称期权为平价期权,或者说它处于平价状态。

对于看涨期权来说,标的资产现行价格高于执行价格时,该期权处于实值状态;当资产的现行价格低于执行价格时,该期权处于虚值状态。对于看跌期权来说,资产现行价格低于执行价格时,该期权处于实值状态;当资产的现行价格高于执行价格时,称期权处于虚值状态。

期权处于虚值状态或平价状态时不会被执行,只有处于实值状态时才有可能被执行,但也不一定会被执行。

例 4.1 2007年4月3日,某公司股票的市场价格为79元。有1股看跌期权,执行价格为80元,2007年6月到期,期权售价为4元,持有者可以在6月18日前的任意一天执行。如果持有人购买后立即执行,执行收入为80-79=1元。期权发行时处于实值状态,或者说发行日是实值期权。此时,持有人并不会立即执行以获取1元收益,因为他花掉了4元钱成本,马上换回1元钱,并不划算。持有人购买看跌期权是预料将来股价会下跌,因此他会等待。只有到期日的实值期权才肯定会被执行,此时已不能再等待。

2. 期权的时间溢价

期权的时间溢价是指期权价值超过内在价值的部分。其计算公式为:

$$时间溢价=期权价值-内在价值$$

例 4.2 股票的现行价格为120元,看涨期权的执行价格为100元;期权价格为21元,则时间溢价为21−20=1元。如果现行价格等于或小于100元,则21元全部是时间溢价。

期权的时间溢价是一种等待的价值。期权买方愿意支付超出内在价值的溢价,是寄希望于标的股票价格的变化可以增加期权的价值。很显然,在其他条件不变的情况下,离到期时间越远,股价波动的可能性越大,期权的时间溢价也就越大。如果已经到了到期时间,期权的价值(价格)就只剩下内在价值(时间溢价为零),因为已经不能再等待了。

1股看涨期权处于虚值状态,仍然可以按正的价格售出,尽管其内在价值为零,但它还有时间溢价。在未来的一段时间里,如果价格上涨进入实值状态,投资人可以获得净收入;如果价格进一步下跌,也不会造成更多的损失,选择权为他提供了下跌保护。

时间溢价有时也称为期权的时间价值,但它和货币的时间价值是不同的概念。时间溢价是波动的价值,时间越长,出现波动的可能性越大,时间溢价也就越大。而货币的时间价值是时间延续的价值,时间延续得越长,货币的时间价值越大。

(二)影响期权价值的因素

期权价值是指期权的现值,不同于期权的到期日价值。影响期权价值的主要因素有股票市价、执行价格、到期期限、股价波动率、无风险利率和预期红利。

1. 股票市价

如果看涨期权在将来某一时间执行,其收入为股票价格与执行价格的差额。如果其他因素不变,随着股票价格的上升,看涨期权的价值也增加。

看跌期权与看涨期权相反,看跌期权在未来某一时间执行,其收入是执行价格与股票价格的差额。如果其他因素不变,当股票价格上升时,看跌期权的价值将下降。

2. 执行价格

执行价格对期权价格的影响与股票价格相反。看涨期权的执行价格越高,其价值越小。看跌期权的执行价格越高,其价值越大。

3. 到期期限

对于美式期权来说,较长的到期时间,能增加看涨期权的价值。到期日离现在越远,发生不可预知事件的可能性越大,股价变动的范围也越大。此外,随着时间的延长,执行价格的现值会减少,从而有利于看涨期权的持有人,能够增加期权的价值。

对于欧式期权来说,较长的时间不一定能增加期权价值。虽然较长的时间可以降低执行价格的现值，但并不增加执行的机会。到期日价格的降低，有可能超过时间价值的差额。例如，两个欧式看涨期权，一个是1个月后到期，另一个是3个月后到期，预计标的公司2个月后将发放大量现金股利，股票价格会大幅下降，则有可能使时间长的期权价值低于时间短的期权价值。

4. 股价波动率

股价波动率即股票价格的波动率，是指股票价格变动的不确定性，通常用标准差衡量。股票价格的波动率越大，股票上升或下降的机会越大。对于股票持有者来说，两种变动趋势可以相互抵消，期望股价是其均值。

对于看涨期权持有者来说，股价上升可以获利，股价下降时最大损失以期权费为限，两者不会抵消。因此，股价的波动率增加会使看涨期权价值增加。对于看跌期权持有者来说，股价下降可以获利，股价上升时放弃执行，最大损失以期权费为限，两者不会抵消。因此，股价的波动率增加会使期权价值增加。

在期权估价过程中，价格的变动性是最重要的因素。如果一种股票的价格变动性很小，其期权也就不值钱。

5. 无风险利率

利率对于期权价格的影响是比较复杂的。一种简单而不全面的解释是：假设股票价格不变，高利率会导致执行价格的现值降低，从而增加看涨期权的价值。还有一种理解的办法：投资于股票需要占用投资人一定的资金，投资于同样数量的该股票的看涨期权需要的资金较少。在高利率的情况下，购买股票并持有到期的成本越大，购买期权的吸引力越大。因此，无风险利率越高，看涨期权的价格越高。

对于看跌期权来说，情况正好与此相反。

6. 预期红利

预期红利具体讲就是期权有效期内预计发放的红利。在除息日后，红利的发放引起股票价格降低，看涨期权价格降低。与此相反，股票价格的下降会引起看跌期权价格上升。因此，看跌期权价值与预期红利大小成正向变动，而看涨期权与预期红利大小成反向变动。

以上变量对于期权价格的影响，可以汇总如表4.1所示。

表4.1　一个变量增加（其他变量不变）对期权价格的影响

变量	欧式看涨期权	欧式看跌期权	美式看涨期权	美式看跌期权
股票市价	+	−	+	−
执行价格	−	+	−	+

续表

变量	欧式看涨期权	欧式看跌期权	美式看涨期权	美式看跌期权
到期期限	不一定	不一定	+	+
股价波动率	+	+	+	+
无风险利率	+	−	+	−
预期红利	−	+	−	+

三、期权的到期日价值

为了评估期权的价值,需要先知道期权的到期日价值。期权的到期日价值,是指到期时执行期权可以取得的净收入,它依赖于标的股票的到期日价格和执行价格。执行价格是已知的,而股票到期日的市场价格此前是未知的。但是,期权的到期日价值与股票的市场价格之间存在函数关系。这种函数关系,因期权的类别而异。

期权分为看涨期权和看跌期权两类,每类期权又分为买入和卖出两种。下面分别说明这四种情形下期权到期日价值和股价的关系。

为简便起见,假设各种期权均持有至到期日,不提前执行,并且忽略交易成本。

(一) 买入看涨期权

买入看涨期权形成的金融头寸,被称为多头看涨头寸。

例如,投资人购买一项看涨期权,标的股票的当前市价为 100 元,执行价格为 100 元,到期日为 1 年后的今天,期权价格为 5 元。买入后,投资人就持有了看涨头寸,期待未来股价上涨以获取净收益。

多头看涨期权的净损益有以下 4 种可能:

(1) 股票市价小于或等于 100 元,看涨期权买方不会执行期权,没有净收入,即期权到期日价值为 0,其净损益为-5 元(期权价值 0 元-期权成本 5 元)。

(2) 股票市价大于 100 元并小于 105 元,例如股票市价为 103 元,投资人会执行期权。以 100 元购买 ABC 公司的 1 股股票,在市场上将其出售得到 103 元,净收入为 3 元(股票市价 103 元-执行价格 100 元),即期权到期日价值为 3 元,买方期权净损益为-2 元(期权价值 3 元-期权成本 5 元)。

(3) 股票市价等于 105 元,投资人会执行期权,取得净收入 5 元(股票市价 105 元-执行价格 100 元),即期权到期日价值为 5 元。多头看涨期权的净损益为 0 元(期权价值 5 元-期权成本 5 元)。

(4) 股票市价大于 105 元,假设为 110 元,投资人会执行期权,净收入为 10 元(股票市价 110 元-执行价格 100 元),即期权的到期日价值为 10 元。投资人的净损益为 5 元(期权价值 10 元-期权成本 5 元)。

综合上述 4 种情况,可以概括为以下表达式:

多头看涨期权到期日价值=Max(股票市价-执行价格,0)

该式表明:如果股票市价>执行价格,会执行期权,看涨期权价值等于“股票市价-执行价格”;如果股票市价<执行价格,不会执行期权,看涨期权价值为 0。到期日价值为上述两者中较大的一个。

多头看涨期权净损益=多头看涨期权到期日价值-期权价格

多头看涨期权的损益状况如图 4.3 所示。

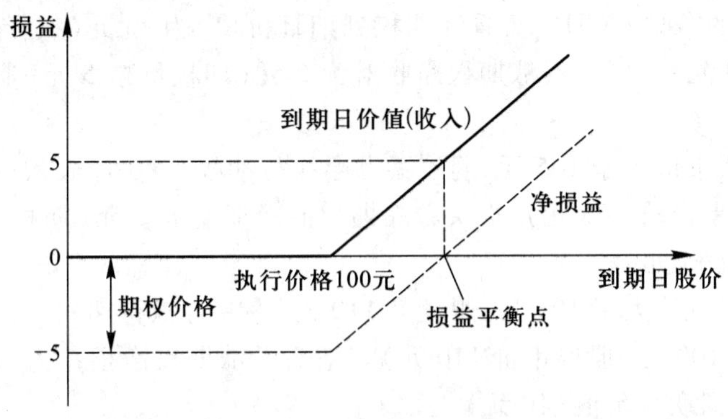

图 4.3 多头看涨期权

看涨期权损益的特点是:净损失有限(最大值为期权价格),而净收益却潜力巨大。那么,是不是投资期权一定比投资股票更好呢?不一定。例如,你有资金 100 元。投资方案一:以 5 元的价格购入 20 股看涨期权。投资方案二:购入股票 1 股。

如果到期日股价为 120 元,购买期权的净损益=20×(120-100)-20×5=300(元),收益率=300÷100=300%;购买股票的净损益=120-100=20(元),收益率为 20÷100=20%。投资期权有巨大杠杆作用,因此对投机者有巨大的吸引力。如果股票的价格在此期间没有变化,购买期权的净收入为零,其净损失为 100 元;股票的净收入为 100 元,其净损失为 0。股价无论下降得多么厉害,只要不降至 0,股票投资人手里至少还有一股可以换一点钱的股票。期权投资人的风险要大得多,只要股价低于执行价格,无论低得多么微小,他们就什么也没有了,投入的期权成本将全部损失。

（二）卖出看涨期权

看涨期权的出售者，收取期权费，成为或有负债的持有人，负债的金额不确定。他处于空头状态，持有看涨期权空头头寸。

例如，卖方售出 1 股看涨期权，其他数据与前例相同。标的股票的当前市价为 100 元，执行价格为 100 元，到期日为 1 年后的今天，期权价格为 5 元。其到期日的损益有以下 4 种可能：

（1）股票市价小于或等于 100 元，买方不会执行期权。由于期权价格为 5 元，空头看涨期权的净收益为 5 元（期权价格 5 元+期权到期日价值 0 元）。

（2）股票市价大于 100 元并小于 105 元，例如，股票市价为 103 元，买方会执行期权。卖方有义务以 100 元执行价格出售股票，需要以 103 元补进 ABC 公司的股票，他的净收入（即空头看涨期权到期日价值）为-3 元（执行价格 100 元-股票市价 103 元）。空头看涨期权净收益为 2 元（期权价格 5 元+期权到期日价值-3 元）。

（3）股票市价等于 105 元，期权买方会执行期权，空头净收入-5 元（执行价格 100 元-股票市价 105 元），空头看涨期权的净损益为 0 元（期权价格 5 元+期权到期日价值-5 元）。

（4）股票市价大于 105 元，假设为 110 元，多头会执行期权，空头净收入-10 元（执行价格 100 元-股票市价 110 元）。空头看涨期权净损益为-5 元（期权价格 5 元+期权到期日价值-10 元）。

空头看涨期权到期日价值=-Max（股票市价-执行价格，0）

空头看涨期权净损益=空头看涨期权到期日价值+期权价格

空头看涨期权的损益状态如图 4.4 所示。

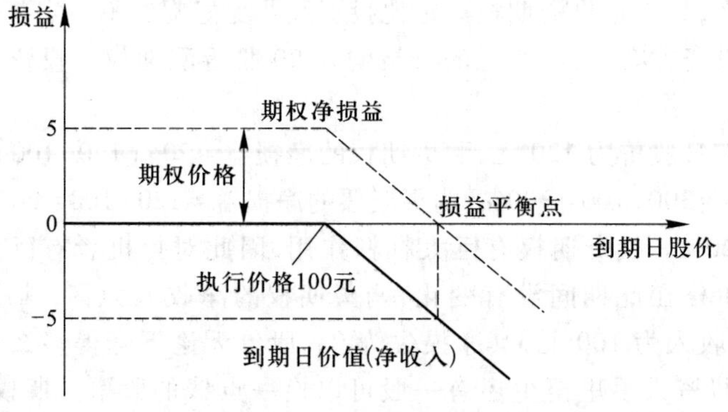

图 4.4　空头看涨期权

对于看涨期权来说，空头和多头的价值不同。如果标的股票价格上涨，多头的价值为正值,空头的价值为负值,金额的绝对值相同。如果价格下跌,期权被放弃,双方的价值均为零。无论期权怎样变化,最终空头得到了期权费,而多头支付了期权费。

(三)买入看跌期权

看跌期权买方拥有以执行价格出售股票的权利。

例如,投资人持有执行价格为100元的看跌期权,到期日股票市价为80元,他可以执行期权,以80元的价格购入股票,同时以100元的价格售出,获得20元收益。如果股票价格高于100元,他放弃期权,什么也不做,期权到期失效,他的收入为0。因此,到期日看跌期权买方损益可以表示为:

多头看跌期权到期日价值=Max(执行价格-股票市价,0)

多头看跌期权净损益=多头看跌期权到期日价值-期权成本

看跌期权买方的损益状况如图4.5所示。

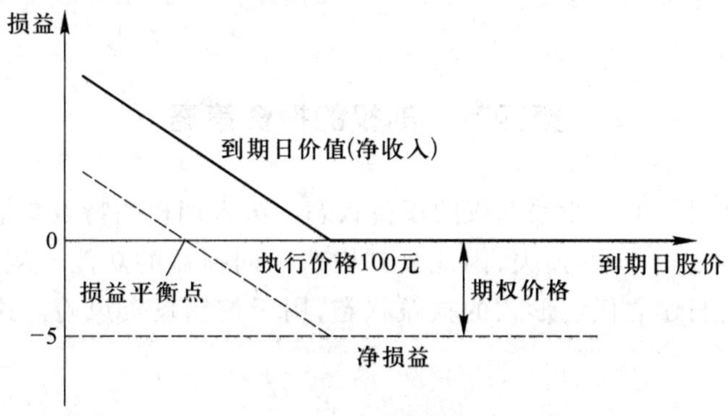

图4.5 多头看跌期权

(四)卖出看跌期权

看跌期权的出售者,收取期权费,成为或有负债的持有人,负债的金额不确定。

例如,看跌期权出售者收取期权费5元,售出1股执行价格为100元、1年后到期的ABC公司股票的看跌期权。如果1年后股价高于100元,期权持有人不会去执行期权,期权出售者的负债变为零。如果情况相反,1年后股价低于100元,期权持有人就会执行期权,期权出售者必须依约按执行价格收购股票。他将损失股票市价与执行价格之间的差额,即损失掉期权的价值。

因此,到期日看跌期权卖方损益可以表示为:

空头看跌期权到期日价值=Max(执行价格-股票市价,0)

空头看跌期权净损益=空头看跌期权到期日价值+期权价格

看跌期权卖方的损益状况如图 4.6 所示。

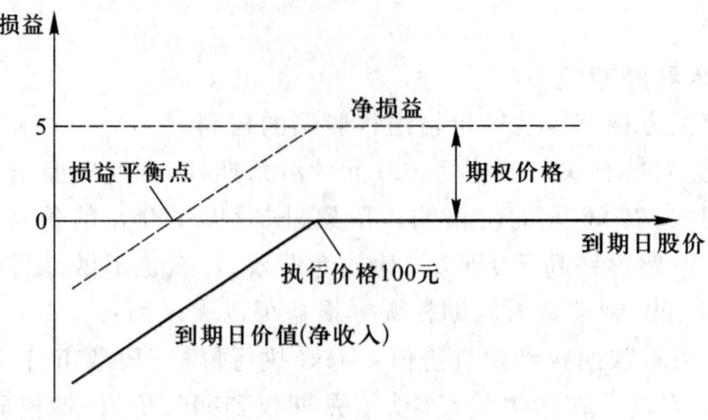

图 4.6　空头看跌期权

第四节　期权的投资策略

第三节介绍了单一股票期权的损益状态。买入期权的特点是最小的净收入为零,不会发生进一步的损失,因此具有构造不同损益的功能。从理论上说,期权可以帮助我们建立任意形式的损益状态,用于控制投资风险。这里只介绍三种投资策略。

一、保护性看跌期权

股票加看跌期权组合,称为保护性看跌期权。单独投资于股票风险很大,同时增加一股看跌期权,情况就会有变化,可以降低投资的风险。

例如,购入 1 股股票,购入价格 $S_0=100$ 元。同时购入该股票的 1 股看跌期权,执行价格 $X=100$ 元,期权成本 $P=5$ 元,1 年后到期。在不同股票市场价格下的净收入和净损益,如表 4.2 和图 4.7 所示。

表 4.2　保护性看跌期权的损益　　单位:元

	股价小于执行价格			股价大于执行价格		
	符号	下降 20%	下降 50%	符号	上升 20%	上升 50%
股票净收入	S_r	80	50	S_r	120	150
期权净收入	$X-S_r$	20	50	0	0	0

续表

	股价小于执行价格			股价大于执行价格		
	符号	下降 20%	下降 50%	符号	上升 20%	上升 50%
组合净收入	X	100	100	S_r	120	150
股票净损益	S_r-S_0	−20	−50	S_r-S_0	20	50
期权净损益	$X-S_r-P$	15	45	$0-P$	−5	−5
组合净损益	$X-S_0-P$	−5	−5	S_r-S_0-P	15	45

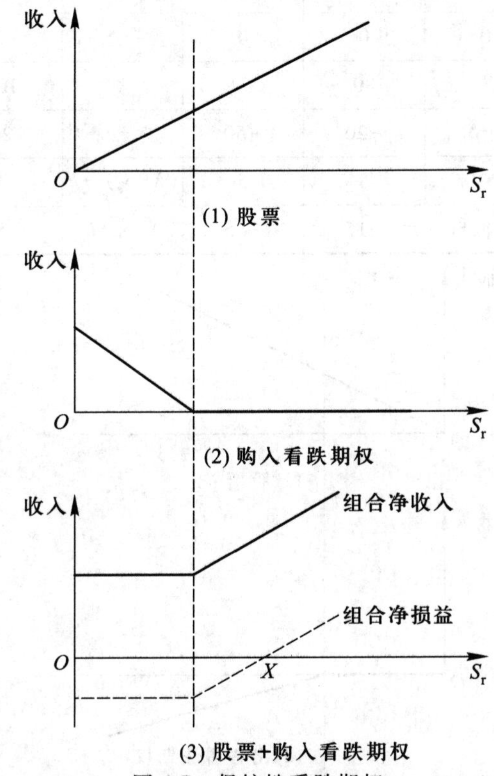

图 4.7　保护性看跌期权

保护性看跌期权锁定了最低净收入（100 元）和最低净损益（−5 元）。同时净损益的预期也因此降低了。上述 4 种情形下，投资股票最好时能取得 50 元的净收益，而投资于组合最好时只能取得 45 元的净收益。

二、抛补看涨期权

股票加空头看涨期权组合，是指购买 1 股股票，同时出售该股票 1 股股票的看涨期权。这种组合被称为抛补看涨期权。抛补看涨期权承担的到期出售股票的潜在义务,可以被组合中持有的股票抵补,不需要另外补进股票。

如依前例数据,购入 1 股股票,同时出售该股票的 1 股股票的看涨期权。在不同股票市场价格下的净收入和净损益,如表 4.3 和图 4.8 所示。

表 4.3 抛补看涨期权的损益 单位:元

	股价小于执行价格			股价大于执行价格		
	符号	下降 20%	下降 50%	符号	上升 20%	上升 50%
股票净收入	S_r	80	50	S_r	120	150
看涨期权净收入	0	0	0	$(X-S_r)$	-20	-50
组合净收入	S_r	80	50	X	100	100
股票净损益	S_r-S_0	-20	-50	S_r-S_0	20	50
期权净损益	$P-0$	5	5	$(X-S_r)-P$	-15	-45
组合净损益	S_r-S_0+P	-15	-45	$X-S_0+P$	5	5

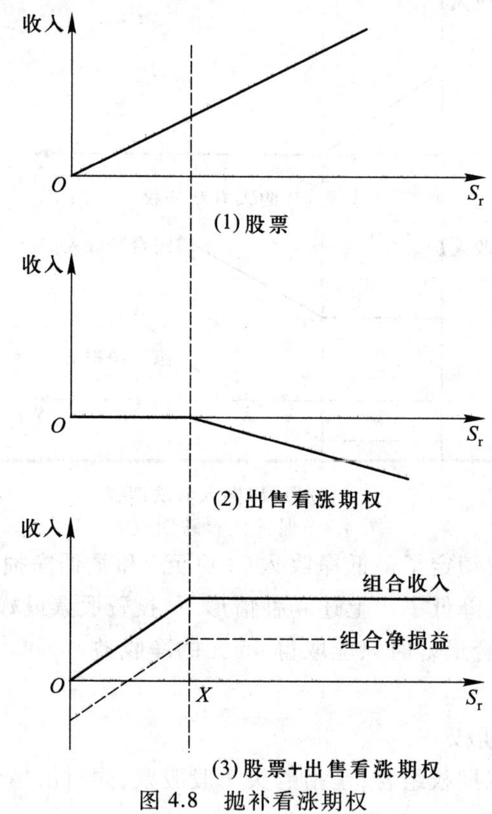

图 4.8 抛补看涨期权

抛补期权组合缩小了未来的不确定性。如果股价上升,锁定了收入和净收益,净收入最多是执行价格(100 元),由于不需要补进股票也就锁定了净损益。相当于出售了超过执行价格部分的股票价值,换取了期权收入。如果股价下跌,净损失比单纯购买股票要小一些,减少的数额相当于期权价格。

出售抛补看涨期权是机构投资者常用的投资策略。如果基金管理人计划在未来以 100 元的价格出售股票,以便套现分红,他现在就可以抛补看涨期权,赚取期权费。如果股价上升,他虽然失去了 100 元以上部分的额外收入,但是仍可以按计划取得 100 元现金。如果股价下跌,还可以减少损失(相当于期权费收入),因此成为一个有吸引力的策略。

三、对敲

对敲策略分为多头对敲和空头对敲,我们以多头对敲来说明该投资策略。多头对敲是同时买进一只股票的看涨期权和看跌期权,它们的执行价格、到期日都相同。

对敲策略对于预计市场价格将发生剧烈变动,但是不知道升高还是降低的投资者非常有用。例如,得知一家公司的未决诉讼将要宣判,如果该公司胜诉预计股价将翻一番,如果败诉预计股价将下跌一半。无论结果如何,对敲策略都会取得收益。

依前例数据,同时购入股票的 1 股看涨期权和 1 股看跌期权。在不同股票市场价格下,多头对敲组合的净收入和净损益如表 4.4 和图 4.9 所示。

表 4.4 多头对敲的损益 单位:元

对敲	股价小于执行价格			股价大于执行价格		
	符号	下降 20%	下降 50%	符号	上升 20%	上升 50%
看涨期权净收入	0	0	0	S_r-X	20	50
看跌期权净收入	$(X-S_r)$	20	50	0	0	0
组合净收入	$(X-S_r)$	20	50	S_r-X	20	50
看涨期权净损益	$0-P$	−5	−5	S_r-X-P	15	45
看跌期权净损益	$X-S_r-C$	15	45	$0-C$	−5	−5
组合净损益	$X-S_r-P-C$	10	40	$S_r-X-P-C$	10	40

对敲的最坏结果是股价没有变动,白白损失了看涨期权和看跌期权的购买

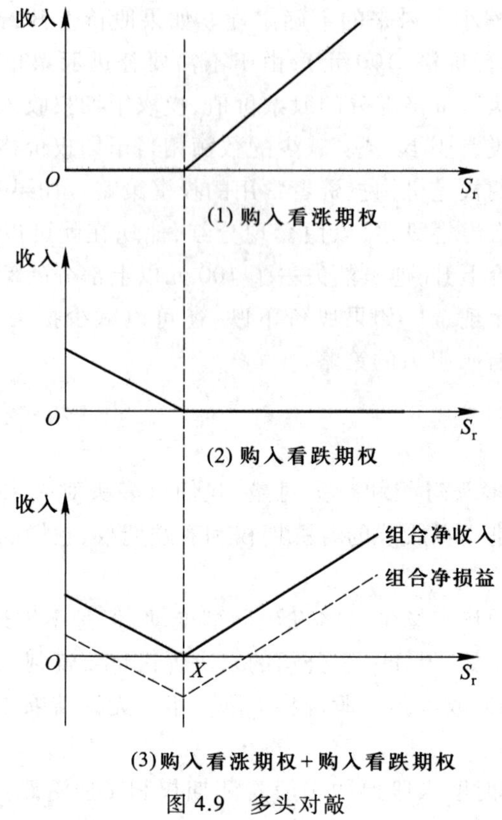

图 4.9　多头对敲

成本。股价偏离执行价格的差额只有超过期权购买成本，才能给投资者带来净收益。

章后阅读

ETF 期权

资料一：全球交易量较大的场内期权的品种有股票期权、股指期权、商品期权、外汇期权和利率期权等。ETF 期权作为出现较晚的期权品种，由于兼具股票期权和指数期权的特性，而逐渐被投资者熟知和喜爱，市场规模在较短时间内快速增长。

根据世界证券交易所联合会（WFE）的统计，2004 年全球 ETF 期权交易量为 5 164 万张，仅占全球场内期权交易量的 1%。2007 年，CBOE 扩充 ETF 期权合约，ISE 开始推出 ETF 期权合约，NYSE 和 NASDAQ 也分别于 2008 年和 2009 年推出ETF期权合约,全球ETF期权合约交易量在这三年内暴涨6倍。2013年全球ETF期权交易量达到14.6亿张,占全球场内期权交易量的15.54%,仅次于股票期权和股指期权。

WFE的统计数据表明,美国的CBOE、ISE、NASDAQ和NYSE四大交易所ETF期权交易量占全球交易总量的99.5%左右,而且这四大交易所的ETF期权交易规模分布较为平均。分析全球ETF市场不难发现,美国ETF期权市场能有如此规模与其完善健康的ETF市场密切相关。

资料来源:全球ETF期权市场蓬勃发展.期货日报,2014-7-22。

资料二:经中国证监会批准,上海证券交易所决定于2015年2月9日上市交易上证50 ETF期权合约品种。上证50交易型开放式指数证券投资基金的证券简称为50 ETF,证券代码为510050,基金管理人为华夏基金管理有限公司。其基本条款如下:

合约标的	上证50交易型开放式指数证券投资基金(50 ETF)
合约类型	认购期权和认沽期权
合约单位	10 000份
合约到期月份	当月、下月及随后两个季月
行权价格	5个(1个平值合约、2个虚值合约、2个实值合约)
行权价格间距	3元或以下为0.05元,3元至5元(含)为0.1元,5元至10元(含)为0.25元,10元至20元(含)为0.5元,20元至50元(含)为1元,50元至100元(含)为2.5元,100元以上为5元
行权方式	到期日行权(欧式)
交割方式	实物交割(业务规则另有规定的除外)
到期日	到期月份的第四个星期三(遇法定节假日顺延)
行权日	同合约到期日,行权指令提交时间为9:15—9:25,9:30—11:30,13:00—15:30
交收日	行权日次一交易日
交易时间	上午9:15—9:25,9:30—11:30(9:15—9:25为开盘集合竞价时间) 下午13:00—15:00(14:57—15:00为收盘集合竞价时间)
委托类型	普通限价委托、市价剩余转限价委托、市价剩余撤销委托、全额即时限价委托、全额即时市价委托以及业务规则规定的其他委托类型

续表

买卖类型	买入开仓、买入平仓、卖出开仓、卖出平仓、备兑开仓、备兑平仓以及业务规则规定的其他买卖类型
最小报价单位	0.000 1 元
申报单位	1 张或其整数倍
涨跌幅限制	认购期权最大涨幅＝Max{合约标的前收盘价×0.5%，Min[（2×合约标的前收盘价－行权价格），合约标的前收盘价]×10%} 认购期权最大跌幅＝合约标的前收盘价×10% 认沽期权最大涨幅＝Max{行权价格×0.5%，Min[（2×行权价格－合约标的前收盘价），合约标的前收盘价]×10%} 认沽期权最大跌幅＝合约标的前收盘价×10%
熔断机制	连续竞价期间，期权合约盘中交易价格较最近参考价格涨跌幅度达到或者超过 50%且价格涨跌绝对值达到或者超过 5 个最小报价单位时，期权合约进入 3 分钟的集合竞价交易阶段
开仓保证金	认购期权义务仓开仓保证金＝[合约前结算价+Max（12%×合约标的前收盘价-认购期权虚值，7%×合约标的前收盘价）]×合约单位
最低标准	认沽期权义务仓开仓保证金＝Min[合约前结算价＋Max（12%×合约标的前收盘价－认沽期权虚值，7%×行权价格），行权价格]×合约单位
维持保证金	认购期权义务仓维持保证金＝[合约结算价＋Max（12%×合约标的收盘价－认购期权虚值，7%×合约标的收盘价）]×合约单位
最低标准	认沽期权义务仓维持保证金＝Min[合约结算价＋Max（12%×合标的收盘价－认沽期权虚值，7%×行权价格），行权价格]×合约单位

资料来源：上海证券交易所网站，http://www.sse.com.cn。

本章小结

期权是买卖某种资产的权利，具有可以放弃的特点。看涨期权是指按照固定价格买进资产的期权合约，看跌期权是指按照固定价格卖出资产的期权合约。期权交易所会特别指明允许期权交易的资产类型。为方便期权的流通，交易所创立了上市期权交易，并将上市的期权加以标准化。期权的类型主要有指数期权、外汇期权、期货期权等。上一交易日的期权价格可在

《华尔街日报》等报纸中查得。期权交易市场可以分为场外交易市场和场内交易市场。期权交易商包括做市商、场内经纪人、指令簿处理人员和专营商等。场内交易的期权业务按照不同水平级次实施监管。

期权的交易过程可以描述为下达建仓交易指令,要求场内经纪人执行交易,向清算所报告交易信息,存入期权费和保证金。期权保证金账户的操作方式与投资者从事期货合约交易保证金账户的操作方式一致。期权交易的履约方法有三种:对冲、行使期权和自动失效。大多数期权买方和卖方在期权到期时或到期前选择对冲方法来结清期权交易头寸。期权的交易成本包括场内交易成本和清算费用、交易佣金、买价卖价价差等。

看涨期权买者的亏损风险是有限的,其最大亏损限度是期权价格,而其盈利却可能是无限的。相反,看涨期权卖者的亏损可能是无限的,而盈利是有限的,其最大盈利限度是期权价格。期权买者以较小的期权价格为代价换来了较大盈利的可能性,而期权卖者则为了赚取期权费而冒着大量亏损的风险。

当标的资产的市价跌至盈亏平衡点以下时看跌期权买者就可获利,其最大盈利限度是协议价格减去期权价格后再乘以每份期权合约所包括的标的资产的数量,此时标的资产的市价为零。如果标的资产市价高于协议价格,看跌期权买者就会亏损,其最大亏损是期权费总额。看跌期权卖者的盈亏状况则与买者刚好相反,即看跌期权卖者的盈利是有限的期权费,亏损也是有限的,其最大限度为协议价格减去期权价格后再乘以每份期权合约所包括的标的资产的数量。

期权交易的精妙之处在于可以通过不同的期权品种构成众多具有不同盈亏分布特征的组合。投资者可以根据各自对未来标的资产现货价格概率分布的预期,以及各自的风险收益偏好,选择最适合自己的期权组合。期权的基本交易原理只有四个:买进看涨期权、卖出看涨期权、买进看跌期权、卖出看跌期权,其他所有的交易策略都由此而派生。

相关链接

http://www.cboe.com　芝加哥期权交易所

http://www.sehk.com.hk　香港交易所

http://www.fow.com　期货与期权世界

http://www.riskpublications.com/jrisk/　风险期刊

计算题

1. 欧洲某机构预计在 11 月 1 日借入 2.5 亿美元，该机构可以以 6 个月 LIBOR加 1%的利率借款。6 个月 LIBOR 的现期水平为 5%，该机构担心 6 个月 LIBOR 在 11 月 1 日会升至 6%甚至更高。该机构希望对冲掉利率高于某一水平而产生的借款风险，却不愿出售一份远期利率协议而使借款成本固定下来。

假设该机构想购买一份看涨期权而将最大借款成本锁定在 6.25%的水平。由于它可以以 LIBOR 加 1%的利率借款，则期权执行利率可设为 5.25%，这样期权可保证最大借款成本不高于 6.25%（注意：此例中没有考虑期权费，并假设该机构利率为 6.25%的最大借款成本是不包括期权费的）。

该机构与作为期权出售方的银行讨论它的要求，并购买了一份标的物为 2.5 亿美元的 6 个月名义贷款的期权，期权到期日为 11 月 1 日。基准利率是该银行 6 个月美元 LIBOR，执行利率定为 5.25%。

（1）试计算 6 个月美元 LIBOR 在期权到期日的水平是 6.0%时，该机构的净借款成本；

（2）试计算 6 个月美元 LIBOR 在期权到期日的水平是 4.75%时，该机构的净借款成本。

2. 某机构可以按美元 LIBOR 加 0.25%贷出资金，并预计在 7 月 15 日贷出 5 000万美元的 3 个月贷款。该机构希望能够得到这笔贷款的最小利息收益，但不想买入一份远期利率协议锁定利息收益，于是打算购买看跌期权。

现在时刻的 3 个月美元 LIBOR 为 6.0%。该机构希望保证这笔贷款的有效利率为 5.5%。由于其可以以美元 LIBOR 加 0.25%的利率贷出，所以希望保证最小 LIBOR 为 5.25%，并能够补足支付的期权费。

通过协商，该机构购买了一份看跌期权，标的物为 5 000 万美元的 3 个月名义贷款，到期日为 7 月 15 日，期权的执行利率是 5.60%。期权费为 45 000 美元，相当于年利率为 0.35%、本金为 5 000 万美元的贷款的利息额。

（1）试计算到期日 3 个月美元 LIBOR 为 4.75%时，该机构 3 个月贷款的有效利率；

（2）试计算到期日 3 个月美元 LIBOR 为 6%时，该机构 3 个月贷款的有效利率。

即测即评

请扫描二维码，在线测试本章学习效果。

第 5 章 主要期货、期权产品

本章学习要求

通过本章的学习，应掌握外汇和利率的期货、期权合约的特征及内容，熟悉外汇和利率的期货、期权交易的具体做法，明确期货期权的概念及性质，了解期货期权与普通期权的差别和外汇与利率的期货、期权交易策略、股指期货等知识点，从而为灵活运用期权、期货工具投资获利、规避风险奠定基础。

本章主要概念

外汇期货(Currency Futures)　外汇期权(Currency Option)　麦考利久期(Macaulay Duration)　修正久期(Modified Duration)　利率期权(Interest Rate Option)　执行利率(Exercise Rate)　期货期权(Futures Option)

章前阅读

外汇衍生产品宗旨就是为法人客户应对其面临的利率或汇率风险进行主动管理，以既有负债或预期现金流为基础，开展套期保值类衍生产品业务。

在后危机时代的外汇衍生产品中其产品功能更加回归理性，而且主要适应的是企业的避险需求而不是投资需求。从近年来企业避险衍生产品的发展趋势来看，衍生产品依然是国际一流企业管理财务风险的重要工具。2009 年国际掉期及衍生工具协会(ISDA)年会报道，世界 500 强企业中排名前 100 位的企业都在使用衍生工具进行交易，其中超过 94% 的世界超大型企业在场外衍生品市场交易以管理商业风险和宏观经济风险。其所属行业有基础材料、消费品、技术、医疗保健、工业、基础设施、能源和服务部门等，非常广泛。而人民币外汇期权交易对于中国进出口企业来讲，因为具有可以锁定不利方向风险、保留有利方向获利、表达客户观点、调整成本、买入期权不受信用额度限制等其他产品不可比拟的特点，将会成为中国进出口企业特别是“走出去”企业避险的有力武器。

资料来源:《商业时代》,2012 年第 8 期。

第一节　外汇期货和期权

一、外汇期货

(一) 外汇期货的特征

外汇期货合约是一种交易双方签订的协议,其中某一交易方同意在日后按照当前确定的固定汇率从另一方买进货币。该类合约在期货交易所中交易,运作方式与任何其他类型的期货合约并无实质上的差别。英国是世界最大的外汇交易中心,伦敦以 640 亿美元的平均日交易量雄踞榜首,几乎占了全球外汇交易总量的 1/3。

外汇期货合约交易最重要的地点是芝加哥商品交易所的国际货币市场(IMM)。在这里和其他交易所里,外汇期货合约以标准外币数量为单位,在标准时间即最后交易日到期,并在交易合约中规定了合约允许的最小价格变动。在某些合约中,还规定了相对于上一交易日结算价允许的每日最大价格波动。

在国际货币市场上,外汇期货价格以每单位外汇的美元价格报出,按每年 3 月、6 月、9 月、12 月的 3 个月标准循环进行交易。交割在到期月的第三个周三执行,合约的买卖在交割日前两个工作日结束。

以英镑期货合约为例,假定一份英镑合约要求交割 62 500 英镑,价格用单位英镑的美元数表示,假定合约价格是 1.561 2 美元,实际价格等于 1.561 2 美元×62 500=97 575 美元,到期月份为 3 月、6 月、9 月以及 12 月,合约在到七月份第三个星期三之前的第二个交易日到期。

图 5.1 是《华尔街日报》对于外汇期货合约的报价形式。以欧元的报价为例,第一行代表合约在芝加哥商品交易所(CME)交易,以 125 000 欧元为报价单位,报价形式是每单位欧元的美元数。前四列分别指的是开盘价、最高价、最低价以及结算价。因此,2016 年 3 月份的合约开盘为 1.100 1 美元,当日最高价达到 1.107 7 美元,当日最低价达到 1.097 3 美元,结算价格为 1.102 7 美元。

Currency Futures

Japanese Yen (CME)-¥12,500,000; $ per 100¥							
Dec	.8261	.8289		.8241	**.8284**	.0003	42,401
March'16	.8282	.8332		.8261	**.8299**	-.0002	192,257
Canadian Dollar (CME)-CAD 100,000; $ per CAD							
Dec	.7280	.7311	▼	.7256	**.7279**	-.0001	35,460
March'16	.7281	.7312	▼	.7256	**.7279**	-.0001	152,953
British Pound (CME)-£62,500; $ per £							
Dec	1.5199	1.5205		1.5109	**1.5144**	-.0087	41,477
March'16	1.5196	1.5206		1.5108	**1.5142**	-.0089	159,010
Swiss Franc (CME)-CHF 125,000; $ per CHF							
Dec	1.0158	1.0200		1.0131	**1.0197**	.0015	35,390
March'16	1.0202	1.0263		1.0171	**1.0196**	-.0025	53,625
Australian Dollar (CME)-AUD 100,000; $ per AUD							
Dec	.7187	.7260		.7160	**.7253**	.0064	69,667
March'16	.7150	.7236		.7125	**.7214**	.0059	105,507
June	.7168	.7204		.7102	**.7184**	.0059	71
Sept	.7119	.7145	▼	.7110	**.7154**	.0058	29
Dec	...	.7089	▼	.7089	**.7130**	.0059	6
Mexican Peso (CME)-MXN 500,000; $ per MXN							
Dec	.05771	.05780	▼	.05725	**.05767**	.00015	56,914
March'16	.05735	.05752		.05694	**.05733**	.00010	145,705
Euro (CME)-€125,000; $ per €							
Dec	1.0969	1.1020		1.0945	**1.1020**	.0028	70,590
March'16	1.1001	1.1077		1.0973	**1.1027**	.0007	401,628

图 5.1　外汇期货合约报价单

资料来源:《华尔街日报》,2015 年 12 月 15 日。

(二)保证金要求

外汇期货合约的保证金数量与其交易的货币价格的波动范围有关,并且保证金的数量是可以商定的,各个经纪商的要求也是不同的,如瑞士法郎对美元的价格变化不定,那么其保证金要求也就高于对美元价格相对稳定的加拿大元。

在外汇期货市场,每一笔交易都有相应的最少保证金,这是清算所要求其会员的最少量。所以清算所会员对客户收取的保证金,不应少于其交给清算所的保证金量。

(三)外汇期货的套期保值

外汇多头套期保值交易包括期货合约的买进,是针对未来支出外汇,担心外汇升值的保值策略。同样道理,外汇空头套期保值交易包括期货合约的卖出,是针对未来收入外汇,担心外汇贬值的保值策略。

根据不同保值者的情况,外汇期货保值策略如下。

1. 出口商的保值策略

出口贸易合同一般是远期交货合同,从签约到收回货款有一个过程。在多数情况下,货款是以外币来计价和支付的,出口商须将外汇折成本币,因此,任何汇率的波动都会对出口商的实际收入产生影响,特别是在远期付款的条件下,如果计价货币对本币贬值,那么他会受到很大的损失,使出口利润下降,甚至于使出口发生亏损。对此,出口商可以利用外汇期货采取卖期保值的方法来避免损失。

典型案例

远期收汇风险

某出口商2006年9月1日出口一批货物,价值6 000万英镑,需兑换美元结汇,担心英镑汇价下跌,做空2 400(6 000/2.5)张合约期货保值交易。

2006年9月1日,即期价格1英镑=1.654 0美元;2007年3月交割的英镑期货价格为1英镑=1.655 0美元。2007年3月1日,即期价格1英镑=1.584 0美元;2007年3月交割的英镑期货价格为1英镑=1.584 0美元。

套期保值结果:

现货市场 6 000×1.654 0=9 924万美元

6 000×1.584 0=9 504万美元

亏损9 924-9 504=420万美元

期货市场 2 400×(1.655 0-1.584 0)×2.5=426万美元

盈亏:426-420=6万美元

2. 进口商的保值策略

进口商在贸易中要承担受领货物和支付货款的义务。如果一笔货款是以外汇支付的,那么他就须将本币兑换成外汇来支付。万一计价货币升值,他就要用更多的本币来兑换用以支付外汇,这样就不可避免地增加了进口成本。为了减少汇率波动风险,进口商可以利用外汇期货进行套期保值。其方法就是,一旦确定了对外支付的时间,就立即在期货市场上预先购买所需外汇,用以临时替代预计会发生的现货外汇交易。等到对外实际支付外汇时再在期货市场上平仓。一旦支付货币升值,期货交易所取得的盈利就会弥补汇率波动所造成的损失。这就是买期保值的方法。

典型案例

远期支付风险

2006年9月1日,某进口商预计6个月后用美元支付3 000万欧元货款,即期汇价为1欧元=1.253 5美元(应支付3 760.5万美元),2007年3月交割的欧元期货价格为1欧元=1.254 5美元,担心6个月后欧元汇价上涨,决定做多欧元期货防范外汇风险。买进欧元期货合约3 000万/12.5=240个合约。2007年3

月 1 日，即期汇价为 1 欧元 = 1.257 8 美元，3 月交割的欧元期货价格为 1 欧元 = 1.259 0 美元。

交易结果：

① 现货市场支付美元货款 = 3 000×1.257 8 = 3 773.4 万美元比 6 个月前多支付：3 773.4−3 760.5 = 12.9 万美元。

② 期货市场平仓：240×(1.259 0−1.254 5)×12.5 = 240×0.004 5×12.5 = 13.5 万美元

盈亏：13.5−12.9 = 0.6 万美元。

期货盈利 13.5 万美元，现货亏损 12.9 万美元，共盈利 0.6 万美元。

3. 借款者的套期保值策略

一般借款者不会遇到汇率波动的风险。但是，如果该借款者筹措的是外汇资金，那么就有可能遭到汇率波动带来的损失。为了防止外汇汇率上浮给他带来的损失，他就可以通过外汇期货交易进行套期保值。

4. 投资者的保值策略

在国际市场上，投资者总是将资金投放到投资回报率较高的市场上。然而，在境外投资常常会碰到汇率波动的风险。虽然在境外市场上可能取得较高的投资回报率，但将投资所得折成本币时，就可能由于汇率波动而使本币的投资收益率下降，因此，国际投资者需要利用外汇期货交易来达到保值的目的。

5. 外汇期货的替代保值

外汇期货的替代保值是指运用外汇期货合约对不存在期货交易的外汇汇率波动进行保值。如某种货币本身还不存在期货市场，但是由于其对美元的汇率波动与瑞士法郎有极强的相关性，因此就可以用瑞士法郎期货合约为该货币对美元的汇率波动提供保值手段。这里要指出的是欧洲一些货币对美元汇率的波动具有很强的相关性。

二、外汇期权

（一）外汇期权的特征

外汇期权市场的发展与全球外汇市场的发展密切相关。费城证券交易所于 1982 年引进外汇期权，并且拥有极其庞大的场外交易市场，公司和金融机构通过场外交易市场广泛运用其自由定制的金融工具来管理外汇风险。

外汇期权是一种交易双方达成的协议，参与交易的一方支付期权费，同时获得在日后以当日协定汇率买进或者卖出货币的权利。期权的买方支付给期权出售银行期权费，期权的卖方则保证期权持有方获得所需要的确定汇率。

期权工具允许期权持有者选择是否执行协定汇率，对于出售期权的一方，一旦买方需要按协定汇率成交就必须满足这种需要。但如果期权的持有者发现当前汇率对自己更有利，就不必继续按照期权协定汇率进行交易。

外汇期权到期时以现金结算，也可以在期权有效期内的任何时刻以公平价值再出售，也可以直接将货币交割或支付给出售银行。外汇期权的期权费一般以下列方式标价：每英镑（或其他货币）多少分、每美元（或其他货币）多少便士、交易量的百分比。

当利用期权进行保值时，货币亏损的任何可能性都不复存在，唯一相关的资金流出便是期权费的支付。如果基础资产的市场价格变动符合期权持有方的利益，潜在的盈利就会增加；如果期权的持有方放弃期权，他就有机会进行即期交易。如果基础资产的市场价格走势不利于期权的持有方，期权将以先前合约商定的汇率被持有方执行。期权显然具有风险不对称的特点。期权持有方最大的亏损便是期权费，而他最大的盈利则取决于市场价格变动的程度。

当进行期权交易时，最初支付的期权费可以被看做止损金额。如果市场价格变动与预期的不一致，期权到期时将毫无价值，期权买方唯一的亏损就是支付的期权费。如果市场价格朝有利于期权持有者的方向变化，期权就可能被执行，或者按公平价值被回售给看跌期权的银行。可以设想，这两种做法给期权持有者带来的收入会多于原先付出的期权费。

期权持有方可以将期权按公平价值全部或部分地回售给期权卖出银行。看跌期权的银行不会要求说明回售的理由——可能仅仅是因为客户改变了自己的想法。这里期权合约不是一种可流通的票据，它只能被回售给原卖出银行，也即它不能被出售给第三方或进行转让。

支付的期权费大小是由构成期权定价模型的一系列变量为基础确定的，这些变量大部分由布莱克—斯科尔斯模型派生而来。期权费由内在价值和时间价值构成。

（二）外汇期权的分类

外币的外汇看涨期权可以看做本币的外汇看跌期权，同样，外币的外汇看跌期权可以看做本币的外汇看涨期权。外汇期权取决于汇率涉及的双方。

外汇期权是一种比传统的远期外汇交易更灵活的保值工具，它使期权的买方具有了四项选择的权利：协定价格是多少、何时执行期权、是否执行期权、价位多少时执行期权。我们可以把外汇期权分为三类：现货期权、外汇期货期权、期货式期权。其中，期货式期权既包括现货的期货式期权，也包括期货的期货式期权。以下具体介绍三类期权。

1. 美式现货看涨/看跌期权

此类期权赋予了期权买方买入/卖出一定量货币的权利。欧式期权与美式期权的不同点在于,它只能在到期日当天执行。

2. 外汇期货期权

与现货期权不同,此类期权是指期权买者支付给卖者一定的期权费,以获得按照一定的价格,买入或卖出在交易所交易的外汇期货合约的权利。现在交易的外汇期货合约的期权都是美式的,可在到期日前的任意一天执行。

3. 期货式看涨/看跌期权

此类期权是指期权的买方/卖方同意向卖方/买方,每日支付一笔与看涨期权的市值降低额相等的现金,同时期权的卖方/买方同意向买方/卖方支付一笔与看涨期权市值上升额度相等的现金。期货式期权的双方都交纳保证金,现货和期货期权的区别在于,现货和期货期权的买方必须支付初始的期权费,而期货式期权的买方不用交期权费,只要交保证金。这与期货交易类似。但区别在于,期货式期权可以在到期前的任一天或到期日当天执行期权。

(三)外汇期权交易策略

1. 买进外汇看涨期权

持有到期的单个外汇看涨期权合约的收益可以表示为:$\Pi=\mathrm{Max}(0,S_T-X)-C$。当$S_T\leqslant X$时,$\Pi=-C$;当$S_T>X$时,$\Pi=(S_T-X)-C$。其结果和权益性看涨期权合约相同,期权到期日的盈亏平衡点即期汇率为$X+C$。其中,S_T为期权到期日的外汇价格,X为执行价格,C为看涨期权价格。

假定在2005年1月31日,有一份2月份到期的、执行价格为96欧元的看涨期权合约,该合约的价值是100 000欧元。看涨期权合约的成本为单位欧元1.27美分。

如果在期权合约到期日汇率为1.10美元,那么期权的价值就是100 000×(1.10-0.96)=14 000美元。收益等于14 000美元减去期权合约的成本(100 000×0.012 7美元=1 270美元),也就是1 270美元。假如即期汇率到期时低于0.96美元,看涨期权合约到期时将不会有任何价值,亏损数就等于期权合约的成本1 270美元。为了达到盈亏平衡点,即期汇率必须至少等于0.96+0.012 7=0.972 7美元。由于即期汇率不存在上限,所以最大收益无限大,最大损失也只相当于看涨期权合约的期权费1 270美元。

2. 买进外汇看跌期权

购买单笔持有至到期的外汇看跌期权合约,收益计算公式为:$\Pi=\mathrm{Max}(0,X-S_T)-P$,与权益性看跌期权合约的收益计算完全相同。当$S_T\geqslant X$时,$\Pi=-P$;

当$S_T<X$时，$\Pi=(X-S_T)-P$。期权到期日盈亏平衡点的即期汇率是$X-P$。其中，P为看跌期权的价格。

假定在某年度的1月31日，市场上交易一种2月份到期、执行价格为97.5的欧元看跌期权合约，看跌期权的成本为0.59美分。如果期权到期日的即期汇率等于0.90美元，那么看跌期权的价值为100 000×(0.975-0.90)=7 500美元。每一份看跌期权合约需要支出0.59美分，则100 000×0.005 9=590美元。所以，净收益值等于6 910(7 500-590)美元。若期权到期日的即期汇率超过0.975美元，看跌期权到期时将没有任何价值，而该投资策略将导致损失期权费590美元，这也是可能亏损的最大金额。盈亏平衡点的即期汇率为0.975-0.005 9=0.969 1美元。如果欧元的价值跌至零，那么将产生最大收益。从而，看跌期权的持有者可以在0.975美元的价位出售欧元，获得收益100 000×(0.975-0.005 9)=96 910美元。

3. 外汇期权的套期保值

运用外汇期权，可以为公司在不确定未来一定会有外汇收入或支出的情况下，提供套期保值的作用。

典型案例

一家美国公司竞争投标一座伦敦多功能运动场馆的建筑工程合同，竞标价格必须用英镑提交，如果竞标成功，款项将按照固定数目的英镑支付，即这家公司必须做好竞标成功进账2 500万英镑的准备，英镑的远期市场汇率为1.437美元，那么用美元表示，这个项目的价值应等于25 000 000×1.437=35 925 000美元。如遇英镑汇率下跌，该公司实际收入的美元金额相对下降，所以应该通过买进英镑看跌期权来实现套期保值。如果竞标成功并且英镑贬值的话，该公司实际收入美元金额下降的损失能够被执行看跌期权所形成的收益抵减；如果竞标不成功并且英镑贬值，该公司仍然可以获得执行看跌期权所形成的收益。但是这一策略的风险在于，如遇竞标成功但英镑升值，那么该公司实际收入美元金额上升的收益可能被因放弃执行看跌期权而损失的期权费抵减。如果竞标不成功并且英镑升值，这时将会损失掉全部的期权费。

典型案例

某私人客户认为在未来两周内日元兑美元将出现升值，他准备建立等值于1 000万美元的头寸。实际上他无意持有两种货币中的任何一种，对日期的灵活性也没有要求，所以他将会买入一份为期两周、可以回售即不需要执行的欧式期权。通过将期权回售给期权的出售方，将货币盈利计入回售价格中，这样就没有必要进行实际的外汇交易。目前美元/日元的即期汇率为 105.00，远期汇率为 104.00。

该客户将要买入的是一种期限为两个星期、买入日元出售美元而且交易数额等值于 1 000 万美元的欧式期权。期权费以交易额的 0.6%计算，为 60 000 美元或 6 300 000 日元，在成交两个营业日后支付。这份期权将持续两周时间。假定，交易成功后 10 天，这份期权已显示了相当大的盈利。这份平价货币期权最初的协定价格为 1 美元兑 104 日元，现在即期汇率是 100.50，客户认为汇价不会再有大幅波动，所以他要结清头寸获利了结。由于这份期权是欧式期权，他必须与售出期权银行联系并要求银行买回期权。双方将通过期权定价模型计算买回期权的费用（公平价值）。买回期权的期权费要包括外汇获得（内在价值），也要包括剩余的时间价值。

如果该客户购买的是一种价格更昂贵的美式期权，他就可以在期权有效期内的任何时候将期权回售给卖出银行。

如果客户根本不想执行期权，客户要为这种执行期权的灵活性付费的原因在于，客户不需要两种币种中的任何一种，所以通过执行期权将期权转换成基础资产货币的权利是多余的，客户所需要的是从自己对汇率走势的判断中获利。

提前执行期权的另一个问题是，所有客户或交易商可能获得的是期权的内在价值，即期权的溢价部分，或期权价格高于市场基础资产价格的部分。如果期权中还有任何剩余的时间价值的话，时间价值会由于提前执行而消失殆尽。从时间价值角度看，不提前执行期权的回售期权比提前执行期权的回售期权更为有利。不提前执行期权可以保证期权价值始终包含于回售价格之中。

采用欧式期权并进行回售的另一种需要考虑的问题是，如果客户选择执行期权，他就必须交付实物即美元来竞取实物日元，同时要再次在市场上将日元出售以实现利润。在这种情况下，外汇交易成本本身就可能非常大。

第二节　利率期货与期权

一、基础知识

（一）利率

n 年期即期利率（Spot Interest Rate）是从今天开始计算并持续 n 年期限投资的利率。所有的利息和本金在 n 年末支付给投资者，如 5 年期即期利率是投资持续 5 年的利率。n 年即期利率也可以看做 n 年期零息票收益率（N-year Zero-coupon Yield），即不付息票债券的收益率。

零息票收益率曲线（Zero-coupon Yield Curve）是表示即期利率或零息票收益率，与到期日之间关系的曲线。收益率曲线是向上倾斜的，零息票收益率曲线总是在附息票债券收益率曲线的上面。

远期利率（Forward Interest Rate）是由当前即期利率隐含的将来一定期限的利率。假设 1~5 年的即期利率分别为 10%、10.5%、10.8%、11%、11.1%，并假设这些即期利率以连续复利计息。令 r_2 表示第 2 年的远期利率，通过等式 $e^{0.1}e^{r_2}=(e^{0.105})^2$（其中 0.1 与 0.105 分别表示 1 年期与 2 年期投资的即期利率），可解出 $r_2=11\%$。同理可以解出第 3 年、第 4 年、第 5 年的远期利率分别为 11.4%、11.6%、11.5%。

远期利率的期限可以是 3 个月期、6 个月期或其他任何时间期限。如果收益率曲线是向上倾斜的，远期利率高于零息票收益率。当收益率曲线向上倾斜时，远期利率曲线在零息票收益率曲线之上，而零息票收益率曲线又在附息票债券收益率曲线之上。当收益率曲线向下倾斜时，附息票债券收益率曲线在零息票收益率曲线之上，而零息票收益率曲线又在远期利率曲线之上。

假设数额 A 的资金以年利率 R 投资了 n 年，如果利率按每一年计一次复利计算，则以上投资的终值为：$A(1+R)^n$。如果每年计 m 次利息，则终值为 $A\left(1+\frac{R}{m}\right)^{mn}$。当 m 趋于无穷大时，就称为连续复利（Continuous Compounding）。在连续复利情况下，数额 A 以利率 R 投资 n 年后，将达到 Ae^{Rn}。这里 e 是一个数学常数：2.718 28。若 $A=100$，$n=1$，$R=0.10$，那么，A 以连续复利计息将增长到 110.52。

（二）久期

麦考利久期（Macaulay Duration）和修正久期（Modified Duration）是用来衡量债券对利率变化的敏感度的指标。麦考利久期是指以每期金额现值与债券总现值之比作为权重，与相应的剩余有效期相乘然后求和，是量化利率敏感度的重要工具。投资者可以通过债券的麦考利久期变化或者不同债券的久期差别来衡量相对的利率风险。

麦考利久期指标的发展源自投资者对债券或债券组合的利率敏感度分析，该分析主要用来规避不利的利率变动风险。

假设收益率曲线水平，并且收益率曲线平行移动，在任何有效期内的收益率变化都相同，那么，债券现值和市场利率呈反比关系，市场利率上升将带来债券的价格下降。麦考利久期以年为单位,反映的是时间上的某一点,由利率上升导致的价格损失与所得息票再投资收益在此点处于平衡。因此麦考利久期可确保组合的敏感度与投资期限相一致。

麦考利久期的计算公式如下:

$$D=\frac{\sum_{i=1}^{n}\frac{i\times C}{(1+y)^{i}}+\frac{nM}{(1+y)^{n}}}{P}$$

式中:D 为麦考利久期;

C 为债券每期支付的利息;

y 为债券的收益率;

M 为债券的面值;

n 为债券的到期期限。

假设一利率为 4.5%,2014 年 7 月 1 日到期的美国联邦政府债券,估价日为 2005 年 3 月 8 日,市场利率为 3.63%,债券价格为 109.84 美元,那么其麦考利久期计算公式是:

$$D=\frac{\sum_{i=0}^{9}\frac{(i+0.315)\times 4.5}{(1+0.036\ 3)^{i+0.315}}+\frac{9.315\times 100}{(1+0.036\ 3)^{9.315}}}{109.84}$$

$$=7.65\text{ 年}$$

式中:4.5 美元是每期的利息收入,$\frac{4.5}{(1+0.036\ 3)^{i+0.315}}$是每期利息收入的现值,债券每期息票和面值偿付的剩余有效期分别是 0.315,1.315,…,9.315 年(其中 0.315=115/365,115 代表 3 月 8 日到 7 月 1 日间隔的天数),将上述剩余有效期同相应的每期偿付金额的现值相乘。因此,债券的麦考利久期主要取决于清偿现金流中最大现值的剩余有效期。

由久期公式可以得出久期的有关性质:剩余有效期越短,麦考利久期越小;市场利率越高,麦考利久期越小;息票越高,麦考利久期越小。因此,和息票较低的债券相比,较高的息票实际上能降低债券的风险。因为高息票债券的麦考利久期较短。

麦考利久期还可应用于债券组合。整个组合的麦考利久期等于各个组成债券的麦考利久期分别乘以其在整个组合现值中的相应权重,然后求和。

修正久期是在麦考利久期概念的基础上发展而来的,指当市场利率变化 1 个百分点时债券现值的百分比变化。修正久期等于麦考利久期单期贴现的负

值。用公式表示为:

$$修正久期=-\frac{久期}{1+收益率}$$

可以计算出上例中的修正久期为-7.38%。它的含义是市场利率增长 1%,将导致债券现值下跌 7.38%。

(三) 天数计算惯例

天数计算惯例定义为利息随时间累计的方式,常常表示为 X/Y。当我们计算两个日期之间所获利息时,X 定义为两个日期之间计算天数的方式,Y 定义为参考期限总天数的度量方式。在两个日期之间所得利息是:

$$\frac{两个日期之间的天数}{参考期限总天数}\times 在参考期限内所得利息$$

在实际中有三种天数计算惯例:实际天数/实际天数(期限内);30/360;实际天数/360。

在美国,长期国库券是用实际天数/实际天数(期限内)的方式计算天数的,累计利息的计算是以实际过去的天数与两次息票支付期间实际天数的比率为基础的;公司债券和市政债券是用 30/360 的方式,在计算利息时我们假设每月 30 天和每年 360 天;短期国债和其他货币市场工具是用实际天数/360 的方式,参考期限是 360 天。在一年中所得利息应该等于实际过去的天数除以 360,然后乘以所报利率。

瑞士法郎和欧元结算的债券有不同的计息天数计算方法,其中瑞士法郎采用 30/360 的方式,欧元采用实际天数/实际天数(期限内)的方式。

(四) 国债的报价

在美国,中长期国债价格以美元和 1/32 美元报出,所报的价格是面值为 $100债券的价格。因此,90-03 的报价指的是 90+3/32 即 90.093 75,那么,面值为 $100 000 债券的价格是 $90 093.75。

国债报价与购买者所支付的现金价格并不相同,国债报价被称为干净价格(Clean Price),而现金价格被称为不纯价格(Dirty Price)。现金价格与报价之间的关系为:现金价格=报价+上一个付息日以来的累计利息。

面值为 100 的短期国债的标价可用公式表示为 $360(100-Y)/n$。其中 Y 指面值为 100、距到期日还有 n 天的短期国债的现金价格。对于一个 90 天期的短期国债,如果现金价格是 97,那么报价就是 12。

二、利率期权

（一）利率期权的特征

利率看涨期权合约的买方获得了收取一种利息而支付另一种利息的权利，其中，合约协定的利率叫做执行利率（Exercise Rate）。利率看跌期权合约则正好相反。如果最终利率高于执行利率，那么利率看涨期权合约盈利。期权持有者支付合约规定的利息，获得市场利率收入，其中市场利率通常以 LIBOR 表示。同理，如果最终利率低于合约协定的利率，那么利率看跌期权合约盈利。

利率期权合约一般为欧式期权，只能在合约到期日予以执行。但付款行为发生在期权执行以后，与合约标的利率的天数相同。合约到期日被选定之后，执行利率一般按照当前即期利率或者远期利率水平设定。利率期权合约的盈利建立在利率差额的基础之上，通常是 LIBOR 与执行利率之间的差额。所以，利率看涨期权合约的盈利＝名义本金×Max（0，LIBOR－X）（天数/360）。其中，X 代表执行利率。

（二）利率看涨期权的套期保值

利率看涨期权合约给予合约买方按照浮动利率收取利息金额，并交换固定利息支付的权利。利率看涨期权锁定了最大的借款成本。若不考虑期权费，利率在期权到期日低于该期权合约的收益为：（20 000 000 美元）×Max（0，LIBOR－0.09）（90/360）。盈利在到期日之后 90 天确认。

某公司计划借进一笔利率等于 90 天 LIBOR 外加 100 个基点的利差的款项。该笔贷款金额为 20 000 000 美元，将于 30 天后过户。贷款的到期日是之后的 90 天，偿还方式为一次性偿还。该公司希望固定该笔贷款支付的最高利率，所以它买进一笔建立在 90 天 LIBOR 之上的利率看涨期权。看涨期权合约赋予了收取建立在 30 天实际 LIBOR 基础上的利息的权利，执行利率为 10%。收益计算天数为一年 360 天中的 90 天。看涨期权合约的期权费为 50 000 美元，当前 LIBOR 是 10%。

该公司买入利率看涨期权的套期保值的结果如表 5.1 所示。

表 5.1　买入利率看涨期权套期保值的结果

30 天之后的 LIBOR（%）	贷款到期日看涨期权合约的收益（美元）	到期日的贷款利息（美元）	实际总利息（美元）	含有看涨期权的贷款年成本比率（%）	不含看涨期权的贷款年成本比率（%）
6.00	0	350 000	350 000	8.39	7.29

续表

30 天之后的 LIBOR(%)	贷款到期日看涨期权合约的收益(美元)	到期日的贷款利息(美元)	实际总利息(美元)	含有看涨期权的贷款年成本比率(%)	不含看涨期权的贷款年成本比率(%)
6.50	0	375 000	375 000	8.93	7.82
7.00	0	400 000	400 000	9.48	8.36
7.50	0	425 000	425 000	10.02	8.90
8.00	0	450 000	450 000	10.57	9.44
8.50	0	475 000	475 000	11.12	9.99
9.00	0	500 000	500 000	11.67	10.53
9.50	0	525 000	525 000	12.22	11.08
10.00	0	550 000	55 000	12.78	11.63
10.50	25 000	575 000	550 000	12.78	12.18
11.00	50 000	600 000	550 000	12.78	12.74
11.50	75 000	625 000	550 000	12.78	13.29
12.00	100 000	650 000	550 000	12.78	13.85
12.50	125 000	675 000	550 000	12.78	14.41
13.00	150 000	700 000	550 000	12.78	14.97
13.50	175 000	725 000	550 000	12.78	15.54
14.00	200 000	750 000	550 000	12.78	16.10

计算过程如下：按照当前的 LIBOR 加 100 个基点的水平计算出 30 天之后期权费的远期终值 = 50 000×[1+0.11(30/360)] = 50 458 美元，因此，贷款义务发生时的实际收入 = 20 000 000−50 458 = 19 949 542 美元。

如果到期日 LIBOR 为 6%，那么到期日的贷款利率为0.06+0.01 = 0.07，到期日的贷款利息 = 20 000 000×0.07×90/360 = 350 000 美元，看涨期权呈现虚值亏损状态，在贷款到期日看涨期权确认的收益为 0，所以到期日的贷款实际利息 = 350 000 美元，含有看涨期权情况下的实际借入金额 = 19 949 542 美元，偿还金额 = 20 350 000 美元，含有看涨期权的贷款年成本比率 = $\left(\frac{20\ 350\ 000}{19\ 949\ 542}\right)^{365/90}-1=$ 0.083 9。

如果到期日 LIBOR 为 12%，那么贷款利息 = 20 000 000×0.13×90/360 = 650 000 美元，看涨期权呈现实值盈利状态，于是执行期权，其价值 = 20 000 000×(0.12 - 0.10)×90/360 = 100 000 美元，这样实际利息 = 650 000 - 100 000 = 550 000 美元，含有看涨期权的情况下的实际借入金额 = 19 949 542美元，偿还金额 = 20 550 000美元，含有看涨期权的贷款年成本比率 = $\left(\frac{20\ 550\ 000}{19\ 949\ 542}\right)^{365/90} - 1 =$ 0.127 8。

（三）利率看跌期权的套期保值

利率看跌期权合约给予期权购买者固定利率收取利息的权利，作为交换，期权买方必须支付浮动利率的利息。利率看跌期权的收益 = 名义本金×Max(0, X-LIBOR)(天数/360)，其中 X 表示合约执行利率。

利率看跌期权可保证持有者获得贷款或投资的最小收益，同时，如果在期权到期日市场利率更有利于持有者，也可以放弃行使期权而受益。另一方面，为购买期权而支付的费用部分冲销了所得到的有保证的最低有效收益。

该公司使用利率看跌期权的套期保值结果如表 5.2 所示。

表 5.2　使用利率看跌期权的套期保值结果

90 天之后的 LIBOR(%)	贷款到期日看跌期权合约的收益(美元)	到期日的贷款利息(美元)	实际总利息(美元)	含有看跌期权的贷款年收益率(%)	不含看跌期权的贷款年收益率(%)
5.00	200 000	325 000	525 000	10.32	6.70
5.50	175 000	350 000	525 000	10.32	7.22
6.00	150 000	375 000	525 000	10.32	7.75
6.50	125 000	400 000	525 000	10.32	8.28
7.00	100 000	425 000	525 000	10.32	8.81
7.50	75 000	450 000	525 000	10.32	9.34
8.00	50 000	475 000	525 000	10.32	9.87
8.50	25 000	500 000	525 000	10.32	10.40
9.00	0	525 000	525 000	10.32	10.93
9.50	0	550 000	550 000	10.86	11.47
10.00	0	575 000	575 000	11.69	12.00
10.50	0	600 000	600 000	11.92	12.54

续表

90 天之后的 LIBOR(%)	贷款到期日看跌期权合约的收益(美元)	到期日的贷款利息(美元)	实际总利息(美元)	含有看跌期权的贷款年收益率(%)	不含看跌期权的贷款年收益率(%)
11.00	0	625 000	625 000	12.46	13.08
11.50	0	650 000	650 000	13.00	13.62
12.00	0	675 000	675 000	13.54	14.16
12.50	0	700 000	700 000	14.08	14.71
13.00	0	725 000	725 000	14.62	15.25

计算过程如下：首先，在当前 LIBOR 外加 150 个基点的利率基础上，计算 90 天后的远期利率复利数 = 26 500×[1+0.105×(90/360)] = 27 196 美元，贷款发放之时的实际支付金额 = 10 000 000+27 196 = 10 027 196。

如果合约到期日的 LIBOR 为 7%，那么贷款利息 = 10 000 000×0.085×180/360 = 425 000 美元。看跌期权呈实值盈利状态，于是执行期权，其价值 = 10 000 000×(0.09−0.07)×180/360 = 100 000 美元，实际利息 = 425 000+100 000 = 525 000美元。含有看跌期权的贷款支付金额 = 10 027 196 美元，贷款偿还金额 = 10 525 000美元，含有看跌期权的实际年利率 = $\left(\frac{10\ 525\ 000}{10\ 027\ 196}\right)^{365/90} - 1$ = 0.103 2。

如果合约到期日的 LIBOR 为 12%，那么贷款利息 = 10 000 000×0.135×180/360 = 675 000 美元，看跌期权处于虚值亏损状态，实际利息 = 675 000 美元，含有看跌期权的贷款支付金额 = 10 027 196 美元，贷款偿还金额 = 10 675 000 美元，含有看跌期权的实际年利率 = $\left(\frac{10\ 675\ 000}{10\ 027\ 196}\right)^{365/90} - 1 = 0.135\ 4$。

利率期权的局限性首先在于它们的价格可能很高，尤其在利率变动幅度较大时。其次，当利率非常稳定时，借方和贷方的利率风险暴露程度会大大低于利率大幅变动时的风险暴露程度，通过投机于利率变动而获利的机会也会大大减少。因此，与其他衍生工具一样，当可预知的风险增加时，利率期权的需求量也随之增大。

三、中长期利率期货

（一）转换因子

转换因子是指将符合实际交割的各种现货债券统一于8%的收益率的系数。

标准债券是指票面利率为8%，期限大于等于15年的名义政府债券。中长期利率期货以标准债券作为标价的标准。但是，中长期国债期货合约中，空头方可以选择交割任何票面利率，期限长于15年且在15年内不可回赎的债券。因此，转换因子可以帮助投资者在利率期货交割时计算最终的交割价格。

债券交割价格的计算公式为：

交割价格=期货最终结算价格×债券转换因子+债券应计利息

转换因子公式的假设前提是，在交割日时收益率曲线呈水平状态，并且收益率同期货合约的名义息票率相同。所有可交割债券的转换因子数值可在各期货交易所网站上查询。每一合约必须交割面值为$100 000的债券。假定报出的期货价格为90-00，所交割的债券的转换因子为1.380 0，在交割时每一面值为$100的债券的累计利息为$3.00。当空头方交割债券时，交割每一面值为$100的债券，他收到的现金为：1.380 0×90.00+3.00＝ $127.20。期货合约空头方应交割面值为$100 000的债券，收到$127 200的现金。

事实上，中长期利率期货的交割日期为每年3月、6月、9月、12月的每一个工作日，而转换因子一般在3月、6月、9月、12月的第一天计算得出，因而计算得出的转换因子对现货市场存在一定的偏差。

转换因子造成的偏差会导致现货与期货报价的不同，使得某些可交割债券的价格在交割时相对优于其他债券，从而引出最廉价交割债券的概念。最廉价交割（CTD）债券是指在符合交割条件的多种债券中，对于空方而言成本最低的债券。

最廉价交割债券价格=债券期货价格×转换因子

如果债券的交割价格高于其市场价格，空头头寸的持有者以市场价格买入债券而以更高的交割价格卖出债券获利，因此他们通常会选择最具价格优势的债券；如果交割价格低于市场价格，投资者也会选择最廉价交割债券，尽量把损失降到最低限度。

如果市场收益率高于名义息票率的水平，那么投资者将倾向于久期较长的债券。即到期日相近情况下，息票率低的债券；或者息票率相近情况下，到期日长的债券。

如果市场收益率低于名义息票率的水平，那么投资者将倾向于久期较短的债券。即到期日相近情况下，息票率高的债券；或者息票率相近情况下，到期日短的债券。

如果市场收益率等于名义息票率的水平，那么投资者对所有可交割债券的偏好是相同的。

在计算转换因子时必须正确估计贴现率，当收益率低于名义息票率的水平时，在计算交割价格时所有可交割债券的价格都将被低估。如果市场利率低于名义息票率，久期较短的债券就很可能成为最廉价交割债券。

（二）中长期利率期货的报价

长期国债期货合约的报价与长期国债本身报价的方式相同。长期国债期货合约的价格以美元和 1/32 美元报出。例如，某期货合约的价格为 93-14，指的是 93+14/32 或者 93.437 5。作为合约基础性产品的长期国债面值是 100 000 美元，93.437 5 的价格实际上等于 93 437.50 美元。到期月份分别为 3 月、6 月、9 月以及 12 月，可延展至两年左右。最后一个交易日是到期月份最后七天之前的那个工作日，第一个交割日为当月的第一个工作日。

若最廉价交割债券和交割日已知，那么，长期国债期货合约的资产可向其持有者提供已知的收益。期货的价格 F 与现货的价格 S 的关系是：

$$F=(S-I)e^{r(T-t)}$$

式中：I 是期货合约有效期内息票利息的现值；

T 是期货合约的到期时刻；

t 是现在的时刻；

r 是在 t 和 T 的期间内适用的无风险利率；

F 是期货的现金价格；

S 是债券的现金价格。

确定期货报价的过程如下：根据报价计算最廉价交割债券的现金价格→根据债券的现金价格计算期货的现金价格→根据期货的现金价格计算出期货报价→考虑到最廉价交割债券与标准的 15 年期的债券之间的区别，将以上求出的期货报价除以转换因子。

（三）中长期利率期货的套期保值

中长期利率期货的套期保值原则和前面介绍的期货合约的套期保值原则相同，但在确定套期保值率上，针对利率期货合约的特征，可采用价格敏感性套期保值率。

价格敏感性套期保值率（Price Sensitivity Hedge Ratio），用在利率期货合约上，可以给出针对利率变化的最佳期货合约数量。债券价格 B 等于每一期现金支出金额，即票面利息和本金的现值之和，该现值可借助对每期现金流出按照单

利贴现而求出,公式表示为:

$$B = \sum_{t=1}^{T} \frac{CP_t}{(1+y)^t}$$

式中:CP_t 为时点 t 的现金支出,在债券到期前指票面利息,在到期日指票面利息与本金之和;

y 为债券收益率。

债券的久期(Duration)是指债券各个现金支出日的加权平均数,以时间为单位,计量债券现金流量发生的时间和规模。债券价格和收益率呈反向变动的关系,价格变动相对于收益率变动的近似估算值可用下式表示:

$$\Delta B \approx -B\frac{DUR_B(\Delta y)}{1+y}$$

式中:DUR_B 为债券的久期;

ΔB、Δy 分别为 B 或 y 的变动。

息票率高和期限短的债券,其久期也较短;息票率低和期限长的债券,其久期也较长;零息票债券的久期等于其本身的有效期。债券久期的概念在计算价格敏感性套期保值率中有着重要作用。

假定收益率曲线只能平行发生移动。设 S 为现货市场上的债券价格,利率为 r,y_s 为其收益率,根据价格、期货合约到期日可交割债券的剩余期限、可交割债券的息票率,可以计算出可交割债券在期货合约到期日的收益率 y_f、久期 DUR_f,分别将其称为隐含收益率(Implied Yield)和隐含久期(Implied Duration)。

套期保值收益代表由利率 r 变动所决定的套期保值者头寸价值的变动。根据使用套期保值,价值变动应当为零的原则,可以得出 N_f 的计算公式是:

$$N_f = -\left[\frac{\Delta S}{\Delta f}\right]\left[\frac{\Delta y_f}{\Delta y_s}\right]$$

将久期表示为:

$$DUR_s \approx -\left[\frac{\Delta S}{S}\right]\left[\frac{1+y_s}{\Delta y_s}\right]$$

同样,期货合约的隐含久期可表示为:

$$DUR_f \approx -\left[\frac{\Delta S}{S}\right]\left[\frac{1+y_f}{\Delta y_f}\right]$$

令 $\Delta y_f = \Delta y_s$,将其代入 N_f 的计算公式,得到:

$$N_f = -\left[\frac{DUR_s}{DUR_f}\right]\left[\frac{S}{f}\right]\left[\frac{1+y_f}{1+y_s}\right]$$

又因修正久期=-久期/(1+收益率),上式可转化为:

$$N_f=-\left[\frac{DUR_s^*}{DUR_f^*}\right]\left[\frac{S}{f}\right]$$

运用价格敏感性套期保值率可使整个头寸的久期为零。对于长期国债期货合约,投资者必须以期货合约标的资产的久期为基础决定交割某个债券。因此,在实施对冲的时刻,投资者必须正确估计出最廉价交割债券。

典型案例

5 月 21 日,某公司的财务主管得知将于 8 月 6 日收到 $3 300 000。下一年 2 月份该项资金将用于一项重要的资本投资项目,因此财务主管计划在收到款项时就将它投资于 6 个月期的短期国债。现在 6 个月期短期国债的收益率为 11.20%,每半年计复利一次。该财务主管担心在 5 月 21 日到 8 月 6 日之间短期国债的收益率下降,于是决定利用短期国债期货进行套期保值。9 月份短期国债期货合约的报价为 89.44。在本例中,如果利率下降,公司就会有损失。因此当利率下降时,即当短期国债的价格上升时,对冲的期货收益必须为正值。这意味着应使用多头套期保值。

为了计算对冲所需要购买的短期国债期货合约的数量,我们可得到该期货合约标的资产的久期为 3 个月。由于短期国债是贴现证券,它的修正久期就是 3 个月或 0.25 年。与此类似,财务主管计划投资的 6 个月期的短期国债的修正久期就是 6 个月或 0.50 年。每一短期国债期货合约交割 1 000 000 的短期国债。合约的价格为:

$$10\ 000\times[100-0.25(100-89.44)]=973\ 600$$

应购买的合约数为(3 300 000/973 600)×(0.5/0.25)= 6.78 张。则该主管应当买 7 张合约。

四、短期利率期货

(一)短期国债期货

短期国债期货的报价方法不同于短期国债的报价方法,它的报价公式为:

短期国债期货的报价=100-相应的短期国债的报价

短期国债期货的报价与期货合约的现金价格的关系是:

短期国债期货的报价=100-4×(100-期货合约的现金价格)

或者可以写成:

期货合约的现金价格=100-0.25×(100-短期国债期货的报价)

因为短期国债期货合约的标的资产是 100 万美元的短期国债，所以期货合约的价格等于 10 000×[100−0.25×(100−短期国债期货的报价)]。

假定 2005 年 9 月份短期国债期货收盘报价为 95，那么对应的每张面值为 100 的 90 天期短期国债期货的合约价格为 100−0.25×(100−95)= 98.75，合约的总价值为 987 500。

假定短期国债期货合约定价的贴现率为 8.25，芝加哥商品交易所报出的价格为 100−8.25 = 91.75，91.75 就被称为 IMM 指数，期货合约的价格将显示为 91.75。但这不是合约交易的实际价格，因此也无法成为真实的期货价格。每 100 美元的实际期货合约价格可用下面的公式表示：

$$F=100-(100-\text{IMM 指数})\times(90/360)$$

例如，如果 IMM 指数为 91.75，那么：$F = 100-(100-91.75)(90/360)=97.937\,5$。单个合约的标准规模为 100 万美元面值的短期国债，所以期货价格为 979 375 美元。

在计算公式中设定 90 天短期国债的意义在于，IMM 指数一个点的变动，将转化成期货合约价格变动 25 美元。

合约到期的月份分别为 3 月、6 月、9 月以及 12 月，一般大约持续两年。最后一个交易日是在当月第三周发行短期国债之前的那个工作日。交割可安排在最后交易日之后的一个工作日或者合约到期月份之后的任意一天进行。

短期利率期货则在结算日以现金结算的方式支付差额，而并不进行实物交割。相对而言，短期利率期货合约(即 STIR 合约)延续至到期日的数量更少，因为买方与卖方更倾向于在到期之前就清除期货交易的头寸。

(二) 欧洲美元期货

欧洲美元(Eurodollar)是存放在美国境外银行或者美国银行境外分行的美元金额。欧洲美元利率是银行之间存放欧洲美元的利息率，也称为伦敦银行同业拆放利率(LIBOR)。

欧洲美元期货合约的标的利率是 90 天利率，建立在 3 个月的欧洲美元定期存单基础之上，期货合约的面值为 100 万美元，通过 IMM 指数方法报出——过程和短期国债报价相同。欧洲美元采用现金结算。最后交易日的结算价格是 LIBOR，和 CME 清算所的价格决定一样。合约到期日分别为 3 月、6 月、9 月以及 12 月，期间可延长 10 年。最后交易日指当月第三个星期三之前的第二个伦敦工作日。由于在借款时银行必须支付比联储基本利率更高的利率，欧洲美元的利率通常会高于相应期限的短期国债利率。

短期国债是一种贴现工具，而欧洲美元是一种增强型金融工具。由于短期国债不具有信用风险，而欧洲美元的借款人可能发生违约行为，总体上，短期国债的收益不会高于欧洲美元，欧洲美元利率报价更高。

（三）短期利率期货的套期保值

我们可以把已经学过的套期保值策略运用于短期利率期货，利用其进行套期保值。

典型案例

2 月 15 日，某公司财务主管确定将在 5 月 17 日收入 100 万美元。于是决定在 5 月 17 日买进 91 天的短期国债。

短期国债目前的贴现金额为 8.20，远期利率为 8.94，因此存在利率下跌的风险。一旦真的发生，短期国债期货价格必然上升，所以，该财务主管需要买进期货合约。该主管对未来买进短期国债的套期保值的过程和结果如表 5.3 所示。

表 5.3　对未来买进短期国债的套期保值的过程和结果

2 月 15 日	91 天的短期国债隐含远期价格对应的贴现额为 8.94 每 100 美元面值的价格 = 100−8.94×91/360 = 97.74 1 000 000 美元面值的收入为 977 400 美元 隐含收益率 = $(100/97.74)^{\frac{365}{91}}-1=0.0960$	6 月份短期国债 IMM 指数为 91.32 每 100 美元面值的价格 = 100 −(100−91.32)×90/360 = 97.83 单位合约的价格为 978 300 美元 买进一份合约
5 月 17 日	出售 91 天短期国债的贴现额为 7.69 每 100 美元面值的价格 = 100−7.69×91/360 = 98.056 1 1 000 000 美元面值的收入为 980 561 美元 隐含收益率 = $\left(\dfrac{100}{98.0561}\right)^{\frac{365}{91}}-1=0.0819$	6 月份短期国债 IMM 指数为 92.54 每 100 美元面值的价格为 100 −(100−92.54)×90/360 = 98.135 单位合约的价格为：981 350 美元 卖出一份合约

这样 5 月 17 日买进面值为 1 000 000 美元的短期国债时，财务主管将支出 980 561 美元，隐含收益率为 8.19%，它要比套期保值启动时的实际隐含远期利率 9.60%低得多。

期货交易收益为 981 350−978 300 = 3 050 美元，期货合约的收益可以视为短期国债实际价格的扣减项目，从而使短期国债实际成本为 980 561−3 050 = 977 511 美元。所以，财务主管为面值为 1 000 000 美元的短期国债实际支出 977 511 美元。隐含收益率为 $(1\,000\,000/977\,511)^{365/91}-1=0.0955$。所以，考虑套期保值之后的短期国债收益率是9.55%，与隐含远期利率9.60%非常接近。

第三节　股指期货

一、股指期货的概念

股指期货(Stock Index Futures)的全称是股票价格指数期货，是指以股价指数为标的物的标准化期货合约，双方约定在未来的某个特定日期，可以按照事先确定的股价指数的大小，进行标的指数的买卖。作为期货交易的一种类型，股指期货交易与普通商品期货交易具有基本相同的特征和流程。

二、股指期货的作用

股指期货的主要用途有三个：

(1) 对股票投资组合进行风险管理，即防范系统性风险，通常使用套期保值来管理股票投资风险。

(2) 利用股指期货进行套利。套利，就是利用股指期货定价偏差，通过买入股指期货标的指数成分股同时卖出股指期货，或者卖空股指期货标的指数成分股同时买入股指期货，来获得无风险收益。

(3) 作为一个杠杆性的投资工具。由于股指期货采用保证金制度，只要判断方向正确，就可能获得很高的收益。例如，如果保证金为10%，买入1张沪深300指数期货，那么只要股指期货涨了5%，相对于保证金来说，就可获利50%。当然，如果判断方向失误，也会发生同样的亏损。

三、股指期货产品的构成要件及制度设计

金融期货合约的基本要素一般必须包括合约规模及报价单位，最小变动价位，交割日期、地点及方式与最后交易日，每日价格最大变动幅度限制等。股指期货产品的合约主要包含以下内容。

(一) 交易标的

全球交易量活跃的股价指数期货，多以固定样本数的成分股价指数为其标的，如标准普尔500指数(S&P 500 Stock Index)、日经225指数(Nikkei 225 Stock Index)和伦敦金融时报100指数(FTSE 100 Index)。主要是因为固定样本数的成分股价指数之选股数目固定，且指数所涵盖的成分股多符合特定成交条件，如市值、成交量、成交值等，足以反映整体市场之涨跌变动，具备相当程度的代表

性,且对参与指数期货交易的机构投资者而言,选股数目固定的指数即具有易于追踪、复制的好处,交易者从事现货指数与指数期货间的避险、套利交易时,可有效控制交易成本及最小化追踪误差。

(二)交易时间

股指期货系衍生自现货股票市场,其价格与现货价格及波动性息息相关,故衍生性市场之交易时间自当配合现货市场,以利于两市场间之套利或避险交易之顺利进行。国外主要股指期货的交易时间与现货市场比较,可分为下述三种类型:①开盘、收盘时间均相同;②开盘时间相同,收盘时间延后;③开盘时间提前,收盘时间延后。其原则为现股交易时间内均可交易,并适当延长交易时段。

(三)合约因子(期货乘数)与合约价值

合约因子是将以点为计价单位的股价指数转化为以货币为计价单位的金融资产的乘数,所以也叫期货乘数。而合约价值则等于合约报价乘合约因子。

世界各主要指数期货合约规格,对于合约乘数设计高低不一,换算为同一货币之后的合约价值亦有相当大的差距。即使采用同样的指数标的,合约价值也会大不相同。合约价值较高者包括 CME 的 S&P 500 指数期货、NASDAQ 100 指数期货、EUREX 的 DAX 指数期货等,合约价值较小者除了部分小型指数期货合约外,还包括大阪交易所(OSE)、香港交易所(HKEX)之道·琼斯工业股价指数期货及我国台湾的台股期货。

(四)保证金比例

保证金交易是期货市场的重要基石之一。股指期货的保证金比例就是投资者实际买卖一张股指期货合约所需资金与股指期货合约价值的比值。该比例一般由交易所规定,投资者必须强制执行,而交易所可根据市场风险实际情况,特别是在股指期货市场持仓量过于庞大或者价格波动过于剧烈时,调整保证金比例。保证金比例直接代表了一个股指期货市场杠杆倍数的大小,也直接反映了一个股指期货市场的风险程度,并在很大程度上影响了投资者的盈利或亏损水平。

(五)合约报价单位

合约报价单位即期货合约价格波动的最小点数。观察国际知名股价指数期货合约报价单位,就升降点数占标的指数比例而言,多数为 0.01%~0.06%,仅有大阪证券交易所 Nikkei 225 指数期货与韩国 KOSPI 200 指数期货比例较高。

(六)合约到期交割月份

国外主要指数期货的交割月份设计,可分为近月、季月以及远月。近月为交易当月起的连续月份,季月多采用 3 月、6 月、9 月、12 月循环,远月则多数为超过一年以上的月份,如次年的3月、9月等。

国外股价指数期货大多提供3~5个季月合约,提供近月合约者亦占多数。倘提供太多交割月份的合约,交易量可能分散在各月份,降低流动性。另为兼顾不同交易人之需求,亦提供较长月份之合约。

(七)每日结算价

期货市场采取"逐日盯市"的结算制度,每日结算价是变动保证金及损益收付的依据。各交易所的方式有所差异,如CME、SGX-DT系采用收盘时段最高成交价及最低成交价之平均,EUREX则采用最后一笔成交价,以反映市场价格。

为防范人为操纵,多数交易所以全天平均价或收盘时段(即交易时间最后5分钟或30分钟)的平均成交价作为每日结算价。

(八)每日涨跌幅限制

世界主要交易所的股价指数期货每日涨跌幅限制,可归纳为三种方式:①无涨跌幅限制,如LIFFE的FTSE 100指数期货、EUREX的DAX指数期货与HKEX的恒生指数期货;②设定某一涨跌幅或点数限制,如日本TSE的TOPIX指数期货、S&P/TOPIX 150指数期货;OSE的Nikkei 225指数期货、Nikkei 300指数期货等;③设定不同阶段的涨跌点数或幅度限制,如CBOT的道·琼斯工业平均指数期货,CME的S&P 500指数期货、NASDAQ100指数期货、Russell 2000指数期货,新加坡交易所(SGX-DT)的Nikkei 225指数期货、Nikkei 300指数期货、MSCI台湾指数期货等。

(九)最后交易日与最后结算日

指数期货的最后交易日也就是交割日。世界主要股价指数期货最后交易日的制定,主要采用两种方式:①交割月份固定为某一周的某一日,如美国、日本、巴西、德国、英国、荷兰、南非、西班牙、韩国及意大利;②以交割月份的最后营业日往前推一或两个营业日,如中国香港、瑞典、法国及澳大利亚。

大部分交易所采取第一种方式,即将最后交易日设于月中。另外,为避免期货到期时影响股票现货价格,多数股价指数期货的最后结算价采用最后交易日次一营业日的开盘价为最后结算价。

(十)履约交割方式

一般期货的交割方式可分成实物交割与现金交割两种。实物交割多适用于大宗商品期货合约或部分股票期货合约,但多数金融衍生性商品并无实体可供交割,故改成以现金结算的方式来进行交割。

股指期货,其标的即为特定股价指数,买卖双方于到期时理论上应以该股价指数进行交割,但实务上不易进行,即便是依照指数成分股组成权重提交各成分股,亦有操作困难,故指数期货的履约交割方式多为现金结算。

四、股指期货定价

对股票指数期货进行理论上的定价,是投资者做出买入或卖出合约决策的重要依据。股指期货实际上可以看作一种证券的价格,而这种证券就是这一指数所涵盖的股票所构成的投资组合。

同其他金融工具的定价一样,股票指数期货合约的定价在不同的条件下也会出现较大的差异。但是有一个基本原则是不变的,即由于市场套利活动的存在,期货的真实价格应该与理论价格保持一致,至少在趋势上是这样的。

为说明股票指数期货合约的定价原理,我们假设投资者既进行股票指数期货交易,又进行股票现货交易,并假定:

(1) 投资者首先构造出一个与股票指数完全一致的投资组合(二者在组合比例、股指的“价值”与股票组合的市值方面都完全一致);

(2) 投资者可以在金融市场上很方便地借款用于投资;

(3) 卖出一份股指期货合约;

(4) 持有股票组合至股指期货合约的到期日,再将所收到的所有股息用于投资;

(5) 在股指期货合约交割日立即全部卖出股票组合;

(6) 对股指期货合约进行现金结算;

(7) 用卖出股票和平仓的期货合约收入来偿还原先的借款。

假定在 2009 年 10 月 27 日某种股票市场指数为 2 669.8 点,每个点“值”25 美元,指数的面值为 66 745 美元,股息的平均收益率为 3.5%;2010 年 3 月到期的股票指数期货价格为 2 696 点,期货合约的最后交易日为 2010 年的 3 月 19 日,投资的持有期为 143 天,市场上借贷资金的利率为 6%。再假设该指数在 5 个月内上升了,并且在 3 月 19 日收盘时收在 2 900 点,即该指数上升了 8.62%。这时,按照我们的假设,股票组合的价值也会上升同样的幅度,达到 72 498 美元。

按照期货交易的一般原理,这位投资者在指数期货上的投资将会出现损失,因为市场指数从 2 696 点的期货价格上升至 2 900 点的市场价格,上升了 204 点,则损失额是 5 100 美元。

然而,投资者还在现货股票市场上进行了投资,由于股票价格的上升得到的净收益为 5 755(72 500-66 745)美元,在这期间获得的股息收入大约为 915.2 美元,两项收入合计 6 670.2 美元。

再看一下其借款成本。在利率为 6%的条件下，借得 66 745 美元，期限为 143 天，所付的利息大约是 1 569 美元，再加上投资期货的损失 5 100 美元，两项合计 6 669 美元。

在上述案例中，简单比较一下投资者的盈利和损失，就会发现无论是投资于股指期货市场，还是投资于股票现货市场，投资者都没有获得多少额外的收益。换句话说，在上述股指期货价格下，投资者无风险套利不会成功，因此，这个价格是合理的股指期货合约价格。

由此可见，对指数期货合约的定价（F）主要取决于三个因素：现货市场上的市场指数（I）、在金融市场上的借款利率（R）、股票市场上的股息收益率（D），即：

$$F=I+I\times(R-D)=I\times(1-R+D)$$

式中：R 是指年利率；

D 是指年股息收益率。

在实际的计算过程中，如果持有投资的期限不足一年，则相应地进行调整。

现在我们回过头来，用刚才给出的股票指数期货价格公式计算在上例给定利率和股息率条件下的股指期货价格：

$$F=2\ 669.8+2\ 669.8\times(6\%-3.5\%)\times 143/365=2\ 695.95$$

同样需要指出的是，上面公式给出的是在前面假设条件下的指数期货合约的理论价格。在现实生活中要全部满足上述假设存在一定的困难。因为首先，在现实生活中再高明的投资者要想构造一个完全与股市指数结构一致的投资组合几乎是不可能的，当证券市场规模越大时越是如此；其次，在短期内进行股票现货交易，往往使得交易成本较大；再次，由于各国市场交易机制存在差异，如在我国目前就不允许卖空股票，这在一定程度上会影响指数期货交易的效率；最后，股息收益率在实际市场上是很难得到的，因为不同的公司、不同的市场在股息政策上（如发放股息的时间、方式等）都会不同，并且股票指数中的每只股票发放股利的数量和时间是不确定的，这必然影响正确判定指数期货合约的价格。

对于一般的投资者来说，只需了解股指期货价格与现货指数、无风险利率、红利率、到期时间长短有关。股指期货的价格基本是围绕现货指数价格上下波动，如果无风险利率高于红利率，则股指期货价格将高于现货指数价格，而且到期时间越长，股指期货价格相对于现货指数出现升水幅度越大；相反，如果无风险利率小于红利率，则股指期货价格低于现货指数价格，而且到期时间越长，股指期货相对于现货指数出现贴水幅度越大。

以上所说的是股指期货的理论价格。但实际上由于套利是有成本的，因此股指期货的合理价格实际是围绕股票指数现货价格的一个区间。只有在价格落到区间以外时,才会引发套利。

五、股指期货的交易

历史上,期货交易是在交易大厅通过交易员的口头喊价进行的。目前大多数期货交易是通过电子化交易完成的。交易时,投资者通过期货公司的计算机系统输入买卖指令,由交易所的撮合系统进行撮合成交。

买卖期货合约的时候,双方都需要向结算所交纳一小笔资金作为履约担保,这笔钱叫做保证金。首次买入合约叫建立多头头寸,首次卖出合约叫建立空头头寸。然后,手头的合约要进行每日结算,即逐日盯市。

建立买卖头寸(术语叫开仓)后不必一直持有至到期,在股指期货合约到期前的任何时候都可以做一笔反向交易,冲销原来的头寸,这笔交易叫平仓。如第一天卖出 10 手股指期货合约,第二天又买回 10 手股指期货合约。那么第一笔是开仓 10 手股指期货空头,第二笔是平仓 10 手股指期货空头。第二天当天又买入 20 手股指期货合约,这时又变成开仓 20 手股指期货多头。然后卖出其中的 10 手,这时叫平仓 10 手股指期货多头,还剩 10 手股指期货多头。一天交易结束后手头没有平仓的合约叫持仓。这个例子里,第一天交易后持仓是 10 手股指期货空头,第二天交易后持仓是 10 手股指期货多头。

六、世界主要股指期货市场简介

(一) 标准普尔 500 指数

标准普尔 500 指数是由标准普尔公司于 1957 年开始编制的。最初的成分股由 425 种工业股票、15 种铁路股票和 60 种公用事业股票组成。从 1976 年 7 月 1 日开始,其成分股由 400 种工业股票、20 种运输业股票、40 种公用事业股票和 40 种金融业股票组成。它以 1941—1942 年为基期,基期指数定为 10,采用加权平均法进行计算,以股票上市量为权数,按基期进行加权计算。与道・琼斯工业平均指数相比,标准普尔 500 指数具有采样面广、代表性强、精确度高、连续性好等特点,被普遍认为是一种理想的股票指数期货合约的标的。

(二) 道・琼斯平均价格指数

道・琼斯平均价格指数简称道・琼斯平均指数,是目前人们最熟悉、历史最悠久、最具权威性的一种股票指数,其基期为 1928 年 10 月 1 日,基期指数为 100。道・琼斯平均指数的计算方法几经调整,现在采用的是除数修正法,即不是直接用基期的股票指数作除数,而是先根据成分股的变动情况计算出一个新除数,然后用该除数除报告期股价总额,得出新的股票指数。目前,道·琼斯平均价格指数共分四组:第一组是工业平均指数,由30种具有代表性的大工业公司的股票组成;第二组是运输业20家铁路公司的股票价格指数;第三组是15家公用事业公司的股票指数;第四组为综合指数,是用前三组的65种股票加总计算得出的指数。人们常说的道·琼斯股票指数通常是指第一组,即道·琼斯工业平均指数。

(三)金融时报股票指数

金融时报股票指数是由伦敦证券交易所编制,并在《金融时报》上发布的股票指数。根据样本股票的种数,金融时报股票指数分为30种股票指数、100种股票指数和500种股票指数三种。目前常用的是金融时报工业普通股票指数,其成分股由30种代表性的工业公司的股票构成,最初以1935年7月1日为基期,后来调整为以1962年4月10日为基期,基期指数为100,采用几何平均法计算。而作为股票指数期货合约标的的金融时报股票指数则是以市场上交易较频繁的100种股票为样本编制的指数,其基期为1984年1月3日,基期指数为1 000。

(四)日经股票平均指数

日经股票平均指数的编制始于1949年,它由东京股票交易所第一组挂牌的225种股票的价格组成。这个由日本经济新闻有限公司(NKS)计算和管理的指数,通过主要国际价格报道媒体加以传播,并且被各国广泛用作代表日本股市的参照物。

1986年9月,新加坡国际金融交易所(SIMEX)推出日经225股票指数期货,成为一个重大的历史性发展里程碑。此后,日经225股票指数期货及期权的交易,也成为许多日本证券商投资策略的组成部分。

(五)香港恒生指数

香港恒生指数是由香港恒生银行于1969年11月24日开始编制的用以反映香港股市行情的一种股票指数。该指数的成分股由在香港上市的较有代表性的33家公司的股票构成,其中金融业4种、公用事业6种、地产业9种、其他行业14种。恒生指数最初以1964年7月31日为基期,基期指数为100,以成分股的发行股数为权数,采用加权平均法计算。后由于技术原因改为以1984年1月13日为基期,基期指数定为975.47。恒生指数现已成为反映香港政治、经济和社会状况的主要风向标。

七、中国内地股指期货

中国证监会有关部门负责人于2010年2月20日宣布,证监会已正式批复中国金融期货交易所沪深 300 股指期货合约和业务规则,至此股指期货市场的主要制度已全部发布。自 2010 年 2 月 22 日 9 时起,正式接受投资者的开户申请。

沪深 300 股指期货合约以沪深 300 指数为标的,如表 5.4 所示。

表 5.4　沪深 300 股指期货合约

合约标的	沪深 300 指数
合约乘数	每点 300 元
报价单位	指数点
最小变动价位	0.2 点
合约月份	当月、下月及随后两个季月
交易时间	上午:9:15—11:30;下午:13:00—15:15
最后交易日交易时间	上午:9:15—11:30;下午:13:00—15:00
每日价格最大波动限制	上一个交易日结算价的±10%
最低交易保证金	合约价值的 12%
最后交易日	合约到期月份的第三个周五,遇国家法定假日顺延
交割日期	同最后交易日
交割方式	现金交割
交易代码	IF
上市交易所	中国金融期货交易所

例 5.1　某客户在某期货经纪公司开户后存入保证金 50 万元,在 8 月 1 日开仓买进 9 月沪深 300 股指期货合约 40 手,成交价为 1 200 点(每点 100 元),同一天该客户卖出平仓 20 手沪深 300 股指期货合约,成交价为 1 215 点,当日结算价为 1 210 点,假定交易保证金比例为 8%,手续费为单边每手 10 元,则客户的账户情况(见表 5.5)为:

当日平仓盈亏=(1 215-1 200)×20×100=30 000 元

当日开仓持仓盈亏=(1 210-1 200)×(40-20)×100=20 000 元

当日盈亏=30 000+20 000=50 000 元

手续费=10×60=600 元

当日权益=500 000+50 000-600=549 400 元

保证金占用=1 210×20×100×8%=193 600 元(注:结算盈亏后保证金按当

日结算价而非开仓价计算)

资金余额(即可交易资金)= 549 400−193 600 = 355 800 元

表 5.5 某客户账户明细(1) 单位:元

资金项目	金额
存入保证金	500 000
(+)平仓盈亏	30 000
(+)持仓盈亏	20 000
(−)手续费	600
=当日权益	549 400
(−)持仓占用保证金	193 600
=资金余额	355 800

例 5.2 8 月 2 日该客户买入 8 手 9 月沪深 300 股指期货合约,成交价为 1 230点;随后又卖出平仓 28 手 9 月合约,成交价为 1 245 点;后来又卖出 40 手 9 月合约,成交价为 1 235 点。当日结算价为 1 260 点,则其账户情况(见表 5.6)为:

当日平仓盈亏 = (1 245−1 230)×8×100+(1 245−1 210)×20×100 = 12 000+70 000 = 82 000 元

当日开仓持仓盈亏 = (1 235−1 260)×40×100 = −100 000 元

当日盈亏 = 82 000−100 000 = −18 000 元

手续费 = 10×76 = 760 元

当日权益 = 549 400−18 000−760 = 530 640 元

保证金占用 = 1 260×40×100×8% = 403 200 元

资金余额(即可开仓交易资金)= 530 640−403 200 = 127 440 元

表 5.6 某客户账户明细(2) 单位:元

资金项目	金额
存入保证金	549 400
(+)平仓盈亏	82 000
(+)持仓盈亏	−100 000
(−)手续费	760

续表

资金项目	金额
=当日权益	530 640
(-)持仓占用保证金	403 200
=资金余额	127 440

章后阅读

外汇衍生品市场格局演变

自 40 多年前芝加哥商品交易所首推外汇期货以来,全球外汇期货市场不断深入发展。在经历了国际金融危机后,随着场外外汇衍生品日益场内化,包括离岸人民币外汇期货在内的外汇期货市场发展又迎来了历史性的转折期。在国内,随着人民币国际化的推进、实体经济管理汇率风险的需求不断增强,我国建设外汇期货市场的必要性和迫切性也日益凸显。

2008 年国际金融危机之后,主要国家的监管机构借鉴交易所市场的制度设计,对场外外汇衍生品市场展开更严格的监管改革。2009 年 9 月,二十国集团(G20)在匹兹堡峰会发起了旨在减少场外衍生品系统性风险的改革计划,具体措施包括加强集中清算、电子交易平台、交易报告数据库等市场基础设施建设。美国和欧盟等都按照二十国集团会议的要求推进了外汇衍生品市场的监管改革。

国际金融危机后,外汇衍生品交易出现标准化、集中清算、统一监管的发展趋势。交易所作为标准化合约集中交易、中央对手方清算的市场,符合监管法律的要求,凭借较低的交易成本、较好的流动性吸引机构投资者从场外市场转移到场内市场进行交易。无本金交割外汇远期(NDF)等场外外汇衍生品强制集中清算实施之后,也可能促使一部分场外外汇衍生品向场内转移。

资料来源:《中国金融》2014 年第 24 期。

本章小结

外汇期货合约是一种交易双方签订的协议,合约双方同意在日后按照当前确定的固定汇率从另一方买进货币。外汇期货合约的保证金数量与其交易的货币价格的波动范围有关,并且保证金的数量是可以商定的,各个经纪商的要求不同。外汇期货的套期保值包括外汇多头套期保值交易和外汇空头套期保值交易。外汇期权是一种交易双方达成的协议,参与交易的一方支付期权费，同时获得在日后以当日协定汇率买进或者卖出货币的权利。外汇期权可分为三类：现货期权、外汇期货期权和期货式期权。持有到期的单个外汇看涨期权合约的收益可以表示为：$\Pi=\mathrm{Max}(0,S_T-X)-C$。运用外汇期权，可以为公司在不确定未来一定会有外汇收入或支出的情况下，提供套期保值的作用。

利率看涨期权合约的买方获得了收取一种利息而支付另一种利息的权利，如果最终利率高于执行利率，那么利率看涨期权合约盈利。利率看涨期权锁定了最大的借款成本，利率看跌期权可保证持有者获得贷款或投资的最小收益。转换因子是指将符合实际交割的各种现货债券统一于8%的收益率的系数。长期国债期货合约的报价与长期国债本身报价的方式相同。中长期利率期货的套期保值原则和期货合约的套期保值原则相同。短期国债期货的报价公式为：短期国债期货的报价=100-相应的短期国债的报价。欧洲美元期货合约的标的利率是90天利率，建立在3个月的欧洲美元定期存单基础之上，期货合约的面值为100万美元。股指期货是指以股价指数为标的物的标准化期货合约，双方约定在未来的某个特定日期，可以按照事先确定的股价指数的大小，进行标的指数的买卖。股票指数期货有价格发现功能，一旦有信息影响大家对市场的预期，会很快地在期货市场上反映出来。并且可以快速地传递到现货市场，从而使现货市场价格达到均衡。股票指数期货还有风险转移功能，为市场提供了对冲风险的途径，期货的风险转移是通过套期保值来实现的。股票指数期货为证券投资风险管理提供了新的手段。它从两个方面改变了股票投资的基本模式。一方面，投资者拥有了直接的风险管理手段，通过指数期货可以把投资组合风险控制在浮动范围内。另一方面，指数期货保证了投资者可以把握入市时机，以准确实施其投资策略。

相关链接

http://www.derivativesstrategy.com　一个关于衍生工具应用策略的网站

http://www.cftc.gov　美国商品期货交易委员会网站

http://www.optionscentral.com　期权协会网站

计算题

1. 某一机构持有3月份欧元债券的空头，并希望进行实物交割。该机构在

1 月份以 101.62 的价格买入 10 份期货。3 月份交易所的结算价格为 101.50。交割时最便宜的实物债券的转换因子为 1.007 385 91。到期货交割日，债券的应计利息为 0.018，也就是每 100 欧元名义债券产生 1.8 欧元的利息。交易所找到一位购买者进行实物债券的交割，买方以 101.85 的价格买入 10 份 3 月份的期货合约。欧元债券期货的名义债券面值为 100 000 欧元。试计算每一份合约为100 000欧元实物债券所支付的总价格及买方在期货合约中所蒙受的损失。

2. 某机构预计借入 2 000 万欧元的 3 个月贷款，贷款期限从 9 月开始。贷款利率为 EBF 的 EURIBOR 加上 25 个基点(0.25%)。该机构希望对冲 9 月份之前 EURIBOR 上升的风险，于是卖出了 20 份 9 月份的 EURIBOR 期货，价格为 95.25。该价格代表的利率为 4.75%(100%-95.25%)。卖出期货将把借款利率锁定在 4.75%加上 25 个基点的水平，也就是 5.00%。该利率也是 9 月份借入 2 000万欧元的有效利率。假设在 9 月份，该机构借款时 3 个月 EURIBOR 高于 4.75%，比如说 5.20%。试计算该机构在期货头寸上的收益以及有效借款成本。

即测即评

请扫描二维码，在线测试本章学习效果。

第三篇
国际融资业务

第 6 章 国际信贷融资

本章学习要求

本章重点介绍与国际信贷市场融资业务有关的知识和规则。学习本章应深入了解国际货币市场业务、欧洲货币市场业务的流程，了解国际商业银行贷款的种类和使用方法，熟悉贸易融资、国际租赁和项目融资的特点和操作程序，从而为在国际信贷市场上灵活开展融资业务奠定基础。

本章主要概念

国际货币市场(International Money Market)　欧洲货币(Eurocurrency)　票据发行便利(Note Issuance Facilities, NIF)　银团贷款(Syndicated Loan)　国际保理业务(International Factoring)　福费廷(Forfeiting)　买方信贷(Buyer's Credits)　卖方信贷(Supplier's Credits)　国际租赁(International Lease)　融资租赁(Financing Lease)　项目融资(Project Finance)

章前阅读

亚投行的成立与运营模式

亚洲基础设施投资银行(Asian Infrastructure Investment Bank, AIIB)，简称亚投行，作为支持基础设施发展的多边金融机构，旨在通过与现有多边开发银行开展合作，更好地为亚洲地区长期的巨额基础设施建设融资缺口提供资金支持。亚投行的设立将有助于从亚洲域内及域外动员更多的急需资金，缓解亚洲经济体面临的融资瓶颈，与现有多边开发银行形成互补，推进亚洲实现持续稳定增长。

2014 年 10 月，首批 22 个意向创始成员国在北京签署了《筹建亚投行备忘录》。随后，35 个域内外国家作为意向创始成员国相继加入了亚投行。2015 年 6 月 29 日，《亚洲基础设施投资银行协定》(简称《协定》)签署仪式在北京举行，亚投行 57 个意向创始成员国财长或授权代表出席了签署仪式，其中已通过国内审批程序的 50 个国家正式签署《协定》。各方商定将于 2015 年底之前，经合法数量的国家批准后，《协定》即告生效，亚投行正式成立。

亚投行可以向任何成员或其机构、单位或行政部门，或在成员的领土上经营的任何实体或企业，以及参与本区域经济发展的国际或区域性机构或实体提供融资。在符合银行宗旨与职能及银行成员利益的情况下，经理事会超级多数投票同意，也可向非成员提供援助。亚投行开展业务的方式包括直接提供贷款、开展联合融资或参与贷款、进行股权投资、提供担保、提供特别基金的支持以及技术援助等。

第一节　国际信贷市场短期业务

一、国际货币市场

国际货币市场(International Money Market),又称短期资金市场,是指专营一年期以下国际短期资金借贷业务的市场。通过国际货币市场,资金盈余者的短期闲置资金得到利用并获得应得的收益,资金短缺者临时性、流动性的资金需求得到满足。

根据借贷方式,国际货币市场提供的融资业务分为国际银行短期贷款业务、短期证券业务、贴现业务三种。

(一) 国际银行短期贷款业务

国际银行短期贷款是指一国银行向另一国筹资者提供的贷款期限为 1 年及 1 年以下的贷款安排。根据筹资人是否为金融机构,其又可分为两种情况:银行间的借贷(银行同业拆借)和银行与非银行类客户(公司企业或政府)间的借贷。

银行同业拆借市场是整个短期信贷市场的主体,一般具有以下特点:

(1) 期限短。有日拆,周拆,1 个月、3 个月和 6 个月拆借等,无须提供担保品,仅凭信用。

(2) 批发性。银行间同业拆借的每笔交易数额都比较大,至少在 10 万美元,典型的银行间借贷以 100 万美元为一个交易单位。

(3) 利率低。由于银行类借款人的信誉一般要高于其他类型借款人,并且其每笔交易的数量较大,因此,各个银行间各种期限的借贷所形成的利率水平往往就成为这种货币相应期限的基础利率,如伦敦的银行间的各种短期拆借而形成的相应期限的伦敦银行同业拆放利率(London Interbank Offered Rate, LIBOR)。除此之外,国际货币市场上的其他贷款的利率,经常在LIBOR的基础上根据借款人的信誉、借款期限等情况的不同,加上一个利息差,加息幅度一般在0.25%~1.25%。近年来由于国际金融中心的扩散,中国香港、新加坡以及其他一些金融中心的同业拆借率,也经常被作为国际金融市场的基础利率。

(4) 灵活方便。由于市场资金充沛,能满足大规模借贷的需求,在借款地点、借款期限、借款货币、利率高低等方面有较大选择余地。

短期贷款的另一种情况是银行对非银行类客户的贷款。能够成为国际银行短期信贷借款人的非银行类客户,主要是大的跨国公司和政府机构。银行在向非银行类客户提供贷款时一般也不限定用途,可由借款人自由安排。公司借入短期国际资金的主要目的是满足其跨国经营对流动资金的需要,特别是在进口支付时的需要;公司中的一类特殊的公司——基金公司,常常以投机者的角色借入国际短期资金,通过进行套汇、套利及期货期权等投机活动获取利润;各国政府机构借入国际短期资金的主要目的是弥补本国国际收支的短期逆差。

(二) 短期证券业务

1. 国库券

这是西方国家财政部发行的短期债务凭证,主要用来满足短期急需的财政支出,并以短期内的预算收入作为保证。国库券的信用很高,且流通性很强。国库券按票面额以折扣方式发行和买卖,在美国市场上需以投标方式进行竞争性交易,到期按票面金额偿还,其购买者是美国本国人,以及外国的政府、银行和个人。与其他政府公债不同,国库券是一种不载明利息的债券。投资者的收益是国库券卖出价格和买入价格之差或国库券面值和买入价格之差。

2. 大额可转让定期存单(CDs)

这是一种存期在一年以内的银行定期存款凭证。其特点是:面额大、期限固定、不记名,可以自由转让。这种存单到期后银行按票面金额和约定利率支付利息,也可以在未到期以前,以贴现方式在市场上交易。美国花旗银行1961年2月开始发行可转让定期存单,其流通量仅次于美国财政部发行的国库券。期限最短为14天,最长无限制,但一般为一年。标准金额为25万美元、50万美元、100万美元或100万美元以上。

3. 商业票据和银行承兑汇票

商业票据是非银行金融机构或大企业为筹措营运资金发行的短期无担保的

商业期票。大多数商业票据要通过银行等中介机构发行,票面金额不限,期限为1~6个月,在市场上以贴现方式出售,其利率水平一般不低于银行优惠利率而高于政府国库券。

银行承兑汇票是银行在商业汇票上签章承诺付款的远期汇票,是由银行承担付款责任的短期债务凭证,期限一般在6个月以内。银行承兑汇票多产生于国际贸易,一般由进口商国内银行开出的信用证预支预收。

(三)贴现业务

贴现是银行对合格票据先扣除自贴现日至到期日的利息后付给持票人现款,待票据到期时,银行再持票向最初发票人或背书人等债务人兑回现款的业务。它是国际货币市场上资金融通的一种重要方式。贴现的对象,除了国库券、短期债券外,主要是商业票据和银行承兑汇票。贴现利率一般高于银行贷款利率。贴现市场无固定交易场所,是由贴现银行或贴现公司组成的。以票据贴现来融通资金是贴现市场业务活动的基本内容。作为贴现业务经营者的贴现银行或贴现公司,一方面向其他银行和工商企业借入短期资金;另一方面把这些借入的资金用于贴现利息较高的政府国库券、商业票据和短期公债等信用证券,以从中获利。贴现银行和贴现公司还可以把这些证券向中央银行办理再贴现。通过再贴现,中央银行可以达到调节信用和控制市场货币资金的目的,贴现公司则可换取可以运用的资金。

二、欧洲货币市场

(一)欧洲货币市场简介

在国际金融市场上,欧洲货币市场占有重要的地位。它的许多业务与国际货币市场的业务相似,但其发展速度更为迅速。

欧洲货币(Euro-currency)是指在货币发行国境外进行流通的货币,最初仅指欧洲美元。欧洲美元(Euro-dollar)早期是指存放在伦敦等地银行里的美元存款和信贷,现在则泛指在美国境外银行(包括美国银行在国外的分支行)所存贷的美元资金,因此,欧洲美元实际上是指境外美元,只是由于这种存贷业务发源于欧洲,故称欧洲美元。随着国际金融市场规模和范围的不断扩大,欧洲货币所包括的内容目前已不仅限于欧洲美元,还包括欧洲英镑、欧洲日元等,是一切境外货币(Off-shore Currency)的统称。

欧洲货币市场(Euro-currency Market)就是经营上述境外货币存贷业务的国际金融市场,即在一国境外进行该国货币借贷的市场。从地理范围来看,欧洲货币市场的中心最初在伦敦,目前已扩展到西欧、美国、加拿大、新加坡、中国香港、巴拿马等地，因此欧洲货币市场在地理概念上并不局限于欧洲，而是境外货币市场的总称。从广义上讲，还包括20世纪70年代以来形成的亚洲货币市场。亚洲货币市场（Asian Currency Market）是指新加坡、中国香港、东京、马尼拉和巴林等亚太地区的银行经营境外美元和其他境外货币借贷业务的市场。

经营欧洲货币的银行称为欧洲银行（Euro-bank），即从事境外货币借贷业务的银行，一般也经营国内银行业务，通常为大型的跨国银行。

（二）欧洲货币市场的形成原因

最早出现的欧洲货币是20世纪50年代初产生的欧洲美元。在此之后，随着国际经济形势的变化和一些国家货币金融政策的调整，欧洲美元和其他欧洲货币的存贷数额急剧增长，使欧洲货币市场的作用超越传统的国际金融市场，成为当今国际金融市场的主体。欧洲货币市场的迅速发展有诸多原因，可以从供给和需求两个层面来分析。

1. 欧洲货币的供给

其一，美国持续的国际收支逆差，为欧洲货币市场的发展提供了资金条件。

其二，美国实施的一些金融管理条例，促使美国国内资金大量向外转移。例如，美国《Q条例》规定美国商业银行不得擅自提高定期存款利率，促使国内存款人纷纷将资金存入欧洲银行；《M条例》对银行存款准备金的要求只限于国内银行，而海外分支机构则不受限制，于是美国银行便纷纷到海外设立分支机构，以获取高额利润。

其三，石油输出国的“石油美元”，为欧洲货币市场的发展增加了新的资金来源。

其四，美元危机中的保值和投机活动，进一步促进了欧洲货币市场的发展。

2. 欧洲货币的需求

其一，英镑区对美元的需求，增加了对欧洲美元的需求量。

其二，西欧国家放松外汇管制，为欧洲货币市场的顺利发展铺平了道路。

其三，美国的金融管制措施，迫使国际资金需求者转向欧洲货币市场获取资金。例如，1963年7月，美国开始征收“利息平衡税”，即美国居民购买外国在美国发行的有价证券，包括美国商业银行对非居民的贷款，所得利息一律要纳税。

其四，欧洲货币市场的优越性吸引了大量的国际资金需求者。

（三）欧洲货币市场的特点

欧洲货币市场的特点如表6.1所示。

表 6.1　欧洲货币市场的特点

特点	具体表现
独特的利率体系	以 LIBOR 为基准形成独特的利率体系：其存款利率略高于货币发行国的存款利率，而贷款利率略低于其国内贷款利率
资金调度灵活，手续方便	资金不受管辖，周转极快，调度十分灵便
交易额大，是批发交易市场	以银行间交易为主，银行同业拆借占很大比重。市场上的存款人和借款人是大客户，具有整存整取的特点
不受任何国家金融法规的限制	它是一个超国家或无国籍的资金市场。一方面，货币在发行国境外借贷，货币发行国无权施以管制；另一方面，市场所在国无权也无法对其进行管理，而且采取优惠措施
不以所在国经济实力为基础	只要市场所在国或地区政治稳定、通信发达、政策优惠、管制放松，即使本身没有巨额的资金积累，也可能发展成一个离岸的国际金融中心，如卢森堡、开曼群岛、巴哈马等
借贷关系发生在非居民之间	外国投资者和外国筹资者之间的借贷关系

三、欧洲货币市场的基本金融工具

欧洲货币市场的金融工具基本可以分为存款工具和贷款工具两种。就存款而言，欧洲货币市场上多为固定利率的短期定期存款，70%的存款期限不超过 3 个月；存款工具主要有欧洲美元定期存单、可转让欧洲美元定期存单、浮动利率中期债券、远期欧洲美元定期存单和欧洲美元利率期货等。就贷款而言，主要是用于满足政府和跨国公司长期巨额贷款所需的银团贷款（Syndicated Loan）（这一内容将在下一节详细介绍）。

1981 年，欧洲货币市场出现了新的贷款工具——票据发行便利（Note Issuance Facilities，NIF），即银行与借款人签订在未来一段时间内由银行以连续承购短期票据的形式向借款人提供信贷资金的法律协议。票据发行便利的期限大部分为 3 个月或 6 个月，长的可达 1 年。对银行借款者而言，票据通常是短期存款证；对非银行借款者，一般采用本票形式，通常称为欧洲票据。大多数欧洲票据以美元计值，面额很大，在 50 万美元以上，主要以专业投资者或机构投资者为对象。持票人在资产负债表中把票据列为一项资产，而包销承诺一般不在资产负债表中体现出来。

票据发行便利由于能够分散风险负担，加上票据发行便利的成本大大低于辛迪加贷款的成本，而且极具灵活性，因此获得了迅速发展。票据发行便利在发展变化过程中，出现了许多形式，如循环包销便利、可转让循环包销便利、非包销票据发行便利等。

循环包销便利（Revolving Underwriting Facility，RUF），是票据发行便利中最常用的一种。在此形式下，包销人作为独家代理人，负责出售所有发行的票据，如果票据销售不顺，则包销人需要承购剩余票据或者向票据发行人提供备用信贷。如今，这种形式一般采用投标小组的方式，即由投标小组在预定的价格（LIBOR+保证金）范围内投标，而出价最低者中标。

可转让循环包销便利（Transferable Revolving Underwriting Facility），是指包销人在协议有效期内，随时可以将其承诺的所有权利义务转让给另一家机构。而这种转让有的需要借款人同意，有的则不需要其同意。如果转让后的包销人的信誉不如以前的包销人，则会对借款者产生一定的不利影响。

非包销票据发行便利（Non-underwriting Facility），除了银行不承诺包销没能出售的票据外，其他和包销票据发行便利相似。在这种情况下，借款人通常有很高的信誉，认为自己有能力通过非包销来销售票据，同时可以节约包销费，降低发行成本。

票据发行便利的成本由两部分组成：一部分是本身的利息，另一部分是发行过程中所产生的费用。

票据发行便利的利率一般以 LIBOR 为基础，加减一个利差，加减幅度主要由借款人的信用等级和当时的市场条件来决定。

发行的安排和经营等有关费用，一般有以下几种：

（1）前端费用或称管理费。该费用一次性支付，视每个参与者承诺的多少而定，一般为 5~15 个基点。

（2）包销费。该费用只在合同中包含包销协议的票据发行过程中存在，其计算以票据发行便利总额为基础，由借款人每年支付一次，一般费率为 5~15 个基点。

（3）承担费。这种费用有时据票据发行总额计算，而有时以未使用部分计算，其费率一般为 5~10 个基点。

（4）使用费。只有少数票据发行便利要收取使用费，其计算以包销承诺的使用情况为基础，最高的达 20 个基点。

据某些可比情况，票据发行便利的成本比银团贷款便宜 10~50 个基点。这是因为借款人在利率方面可以节省支出，但发行安排的费用较高，抵消一部分费用后，总的成本对借款人来说，仍是具有吸引力的。

借款人首先委任包销人和投标小组成员，然后与包销人和投标小组签订协议。一般包括便利协议(Facility Agreement)、票据发行和代理协议(Notes Issuing and Paying Agency Agreement)以及投标小组协议(Tender Panel Agreement)。在这些协议中,票据期限、承诺期限、总金额、票面金额、利率、价格等都已经确定下来了。签订这些协议,通常需要 2 个月的时间。

第二节　国际商业银行贷款

一、国际商业银行贷款的含义与现状

国际商业银行贷款是指借款人为了本国经济建设的需要,为某一个建设项目或其他一般用途而在国际金融市场上向外国银行筹借的贷款。国际商业银行贷款的方式大致可分为三种:第一种是双边的,即由两国银行(或信托投资公司)之间签订协议;第二种称为联合贷款,即由 3~5 家银行联合向一个借款人提供的一种贷款;第三种是由许多家银行组成的银团贷款(亦称辛迪加贷款)。

国际商业银行贷款的特点有以下几方面:

(1) 贷款用途比较自由。国际商业银行贷款的用途由借款人自己决定,贷款银行一般不加以限制。这是国际商业银行贷款区别于其他国际信贷形式,如国际金融机构贷款、政府贷款、出口信贷和项目贷款等的一个最显著的特征。

(2) 借款人较易进行大额融资。国际商业银行贷款资金供应,特别是欧洲货币市场商业银行信贷资金供应较为充足,所以对借款人筹集大额长期资金较为有利。如独家商业银行贷款中的中长期贷款每笔的额度可达数千万美元,银团贷款中每笔数额可达 5 亿~10 亿美元。

(3) 贷款条件较为苛刻。在具有以上两点优势的同时,国际商业银行贷款的条件由市场决定,借款人的筹资负担较重。这是因为,贷款的利率水平、偿还方式、实际期限和汇率风险等是决定借款人筹资成本高低的较重要的因素,而与其他国际信贷形式相比,国际商业银行贷款在这些方面均没有优势。

在过去几年里,国际贷款发生了明显的变化。很多信用等级较高的公司、公共部门的企业和政府本身基本上都进入了证券市场进行融资。对于这类机构来说,在资本市场进行直接融资要比从银行申请贷款更有吸引力。直接融资在很大程度上取代了银行贷款,甚至那些规模较小、信用等级并不高的借款人也可以凭借各种信用和流动性支持以及资产结构的调整从资本市场取得融资。20 世纪 80 年代欠发达国家债务危机所造成的后果之一就是,一大批国家由主权国家出面的借款人在 90 年代之前消失了,于是资本市场上传统的借款人不复存在。

随着债务危机影响的逐步消退，那些国家在80年代被迫进行债务重组和实行新的货币计划，不得不继续借款，于是银行得以在1997—1998年新一轮危机到来之前从发放给欠发达国家（新兴市场借款人）的贷款中得到新的利息收入。

然而，国际商业银行贷款仍然一直是全球金融市场的重要组成部分。每逢金融风暴来临，资本市场就会动荡收缩，有时甚至不再成为一种融资的有效渠道，这使得借款人只能纷纷转向银行寻求融资。许多资信良好的企业借款人甚至在其资金情况最好的时期也保留着数目可观的银行信用额度，这样做的目的是在一定程度上确保在急需资金时可以随时得到这些银行的支持。有一些特殊的融资，比如为金融兼并、收购和杠杆收购所提供的短期贷款，以及为项目融资提供的长期贷款，这些传统的银行贷款都是无法为其他形式所替代的。这也许是因为借款人无法精确地预计何时需要使用资金，或是何时能够利用出售存货、发行债券并且出售资产的收入来安排还款，或是因为企业的业务在规定期限内可能发生重大的无法预料的变化，因而对借款人来说获取贷款的灵活性要比企业将为此额外付出的成本更重要。银行贷款提供了一种可以密切借款人与贷款人之间的联系并且便于操作的方法，像这样的方法并不多，同时该方法在安排合同文本和获取相关信息的成本控制方面保持着显著的优势。

二、银团贷款

（一）银团贷款概述

正如前面提到的，大多数国际借贷是以银团贷款形式进行的。银团贷款作为第二次世界大战后国际资本市场上的一项重要金融创新，从20世纪60年代末兴起至今经历了几个发展阶段。60年代和70年代是银团贷款大发展的时期，银团贷款逐渐成为一项举足轻重的融资方式。80年代由于受拉丁美洲债务危机的影响，以及各国管理部门对银团贷款管理的加强，银团贷款的发展受到很大打击。80年代末，不动产投资的失败更令西方银团贷款业务雪上加霜。90年代伴随着全球金融一体化的浪潮和银团贷款方法的日益成熟，国际银团贷款又渐渐恢复了元气，并重新崛起。简单地讲，银团贷款就是指一批银行为了向某一借款人发放一笔数额较大的贷款而联合起来，并由其中一家或数家银行作为牵头行所提供的贷款。

在银团贷款形式下，借款人所得到的好处就是能够借到一笔任何一家银行都不愿单独提供的大额贷款，而且要比他自己从多种渠道筹措同等数目资金的成本低，也更加方便。此外，借款人获得过银团贷款也会使他日后更容易地得到其他融资。参加重要银团贷款的许多银行都很看重借款人的“透明度”，这可能使日后的融资变得更容易。银团贷款也能交易,对于最终的借贷者和投资者来说,这样就能使资金流动起来,其借款利率也有最大的优惠。

全球银团贷款的中心一直是伦敦,另外还有纽约和香港。而银团贷款的实际发放则是通过众多海外银行分支机构来完成的。

(二) 银团贷款的当事人

银团贷款的当事人有借款人、(有时还有)担保人以及贷款银行。国际银团贷款的贷款人由各国银行组成,它们在一笔贷款中扮演着各不相同的角色。

银团贷款的当事人主要有以下6种。

1. 借款人

现在银团贷款的借款人绝大多数是政府、政府机关、国有企业、地方政府、公办企业等。国际机构有时也作为借款人出现在市场上。对私营企业的贷款,如果不是信誉良好、国际上有名的一流企业,就难以期待有众多的银行参加贷款。因此,成为银行贷款的借款人必须具备以下条件:第一,在客观上被判断为资金实力雄厚者;第二,知名度高。

2. 牵头银行

牵头银行可以由一家以上的银行共同担任,接受借款人的委托在市场上推销的同时组成银团贷款团。牵头银行中有一家银行担任代理行(Agent Bank),负责管理合同签订后的债权事务。按理说,代理行以外的牵头银行在合同签订后,和代理行一样要积极参与债权管理,但事实上,只要不发生不履行债务等异常情况,或没有风险的话,其作用与一般参加行并无区别。

3. 经理行(Manager)

地位次于牵头银行。有时经理行也包销部分贷款,但大多是在推销阶段参加贷款。

4. 副经理行(Co-Manager)

与一般参加行的区别仅在于贷款额的多少。大多是出于利用其威望进行宣传的需要而设立的。

5. 一般参加行(Participating Banks)

这是指除牵头银行外参与银团贷款的银行。这些参加行在宣传上的地位很低,其贷款额是贷款银行中最小的,贷款手续费收入也最少。但是,它们得到的好处极多:第一,这些银行的规模较小,通常不可能单独与外国政府或超一流的跨国公司进行业务往来,而参加贷款后就可能做到;第二,参加行根据自己的资金实力贷款,形成自己最佳的资产结构,并且能按市场形势变化,采取灵活的行动,或积极贷款,或等待机会;第三,本身不必管理事务,由代理行代办。

6. 担保人

在有担保的情况下,不仅借款人要有相当的资金实力,而且担保人也要有资金实力。一国的借款人中,信誉最好的是政府本身,其次是中央银行、各政府机关、国有公司、公团、公办企业等。

(三)银团贷款流程

1. 贷款的发起

首先,借款人发出贷款的投标邀请。投标邀请中写明借款人要求的最低贷款条件、金额、期限、宽限期(Grace Period,也称用款期)、偿还方法、利息、手续费和担保,有时还对贷款团的组织方案提出要求。投标期限一般是两星期左右。

其次,借款人将到期前收到的各包销团的贷款条件按内容区分,并制成一览表。首先检查是否达到了邀请规定的必要条件。如果未对全部贷款作确定的承诺(Firm Commitment),对其中部分贷款表示作最大努力(Best Effort),那么该投标就是不合格的。对于贷款条件,是期限越长、加息率越低、管理费用越少越好。此外,代理费(Agent Fee)等也要算入借款费用。贷款条件检查完毕后,对总经理团成员的构成要作分析。在贷款条件难以区别优劣时,包销团的市场推销能力、成员的地理分布就成为重要的考虑因素。例如,总经理团若是由日、美、欧、阿拉伯各市场上的大银行组成,则表明贷款团的组织涉及面较广,对借款人有利;若想扶植当地银行,有当地银行参加的包销团就会被优先考虑。经过这样周密的分析,借款人就能决定被委托单位。

在接受委托的同时,牵头银行要召集参加联合投标的银行协商组织总经理团的方针。如果是中小型贷款,大多以当初的联合投标行组成总经理团;如果是大型贷款,大多要扩充参加银行。

总经理团组成后,要召开总经理团会议(Managers Meeting),制定招募一般参加行与推销的方针。同时,要确定各总经理行间的任务与时间上的安排。

推销方针确定后,就要按此招募一般参加行。大型贷款需要发出数以百计的邀请(这是邀请参加贷款,不同于借款人的邀请)。在此期间,总经理行忙于电话、访问等。有时还要规定地区协调人,让他们分担美洲、欧洲、亚洲、阿拉伯等地区的推销。这时,总经理行的业务部门最为活跃。邀请的答复规定有期限,该期限到期推销也结束。推销极不顺利的时候,会非正式地拖延再拖延;推销顺利时,到期后就不再接受参加银行的申请。至此,包括一般参加行的银团贷款团组织完毕。

2. 贷款的构造

一笔银团贷款发起成功之后,就面临着如何构造贷款的问题。构造贷款包括确定贷款的期限、加息率、费用和拟定贷款文件。

3. 签订合同

如果贷款结构较为复杂,那么在安排银团贷款时可能就已开始起草贷款协议并就各项内容与借款人进行协商。即便在银团成立之后,对贷款协议中要点的讨论还可能继续进行直至双方一致认可。在最终接受贷款协议的所有条款之前,银行是不会承诺发放银团贷款的,一旦在某一问题上不能达成一致,该银行就可能不愿参加这次贷款,从而退出银团。不过在大多数情况下,贷款文件是标准化的,能够影响参加行是否接受各项条款的都是些细枝末节的问题。而在这一点上选择一个合格的法律顾问对银团贷款来说是非常重要的。

接近借款人、获得邀请,组成联合投标团、取得委托,以及招募一般参加行等全部的银团贷款过程以签订合同为终结。从委托到签订合同,借款人与贷款银行间的一系列手续完毕的同时,双方在此过程中商讨、承诺的内容就在法律上开始生效。整个贷款流程如图 6.1 所示。

4. 合同的主要条款

借款人与贷款银行来自世界各国,一般采用欧洲货币进行借贷。因此,签订合同相当复杂。为了使来自不同国家的当事者统一起来而确立了很多惯例。例如,几乎所有欧洲货币计价的贷款合同习惯上采用为大家所熟悉的,并被认为是合理的纽约州法律或英国法律为合同的适用法律。此外,还制定了一些源泉税处理、不履行债务偿还的处理、放弃主权豁免等方面的规定。合同的主要条款如下:

(1) 序言(Preamble)。明确合同当事者姓名、借款人的借款意愿、贷款人的意愿,以及代理行和总经理行。

(2) 定义(Definition)。对合同中主要的术语加以说明,统一术语的使用。

(3) 贷款承诺(Loan Commitment)。原则上各贷款人的承诺是分别承诺(Several Commitment),而不是联合承诺(Joint Commitment)。

(4) 贷款前提条件(Conditions Precedent)。规定在满足某些条件后才能进行贷款,否则停止贷款。

(5) 贷款(Drawdown)。规定提出或执行贷款所需要的事务性手续。

(6) 偿还(Repayment)。规定贷款的偿还方法与手续。

(7) 利息(Interest)。规定贷款利息的确定方法与支付方法。

(8) 提前偿还(Prepayment)。规定可否提前偿还及其方法和手续。

(9) 支付方法(Payment)。本息及其他支付、结算的具体方法和手续。使用欧洲货币结算要作特殊规定。

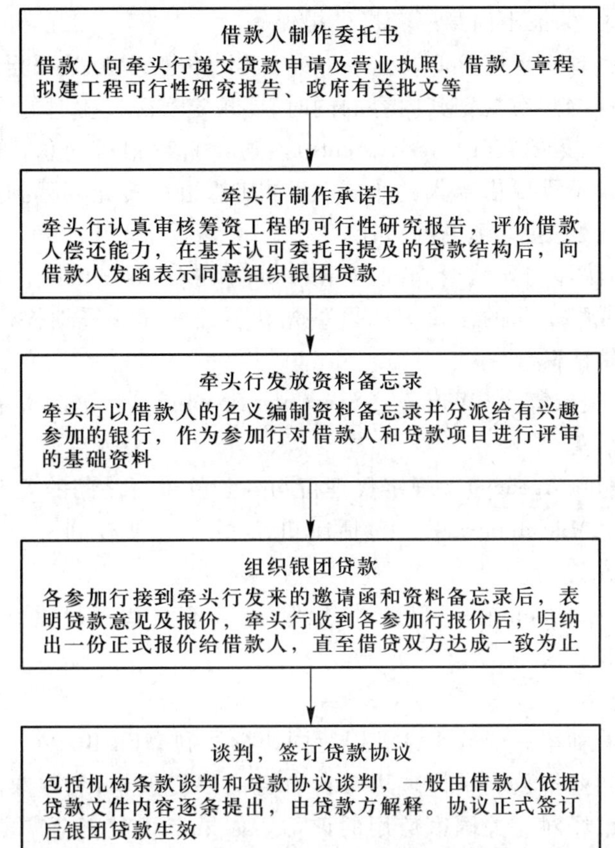

图 6.1 银团贷款流程

(10) 代用利率与增加费用(Alternative Interest Rates and Increased Costs)。规定原来的利率决定方法无法采用时,用作代用的利率的决定方法和手续,以及筹措筹款资金的增加费用支付安排。

(11) 不扣除租税和费用(No Deductions)。规定本息及其他支付均未扣除的租税和费用。

(12) 借款人的陈述及保证条款(Representations and Warranties)。借款人要明确使合同在法律上和契约上有效的必要条件、借款人的法人(人格)与当事者的能力,承认法律的约束力与执行力,保证获得许可和财政情况无重大变化等。

(13) 借款人的保证(Covenants)。① 肯定的保证(Affirmative Covenants)。保证资金用途,提供财务报表,保证平等对待债权人等。② 否定的保证(Nega-

tive Covenants)。保证不向第三者提供担保等。

(14) 违约(Events of Default)。不履行支付本息义务、违反合同上其他应履行的义务称为违约。在规定其内容的同时,要规定实际发生时的法律后果。

(15) 债权债务的转让(Assignments)。通常贷款银行的总行向分行或者向分公司转让债权不需要借款人的承诺,但向其他银行转让要得到其承诺。原则上不允许借款人变更,即债务的转让。

(16) 适用法律与司法管辖权(Governing Law/Jurisdiction)。规定合同的解释依据哪一国或哪一州的法律。如果事先就诉讼的司法管辖权作了协商,就应标明具体的管辖法院。

(17) 放弃主权豁免(Waiver of Sovereign Immunity)。借款人是政府时,事先声明放弃主权豁免。

(18) 代理行(Agency)。规定代理行与各贷款银行之间的关系。

(19) 其他(Miscellaneous)。包括通知方法、不行使权利不等于放弃权利等需要确认的内容。

(20) 签名(Signatures)。借款人、担保人(若有)、代理行、总经理行、各贷款银行代表一一签名。

(四) 定价

银团贷款的利率一般等于伦敦银行同业拆放利率(LIBOR)加上一个利差或加息率。银行同业拆放利率体现了银行自身的筹资成本,利差取决于贷款风险的大小和当时市场对有关国家信用的评估。如果市场对资金需求旺盛,加息幅度就会较大。借款人可能坚决要求降低加息率的幅度,部分原因是想借以提高其信用地位,部分原因是借款人一般认为只要降低利差的幅度就可以节省借款成本。但借款人和银团成员也都不可忽视伦敦银行同业拆放利率本身的变化,有时这种变化会比加息幅度高出许多。利差可能是固定的,在整个贷款期内保持不变,也可能是分段的。就是说,在前几年采用某一固定利差,而在剩余时间内采用另一利差。

为了保护借款人和贷款人免遭利率风险,一般会通过综合考虑利率上限、下限或利率上下限来规定基准利率的最大变动范围。

(五) 费用

如果一家银行计算其因维持贷款和银团组织所需的成本,会发现在加息幅度低于1%的情况下很难获利。为了确保盈利,在贷款签约或分批支款时,银行会精心规定征收费用的结构。

费用包括管理费、参与费、承诺费和代理费。借款人可能向牵头行支付低于

2%的管理费,牵头行又会提取该费用中的一部分作为参与费支付给银团的参与行。参与费的多少可以依据参与者贷款的多少而定。在任何情形下,费用的计算要保证牵头行为组织银团和管理贷款交易而得到适宜的报酬。承诺费通常等于贷款协定下未支取的款项乘以略低于贷款利率的加息率。如果没有必要,许多借款人一般不会愿意提取贷款协议规定他们可以提取的全部款项,有关银行由于对贷款额度部分作出承诺而会丧失利润。所以,绝大多数协议就会规定借款人必须支付一笔承诺费作为补偿。代理费则是付给代理行的特别款项。

(六)期限和结构

银团贷款通常是中期的,参加行可能还要用更长的时间来考察借款人的还款能力和意向。这也是借款人之所以要在市场上时不时以政府名义借款和由政府担保借款的原因之一。

考虑到借款人的需要,贷款期限力求按照市场条件和借款人信用情况设定,银团贷款一般会依据贷款签订的日期制定一个提款计划,借款人按照计划规定提取。本金的偿还期为5~10年,在贷款发放后可能有几年的宽限期,在此期间内不必偿还本金。本金可以在剩下的贷款期内分期偿付,也可以在到期日一次性偿还,或是采用经借贷双方协商同意的其他还款形式。对借款人来说,如果加息率、经理行手续费相同,则贷款期限越长越好。除了资金用途是特定项目、债务偿还事先确定之外,宽限期越长越好。例如,贷款的最终偿还期限与宽限期分别是:

A. 偿还期限10年(宽限期2年)。

B. 偿还期限8年(宽限期5年)。

在此情况下,贷款的平均使用时期是:

A. 宽限期2年+剩余8年/2=平均6年。

B. 宽限期5年+剩余3年/2=平均6.5年。

这样,B的平均使用时期比A长半年,对借款人有利。平均使用时期被称作平均贷款期限。在此要注意到,与贷款期是8年的相比,A虽然较早开始偿还,但最终偿还期限是10年,这点还是能吸引人的。因此也有人会选择A。从贷款银行而言,考虑到第9年和第10年的风险,选择8年期的贷款为妥。

与借款人和贷款人之间的普通贷款所不同的是,银团贷款的条款通常在市场上是公开的。当贷款的相关信息必须披露给20家、50家甚至更多的参加行时,价格、费用、贷款期限、法律条款和借款人资料就更加难以保密。

专栏 6.1

银团贷款与联合贷款的对比

近年来,几家银行“拼盘”的联合贷款成为国际融资的主要方式,这一方面是有关组织或借款人为了协调与各大银行的关系而进行平衡的结果,另一方面是银行降低贷款风险的内在要求。联合贷款虽然也是多家银行共同对同一借款人、同一项目的贷款,但在贷款条件、工作程序等方面,与银团贷款有着本质区别(见表 6.2)。对贷款行和借款人而言,这两种贷款方式各有利弊。

表 6.2　银团贷款与联合贷款的区别

对比	银团贷款	联合贷款
银行间关系	结成统一体,通过牵头行和代理行与借款人联系	各行相互独立,分别与借款人联系
贷款评审	各银行以牵头行提供的信息备忘录为依据进行贷款决策	各行分别收集资料,多次评审
贷款合同	统一的合同	每家银行均与借款人签订合同
贷款条件(利率、期限、担保方式等)	统一的条件	各行与借款人分别谈判,贷款条件可能不同
贷款发放	通过代理行、按照约定的比例统一划款	各行按照与借款人的协议分别放款,派生存款分别留在各行
贷款管理	由代理行负责	各行分别管理自己的贷款部分
贷款本息回收	代理行负责按合同收本收息,并按放款比例划到各行指定账户	各行按照自己与借款人约定的还本付息计划,分别收本收息

从贷款行的角度看,联合贷款方式的优势在于各银行可以保持较强的独立性,可以按照自己的方法和程序审批贷款,可以将自己放贷形成的派生存款留在本行并获得相应的中间业务量及业务收入,各行利益分配比较公平。但是,在联合贷款方式下,银行与借款人的讨价还价以及银行同业竞争贯穿贷款的整个运作过程,这不利于银行有效防范风险、提高效益。主要表现在五个方面:①一些银行受自身能力及与借款人关系的限制,在一定时间内不能掌握全部情况,只能在信息不充分的条件下做决策。②贷款决策时,银行必须考虑

项目总投资中各项资金来源是否落实，其中包括其他银行是否已承诺贷款或将按预期承诺贷款。③商讨贷款条件时，借款人常利用银行间的竞争取得更优惠的条件，如贷款宽限期更长、利率更低、担保条件更宽松等。同时，各家银行会对特定的抵押品或质押品进行竞争。④ 发放贷款时，各银行会根据项目情况，或争取尽早放款、尽早实现效益，或尽量等其他资金、其他银行的贷款到位后再发放贷款。⑤ 收本收息时，由于还贷资金均来源于同一借款人、同一项目的现金流，各贷款银行还要再次进行竞争。

从借款人的角度看，在联合贷款方式下，虽然借款人可以利用各家银行之间的竞争，促使银行简化贷款审批手续，放宽贷款条件，但与此同时，借款人必须分别与各家银行反复谈判，必须接受多家银行的评审，因而借款人筹资时间较长，相对筹资成本较高。

第三节 贸易融资

在进出口贸易中运用相应的资金融通技术，是现代国际贸易的发展方向之一。这些融资方式包括短期进出口贸易融资、远期付款贸易融资、保理、福费廷、买方信贷与卖方信贷等。

一、短期进出口贸易融资

（一）进口押汇

进口押汇是贸易融资中的主要方式，它是由开立信用证的银行向开证申请人（即进口商）提供的一种短期资金融通。开证行和进口商之间需要通过协商，签订有关的进口押汇协议。在这一基础上，开证行在收到出口商通过议付行寄来的信用证项下单据后，向议付行先行付款，然后根据进口押汇协议及进口商签发的信托收据，将单据交予进口商，进口商凭单提货并将货物在市场上销售后，将贷款连同这一期间的利息交还给开证行。这一过程如图 6.2 所示。

在进口押汇业务中，进口押汇协议和信托收据是两个主要文件。信托收据是进口商在向开证行付款前必须向该行出具的凭证，用以提取货物。该凭证说明进口商所提货物的所有权仍属银行，并由进口商代为保管和销售。

进口押汇的时间较短，一般在 1~3 个月，比较适用于市场好、销售快的商品的进口融资。开证行和进口商签订的进口押汇协议，通常会根据进口商的资信、经营业绩、财务状况等情况来确定押汇的金额。对经常进行进出口贸易的进口商来说，这个金额可以是一个总的额度，也可以是按单笔信用证业务确定的单项金额。

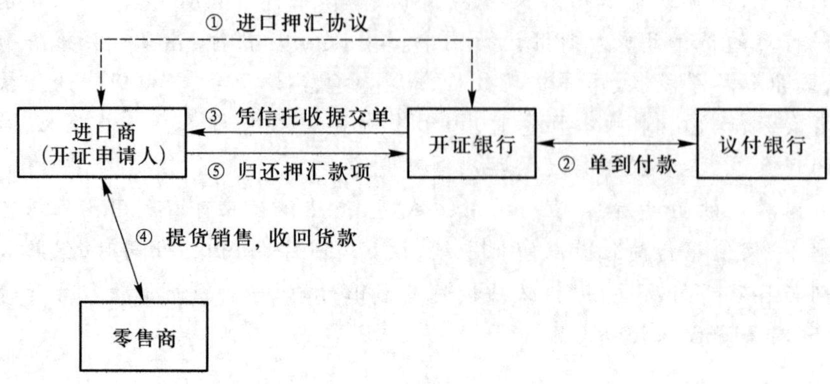

图 6.2 进口押汇过程

例 6.1 现在假设，有美国一进口商与英国一出口商签订了某项进口合同，并指定用英镑进行结算，贷款金额为 100 万英镑，单到付款，单据于成交后 45 天内到达开证行。又，该进口商与其开证行（一家美国银行）签订了一个单项进口押汇协议。该协议规定，押汇金额的比例为 70%，押汇期限 60 天，利率为 10%。

押汇协议签订前，进口商面临的外汇风险是从成交日开始至结算日这 45 天内汇率变动的风险，暴露的金额为 100 万英镑。签订协议后，货款由开证行先垫付，但 60 天后，进口商一定要把这笔货款连同利息还付给开证行，也即相当于进口商推迟了 60 天付款。这样，进口商的整个受险期限就变为成交日后的 105 天。从金额上看，押汇金额为 70 万英镑，这就导致整个受险期间外汇暴露的金额不为定值，前 45 天为 100 万英镑，后 60 天为 $70\times(1+0.10\times60/360)=71.17$ 万英镑。

面对这一复杂的暴露头寸，进口商可以采取如下套期保值措施：在成交日买入 45 天的远期英镑 30 万及 105 天的远期英镑 71.17 万。

需要指出的是，在进口押汇业务中，提供融资的银行要收取贷款利息和一定的费用。对进口商来说，如果他不能在进口货物的销售过程中获得超过这一成本和费用的收入，这笔融资就显得毫无意义。从这个角度看，进口商实际上是在银行贷款利率和销售利润率之间做套利交易，有关套利交易存在的前提是利率平价关系不成立。

（二）信用证打包放款

信用证打包放款也被称为打包放款，是指在出口商出口之前，银行以出口商提供的由进口商开立的信用证为抵押，向出口商提供贷款。出口商获得的这项贷款，仅限于该信用证项下出口商品的备货和出运，不得挪作他用。

打包放款的期限为自信用证抵押之日起至出口商提供货运单据并向开证行寄单收回货款之日。借款期限的长短由银行与出口商根据收回货款的时间来商定，通常不超过 3 个月。打包放款的金额一般不是信用证的全额，而是信用证金额的 70%~80%。银行在向开证行收回货款后，将从货款中扣除贷款本金和利息。在出口商不按期归还本息的情况下，银行还可从出口商在任何银行开立的账户中扣收，并加收罚息。

（三）出口押汇

出口押汇是银行在信用证、托收和出口保理项下的议付。出口商在货物发运后，将货运单据交给银行，银行在审核单证相符后，向出口商买单付款（即对单据或汇票付给对价）。之后，银行再向开证行寄单收款，冲回垫付的资金。

与打包放款一样，出口押汇亦是银行对出口商提供的短期资金融通，且融通的金额均为信用证或单据金额的一定比例，而非全部。所不同的是，出口押汇不是在货物发运之前，而是在货物发出并备齐单证后。出口押汇的时间通常也较长，为 3~6 个月。此外，贷款利息在出口押汇中以贴现方式从贷款中扣除，而在打包放款中则从收回的贷款里直接扣除。

出口押汇对出口商外汇风险的抵补与打包放款类似，受险期从原来的“成交日—结算日”变为“成交日—议付日—结算日”，外汇风险敞口缩小。

例 6.2　美国出口商向法国出口价值 100 万欧元的机械产品，180 天后结算，结算货币为欧元。假设成交后 90 天内由银行议付，议付的金额为 80 万欧元，贴现率为 8%，实际付给出口商的金额为 78.4 万欧元，则该出口商应采用的套期保值措施是：

在成交日卖出 180 天的远期欧元 20 万（100 万-80 万）及 90 天的远期欧元 78.4 万。

二、远期付款贸易融资

国际贸易中一些大宗的进出口交易，如大型机械设备进出口，往往需要进行中长期融资。远期付款贸易融资是比较常见的一种，它实质上是由出口商所在地银行所提供的对进口商的融资，远期信用证就是其中的工具之一。

在远期信用证结算方式下，进口商通过进口地银行开立此类信用证，出口商收到信用证后，装船发货，并通过议付行向开证行提交远期外币汇票及全套货运单据。开证行审核无误后，即承兑信用证项下的远期汇票。经承兑的远期汇票将退回议付行，由议付行于汇票到期日向承兑行（即开证行）提示，取得票款。

远期信用证项下的远期汇票可以有多张，每张汇票的付款期限均可不同。例如，进出口合同规定 2 年内分 4 次付清，则汇票到期日可分别为提单日期后 180 天、360 天、540 天和 720 天。议付行的汇票提示及收款依此日期进行。

出口商在远期信用证方式下可以和银行做出多种融资安排，图 6.3 所示的融资方案就是其中的一种。这些融资安排有：①出口商在取得进口商开立的信用证之后可以之作抵押，向银行申请打包放款。②远期汇票经开证行承兑并退还议付行后，议付行可向出口商进行议付或办理贴现，出口商则把取得的资金用来偿还打包放款的融资款项。

在上述融资安排下，出口商收取外汇，其风险情况如下：受险期为"成交日—议付或贴现日"。考虑到打包放款，一部分（与贷款金额相等的）外汇可视作在信用证抵押日即收回，即提前收汇，对这部分外汇而言，受险期则为"成交日—信用证抵押日"，参见图 6.3。需要指出的是，这里所考察的外汇风险，是站在出口商的角度来考察的，银行方面在融资安排中承担的风险未考虑在内。

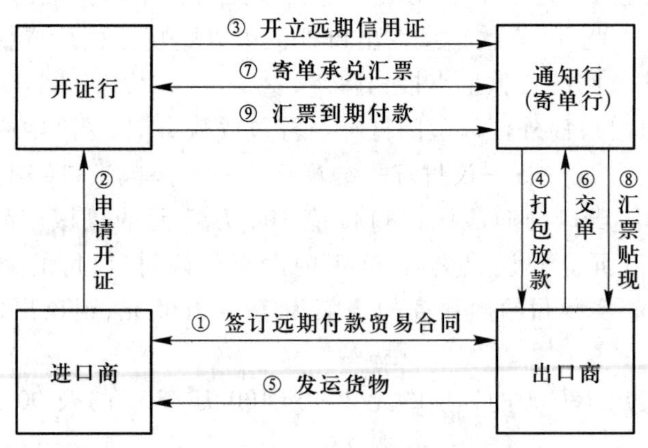

图 6.3　远期信用证结算过程与融资安排

例 6.3　假设银行同意按信用证金额的 80%抵押放款，并按 100%贴现，我们就可得到关于出口商和银行在这一交易中所承担的风险情况。考虑到打包放款利息支出是在贴现收入中扣除的，出口商在抵押日暴露的风险金额就要少于 20%，而银行则因有利息收入，在抵押日暴露的风险金额就要多于 80%。由于按全额贴现,出口商在该日即将所有外币资金都收回,而银行则出现了一笔在结算日才收到的外币应收账款,故而有100%的风险暴露。

在上述几种以信用证收付为基础的融资方式中,为保证融资过程的顺利进行,还应注意以下几个问题:

第一,信用风险问题。信用风险在贸易融资中是一个十分重要的问题,进出口商可能面临对方违约或有意刁难、欺诈等情况,因此,交易者有时对信用风险的考虑更甚于对外汇风险的考虑。

第二,出口商为便于在货物出口之前筹措资金,只能接受不可撤销信用证。

第三,准备通过贴现方式融资的,应使用可转让性质的远期汇票。可转让汇票必须能随时或在指定日期内由开票人或承兑人向持票人或指定人无条件付款。

第四,抬头是特定收货人的提单(即直交提单)不能作为借款抵押品,因为它只能由指定提货人提货,银行不接受转让。

三、保理

国际保理业务(International Factoring)是近几十年在国际上发展起来的一种新的贸易结算方式,是指国际贸易中在承兑交单、赊销方式下,由保理公司对出口商应收账款进行核准或购买,从而使出口商收款得到保证的一种结算方式。保理业务由专门的保理公司承办,保理公司负责对进口商的资信进行调查、核准信用额度、催收账款、向出口商融通资金和提供财务管理等。目前,国际上成立了国际保理联合会(Factors Chain International, FCI),公布了国际保理惯例条例。出口保理公司通过与进口保理公司间签订代理合约,共同完成一项保理业务。由于许多商业银行也从事保理业务,因此,这种结算方式亦具有银行信用的性质。

一项国际保理业务的基本流程是:

(1) 签订有关的保理合约,如保理商代理合约和保理合同。

(2) 由出口商按收款金额申请保理额度,并由保理商对进口商的资信和财务状况调查评估后核准这一额度。

(3) 进出口商之间签订销售合同。

(4) 出口商装运货物,并将货运单据和应收账款转移通知书等分别寄送进口商和出口保理商,取得资金融通。

(5) 进口保理商凭受让应收账款向进口商催收货款。

(6) 出口保理商收得账款后,扣除保理费用,向出口商支付账款余额,并处理有关账表。整个过程详见图6.4。

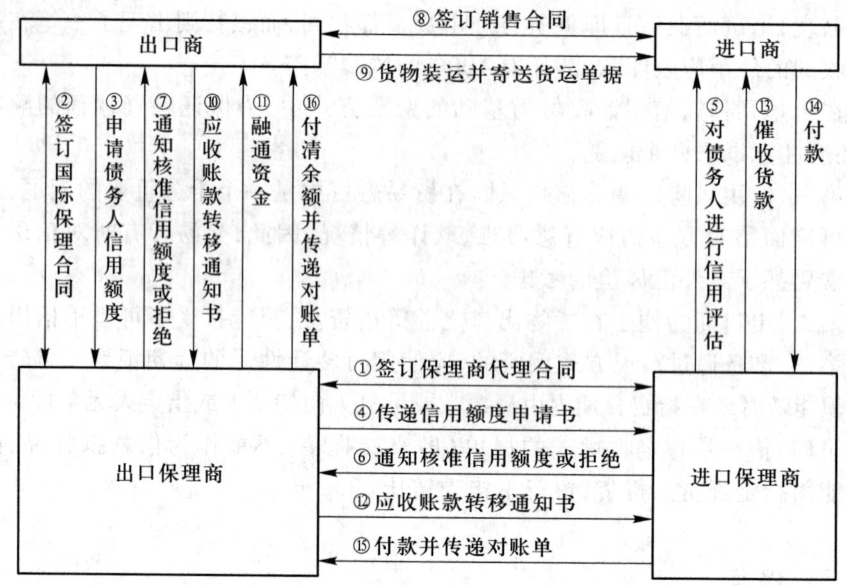

图 6.4　国际保理业务流程简图

保理业务的成本通常包括三项：

(1) 利息。利率可能是浮动利率,通常在基础借款利率上还要加约 3%。

(2) 融资费用。这取决于所融通资金的数量及期限。对信用自我控制的出口商一般为 0.25% ~ 0.75%,对提供全部销售账户管理的,收费标准通常为 0.75%~2.75%。

(3) 信用保险。在保理商承担全部进口商信用风险的情况下,需附加 0.2%~1%的费用,这一费用在向信用较差国家的出口保理中有可能更高。

出口商将应收账款售予保理商后,可获得的资金通常为发票金额的 80%~90%,而不是全部,期限多为 90~180 天,不超过 360 天。在出口保理商看来,保理业务的内部运作与出口押汇一样,即在购买应收账款时,以贴现方式将有关的利息和管理费用从付给出口商的款额中扣除。

国际保理业务给进出口双方都带来了不少好处。对出口商来说,由于提供了承兑交单、赊销这样的付款条件,使之可获得更多的贸易机会;在收汇过程中,由于保理合同大多是一种无追索权的合同,一旦进口商拒付,保理公司有责任自己承担这笔坏账;出口商还可以从保理商那里获得部分或全部的资金融通,缩短收汇时间,抵补外汇风险。对进口商来说,由于不需像开立信用证那样垫付保证金或办理担保及抵押等复杂的手续,一方面自身的资金周转加快,另一方面可减少中间环节，迅速适应多变的国际市场要求，节省结算费用和购货时间。

四、福费廷

福费廷(Forfeiting)是一种中长期国际贸易融资方式。在这一方式下，包买人从出口商那里以无追索权的方式购买远期票据，使出口商立即获得款项。这些远期票据是经进口商承兑并通常由进口地著名银行保兑的远期汇票或本票，在票据到期日由包买人借以向进口商索偿。包买也就是包买人对出口商持有的债权凭证无追索权的贴现。

包买人通常是银行或专门的包买公司，故又称包买行。伦敦因为有世界上500多家银行，作为国际金融交易中心，它亦是主要的福费廷市场。它与保理业务不同，保理业务主要适用于消费性商品的进出口，而福费廷则比较适合一些大中型设备的进出口，因为它们涉及金额大，付款时间长，一般的贸易融资很难满足这种需要。

在福费廷中，涉及的金额总数少则几十万美元，多达数千万美元。有些规模较大的业务还需要通过银团来承办。福费廷中的远期票据，期限多为3~7年，其中5年的居多，最长可达10年。由于这种票据在福费廷后可在国际金融市场上流通，被其他的银行或投资者购买，因而，出于流动性考虑，福费廷所使用的货币一般是美元、欧元或瑞士法郎。

福费廷的基本流程如图6.5所示。它包括以下几个环节：

(1) 出口商与包买行接洽包买事宜，签订包买协议；进口商从当地银行获得信用支持，包括提供担保便利。之后，由进口商和出口商签订远期付款贸易合同。

(2) 出口商装运货物，并将货运单据通过当地银行交给进口方银行。

(3) 出口商出具远期汇票由进口商承兑，并由进口方银行加保，或者，由进口商出具远期本票，再由进口方银行加保。加保后的票据转交出口商。转交前，一般由出口地银行代为加盖出票日期。

(4) 货运单据交给进口商，由其凭以提货。

(5) 出口商收到票据后，经背书，向包买行贴现。

(6) 包买行贴入票据后，按不同到期日依次向进口方加保银行求偿。

在福费廷中，远期票据是由一系列等额但期限不同的汇票或本票构成的。每张票据的金额按融资期限均分，通常每半年付款一次。因此，一项为期4年的福费廷需要8张远期票据，每张票据均注明面值和利率。

票据的面值为本金与利息之和。出口商以贴现方式将这些票据售给包买行时，包买行要从中扣除票据贴息率及其他包买费用，出口商收到的实际款额即为

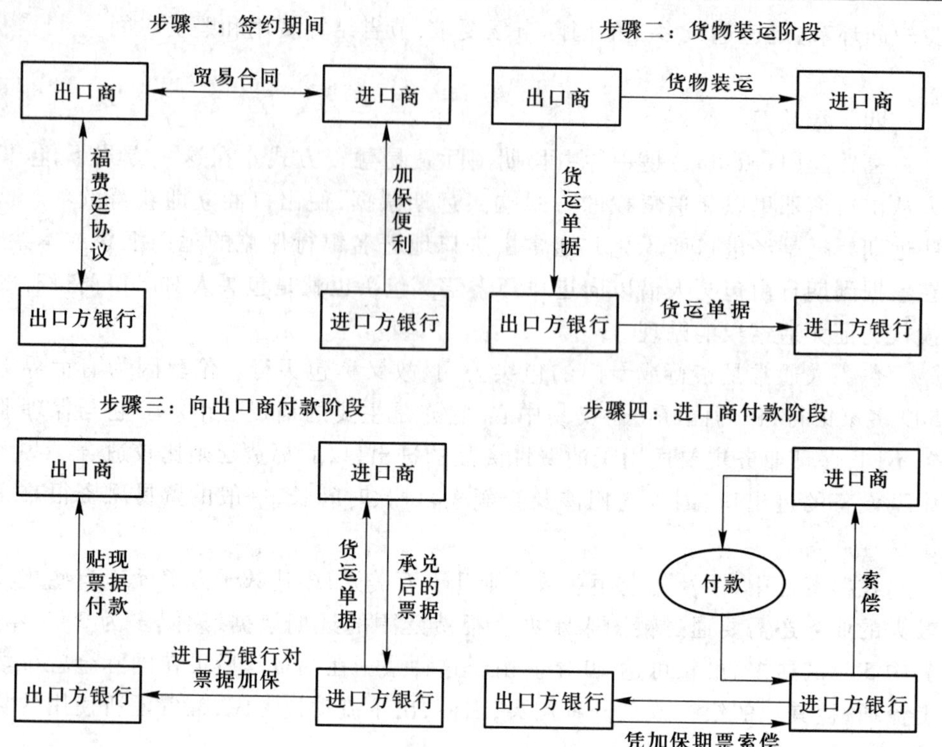

图 6.5　福费廷的基本流程

出口货物的实际售价。福费廷的主要成本是贴息率,其他的包买费用包括选期费、承诺费和宽限期利息等。这些费用有的是一次性的,也有的是按月支付的。它们与贴现息一样,均由进口商负担,都包含在出口商报给进口商的利率中。

票据贴现后,出口商就不需再承担外汇风险了,因为他的外币货款已收回。而且,出口商不需承担进口方拒付的风险,因为包买行没有追索权。采用福费廷后,即使出现此类情况,包买行也不能向出口商追索。此时,出口商外汇风险的受险期仅为“成交日—贴现日”,其敞口为合同中货物的售价。需要指出的是,由于福费廷中使用的多是美元一类的自由兑换货币,因此,出口商并非完全没有风险。

票据贴现的时间与出票日有关,因为出口商拿到票据后可立即贴现。票据的出票日即票据起息日,通常是装船日(不一定非如此)。票据一般由出口方银行代填。票据贴现常在装船后一段合理的时间内,比如两个星期,因为在这一段时间里,所有的单据都可备齐。例如,成交日是 2015 年 10 月 9 日,装船日是

2016 年 7 月 1 日，而贴现日是 2016 年 7 月 23 日，出口商的受险期即为 2015 年 10 月 9 日至 2016 年 7 月 23 日。

五、买方信贷与卖方信贷

（一）买方信贷

买方信贷（Buyer's Credits），是指一般由出口国的政府出口信贷机构（Export Credit Agency，ECA）提供担保，由银行向进口商提供的用于大宗货物进口的优惠利率贷款。这里的进口商可以是企业、部门、政府等实体，它们用买方信贷来购买商品、设备或劳务等。这种贷款的期限少至 18 个月，多至 15～20 年，5 年期的情况最为常见。在没有政府出口信贷机构担保的情况下，买方信贷与普通商业信贷基本相同。不同之处仅在于，这笔贷款为涉及一特定贸易的融资。

买方信贷结构如图 6.6 所示。与一般贷款支付方式不同，买方信贷方式下，贷款银行并不直接把款额付给进口商，而是将它视同进口商支付的货款付给出口商，同时，作为进口商的一项负债记录到银行账户中。为了确保款额的正确支付，贷款合同一般会对此做出明确规定，即在贷款银行收到货运单据后再付款。

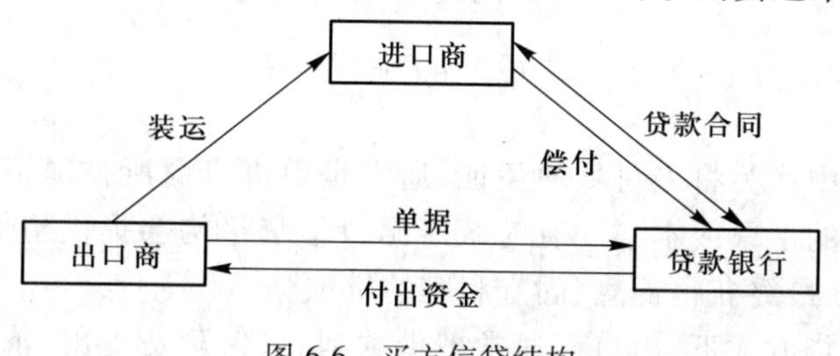

图 6.6 买方信贷结构

进口商对贷款的偿付一般每隔半年一次，每次的本金金额相同。如自 2010 年 1 月 2 日开始，连续地每半年一次按相同本金付款，共计 10 次。利息的支付与本金支付同步进行，每次偿付也记录到银行账户中，直至借贷平衡。利率一般为 LIBOR+附加利率。在政府出口信贷机构担保下，银行会从该机构那里得到一笔利息补贴，使这笔贷款成为一笔低息、固定利率的贷款。补贴的利息即为浮动利率与该固定利率之利差。

利用买方信贷，对出口商来说，由于贷款银行在收到货运单据后即付货款，使出口商应收账款提前收回，外汇风险受险期因而缩短。同时，利用买方信贷，可以提高出口产品的竞争力，加速资金的周转，以及避免巨额应收款对企业资产负债表的不利影响等。对进口商而言，买方信贷减轻了他的资金压力，而且融资成本低。因此，这一出口融资方式深受进出口商的欢迎。

（二）卖方信贷

卖方信贷（Supplier's Credits），是指银行向出口商提供的几个月到数年不等的信贷。前面提到的包买票据就是其中的一种。出口商在收到进口商承兑的远期汇票或本票后，通常会将票据贴现以融通资金。卖方信贷同样也可融通资金，但却是在贷款合同下的全额融通。

图 6.7 给出的是卖方信贷的基本结构。从图上可以看出，卖方信贷有一个“背对背”的资金运作方式：出口商将信用风险及贸易所需资金转移给了贷款银行，进口商将承兑加保的票据交予出口商，再由出口商交予贷款银行，但这些票据项下的款额却由进口商直接向贷款银行支付，尽管有时要经由出口商转交，但直接交付乃是最常见的做法。

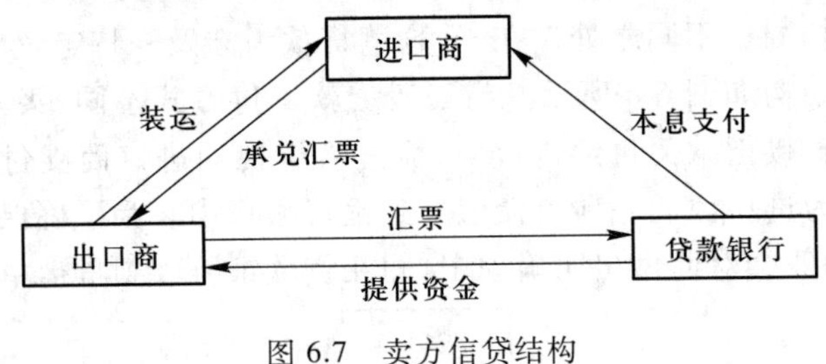

图 6.7　卖方信贷结构

卖方信贷中作为将来付款的凭证，通常是由进口商所在国银行出具的保函或由银行加保的汇票或本票。有时政府出口信贷机构会提供担保，并提供利息补贴，使出口商最终获得低息、固定利率的贷款。

在卖方信贷方式下，出口商通常把借款利息、保险费支出、承诺费和管理费等计入货价内。与买方信贷相比，其货价构成复杂，不利于谈判和争取客户。出口商为应收款的逐批收回要花费相当大的精力。此外，资产负债表留有巨额的应收账款，不利于公司股票市场的表现。因此，从总体上看，卖方信贷不如买方信贷运用广泛。

第四节　国际租赁融资

一、国际租赁的概念

租赁是指一方（承租人）在一定的时期内向另一方支付租金，以获取某项物件使用权的经济行为，也可以说是一方（出租人）以收取租金为条件，将所持有的物件定期出租给另一方使用的经济行为。

现代租赁主要指企业之间较长期的动产租赁,也称为设备租赁,它是一项涉及金融、法律、税务和会计及技术等诸多方面的复杂的业务活动,是以融物形式达到融资目的,将贸易与金融活动结合在一起的信贷方式。出租人根据承租人的要求,以其自有资金或向金融机构借款,从制造商那里购买承租人选定的设备,将设备长期出租给承租人使用,并按双方商定的方式收取租金。租赁期限通常为5年左右,长的可达十几年甚至几十年。

当上述租赁业务在不同国家当事人之间进行时,它就成为国际租赁(International Lease)。国际租赁市场一般由如下租赁机构组成:租赁专业公司、银行保险等金融机构、融资租赁公司、制造厂商、经销商和租赁经纪人。

国际租赁具有鲜明的信贷融资性质。它还提供一般中长期信贷所不能提供的融资便利,是一种独特的融资方式。具体表现在以下几方面:

(1) 租金支付方式灵活多样,以满足承租人的不同需要。

(2) 租金在整个租期内一般是固定不变的,而期限比较长的贷款一般采用浮动利率。

(3) 租用期一般较长,而贷款期限一般要短得多。

(4) 租期结束,承租人一般可在退租、续租和留购中任选一种。

国际租赁的形式很多。按照租金是否完全支付来划分,国际租赁可分为融资租赁和经营租赁,而在这两种基本形式上发展起来的还有维修租赁、综合性租赁等形式。本书将对融资租赁作详细介绍。

二、融资租赁

(一)融资租赁的概念

融资租赁(Financing Lease),又称金融租赁,是指当企业需要添置某些技术设备而又缺乏资金时,由出租人代其购进或租进所需设备,然后出租给承租企业使用,按期收取租金,其租金的总额相当于设备价款、货款利息、手续费的总和。租赁期满时,承租人以象征性付款取得设备的所有权。在租赁期间,承租人按期向出租人偿付租金,并将设备保险。租赁设备的所有权属于出租方,承租方享有使用权。

融资租赁是以资金形态和商品形态相结合的信用形式,它把“融物”和“融资”结合为一体,在向企业出租设备的同时解决了企业的资金需求,因此具有金融、贸易双重性。具体来说,融资租赁具有以下几个基本特征。

1. 租赁物件的所有权与使用权分离

在约定的租期内,设备的所有权仍属于出租人,承租人获得的是设备的使用权,并且承租人对租用设备负有维修、保养以使之处于良好状态的义务。租赁期满之后,承租人可有留购、续租、退租等多种选择。

2. 租金的分期归流

这种租金分期归流的特征,对承租人来说,一是能以较少的投入,取得较大的经济效益;二是只需支付一定的租金,就可超前获得设备的全部使用价值,有利于企业提高效益。

3. 融资租赁涉及的三方关系

融资租赁至少涉及三方关系,包括两个或两个以上的合同。三方关系是指出租方、承租方和供货方之间的关系。出租方向供货方购买设备,同时将其向承租方出租,由此而产生出租方与供货方订立的合同和出租方与承租方订立的合同。

4. 租赁合同的不可改变性

租赁合同一经签订,承租人不得中途要求退租,出租人也不得单方面要求撤销合同,这是由租用货物的专用性和租赁期限的长期性决定的。

正是由于以上基本情况决定了融资租赁不同于其他租赁方式,其承租的目的不是短期使用,而是添置设备供长期使用,因此租赁物件也主要是寿命较长的大型专用设备。

(二) 融资租赁的形式

融资租赁的具体形式有直接租赁、杠杆租赁、转租赁、回租租赁,如图 6.8 所示。

(三) 融资租赁操作

融资租赁的具体业务形式不同,其操作程序及内容也不尽相同,但最基本的环节一般有租赁项目决策、项目委托与受理、签订购货合同、签订租赁合同以及履行合同。

1. 项目评价与决策

对一个特定的项目,就融资这一点而言,企业有银行贷款、分期付款购买或融资租赁等多种融资渠道,企业究竟利用哪种渠道为好,要作具体的决策分析。企业在决定采用租赁方式后,还要选择恰当的具体形式。融资租赁虽然具有良好的经济功能,但并不是有百利而无一弊。而其他租赁形式如经营租赁,由于其租期较短,可以中途解约,在某种程度上比融资租赁具有更大的灵活性。企业长期经济投资所要解决的问题主要有两个方面:一是从事哪项投资最为有利,二是如何筹集投资所需资金,即人们习惯上所说的投资决策和融资决策。

租赁项目决策一般要经过下列主要程序:

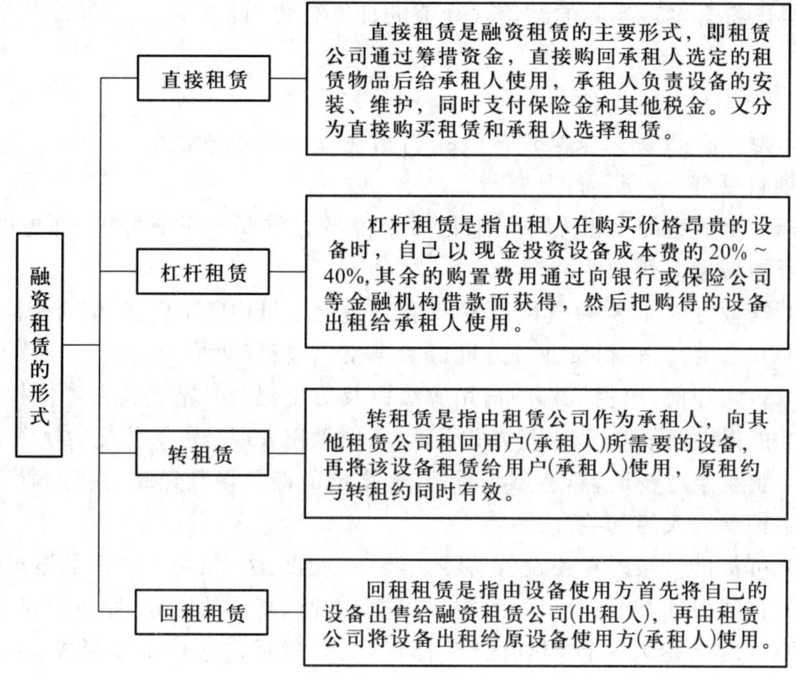

图 6.8　融资租赁的形式

（1）选择项目。

（2）编制项目建议书。项目建议书的主要内容有项目名称、主办单位及负责人、项目内容及申请理由、承办企业的概况、产品方案、资源情况、建设条件、协作关系、投资预算和资金筹措设想、项目的进度及安排、初步的技术以及经济分析、可行性研究工作计划、技术交流计划等附件。

（3）报批可行性研究报告。可行性研究报告的主要内容，包括总说明、承办企业的基本情况与条件、生产规划、物料供应规划、建厂条件和厂址选择、技术与设备、企业组织、劳动定员和人员培训及其费用估算、项目实施的建设工期和进度安排、环境污染的防治费用、预计资金的概算与来源、经济分析、敏感性分析等。此外，在报批可行性研究报告时，还要根据项目实际情况报送有关附件。

租赁项目决策是一项操作性和技术性极强的工作，决策者应掌握一些基本的分析工具与方法。现金流量分析是长期投资决策中运用的最基本的方法之一，现金流量包括现金流入量和现金流出量。现金流量分析中最简单易行的是现金流量折现分析，即将一个投资项目未来某一时间点上的现金流入量（产出的有效价值）和现金流出量（资金投入）折算成现值，从而使其成本和收益的对比分析能得出符合客观实际的结论。现值的计算公式为：

$$PV=\frac{R}{(1+r)^{n}}$$

式中：PV 为现值；R 为未来某现金流；r 为贴现率；n 为贴现次数。

2. 项目受理、合同签订及履行

选择一个适当的出租人对于承租人来说最为重要。一个可靠、理想的出租人应尽可能满足下列条件：

(1) 资金力量雄厚，筹资渠道多，与国内外金融机构联系广泛，资金来源充沛。

(2) 知名度高，在租赁业务方面经验丰富，有较好业绩。

(3) 诚实守信，出租机构的信用等级以及历史记录是重要的参考依据。

(4) 能提供期限较长、支付方式灵活、适应承租人现金流量状况的融资方式。

(5) 贸易渠道畅通，熟悉市场行情，有丰富的商务谈判经验，在订购设备时，能充分维护承租人的利益。

(6) 可提供一系列有关设备、技术、经济、税收、法律、会计方面的咨询服务。

(7) 在国内外有分支机构，可提供迅捷、方便、高效的服务，加快项目进程。

承租人对出租人进行调查比较，择优选择，然后向选中的租赁机构提出委托，签订融资租赁委托书。融资租赁委托书是一种非标准合同，但在融资租赁交易中其作用非同小可。它标志着融资租赁项目的正式启动，而且确定了整个交易的基本内容。出租人接到承租人的租赁委托后，就要对租赁项目进行审查与评估，租赁项目审查的内容一般有企业的现时情况、承租企业的背景、社会影响以及资信程度等。

租赁公司在对各个租赁委托项目进行审查、评估和选择后，正式与被受理项目的委托人签订租赁委托书，并开始按照委托书规定的条件和要求办理融资、购货等事宜。

合同生效后，有关当事人就开始履行购货合同与租赁合同。租赁机构应在接到供货方按购货合同规定提交的全部文件并审核上述文件无误后，在购货合同规定的期限期满前几天付出定金。

在国际融资租赁中，租赁公司一般在接到卖方货已备妥的预备装船通知后，按合同规定开立信用证。

交付租赁物件应在租赁合同规定的起租日前，并且租赁机构应向承租人说明所发生的实际成本(货款、保险费、运输费及全部融资利息)，对租赁合同中原估算成本进行调整，并对在此基础上计算出的租金做相应变更。

租赁期间，租赁机构一般应于每期租金支付日前两周，书面通知承租人及经济担保人到期应付的租金金额；承租人做好付款准备，到时按租赁合同规定的租金支付方式付款。

租赁期满后，租赁公司根据承租人在签订租赁合同时的选择，如购买（以名义价获得所有权）、续租、退租，对租赁物件做出相应处置。

整个流程可参见图 6.9。

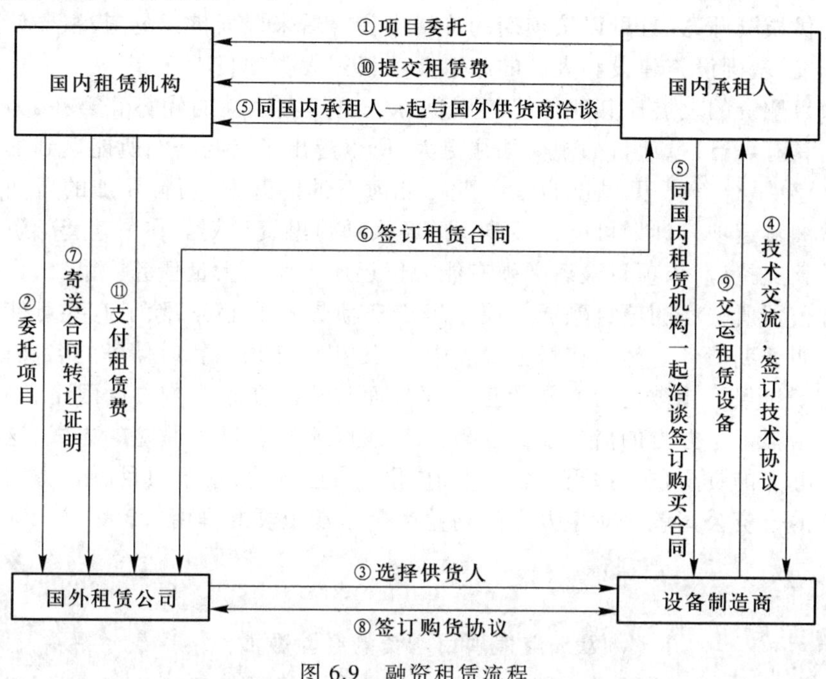

图 6.9　融资租赁流程

第五节　项目融资

一、项目融资的含义与优势

项目融资（Project Finance）是国际上为一些大型工程项目融资的一种方式。这类项目往往需要巨额投资，主办这类大型项目的公司与政府越来越感到难以完全承担这类项目的投资风险，于是发展了项目融资这种新的融资方法。它以该工程项目预期的经济收益和其他参与人对工程停建、不能营运、收益不足以还债的风险所承担的义务来担保，而主办人的财力与信誉并不是贷款的主要担保对象。

项目融资业务的历史可以追溯到 20 世纪 30 年代美国的油田开发事业。当时控制石油生意的投机分子既没有足够的资金开发新发现的油井,也很难获得大额银行贷款。但是,地下的石油资源代表着一个有预期价值的未来的现金流,银行可以根据未来的资源销售收入来提供贷款服务。这个早期有效的贷款手段被称为产品支付融资,它以地下的资源作为抵押,金融机构确信可以成功开采出足够的优质资源,并且可以按预期的价格出售。后来逐渐扩大范围,主要使用于资源开发、基础设施建设和大型的制造业项目三大类项目。

项目融资的发展比其他传统的借贷方式更具实质性的优势。第一,为了在经济上具有可行性,项目的规模往往更大,所以超出了参与公司所能达到的金融实力,就算是合资公司,情况也是如此。北海石油的开发、阿拉斯加的石油管道以及欧洲隧道项目计划可能是最典型的超大项目融资计划。在一整套融资计划得到贷款支持后,该项目最后必须有能力偿还所产生的大量债务。第二,大多数主办方公司所关心的项目融资都属于资产负债表外的业务,除了有些可能在脚注上注明长期债务。然而在财务报表中,完工担保必须以暂时债务的名义记录,但是完工担保可能被视为交易的正常部分而省略。在未来贷方的眼中,项目融资方案增强了主办方的借贷能力。较之其他可能没有显著风险的方式,这样做能使主办方的资金量发挥更大的杠杆作用。一旦成功,基于项目融资方案而建立起来的合资公司就会对主办方的利益产生非常积极的作用。

专栏 6.2

欧洲隧道项目融资的经验教训

1986 年 2 月,英国首相撒切尔夫人和法国总统密特朗就合作开发海峡隧道签署了《坎特伯雷条约》。该条约确定了欧洲隧道的基本框架,其中第一条明确规定,"海峡隧道连接将采用不得对政府资金或政府的财务或商务担保进行追索的融资方式"。该条约永远地关上了使用公共资金建设英吉利海峡隧道的大门,换句话说,只能使用私人资本建设、运营英吉利海峡隧道。

同年,英法两国政府发出建立海峡两边"固定连接"的招标公告,要求投标者在 6 个月内提交初步方案。英国的海峡隧道集团和法国的法兰西芒什股份有限公司联合提出了用铁路班车运送旅客和汽车的三洞隧道方案,该方案因比其他 3 个投标方案简单易行而中标。海峡隧道集团在英国为该项目设立了 Eurotunnel 公司,法兰西芒什股份有限公司在法国为该项目设立了 Eurotunnel 公司,这两家公司建立了一个合伙制公司——欧洲隧道公司,所有收益和损失由英法两家公司平均分担。

在《坎特伯雷条约》的框架下，两国设立了一个政府间委员会，代表两国政府对欧洲隧道项目进行监督。政府间委员会下设一个安全局，其职责是就环境、运行和安全等问题选派专家对设计、规程、规范和施工进行评审和监督。

欧洲隧道公司估计需要约 48 亿英镑建立该隧道系统，其中建筑成本为 28 亿英镑，其他成本为 5 亿英镑，价差预备费为 5 亿英镑，净融资成本为 10 亿英镑。为了满足上述的成本要求及应对可能的成本超支，欧洲隧道公司计划融资 60 亿英镑。融资结构为：股权为 10 亿英镑，债务为 50 亿英镑。

欧洲有发达的资本市场，依靠项目公司在股市公开发行股票或筹集私营投资者资金就可为项目筹集到足够的资金。本着英法两国政府不参与融资的原则，英法两国政府不为项目提供任何外汇风险担保。

对新股发行最有力的支持是欧洲隧道公司宣布建设连接巴黎、里尔和比利时边境的高速铁路。该高速铁路可使巴黎到伦敦的时间缩短到 3 个小时，完全可与飞机竞争。欧洲投资银行，作为财务协调员参与了该高速公路项目，这释放了欧洲支持欧洲隧道项目的至关重要的信号。在募集权益资本之前，1987 年 9 月，220 家银行参与并签署了银行辛迪加信贷协议，表明欧洲隧道项目得到了银行界的极大支持。银团向欧洲隧道项目贷款 50 亿英镑的协议签署于 1987 年 10 月。1987 年 11 月，欧洲隧道公司正式公开发行股票 2.2 亿股，发行价格为 3.6 英镑，募集了 7.7 亿英镑。这些资金被称为权益资本。自此，欧洲隧道公司从合伙制公司变为股份有限公司。

资料来源：《技术经济》，2013 年第 10 期。

二、项目融资的参与人

项目融资的参与人较多，有关担保对贷款的取得和完工起着关键作用。参与人主要有以下几类。

（一）项目发起人

项目发起人即项目的实际投资者，其从组织上负有督导该项目计划落实的责任。大型工程的发起人，除东道国的政府或私营企业外，一般都吸收外国公司参加。

（二）项目公司

项目公司（Project Company）是为项目的建设和筹措资金而成立的直接承担项目债务和项目风险的法律主体。除项目发起人投入的资本金外，项目公司营建项目所需资金主要通过借款获得，项目公司以其资产和未来的现金流量作为偿还借款的主要保证。

（三）贷款人

根据工程项目的情况,贷款可能来自各种不同的来源,国内外信贷机构、各国政府和国际金融组织均能成为工程项目的贷款人。

（四）项目产品的买主或项目设施的用户

买主或用户承担购买产品或使用设施的合同义务,为贷款的偿还提供了可靠的保证。他们的资信状况是能否取得贷款的重要因素。

（五）设备供应人

项目设备供应人在保证项目按时竣工中起着重要作用,并且设备供应人提供的延迟付款安排还可成为获得项目信贷资金的一个重要来源。

（六）政府官方保险机构

外国银行和私人信贷机构常以项目贷款能否取得政府官方保险机构提供的信贷保险作为是否发放项目贷款的先决条件,这些机构也是主要参与人。

（七）按差额支付协议的付款人

按差额支付协议由贷款人与项目公司以外的第三人订立,规定项目的收益不足以清偿债务时,应该由此第三人补足其差额。这个第三人通常就是该项目的主办人,也可以是其他人。

（八）工程师和承包公司

他们是工程技术成败的关键因素,所以他们的技术水平和声誉是能否取得贷款的决定因素之一。

（九）托管人

大型工程项目的融资往往要指定一名托管人。其职责是:①从项目产品的买主那里收取贷款或使用费;②为贷款人的利益保管上述款项;③确保在从项目收益中拨出足够的款额来清偿贷款之前,不让工程的主办人动用这笔款项。为了说明具体项目融资中各参与方间的关系,图 6.10 列示了一个复杂的项目融资结构的概况。与项目密切相关的主办方和代理银行合作建立融资结构,并注入资本以得到收益。承担建筑任务的合同承包商也作为一个股权投资者,以半成品或成品作为替他们提供服务的报酬。图 6.10 中有供应商(可能按照无论供应与否均须付款的协议提供服务),有按照运营和管理协议运作的项目运营商,有遵守无论提货与否均须付款协议的客户。图中还标明了作为项目贷方的国际机构,还有提供担保或根据 BOT(建设—运营—转让)协议允许项目进行的主办国政府。

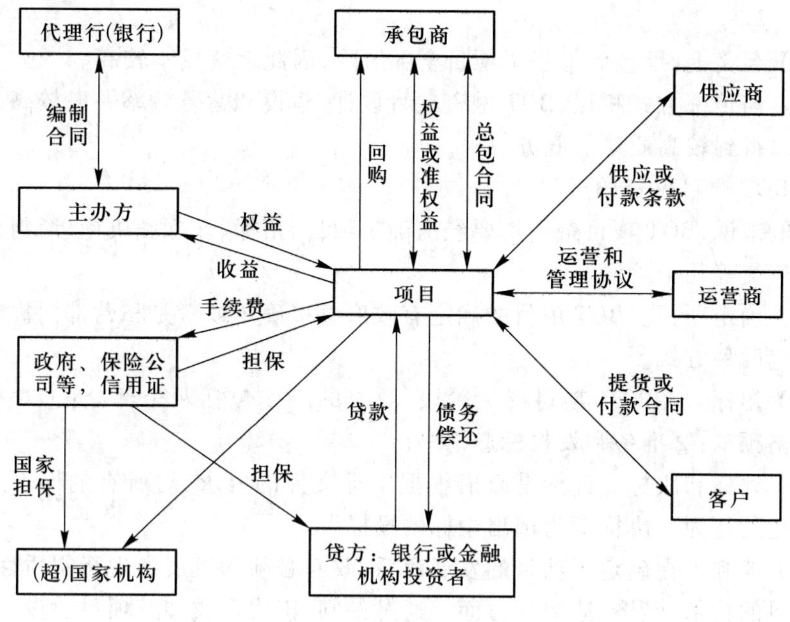

图 6.10　项目融资关系

三、项目融资的操作模式

20 世纪 90 年代后,项目融资已经发展成为一个全球化的业务,并形成了以下五种主要模式。

(一) BOT

BOT 的英文全称为 Build—Operation—Transfer,意思是建设—运营—转让。这种项目融资模式的基本思路是:由项目东道国政府或其所属机构将基础设施项目建设及经营的特许权授予项目公司,然后,由项目公司负责项目融资、设计、建造和营运,项目公司在项目经营特许期内,利用项目收益偿还投资及营运支出,并获得利润。特许期满后,发展商将项目无偿转让给政府。

1. BOT 项目融资的特点

(1) 具有无追索权或有限追索权,举债不计入国家外债,债务偿还只能靠项目的现金流量。

(2) 承包商在特许期内拥有项目所有权和经营权。

(3) BOT 融资项目的收入一般是当地货币,若承包商来自国外,对东道国来说,项目建成后将会有大量外汇流出。

(4) BOT 融资项目不记入承包商的资产负债表,承包商不必披露自身财务情况。

(5) 名义上,承包商承担了项目全部风险,因此融资成本较高。

(6) 与传统方式相比,BOT 融资项目设计、建设和运营效率一般较高,因此,用户可以得到较高质量的服务。

2. BOT 项目融资的过程

一般来说,BOT 项目融资均要经历确定项目、招标、评标和决标、谈判、建设、运营和移交等几个阶段。

(1) 确定项目。BOT 项目的确定有政府直接确定或者是私营部门提出再由政府确定两种方式。

(2) 招标。在 BOT 项目招标阶段,政府的工作包括两个部分:①对投标人进行资格预审;②准备和发投标邀请书。

(3) 评标和决标。评标是政府根据招标文件的要求,对所有的标书进行审查和评比的行为。决标即为选出中标的投标人。

(4) 谈判。在确定了项目的发展商后,政府必须和发展商进行实质性谈判,包括项目的技术、经济、法律等方面。通过谈判,正式形成涉及项目建设、经营及转让的所有法律文件。

(5) 建设。BOT 项目的建设一般是发展商在取得政府的授权后,通过项目建设总承包协议,规定由建设总承包者负责项目的规划、设计、建筑施工、设备安装等,直到项目建成投产且有关工程质量、产品质量符合政府的有关要求为止。

(6) 运营和移交。项目建成后,发展商即拥有了经营项目取得收益的权利。

在经营过程中,必须向政府提供特许权协议中规定的有关资料,直到经营期结束。项目授权期满后,发展商必须将项目无偿转让给政府。在移交前的若干年,政府和发展商应分别指派代表组成转让委员会,制定项目转让的具体标准和办法。发展商在将项目转让给政府时应提供:备品、备件;维修、库存、保管记录等方面的资料;可转让的许可证、执照、证明文件;专用的资料,如软件、经营手册、商业机密等;债权债务资料;各类人员的工资及福利情况;其他转让所需的资料。

(二) TOT

TOT 的英文全称为 Transfer—Operate—Transfer,即转让—运营—转让,是通过出售现有投产项目在一定期限内的现金流量,从而获得资金来建设新项目的一种融资方式。具体说来,是东道国把已经投产运行的项目在一定期限内移交(T)给外资经营(O),以项目在该期限内的现金流量为标的,一次性地从外商那里融得一笔资金,用于建设新的项目;外资经营期满后,再把原来项目移交(T)回东道国。

(三)ABS

ABS的英文全称为Asset-Backed Securities,即资产担保债券。它是资产证券化的一种形式,指将缺乏流动性但能产生可预见现金流收入的资产汇集起来,通过结构重组和信用增级,将其转换成在金融市场可以出售和流通的证券,借此融通资金。

(四)产品支付融资法

产品支付(Production Payment)融资法广泛而成功地用于英美等国石油、天然气和矿产品等项目的开发融资中。这一方法需要由项目发起人预先创立一个特定目的公司或特设信托机构(SPV),并由该SPV从有关项目公司购买未分割的石油、天然气、矿产品或其他产品的收益。其特点是:项目的产品是还本付息的唯一来源,贷款偿还期比项目预期的经济寿命周期短,贷款人对运营成本不提供资金。

(五)预先购买协议融资法

预先购买协议(Pre-take Agreement)融资法类似于产品支付融资法,但比其更灵活。贷款同样也需要设SPV来购买规定数量的未来产品或现金收益,并且项目公司支付产品或收益的进度被设计成与规定的分期还款、偿债计划相配合。同时,这里的购销合同通常要求项目公司必须在这两种方式中选择一种:第一,项目公司买回产品;第二,项目公司作为贷款人的代理人,在公开市场上销售该产品,或者根据与发起人之间的事先合同将产品卖给第三方。

章后阅读

材料一:

北京时间2015年12月1日凌晨,国际货币基金组织(IMF)正式宣布将人民币纳入特别提款权(SDR)货币篮子,新的货币篮子将于2016年10月1日正式生效。

在新的SDR货币篮子中,人民币权重为10.92%。此外,美元权重为41.73%,欧元为30.93%,英镑为8.09%,日元为8.33%。而在人民币“入篮”之前,美元、欧元、英镑和日元四种货币的权重分别为41.9%、37.4%、11.3%和9.4%。

在篮中各币种权重公式的制定中,权重一半是出口,也就是贸易,货物贸易和服务贸易;另外一半是金融变量,其中主要考虑三个变量:外汇储备、外汇交易和国际金融业务,包括国际银行业负债,还有国际债务、证券等。

我们可以将人民币加入特别提款权货币篮子视作中国与全球金融体系融合过程中的一个重要里程碑。它也对中国的持续改革进程起到确认和强化作用。随着这种融合过程继续推进并不断深化，其他新兴市场经济体在这方面也取得进展，国际货币和金融体系将得到增强，进而将支持全球经济增长和稳定。人民币的加入还将增强特别提款权作为国际储备资产的吸引力，因为特别提款权篮子将更加多元化，篮子构成将更能代表世界主要货币。

资料来源：每日经济新闻，2015 年 12 月 2 日。

材料二：

人民币加入特别提款权，标志着自 1999 年欧元取代德国马克和法国法郎被纳入后，特别提款权货币篮子最重大的改变。回顾世界金融史，一种货币国际地位由弱变强，往往会经历一个非常缓慢的进程。人民币能有今天的地位，成功之中蕴含着奋斗的艰辛。

根据国际货币基金组织关于特别提款权的审查原则，纳入特别提款权货币篮子的货币应该在国际交易中被广泛使用，其所占的权重应该同其在国际贸易和金融体系中的地位相当。经过几代人的不懈奋斗，中国目前是仅次于美国的全球第二大经济体，是全球第一货物贸易大国。中国经济不断壮大的基本面为人民币加入特别提款权奠定了基础，人民币不断走向国际化符合全球经济重心位移的现实。

资料来源：《人民币加入 SDR 是开放与共赢之举》，《人民日报》，2015 年 12 月 2 日。

本章小结

国际货币市场是专营一年期以下国际短期资金借贷业务的市场。国际货币市场提供的融资业务有国际银行短期贷款业务、短期证券业务、贴现业务三种。

受供给和需求两个层面因素的推动，欧洲货币市场的发展迅速，在国际金融市场上占有重要地位。欧洲货币市场的金融工具可概括为存款工具和贷款工具两种。就存款而言，欧洲货币市场上多为固定利率的短期定期存款，70%的存款期限不超过 3 个月；存款工具主要有欧洲美元定期存单、可转让欧洲美元定期存单、浮动利率中期债券、远期欧洲美元定期存单和欧洲美元利率期货等。就贷款而言，主要是用于满足政府和跨国公司长期巨额贷款所需的银团贷款。

大多数国际借贷是以银团贷款形式进行的。银团贷款是指一批银行为了向某一借款人发放一笔数额较大的贷款而联合起来,并由其中一家或数家银行作为牵头行所提供的贷款。

贸易融资方式有短期进出口贸易融资、远期付款贸易融资、保理、福费廷、买方信贷与卖方信贷等。

国际租赁是一种独特的信贷融资方式,它提供一般中长期信贷所不能提供的融资便利。国际租赁市场一般由租赁专业公司、银行保险等金融机构、融资租赁公司、制造厂商、经销商和租赁经纪人等组成。

20世纪90年代后,项目融资已经发展成为一个全球化的业务,并形成BOT、TOT、ABS、产品支付融资法、预先购买协议融资法五种主要运作模式。一般均要经历项目准备、招标、评标、谈判、建设和运营等几个阶段。

相关链接

http://www.bloomberg.com 彭博资讯

http://www.chinaeis.com 中国投融资网

http://www.ccstock.cn 中国资本证券网

http://www.goldmansachs.com 高盛集团

思考题

1. 简述票据发行便利的形式。
2. 银团贷款的当事人有哪些?
3. 简述银团贷款的具体操作和定价原则。
4. 解释银团贷款的牵头费、承销费、参与费、承诺费。
5. 项目融资的类型有哪些?

即测即评

请扫描二维码,在线测试本章学习效果。

第 7 章
国际债务市场融资

本章学习要求

学习本章后，应掌握国际债券市场的发展沿革、现状特点及市场结构，了解国际债券的分类，明确外国债券和欧洲债券的概念和两者间的区别，熟悉外国债券和欧洲债券的发行程序，重点把握外国债券和欧洲债券在发行过程中应注意的相关问题。

本章主要概念

国际债券(International Bond)　外国债券(Foreign Bond)　扬基债券(Yankee Bond)　武士债券(Samurai Bond)　猛犬债券(Bulldog Bond)　欧洲债券(Eurobond)　固定利率债券(Fixed Rate Bond)　浮动利率债券(Floating Rate Notes)　可转换债券(Convertible Bond)　附认购权证债券(Bond with Warrants)　主承销商(Lead Manager)　承销团(Managing Group)　全额包销(Bought Deal)

章前阅读

自 2015 年 3 月欧洲央行正式启动量化宽松的货币政策以来，欧元汇率、利率持续走低。在此背景下，欧元区成为企业的“免费发债地”：越来越多的国内企业开始尝试借入以欧元计价的新增债务，或者借助外汇衍生产品将原有的高息负债置换为欧元债务，以期通过调整债务结构有效规避汇率风险、降低融资成本。

欧元融资成本显著低于其他主要币种，是欧元外债异军突起的主要原因。2015 年 3 月 19 日，境外行给出的一年期贷款报价中，欧元贷款利率是 3 个月 LIBOR ±150 点（约 1.53%），美元贷款利率是 3 个月 LIBOR+180 点（约 2.05%）；同期境内人民币贷款的 3 个月报价是基准利率上浮 10%或 20%（基准利率为 5.35%，一年期贷款利率为 5.89% ~6.42%）。

欧元持续贬值预期，有助于企业进一步降低融资成本。除欧元贷款利率较低之外，企业选择欧元外债的另一个重要原因就是欧元相对人民币和美元将趋于贬值。美元方面，由于美国经济复苏强劲而欧洲经济增长疲弱，美联储酝酿加息而欧洲央行实施量化宽松，导致美元升值而欧元贬值。2015 年 1—3 月，欧元兑美元跌幅达到 11.3%，欧元兑美元平价（1 欧元兑换 1 美元）的市场预期升温（如果预期兑现，欧元将进一步贬值 6%，全年将贬值 17.3%左右）。人民币方面，尽管人民币兑美元汇率波动性增大，但相对欧元仍明显强势。2015 年 1—3 月，欧元兑人民币已经贬值 11.4%。由于中国经济增长仍保持稳健，而欧盟经济复苏前景尚不明朗，市场预期欧元兑人民币汇率仍将下跌。因此，如果企业年初借入欧元外债，年末以美元或人民币兑换欧元归还，欧元贬值因素可以帮助企业进一步减少利息支出，甚至取得汇兑收益。

资料来源：《中国外汇》，2015 年第 12 期。

第一节　国际债券市场

国际债券融资是指通过发行国际债券来融通资金的一种融资行为。国际债券是借款人（包括一国的政府机构、国际性组织、金融机构以及其他工商业企业等）为筹集外币资本在国际资本市场上发行的以外币为面值的债券。它具备如下基本特征：国际债券的发行人与投资人分属于不同的国家或地区，其发行、交易与债务清偿受到不同国家法律的支配；国际债券本质上是一种债权凭证，它体现了债券发行人与债券持有人之间的债权债务关系。

1963 年以前，国际债券融资是通过发行外国债券实现的。这类债券由发行人在外国以非居民的身份发行，以该国货币标价并按当地债券市场标准程序发行，通常以较高溢价来反映借款人的外来性质且存在无法收到到期款项的可能性。

20 世纪 60 年代以来，另一种形式的国际债券——“欧洲债券”得到发展。它使得国际投资者能够更好地选择货币、到期期限和更有信用的发行人，最大限度地减少不利因素。由于欧洲债券发行手续简便、费用低廉，许多借款人都乐于选择欧洲债券作为筹集外币资金的主要方式。今天，欧洲债券市场的规模已经远远超过了外国债券市场。

一、外国债券市场

外国债券市场是传统的国际债券市场。简单地说，是在一国国内市场发行外国政府或外国公司债券,这种债券以发行地的法定货币发行,受发行地国家法律管辖,例如在瑞士、德国、荷兰等国发行外国债券依规则需要排队等候,并无特权可享。当然在有些国家则不需要排队等候,例如在日本发行外国债券就不需要排队。

美国、日本、德国、瑞士是最主要的几个外国债券市场,其次是荷兰、英国、法国、加拿大等。下面介绍几个主要的外国债券市场。

(一)美国外国债券市场

美国的外国债券市场亦称扬基债券市场,是世界上规模最大、资金实力最强、发展最成熟的外国债券市场。在美国,外国债券发行人发行的债券称为扬基债券。这是因为这种债券主要是和美国人打交道,它以美元为面值货币,由美国的金融机构推销,并主要由美国人购买。债券期限以中期为主,一般是6~8年。扬基债券的发行人以外国政府和国际组织为主。

在发行方面,扬基债券可以以公募、私募或144A规则下的包销形式发行。公募形式发行需要到美国证券交易委员会(简称SEC)注册登记,并须经美国标准普尔公司和穆迪投资服务公司评定信用级别,办理注册登记手续的时间很长,经常要花费好几个月的时间。这一情况1982年之后有所改变,美国证券法第415修正案在不削弱对投资者保护的前提下使发行人可以对将要发行的证券预先进行登记。私募发行具有保密性和灵活性的优点,无须进行注册登记和信用评级,由投资银行作为代理人发行,债券不向普通民众发售,而是经谈判直接出售给保险公司之类的投资者,私募情况下的转售需要在满足一定的法律要求时方能进行。因此通过私下交易的投资者在证券到期日之前必须持有证券。144A规则下的发行虽不要求注册,但在包销发行时须经美国标准普尔公司和穆迪投资服务公司的评级。一般其信用等级在BBB之上机构方能采取144A规则下的形式发债。144A规则发债方式主要用于机构发债,它是美国证券交易委员会于1990年4月19日正式接受的债券发行方式。这一规则导致一个由机构投资者(QIBs)构成的二级市场的产生。

扬基债券以其价值、流动性及收益率为大多数投资人所看中。这也使得扬基债券的市场规模日益扩大,并且发展迅速,从而使扬基债券的市场结构发生了变化。在20世纪80年代,扬基债券市场一直为AAA级和AA级政府债券、地方债券以及国际机构债券所垄断。到了90年代,其市场构成以A级和BBB级公司为主,且地域分布方面亚洲发展最快。

(二)日本外国债券市场

进入日本外国债券市场有三个渠道,即发行武士债券、将军债券或大名债券。

1. 武士债券市场

武士债券市场属于日本国内外国债券市场的组成部分。非日本居民在日本发行以日元为债券面额的外国债券,称为武士债券。武士债券的主要发行人是国际机构和主权国家,而在主权国家中发展中国家占据多数比例。武士债券可以公募或私募形式发行。公募是由证券公司为主牵头包销出售,而私募则由证券公司和银行共同经营债券发行业务。根据日本外汇及外贸法律规定,发行日元外国债券须经大藏省批准。同时经批准发行后,发行人必须每年提交有价证券的报告书。

对于公募发行人的资格,大藏省最初规定须达到 A 级标准。1992 年 8 月放宽了资格标准,现在任何公募借款人只要其国际评级达到 BBB 级,都可以发行武士债券,但不同等级的发行额不等。一般而言,评级达到 AAA 级的发行额不受限制,达到 AA 级的发行额上限为 300 亿日元,A 级为 240 亿日元。公募的发行程序为每日进行安排。

私募发行人仍需达到 A 级标准,但如果评级在 BBB 级,并有政府担保也可以发行。私募情况下的发行额可达到 100 亿日元。私募的发行程序为每月进行安排。

除此之外,日本政府还在以下几个方面放宽非日本居民在日本发行武士债券的政策:① 实施国际盛行的搁置注册法,以减少发行次数,降低费用,增大灵活性;② 允许提早赎回武士债券;③ 取消了债券最短期限为 4 年的规定,允许发行较短期限的债券;④ 扩大发行额;⑤ 不必排队等候。

虽然日本政府放宽了对国际债券的政策,但仍有一定的限制。例如,限制外国银行发行武士债券,规定发行人必须执行发行债券的委托日本银行代理制度。日本商法还规定,外国人要在日本发行公司债券,必须等到该公司已发行在外的原有国际债券全部都还本付息之后。

2. 将军债券市场

将军债券又称东京外币债券,是指由非日本借款人在日本市场发行的用外国货币标明债券面值的债券。按定义应归入欧洲债券市场范畴,但它在市场的实际运作与传统的欧洲债券的运作有较大的差别,与日本武士债券的市场运作相似。也正因为它与武士债券的市场操作相似,并且存在同样的问题,因而造成该市场发展相当缓慢。

除了与武士债券在债券面值货币上有区别外,将军债券的发行人以发达国家居多,这与欧洲债券的发行人以发达国家为主一致,却与武士债券的发行人以发展中国家居多相区别。

3. 大名债券市场

大名债券是介于武士债券和欧洲日元债券市场之间的混合债券。其特征为在东京发行,因而受日本大藏省的法律辖领,而上市、支付及清算交割在卢森堡。发行人局限于一小部分有选择的国际组织。

（三）瑞士外国债券市场

瑞士外国债券市场是最大的国际债券市场之一。20 世纪 80 年代瑞士对发债审批制度、公募承销商的构成、私募转让、发行限额都作了较大的改革,进一步促进了瑞士外国债券市场的发展。以公募方式发行外国债券必须经瑞士银行批准,债券期限一般为 8~15 年。从 1980 年开始,对私募债券发行的金额没有限制,而且允许债券公开交易,并可通过瑞士清算体系(SEGA)清算,债券期限从 18 个月到 8 年不等。

瑞士外国债券市场有以下特点:

(1) 中央银行禁止发行以瑞士法郎计价的欧洲债券,并且能经营瑞士法郎外国债券业务的仅限于瑞士本国的银行与金融公司。

(2) 公募债券一律由固定的包销团包销。包销团成员之间的包销比率通常也是固定的。私募债券没有固定的包销团,一般由一家银行牵头组成包销团承销。

(3) 从发行额看,私募债券的发行量比公募债券大。主要原因是私募发行手续简便,且可以小额方式发行。

(4) 与发行市场的规模相比,外国债券的流通市场极不发达。这是因为债券的大部分都存入瑞士各银行的顾客账户里,一直持有到期满。

（四）德国外国债券市场

1968 年,市场对德国马克的升值预期导致大量资金流入当时的联邦德国。联邦德国货币当局将流入的外资投放到国外,促进了以德国马克为面值的外国债券发行,使德国马克债券市场迅速扩大。此后,由于德国马克对世界主要货币一直保持坚挺,德国马克债券市场发展顺利。

由德国六家主要银行组成的外国债券小组委员会(中央市场委员会的下属机构),以自我限制的方式调整债券的发行。该委员会每月开会一次,决定和公布发行债券的时间安排以及发行量等。依照规定,外国人欲发行德国马克外国债券必须报德国中央银行审批,经批准后,通常由一家著名德国银行或外国银行牵头组织发行,并向上市委员会申请上市。在德国,外国债券的上市申请与国内债券的上市申请一样须排队。债券偿还期限约 10 年,同时允许提前赎回。债券的交易流通可以在证券交易所进行,也可以在银行之间进行。公募债券通常进入法兰克福交易所交易。法兰克福是德国主要的外国债券市场,法兰克福市场是仅次于纽约和瑞士的外国债券市场。欧元启动后,单一货币体制使德国马克强币地位不复存在,法兰克福的中心地位受到动摇,但是由于欧洲中央银行设在那里,以及欧元区强大的经济实力,其仍有竞争优势。

(五)英国外国债券市场

在美国外国债券市场发展以前,英镑是世界上的主要储备货币,在英国也有高度发达的外国债券市场。当时的债券发行者主要是外国政府及其机构,有些债券目前还在伦敦股票交易所上市交易。

在英国发行的外国债券称为猛犬债券。英格兰银行允许外国政府和企业发行猛犬债券,发行方式也分为公募和私募两种方式,前者由伦敦市场的银行组织包销,后者则由管理集团包销。

猛犬债券的期限为5~40年,债券的利率多参照相同期限的金边债券的利率。允许公司发行可转换猛犬债券。

1964—1974年,外国债券的年度总发行量平均只有26亿美元。1974年美国对资本市场的管制放开后,外国债券发行数量迅速增加,20世纪70年代末期,其总量每年平均约为160亿美元。到了20世纪80年代后期,日本武士债券市场不断扩张。受到这方面刺激,每年外国债券新发行量达到300亿~400亿美元,几年后这一数量就翻了一番。虽然这一数量按目前国外债券标准来说比较大,但在国际债券市场中,它们只占据了相对小的部分。一些对发行人和投资者的不利条件制约了外国债券市场的发展。国际发行人需要付出很高的成本才能达到当地登记及披露的要求,发行文件的准备以及等待批复等一些事项会拖延发行工作。

二、欧洲债券市场

欧洲债券市场是随着欧洲货币市场的形成而逐渐兴起的,最先形成的是欧洲美元债券市场,它产生于20世纪60年代。当时,为了阻止国际收支状况的进一步恶化,美国政府采取了一系列措施来限制资金外流。1963年7月,美国政府开始征收“利息平衡税”(Interest Equalization Tax)。利息平衡税是美国向购买美国资本市场上发行的外国债券或外国企业的股票的美国居民征收的税,实际上等同于对发行债券征税。该税种导致发行者在美国的借款成本上升,达到与欧洲借款成本相等的水平。因为该税种使美国的低利率上升到与欧洲的较高利率同等的水平,所以称为利息平衡税。但购买国际机构(世界银行等)、加拿大、墨西哥以及一部分发展中国家发行的债券则不征税。1965 年,美国政府颁布了“自愿限制贷款计划”(Voluntary Restraint Program),限制银行和其他金融机构对国外借款人的贷款数额。1968 年 1 月又成立了外国直接投资局(The Office of Foreign Direct Investment,OFDI),进一步对美国公司的对外直接投资实行强制性管制。这些限制资本外流的措施迫使美国和其他国家的借款人转向欧洲货币市场及欧洲美元债券市场。另一方面,在 20 世纪 60 年代,许多国家有大量的美元盈余,迫切需要投入国际借贷市场获取收益。在这种形势下,一些欧洲国家便开始在美国境外发行美元债券,这就是欧洲美元债券的由来。

欧洲美元债券一般都是固定利率,由公司或政府机构发行,以美元标价的无担保本票。它们在美国以外发行,因此不需要按照美国 SEC 或其他国家证券机构的要求进行登记。这些债券虽不必按美国 SEC 要求注册,但不能在美国销售,也不能向美国公民出售。相反,它们可以出售给非美国居民,主要是那些想对美元标价的高信用等级证券投资的个人和国际机构。投资者通过在欧洲银行或美国银行设在欧洲的分行开设欧洲美元存款账户来支付债券款项。

被公认的第一只欧洲美元债券是 1963 年发行的意大利高速公路债券(Autos Trade)。这只债券的面值为 250 美元,附有 5.5%的固定利息券,每年7 月15 日付息,总发行额为 1 500 万美元,用于为意大利高速公路项目筹资,由意大利道路征收机构发行,意大利政府机构担保。1963 年 6 月,该项发行由瑞银华宝伦敦公司作为主承销商,比利时、德国、荷兰和卢森堡的银行作为副承销商共同管理。它是按照美国承销制度进行承销的:发行公告、组成承销团和开展营销,持续两星期左右后再进行定价。银行不能向普通公众提供债券认购,但可以私下向自己的投资客户提供这些投资产品,这些人中许多都授权银行对他们的投资进行管理。债券在卢森堡证券交易所挂牌上市后,银行与投资者可以随时查看二级市场价格。意大利高速公路债券的发行成为许多欧洲实体发行债券的参照原型。这些发行商几乎全部是与政府信用有关的实体。

专栏 7.1

点心债与熊猫债券

点心债是在中国境外发行的人民币计价债券,最初是指在中国香港发行的人民币债券,其份额虽小但颇受欢迎,如点心一般,近年来已被投资者用于泛指中国内地以外的人民币债券。数据显示,截至 2014 年上半年,全球点心债发行总额达 2 770 亿元人民币,2013 年全年发行量 2 800 亿元。点心债的利率较低,与在岸人民币较高的信贷成本有一定的价差,一直被认为是吸引发行人的重要因素。

熊猫债券是非中方发行人在中国境内发行的人民币计价债券,它与日本的武士债券、美国的扬基债券均属于外国债券的一种。中国人民银行《人民币国际化》报告称,按照国际清算银行狭义口径,截至2014年末,以人民币标价的国际债券余额为5 351.18亿元,其中境外机构在离岸市场上发行的人民币债券(即点心债)余额为5 304.8亿元,在中国境内发行的人民币债券(即熊猫债券)余额为46.3亿元。

资料来源:"熊猫债务"助力人民币国际化,《国际商报》,2015年7月2日。

三、外国债券和欧洲债券的区别

外国债券和欧洲债券有以下区别:

(1) 在发行债券的面值货币方面,外国债券的面值货币限定为发行地国家货币,而欧洲债券的发行人则可以根据货币的汇率、利率、集资用途和市场供求等因素,选择用某种主要第三国货币标明债券面值。

(2) 在债券承销方面,外国债券通常由债券发行地所在国的金融公司、证券公司或投资银行承销,而欧洲债券通常由国际性金融公司、证券公司或投资银行组织不同国家(通常为债券发行地)的分销商共同承销,即所谓"全球发售"。

(3) 在适用法律方面,外国债券的发行必须受发行地国家法律的支配,并且往往须履行特定的申请和注册程序,而欧洲债券的发行一般不受债券发行地国家法令的管制,通常也无须向发行地国家履行申请和注册程序,但发行人受其所在国家的金融管理当局规章制度的制约。

(4) 在发行税收方面,外国债券的发行人原则上须按照市场所在国法律接受预扣证券发行税(但许多国家和地区给予免税优惠),而欧洲债券实际是一种无国籍债券,采取不记名方式发行,发行人无须交税,投资者的利息收入免征所得税。

由于证券交易市场的存在及各国证券市场的国际化发展,外国债券与欧洲债券在进入二级市场后的区别正趋于减弱。

四、国际债券市场的发展趋势

世界经济不断朝全球化方向发展,区域经济一体化、国际经济技术合作乃至国家间经济政策的协调等不断加强,债券市场国际化的趋势也日益明显。具体反映在以下几个方面:首先,从发行人或筹资者层面来看,在海外发行的公司债券的数量和规模日益扩大,主权债务工具的规模也非常巨大。其次,从投资者层面来看,随着技术日趋完善,个人投资者可以轻松实现跨境投资,以全球基金、国际基金为代表的机构投资者大量投资海外,主权国家出于外汇储备管理的需要,也形成对外国高等级债券的巨大需求。再次,从市场组织结构层面来看,场外市场在跨国并购等交易活动的驱动下渐趋融合。最后,从债券市场运行层面来看,全球市场之间的相关性显著增强。此外,从产品设计与创新、投资理念、监管制度等角度看,全球化趋势也非常明显。

然而,2007年开始的美国次贷危机,最终演变成一场全球金融危机和经济危机,这场危机让人们对金融风险的复杂性有了更深刻的认识。全球金融市场都在反思,各国(地区)金融监管部门纷纷采取必要的措施防止危机进一步扩大。在此背景下,国际债券市场的发展也呈现出一些新的趋势突出表现在以下方面。

(一)金融机构的去杠杆化

美国的债券保险公司等非银行金融机构,由于没有严格的资本监管要求,缺乏稳定的资金来源和丰厚的资本金,一般会借助财务杠杆操作,大量持有债券和复杂的信贷产品,以高杠杆投资方式将利润急剧放大,多次打包次贷产品,组合成投资工具,按风险等级划分后再出售给各国金融机构。无节制地开发过度打包的基础产品,导致产品的风险程度不透明,链条层次过长使得高杠杆运作的风险放大,不易被投资者察觉,加剧高杠杆产品风险的蔓延。在市场流动性收紧引发一系列资产价格泡沫破灭后,这些金融机构的去杠杆化势在必行。

(二)国际金融合作的进一步加强

一些经济学家建议,应当尽快建立一个全球性的监管协调机构,以增强全球金融监管的一致性和有效性。他们认为,具有较充分、独立的全球监管机构的主要职能是监督国际协议的执行和促进资本流动,而不是重新监管全球经济。目前,包括"G20协调机制"在内的多边协调机制发挥着日益重要的作用。

第二节 国际债券的种类

国际债券可以按照不同的分类方法进行分类。按照债券利率的确定方式可划分为固定利率债券和浮动利率债券。按照债券可转换性可以分为直接债券、可转换债券以及附认购权证的债券。下面对一些主要的国际债券种类作具体叙述。

一、按债券利率的确定方式划分

（一）固定利率债券

固定利率债券也叫普通债券，是指具有固定利率、固定利息息票和固定到期日的债券。固定利率债券是国际债券的传统类型。典型的欧洲固定利率债券的面值在1 000美元和5 000美元之间，期限为3年、5年、7年和10年。也有一些期限更长的，但仅限于面向那些信誉较高的独立借款人。固定利率债券通常在市场利率相对稳定的条件下发行，当市场利率不断发生较大变化时，将会对债券发行人或债券投资人造成风险，影响债券的发行条件和发行效果。固定利率债券的合同保证书是十分严格的，包括限制抵押条款、相互违约条款，以及限制发行者远期借款等，然而，不包括发行人在欠款时用财产抵押以达到债券支付的担保要求。固定利率债券主要有以下几种形式。

1. 普通债券（Straight Bond）

这是传统的债券，有固定利息息票和到期日。在利率相对稳定的情况下是比较通行的，但是当利率发生较大波动时它的发行就会受到影响。

2. 零息债券（Zero-coupon Bond）

这种债券不附息票，不逐年支付利息，到期一次性支付本息。一般以贴现方式发行，如只按票面金额50%~60%的价格出售，到期按票面面值还款。它对投资者的吸引力在于其收益事先确定，没有新投资风险，而且在税收上具有优势，可以逃避某些国家征收的利息所得税。

3. 深贴现债券（Deep Discount Bond）

这种债券一年付息一次，利率低于市场利率，而在发行时以贴现方式标价以获取相当于市场利率的收益。

4. 伸展债券（Extendible Bond）

这种债券期限较长（12~15年），但发行时只决定较短期限（如3~5年）的息票利率，随后根据市场条件重新确定剩余期限的息票利率。第二阶段的息票利率也可以在发行时规定，一般发行者有权在第二阶段开始时收回债券，如果投资者不满意重新确定的息票利率，可以把债券退还给发行者。

5. 分批支付债券（Partly Paid Bond）

该债券在发行时，投资者购买债券只支付债券面额的15%~30%，余额部分在这之后约定时间内支付，如6个月或9个月后。如果在约定时间内不支付余额，投资者先前支付的现金概不退还。

6. 中期债券(Medium-term Note)

该债券期限为1~5年,债券本身与普通债券类似,中期债券的发行用以满足对某些流动性要求较高的投资者特殊证券组合的要求,发行者也可以满足对特殊融资的需要。因为这种债券一般发行量少,期限短,不适宜采用包销方式的公开发行。

7. 二元货币债券(Dual Currency Bond)

这是指以某种货币发行,并且以该种货币支付利息,但在到期日以另一种货币还本的债券。两种货币的汇率在债券到期以前一直是固定的。

8. 本息分离债券(Separate Trading Registered Interest and Principal Securities)

这种债券是根据利率期限理论,将附息债券的本金和利息分离并分别进行证券化而产生的。这种债券只有在到期或出售时才能获得收益,所以也可以看成一种特殊的零息债券。这种利息收入的所有权和偿付本金的所有权的分离使得投资者可以对债券的本息分别进行投资和交易。

9. 货币选择权债券(Bond with Currency Options)

货币选择权债券就是指投资者在接受支付时可以选择除发行货币外的一种或几种货币。

(二)浮动利率债券

浮动利率债券(Floating Rate Notes,FRNs)产生于1970年。1975年8月,巴黎国民银行首次发行浮动利率债券。这种债券的利率根据市场利率的变化进行调整。一般以一个参考利率为基准进行调整,调整幅度可以一次或一直固定,但也可能随着时间而变化。例如,第一个3年可能是1%,而后两年可能是1.5%。参考利率一般是LIBOR,但是其他参考利率也是常用的,如美国国库券以美元利率为参考。参考利率的周期决定了浮动利率票据的参考期限。因此,以1个月LIBOR为参考的浮动利率债券的利率每月改变一次,而以3个月的LIBOR为参考的浮动利率票据则每季度改变一次利率。半年是最常见的参考期限。然而,在一些情况下,利息计算或支付的时间不同于参考期限。例如,利息可以根据观察到的6个月LIBOR的平均值计算,可能超过上6个月LIBOR的值。

浮动利率债券结合了中期银团贷款和长期欧洲债券的优点,一方面它可为借款方提供期限长于银团贷款的中长期借贷资金,另一方面它使投资者减少了因利率上升而引起的资金贬值风险。市场参与者认为,浮动利率债券具有将风险平均分配于借款方和贷款方的作用,为双方提供了公平规避利率变动风险的条件;从市场表现来看,浮动利率债券的市场价格较为平稳,买卖差价较小,债券发行人所负担的利息与LIBOR的差额不大,流动性较高。浮动利率债券在20世纪80年代以后得到了长足发展,品种和发行条件也日趋多样化和复杂化,这类债券的发行人多为从事贷款业务的金融机构,而持有人多是机构投资者,因而比固定利率债券有更高的面值,如5 000美元、10 000美元和100 000美元。下面介绍几种浮动利率债券。

1. 不配套的浮动利率债券(Misdated FRNs)

这种债券的利率根据3个月或6个月的LIBID(伦敦银行同业拆入利率)、LIBOR或LIMEAN(伦敦银行同业拆借中间利率)确定,每个月甚至每周调整一次,但息票按季或半年支付。这种债券最早是在1979年底发行的,用以应对严重的多头市场状况。

2. 附卖出期权的浮动利率债券(FRNs with Put Options)

这种债券给持有者一种选择权,这为只能购买中期票据的投资者提供了方便。例如,瑞士发行的一种永久性债券,每年都给投资者一种选择权,既可以把其转换成低利率的4年期浮动利率债券,也可以再转换回永久性债券。

3. 最低/最高利率债券

这种债券在发行时对利率的浮动幅度进行了规定,可以单边规定利率的最低下跌或上浮限度,也可对两者进行限定,这种债券的发行人一般为商业银行。

4. 基本资本性浮动利率债券(Primary Capital FRNs)

这种债券具有类似于股权的特点,是银行为了满足中央银行对其自有资本比率的要求而发行的。

5. 可转换的和固定下限式的浮动利率债券(Convertible and Drop Lock FRNs)

有些债券给予投资者将浮动利率债券转换成长期固定利率债券的权利和义务。可转换的浮动利率债券就给予投资者这种转换的期权,因此和附认股权证的浮动利率债券相似。固定下限式的浮动利率债券是当参考利率降至底价之下时自动进行转换的债券。因为它对投资者有太多的限制,所以它没有取得太多的成功是可以理解的。

二、按债券可转换性划分

(一)直接债券

直接债券(Level-coupon Bond)是按债券的一般还本付息方式发行的债券,包括通常所指的企业债券和政府债券等。它是相对于可转换债券和附认股权证债券等新品种而言的。

（二）可转换债券

可转换债券(Convertible Bond)是公司发行的一种与股权相连的债券,其持有人可在规定期限内将债券按既定的转换价格和转换比率转换成发行人(或担保人)公司的普通股股票。如果持有人放弃转换权利,公司必须到期还本付息。可转换债券作为国际债券的一种形式,近年来在国际资本市场上发展很快。

在国际债券市场上,可转换债券常用的标价货币有两种,即瑞士法郎和美元。习惯上称前者为瑞士可转换债券,以瑞士法郎标价,由在瑞士注册的银行担任牵头经理人和组织承销团,出售给以瑞士为基地的国际投资者,并受瑞士法律监管;后者称为欧洲可转换债券,主要以美元标价,由国际性的大银行等金融机构担任牵头经理人并作全球配售。现在,国际可转换债券有一种新的形式,即Alpine,它是一种以美元标价、受瑞士法律监管、在瑞士发行并主要在瑞士配售的新型可转换债券。

1. 可转换债券的特点

(1) 可转换债券兼有债权性和股权性的双重特性。对投资者来说,既可以获得该债券提供的稳定的利息收入和还本保证,又可以当公司经营情况良好时将债券转换为股票,成为公司的股东,分享公司业绩增长和股票增值的利益。对发行人来说,债券转换前可以低成本筹集资金,债券转股则提供了以高于发行债券时的股价售出股票的可能性。

(2) 发行人有赎回权,即发行人在债券到期前有赎回债券的权利。

(3) 投资者有到期前回售权,即投资者在债券到期前,在某一指定日期(一般为发行后3年)以一定的百分比将债券回售给发行公司。回售权的规定主要是对投资者长期持有公司债券的一种额外保护,并不是所有的可转换债券都附有回售权条款。

(4) 发行人范围较小。此类债券的发行人仅限于其资本业已股份化的股份有限公司或有限责任公司。

(5) 利率较低。此类债券是一种固定利率债券,其利息率通常较低,以平衡投资者拥有转换选择权的利益。

2. 可转换债券的转换条件

在规定时间将债券转换成股票时,用债券表示的每股价格称为转换价格。当股票的市场价格达到或者超过转换价格时,投资者即有可能进行转换。转换价格经常要根据股价进行调整,以保护投资者的利益。除了转换价格以外,投资者是否愿意将债券转换成股票,还取决于可转换债券的若干评价指标,主要有转换升水、盈亏平衡年限、二级市场价格、股票的增值潜力等。这里就转换升水和盈亏平衡年限两个指标进行分析。

(1) 转换升水。转换升水(Conversion Premium)是指可转换债券价格高于相应股票市场股价的价差,通常用百分比来表示。转换升水的意义是债券持有者把债券转换成股票时,股价必须上涨的幅度。按下式计算:

$$CP=\left[\frac{P\times B_P\times R_1}{S_P\times R_2\times 100}-1\right]\times 100\%$$

式中:CP 为转换升水;P 为转换价格;B_P为债券价格百分数;R_1为债券购买日的汇率;R_2为债券转换日的汇率;S_P为股票的市场价格。

(2) 盈亏平衡年限。盈亏平衡年限(Breakeven Year)是指在股价不变的情况下,持有债券所得收益与将债券转换成股票产生的收益相同时所需要的年限。其计算公式如下:

$$BE=\frac{CP}{BY-DY}$$

式中:BE 为盈亏平衡年限;CP 为转换升水;BY 为债券收益率;DY 为股息收益率。

例 7.1　假设某英国公司发行面值为 1 万美元的可转换债券,当时该公司的股票市价是每股 5 英镑,汇率为 1 英镑兑换 2.2 美元,每股的转换价格为 5.6 英镑,即每 5.6 英镑债券转换 1 股股票。一年后,某债券持有者欲将持有的债券转换成股票,转换日汇率为 1 英镑兑换 2 美元。假定债券贴水发行,价格百分数为 98.5,收益率为 10%,一年后,股价为 5.07 英镑,股票收益率为 8%。计算债券的转换升水和盈亏平衡年限。

解:

$$CP=\left[\frac{5.6\times 98.5\times 2.2}{5.07\times 2\times 100}-1\right]\times 100\%=20\%$$

$$BE=\frac{20\%}{10\%-8\%}=10\text{ 年}$$

典型案例

英国某公司的一次可转换国际债券发行

发行方式:上架发行。

评级:Aaa。

发行规模:200 亿日元可转换债券,滚动发行的初次发行。

售价:按面值平价发行。

承销商:由 Nomura 证券公司牵头组成的辛迪加。

收益率:现行市场收益率 4.30%,到期收益率 4.30%。

利率:年率 4.30%。

付息日:从 1991 年 9 月 28 日开始,每年的 3 月 28 日与 9 月 28 日。

付息到期日:1998 年 9 月 28 日。

回购特性:债券可能于 1994 年 9 月 28 日开始的 12 个月里按票面值的 103%回购。自此以后,回购价每年以面值的 1%递减,至 1997 年 9 月 28 日以后将按面值回购。债券有可能全部回购,而非部分。若遇英联邦法律有变或细分致使公司被要求缴纳新增的税款,公司将可能全部按面值的 100%回购债券。

转换特征:初定的债转股价格为 1 299 日元/股,但若遇一些特殊事项将有调整。转换的普通股数量确定方法如下:先用每 1 英镑兑换 236 日元的固定汇率将债券的日元本金转为英镑本金数,再用英镑本金数除以每股的转换价格 1 299 日元。在 1991 年 8 月 1 日至 1998 年 9 月 22 日的任何时间里,都可以转换。

资金用途:用于公司的总体运营。主要用于投资或贷款给本公司在日本的分支机构。

发行方式:附息无记名式。

票面值:100 万日元。

适用法律:日本法。

税收条款:英联邦税法。

担保:债券发行未获担保。

公司发行收入:约 196 亿日元。

剩余上架发行额:800 亿日元。

资料来源:戴维 · K.艾特曼.跨国公司金融.北京:北京大学出版社,2005:328。

(三)附认购权证的债券

附认购权证的债券(Bond with Warrants)是指认购权证与债券同时发行,在一定的期限内,投资者凭认购权证,有权按协议价格购买债券发行人的某种资产。附认购权证的债券具有普通债券的特点,只是息票利率较低,表明认购权证的价值。认购权证的种类主要有:① 债券认购权证(Debt Warrants);② 无害认购证(Harmless Warrants);③ 股票认购权证(Equity Warrants);④ 联系认购权证等。最常见的是债券认购权证和股票认购权证。下面具体讨论附股票认购权证的债券和附债券认购权证的债券。

1. 附股票认购权证的债券

它的持有者有权以固定价格(履约价格)在固定日期(履约日期)购买公司股份。认股权可以和债券相分离独立进行交易。它对发行者的好处在于它相当于双重的融资来源。认股权证行使之后,债券还没有进行清偿。但当可转换债券转换成权益股时,债券责任消失。而它对投资者的好处在于除了作为传统的债券外,它还在一段相当长的时间得到了看涨期权。

这种债券的发行关键在于确定新发股权的比率、股份的履约价格、认购权的履约时间及债券的息票利率和发行价格。股权比率、履约价格及履约日期决定认购权证的价值,并通过债券的息票利率和出售价格体现出来。欧洲债券市场这种债券的股权比率一般在 25%~100%,履约价格为现行股权的 95%~115%,履约日期为债券发行后的 3~10 年。通常,认购权证可以在债券期满 30 天之前的任何时候执行。

2. 附债券认购权证的债券

它的持有者有权在该证有效期间内,以事先确定的价格购买确定到期日的债券。这类债券所附权证有下面一些形式:

(1) 认购主体债券权证(Warrants into Host Bonds)。可按此证购买与之联结的债券。

(2) 认购支撑债券权证(Warrants into Back Bonds)。该证与主体债券一起发行,但凭此证可购买另一种债券。

(3) 单一认购权证(Naked Warrants)。发行时就与债券分离,可凭此证购买欧洲债券或美国财政部公债。

(4) 二元认购权证(Dual Currency Warrants)。该证履约货币与债券的计价货币不一致。

此外,还有联系认购权证(Wedding Warrants)等其他形式的认购权证。

第三节　国际债券发行

一、国际债券发行条件

国际债券发行条件由发行人和牵头经理人协商确定。发行条件如何,对于发行人的筹集成本、债券能否发行成功有重要影响,主要包括以下几个方面。

(一) 发行额

一笔债券的发行额(Issuc Amount)由发行人和承销团在综合考虑发行人的

资金需求、信用等级、市场条件等因素的基础上共同商定。

（二）票面利率

债券的票面利率（Coupon Rate）是指一年的利息与票面金额的比率。票面利率是发行条件的重要内容，它的高低直接影响发行成本和投资者的收益。确定票面利率时，通常要考虑以下几个方面的因素：① 市场条件；② 信用等级；③ 利息支付频率；④ 市场管理当局的限制。债券的票面利率有固定利率和浮动利率之分。在市场利率较低时，一般应选择发行固定利率债券，以便在以后较长时间内锁定较低的筹资成本；在利率高时，应选择发行浮动利率债券。在借款人的整个债务构成中，也应搭配固定利率债务和浮动利率债务，尽量防范利率风险。

（三）偿还期限

债券偿还期限（Maturity）的长短由发行人的需要、市场条件和发行债券的种类所决定。实际上，期限是和一定时期经济不确定性相连的，对于不同的顾客有不同的期限。例如，短期和中期的欧洲英镑债券就提供给私人零售投资者，长期债券主要是面向机构的投资者，并且通过上市系统发行。可转换债券为 10～15 年。可转换债券转换成股票后，债券余额会减少，所以偿还期长短关系不大。

（四）发行价格

债券的发行价格（Issue Price）有三种不同的确定方法。按票面价格发行，即平价发行（At Par）；低于票面价格发行，即折价发行（Under Par）；高于票面价格发行，即溢价发行（Over Par）。债券发行价格的调整目的在于平衡票面利率与认购收益率间的差距。

（五）偿还方式

国际债券的偿还方式主要有期满偿还、期中偿还和延期偿还。

1. 期满偿还

期满偿还，是指债券发行者在债务期满时一次还清债券本金的偿还方式。

2. 期中偿还

期中偿还，是指在规定的最终偿还期之前就进行偿还。它又可分为定期偿还、任意偿还和提前回售。

（1）定期偿还（Mandatory Redemption），又称强制偿还，即按照协议经过宽限期之后，每半年或一年偿还一定的金额，直至期满时还清余额的方式。该条款可减少债券的平均寿命，使其更吸引投资者，从而支持二级市场的价格。年限在 7 年以上的债券通常采取定期偿还。定期偿还包括抽签偿还和买入注销两种方式。在这两种方式中采取何者较为适宜，取决于债券的市场情况。一般说来，当债券市场价格看涨，高于票面价格时采取抽签偿还较为适宜；当债券的市价低于票面价格时,采取买入注销比较合适。

(2) 任意偿还(Optional Redemption),又称选择性偿还,分为发行者任意偿还与持有者任意偿还两种。

(3) 提前回售(Purchase in the Market),是指债券发行人在发行债券时明确规定投资者有权选择在债券到期前的指定日期中,按约定价格将债券回售给发行人。发行人直接从二级市场将已经发行的债券买回,以注销其债务。

3. 延期偿还

延期偿还,是指发行人在发行债券时明确规定投资者有权在债券到期后继续按原定利率持有债券,直到一个或几个指定日期,才将债券回售给发行人。

(六) 付息方式

这是指发行人在债券的有效期内,在何时或分几次向债券持有人支付利息。付息方式可以分为一次性付息和分期付息。其中,一次性付息的计息方法又可分为单利、复利和贴现三种,分期付息一般分按年付息、按半年付息和按季付息三种。

二、国际债券发行的主要文件

国际债券发行的主要文件包括销售说明书、有价证券申请书、承销协议、信托契约或财务代理协议、律师意见书。下面具体介绍。

(一) 销售说明书

销售说明书对债券发行的相关信息进行全面披露,分为临时发行说明书和发行说明书两种。前者在有价证券申请书生效之前使用。后者则是申请书生效后的正式发行文件,是法律规定的必要文件。发行说明书一般包括以下各项内容:

(1) 第一页记载发行的货币类别、发行额、发行者名称、利率、偿还期限、担保人、发行价格、票面金额、交易所名称以及牵头经理人和副经理人的名称。

(2) 第二页为责任性文字。

(3) 正文。正文内容如下所述:

① 债券的主要条款。详细介绍债券的法律与市场条款,如价格、偿还方式,以及不可抗力事件与违约条款等。

② 关于发行债券所筹资本的用途。

③ 发行人概况。介绍发行人的历史、经营情况等,包括发行人的资本状况、资产负债表、收益情况表等,提供有关发行人董事会成员与高级经理人员的详细个人资料。

④ 发行人的财务情况和业绩。

⑤ 债券的承购包销和销售安排。

⑥ 其他一般信息。包括:谁将对债券和担保的有效性进行法律评估,将聘请哪位律师或法律服务公司来处理有关的法律问题,财务报表由哪些会计人员进行准备,发行人的各项文件经何处审计,关于发行书中有没有遗漏重要事实的声明,关于债券已被欧洲清算系统接受进行清算的声明,还有有关税务问题等。

(二)有价证券申请书

有价证券申请书的内容同销售说明书基本一致。依据各国规定,有价证券申请书送政府和交易所审核,但在私募情况下不必送审,在发行欧洲债券时只需向交易所申报。

(三)承销协议

承销协议由发行人与承销团订立。协议规定发行人、承销商的责任和义务。承销协议包括以下内容:

(1) 关于发行债券提议的概述。它载明发行人提议在某一确定的日期发行一笔经过担保的,规定了总金额、面值和利率的债券,以及发行时的若干其他条件,如债券不记名等。

(2) 发行人同意发行该笔债券,而且承购、包销的经理行同意在确定的日期,按某一特定的价格将债券提供给销售集团。协议中还应当介绍承购包销商与销售集团订立销售协议的内容,以及在协议中经理行所作承诺的作用。

(3) 承购包销的结账日期以及把资金支付给发行人的条件。

(4) 发行人和担保人(如有的话)承诺将签订“付息代理协议”和“传统契约”。

(5) 发行人承诺将支付一定金额的费用作为承购包销佣金,并约定由谁支付同债券发行和资金交割有关的印花税或其他各项捐税以及具体的执行办法。确定印制债券和其他文件费用的支付,发行人通常还应承诺支付给承购包销经理行有关法律事务、宣传广告、邮政等费用。

(6) 发行人声明其财务报表已遵守了普遍接受的会计准则。发行人还要声明,已被批准进行债券的发行工作,其举动不牵涉到任何非法行为,并且没有发生过违约事件。担保人则要发表内容与此相类似的声明。

(7) 关于使债券在某一特定的证券交易所上市的协议,并规定由谁支付上市费。

(8) 在发行完成以及在执行付息代理机构协议和债券上市之前,各方所必须遵守的条件。

(9) 发行人和担保人声明,对承购包销的经理行或任何其他人,不承担任何责任。

(10) 规定赔偿条款。发行人和担保人同意赔偿由于错误的陈述或违反授权而给经理行带来的损失。经理行则承诺赔偿因未经授权而提供内情或其他违约而给发行人带来的损失。

(11) 经理行为了稳定债券价格而采取的任何行动,由经理行承担风险并自担财务损失。

(12) 经理行中止协议的条件,以及协议的适用法律和司法管辖权。

(四) 信托契约或财务代理协议

信托契约或财务代理协议(Trust Deed or Fiscal Agency Agreement)是发行人(和担保人)同信托人或财务代理人之间的契约,包括债券受托协议、登记代理协议和支付代理协议。

(五) 律师意见书

律师意见书是债券发行人和承购集团各自的律师就与发行债券有关的法律问题做出表示的一种书面意见书。

三、国际债券发行程序

(一) 外国债券发行程序

外国债券发行的具体环节会因各国的规定和惯例不同而有所区别。例如,私募发行时,在美国,外国发行人可以直接向机构投资人销售,也可以利用144A规则进入私募市场。在日本,虽然也无须申报注册,但在发行债券的2~3个月前要向“经办者”提出发行意向,以便上报大藏省,同时日本规定私募证券只能向50名以下的投资人销售并受到大藏省的严格控制。在公募情况下,日本有一个特殊规定,由日本银行受理审查“关于证券发行和募集的申请书”。在美国,外国人在全美范围内发债要向美国证券交易委员会办理申报注册手续;如果只在某个州内发行债券,则要遵守有关州的法律规定,向州证券管理委员会申报注册。尽管存在这些差异,但债券的发行程序却大致相同。下面以在美国发行外国债券为例,对不同发行方式下的债券发行过程进行说明。

1. 私募程序

在美国,以私募发行的手续比较简单,整个发行过程大约需要两个半月。其发行程序为:

(1) 发行者表明发行意向,正式指定一家金融机构为斡旋人;

(2) 起草发行说明书、认购合同等文件;

(3) 初步确定发行条件,开始向投资者进行征募;

(4) 对投资者的征募结束,确定发行额;

(5) 最后确定发行条件,发行者与认购者签订认购合同;

(6) 发布公告;

(7) 认购者交纳债券款项。

2. 公募程序

公募发行外国债券的发行程序包括以下几个步骤:确定发债意向、选择主承销商并委托其组织承销团→评定信用等级→债券发行准备工作→提出发行申请→承销与销售安排→发布发行公告→发行收款与上市交易。具体程序如图7.1所示。

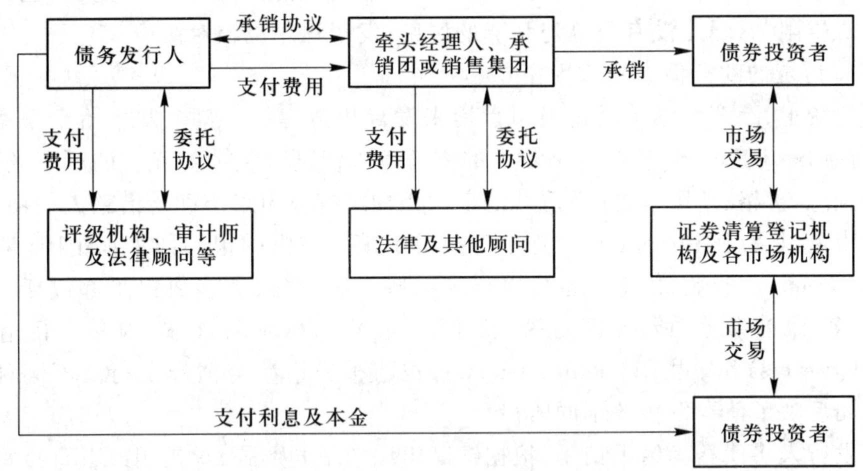

图 7.1 公募发行外国债券的程序

在美国债券市场上公募发行债券的程序比较复杂,从开始筹划到正式发行需6个月左右的时间。具体发行步骤为:

(1) 选定主承销商、会计师和律师等。

(2) 开始准备填写有价证券申报书的各种资料和申请评级的有关资料。

(3) 发行人同主承销商、承销商、律师共同草拟有价证券申请书及有关的合同文件。向评级机构提出评级申请。

(4) 向证券交易委员会提交有价证券申请书。

(5) 主承销商负责组织包销团,向各包销机构分发临时发行说明书。

(6) 证券交易委员会对有价证券申请书进行审查,发行人修改有价证券申请书。

(7) 发行人和有关人员拟定具体的发行条件,然后向证券交易委员会提交一份价格补充说明书。

(8) 发行人和有关认购人员签订认购协议,并向包销团成员分发债券发行说明书最后文本的副本,准备进行债券的出售工作。

(9) 证券交易委员会在收到价格补充说明书和请示的当天,即可通知注册申请生效。

(10) 发行人及其有关人员选择一个生效日期,根据他们认为最有利的市场条件给有价证券定价,并在市场上正式公开发行。

(二) 欧洲债券的发行程序

欧洲债券是一种无国籍债券。发行欧洲债券通常不需要申请注册,也没有发行资格限制,因此没有公募与私募的区别,发行程序也相对简单。

1. 传统的欧洲债券发行程序

传统上,欧洲债券是通过银团承销来发行和销售的。整个发行始于一家主承销商(Lead Manager),其受借款人的委托负责谈判有关债券发行的所有条件,包括利息、价格、期限等,并邀请其他金融机构组成银团来协助与借款人的商谈、进入市场以及组织发行工作。这个包括主承销商在内的银团即为承销团(Managing Group)。当然,借款人也可以要求某些组织参加,大多数银团都包括一个或更多的借款人所在国家的机构。另外,还有两类机构——承销商(Underwriters)和销售团(Selling Group),也将被邀请参与债券发行。不同种类的银团反映了债券发售的不同阶段。

发行人将债券卖给承销团,根据银团组织的不同形式,承销团或者直接将债券卖给承销商和销售团,或者将债券卖给承销商再由承销商卖给销售团,然后销售团成员将债券卖给最终投资者。承销商与纯粹的销售团的不同之处在于,承销商自己提前承诺按照约定的最低价从主承销商处买下债券,即便将来这笔债券不能以比约定的最低价更高的价格卖给销售商或最终投资者。需要指出的是,欧洲债券银团中参与者角色会有重叠,主承销商也是承销商和销售商,承销商通常也是销售商。

欧洲债券发行中的本息支付代理人(Principal Paying Agent)是一家负责从发行人那里收取利息和本金并发放给最终投资者的银行。当一笔新债发行用到财务代理人(Fiscal Agent)时,这个财务代理人与本息支付代理人指的是同一家机构。一家财务代理人代表发行人,负责债券验证并将其发放给投资者,同时作为本息支付代理人。一种可以替代财务代理人的选择是受托人(Trustee)。受托人不像财务代理人那样代表借款人,而是代表投资者利益,在债券条款违约事件发生时,作为全部债券持有人的代表采取法律行动。若在新债发行中使用受托人,就会同时任命一个独立的本息支付代理人来代表发行人。

图 7.2 列示了欧洲美元债券发行的传统时间安排中几个重要的日期。下面是以这几个日期为线索对欧洲债券发行过程的描述。整个发行过程分为 6 个阶段。

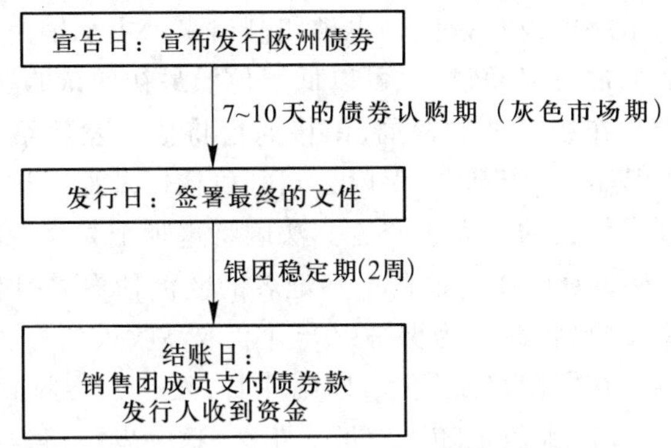

图 7.2　欧洲美元债券发行的传统时间安排

（1）初步协商和准备。在宣布日之前的大约 2 个星期,主承销商与借款人召开会议讨论债券发行的一些条件,如票面利率、发行金额和发行价格等,除了包销外,这些条件在发行日之前都可以变化。财务代理人、受托人或本息支付代理人也将被选出,如果债券发行是在交易所上市的话,还要确定一家上市代理机构。

（2）预先配售。主承销商开始组织承销团进行债券发行,并列出一些可能参加承销或销售的银团成员名单,在宣布发债当天,即宣告日(Launch Date)举行新闻发布会,宣布发债,并且将许多邀请函通过传真发出,邀请其他银行参加银团。可能的参与者将有 7 ~ 10 天的时间来进行抉择,这段时间被称为发行期或债券认购期。可能的承销商和销售商收到一份临时说明书、一张债券发行的时间安排表以及相关的法律文件。如果他们愿意参与发行即可在法律文件上签字。如果发行人不是很有名,这段时间会在主要金融中心进行巡回宣传,也称路演。同时,主承销商要设立银团簿记,记录债券的总需求。当各方表示了对发债的兴趣后,主承销商就要开始在银团成员间初步分配认购额度并等待收取签署好的承销和销售协议。主承销商通常有较大的自由在承销商负责的最大债券数量范围内决定分配给各个承销商和销售商的债券数量。

（3）确定最后的发行条件。在认购期期末,主承销商会根据邀请发出后的反应,与发行人一起对最终发行条件进行修改,并确定最终发行价格。承销协议也会在最终发行条件确定之后签署。

(4) 分配债券(发行日)。债券发行最终条款确定的那一天,即发行日(Pricing Date),债券就正式发行了。从这一点上来讲,尽管发行人要等到结账日(Closing Date)才能收到资金,银团实际在发行日就按照约定价格从发行人手中购买了这笔债券。最终的发行说明书也被印制出来。主承销商通知承销商和销售商最终获得的认购额可以超过,也可以低于他们最初的认购额。

(5) 发行债券。在接下来的两周,销售商会将债券发放给最终投资者。最终投资者包括养老基金、投资基金、保险公司等机构以及那些被没有预扣税款和不记名的持有人证书吸引的个人投资者。法国将这种个人投资者形象地称为比利时牙医(Belgian Dentist),他们投资于不记名的欧洲债券并且保存在卢森堡一家秘密银行以逃避税收,将此作为保护财产并获取高收入的方法。

(6) 结束发行。在银团稳定期末,即结账日,发行人会收到发行净收入,债券被分配给最终投资者,银团也随之解散。不久,这一发行债券的消息将见于各种金融时报和期刊上。90 天以后,个人无记名债券就可以从本息支付代理人的各个办公地点买到。

在债券认购期,当潜在的销售商或承销商向主承销商表明其承销意愿时,债券的最终发行价格还不确定,债券的销售时间、市场条件会如何变化也不明了。但如果销售商知道主承销商会向其分配一定数量的认购债券,还知道他能获得 1.5% 的发行差价,可能作如下推理:"我将会从一定数量的债券中获 1.5% 的差价。如果我可以立即以更小的折扣,如 1% 卖掉它,就可以锁定 0.5% 的利润,而且可以规避利率风险。"然而,债券本身还不存在,最终条款还没决定,关于发行的文件还没有签署。但即便如此,也没能阻止一个远期市场的形成。在这一远期市场上,人们签订合同,一旦债券发行便按事先约定的价格进行交易。这样的欧洲债券新债发行市场出现于 1977 年,被称为灰色市场或前期市场。灰色市场始于新债发行的宣布日。债券在灰色市场中以未来的未知发行价的折价进行交易。例如,一个"减 1"的价格意味着如果债券以面值的 99.75% 发行的话,该债券交易价即为面值的 98.75%。面值为 1 000 美元的债券将会在交易双方之间以面值的 98.75%,即 987.50 美元进行交易。

灰色市场的出现提出了一个问题。如果债券可以在灰色市场中买到,比如以"减 1.5"买到,为什么投资者会以比这高的价格去向销售商购买?如果无人愿意以灰色市场更高的价格购买债券,那么在认购期末,发行人和主承销商决定债券发行的最终价格时,灰色市场的价格将会支配债券的最终发行价格。换言之，债券会通过灰色市场进行市场实际定价。事实上，依据传统的时间表对新发行的欧洲债券进行定价确实受到了灰色市场价格的严重影响。随着灰色市场的发展，可以预见：在欧洲债券市场的未来演变中，传统主承销商的作用会不断下降，而新债发行将由更有效率的市场机制定价。

从发行日到结账日，主承销商会与从银团中挑出的部分成员一起在必要时买进债券以维持价格。稳定价格的动机很多，其中之一和主承销商的声誉有关。如果债券的市场价格在费率协议签署后立即上升，就说明主承销商并没有很好地调查市场，因为发行人本来可以以更低的利率发行债券。这样，借款人会很不高兴，下一次再发债时就会选择另外一家主承销商。相反，如果债券价格在二级市场迅速下跌的话，以原价或接近原价购买债券的投资者也会觉得利益受损。

如果利率在债券销售期间上升了，那么债券价格将会下跌，因此主承销商就要从债券市场上回购债券以稳定债券价格；如果利率在销售债券期间下跌了，债券价格将会上升，更多的债券不用压价就能销售出去。举个例子来说，如果主承销商认为利率在稳定市价期内将会上升，那么在发行协定签署时，将会分配给销售商比实际存在的债券数量更多的认购数，这被称为银团空头。主承销商就必须在结账日前回购一些债券，使结账日的债券发行数量恰好合适，这种主承销商在债券市场上回购债券的行为就会支持债券的价格。另一种情况是，如果利率预期下降，那么主承销商将会采取银团多头，即少分配要发行的债券认购数量。

2. 欧洲债券发行程序的变化

20 世纪 80 年代以来，日趋激烈的竞争和不断加大的利率风险使传统的欧洲债券发行发生了一些变化。

（1）全额包销(Bought Deal)。在全额包销中，主承销商在宣布日前从发行人手中买入全部债券，然后组织银团。最终发行价格的确定也不经过向市场调查需求的认购期。这种发行方式始于 1980 年 4 月，瑞士信贷第一波士顿银行一夜之间从通用汽车承兑公司手里买下了一笔总额 1 亿美元的新发行债券，然后组织银团。这种程序要比传统的欧洲债券发行程序快，并且银团的成员要少得多，以便可以更好地利用市场条件。在全额包销的情况下，主承销商经常占有发行的全部或大部分，它倾向于将债券集中提供给机构投资者。至于能否减少利率风险则很难确定，当发行后进行互换操作时，经常使用全额包销。

（2）预先定价销售(Pre-priced Deals)。这种发行方式在公布日(债券发行价格公布日)之前就确定价格。这虽然增加了承销商的风险，但却将发行期缩短为 2~3 天，这有利于发行人。不过，这种做法一般仅局限于在市场声誉良好、被承销商看好的机构的债券发行。

(3) 收益定价(Yield Pricing)。这是又一种处理宣布日设定的价格与认购期末决定签署价格之间可能出现不一致的方式。在收益定价中,没有预备价格,取而代之的是,债券的息票发行价和手续费金额都在认购期末确定,这种方式确定的发行价格与二级市场的价格相差较小。收益定价在美国国内债券市场中被广泛运用,近年来也被用于欧洲债券市场。

(4) 拍卖发行(Auction Issue)。借款人公布新发行债券的期限和票面利率,邀请投资者竞价,有兴趣的投资者以债券平价的百分比进行报价并报出在此价位时的投资额,然后,借款人从出价最高的竞价者开始依次往下卖出债券直至分配完认购数量。拍卖制度消除了管理费和银团费用,对一些非常知名的欧洲债券发行人很有用。

(5) 固定价格再发行(Fixed Price Reoffer)。在固定价格再发行中,主承销商(账簿安排行)和副承销商签署协议从法律上规定禁止从销售价格中扣取费用。因而,机构购买者不能以发行价的折价购得债券,主承销商在每笔债券发行后,只能保证得到边际回报(Marginal Return)。这种方法由摩根士丹利公司在1989年为世界银行发行债券时首先在欧洲债券市场采用。1990年的前三个季度,有20%的欧洲债券的新债发行是通过固定价格再发行进行的。固定价格再发行的差额不是2%,而是31.25%~37.50%。

专栏7.2

欧元债券融资方式的选择

结合企业的所属类型、规模实力以及在跨境融资方面的资质与额度差异,企业可以选择内保外贷、集团内部贷款、境外发债等不同的运作模式以分享国际债券融资的红利。现行的外汇管理政策已经取消针对特定主体或特定交易的资格条件限制,业务办理相对以往更为便利。

1. 内保外贷模式。该模式的一般流程是企业主体先利用自身的境内银行授信,要求境内银行向境外银行(中资银行海外分行居多)出具融资保函,境外银行在担保额度内再向该企业在海外的分支机构直接提供欧元贷款。

2. 集团内部贷款模式。此模式又分为股东贷款和联属企业贷款,指境内外商投资企业分别向其境外母公司或关联企业借入欧元外债。该模式一般不需要担保,融资利率取决于境外母公司或联属企业的资金成本,但需要限定在外商投资企业"投注差"的额度之内。鉴于部分地区外商投资企业融资一直以境内融资为主,并未用足外债额度,该业务模式在帮助企业获得欧元融资方面仍有较大的发展空间。

3. 境外发债模式。在欧元资金成本较低的背景下,境外发行欧元债券受到有实力企业的欢迎,欧元债券的规模随之明显扩大。这一模式对企业主体和融资项目的要求较高,需要其获得国际信用评级机构的较高评级,并在路演中使国际投资者对融资后的本息偿还具有信心。国际市场的高度认可,是国内企业成功发行欧元债券并获得较低利率水平的基础。以宝钢股份的欧元债券项目为例,国际三大信用评级机构标普、穆迪和惠誉分别给予宝钢股份 A-、A3 和 A-的长期企业信用评级,评级展望均为"稳定",并给予了宝运公司本次欧元债券 A-、Baa1 和 A-评级的项目评级。

第四节 国际债券发行中应注意的问题

一、信用评级

发行国际债券进行融资时,一般都要由专门的评级机构对发行人进行信用评级,以供投资者参考。信用评级机构都是独立的私人或民间机构,不受政府控制,同证券交易所亦无关系,它们对投资者只负有道义上的义务,而无法律上的责任。目前国际上比较具有权威性的资信评级机构有美国的标准普尔公司、惠誉国际信用评级公司和穆迪投资服务公司、英国的艾克斯特尔统计服务公司。在接到发行人申请之后,评级机构会按一定的标准和程序对发行人进行评估以确定其信用等级。以标准普尔公司为例,它将发行人的信用等级标准从高到低分为 10 级(具体情况见表 7.1),评估流程如图 7.3 所示。首先,评级机构派出由分析人员组成的分析小组对拟发行债券的发行人有关情况进行收集和研究,并根据发行人提供的公开性财务报表和其经营资料做出初步的分析。如果发行人曾经发行过债券,则重点审查近年来的变化情况。其次,分析小组根据所了解到的情况和研究的结果做出初步分析和判断后,写出评级推荐意见,呈送该评级机构的评级委员会作进一步审查,并由该委员会投票确定债券级别。最后,评级委员会向评级机构送交新的数据,供评级机构再次研究时参考。

表 7.1 标准普尔公司债券信用评级表

等级	说明	备注
AAA	最高级	还本付息能力强,投资风险最低
AA	高级	还本付息能力很强,保证程度低于、投资风险略高于 AAA 级

续表

等级	说明	备注
A	中上级	还本付息能力较强,可能受环境和经济条件的不利影响
BBB	中级	还本付息能力足够,环境和经济条件不利变化可能导致偿还能力削弱
BB	中下级	还本付息能力有限,具有一定的投资风险
B	投机级	风险较高
CCC	完全投机级	风险很高
CC	最大投机级	风险最高
C	低级债券	一般表示未能付息的收益债券,规定盈利时付息但未能盈利付息
D	违约债券	违约,但尚有一些残余价值

二、债券货币选择

对于不同的国家而言,其长期债券收益率并不趋于一致。因此,有些公司到国外发行外币债券,能够以比本国更优惠的成本筹集到所需资金。如百事可乐公司曾发行过以日元标价的债券,以充分利用日本的低利率。但自实行浮动汇率以来,在国际债券融资中,除需考虑发行国市场状况及以外币标价债券的收益率高低外,就不得不再考虑另一个影响债券货币选择的重要因素——汇率的变化。这是因为,债券发行者必须以债券的标价货币来支付利息及债券到期后的本金,而国际金融市场的变化日趋复杂,如果这种外币对公司本币的汇率升值,那么以本国货币表示的利息及本金就会增加,从而给债券融资带来很大的汇兑风险,并最终影响借款的实际成本。

为了更好地说明这个问题,试以一个简单的案例来进行讨论。假设一个美国跨国公司需要借三年期 100 万美元,且该公司认为在债券票面利率为 14%时,它可以在美国按面值平价出售以美元标价的债券。同时,如果以 10%的票面利率,它可以在欧洲债券市场上平价出售以瑞士法郎标价的债券。不过在后一种情况下,它需要每年用瑞士法郎支付利息,并必须于三年后用该货币支付债券本金。并且,假设当前瑞士法郎的汇率是 0.5 美元/瑞士法郎,这样该公司为了筹

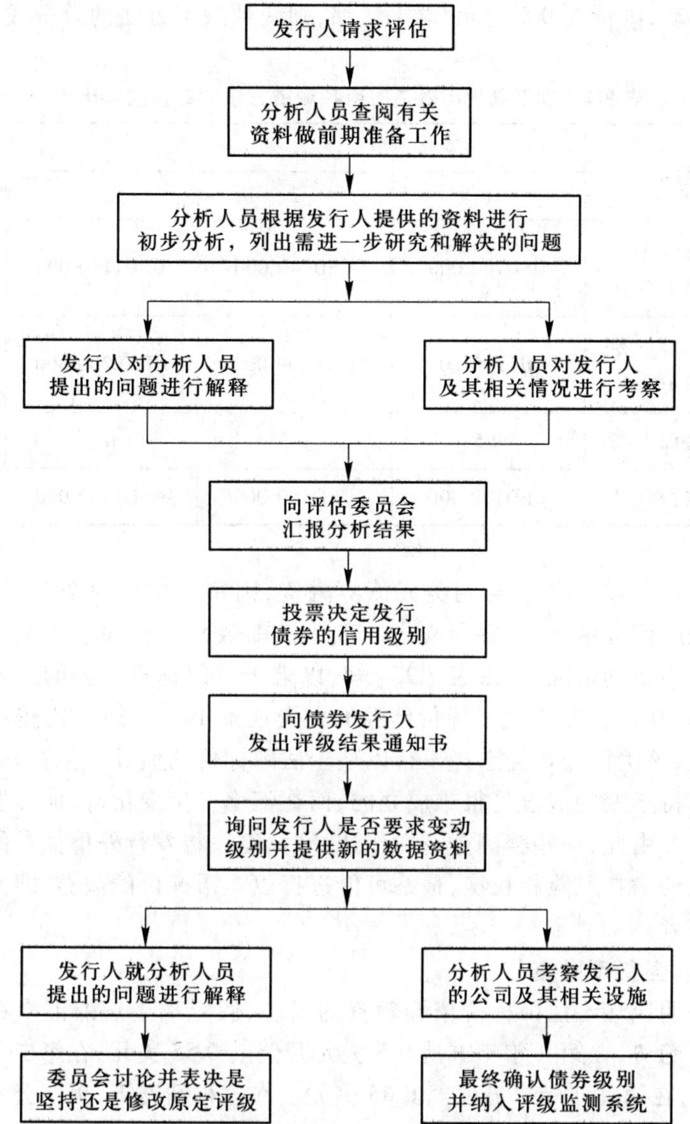

图 7.3　标准普尔公司的信用评级流程

集 100 万美元资金，就需要发行价值为 200 万瑞士法郎的债券。以下分三种具体情况来看汇率波动是如何影响债券货币选择的。

（一）以平稳货币融资

在三年中，假设每次支付利息及最后支付本金时，瑞士法郎与美元之间的汇率不发生变动，维持在 0.5 美元/瑞士法郎，则两种融资方法的筹资成本如表 7.2 所示。

表 7.2　以平稳货币融资时两种融资方法的筹资成本比较

融资方法	三年末			每年融资成本
	1	2	3	
美元标价债券（票面利率 14%）	USD140 000	USD140 000	USD1140 000	14%
瑞士法郎标价债券（票面利率 10%）	CHF200 000	CHF200 000	CHF2200 000	
预计瑞士法郎汇率	0.5	0.5	0.5	
美元支付额	USD100 000	USD100 000	USD1100 000	10%

如表 7.2 所示，如果公司用美元债券融资，则每年支付的金额已知；如果公司用瑞士法郎债券融资，则每年支付的瑞士法郎数额也已知。在假设瑞士法郎与美元汇率不变的情况下，由表 7.2 可知，以瑞士法郎标价债券的融资成本即为其票面利率 10%，低于以美元标价债券的融资成本 14%。通过比较不同情况下的融资成本，该美国公司会选择发行以瑞士法郎标价的债券。但在现实中，瑞士法郎汇率保持不变的假设是很难成立的，而在汇率发生变化时，债券发行者将面临汇兑风险。由此，一些美国企业在作选择时，往往将发行外币债券的潜在收益与这种方法的潜在风险相权衡，最终可能选择以本币标价的债券，即便这样做的成本高于前者。

（二）以强货币融资

为了说明以瑞士法郎标价债券融资的风险，假定瑞士法郎汇率在三年中一直处于上升趋势，在第一年年末从 0.5 美元升值至 0.55 美元，在第二年年末升值至 0.6 美元，在第三年年末升值至 0.65 美元。在这种情况下，美国公司在两种融资方式中的筹资成本由表 7.3 给出。从该表中可以看出发行以瑞士法郎标价债券给该公司带来的筹资风险。最后一个支付期的汇率对以外币标价的债券极其关键，因为它不仅影响最后一期利息的支付，而且影响本金的偿还。由于预测远期汇率的难度极大，因此，虽然在很多时候，以外币标价债券的当前融资成本很低，仍有很多公司不愿发行以该种货币标价的债券。

表 7.3 以强货币融资时两种融资方法的筹资成本比较

融资方法	三年年末			每年融资成本
	1	2	3	
美元标价债券（票面利率 14%）	USD140 000	USD140 000	USD1 140 000	14%
瑞士法郎标价债券（票面利率 10%）	CHF200 000	CHF200 000	CHF2 200 000	
预计瑞士法郎汇率	0.55	0.60	0.65	
美元支付额	USD110 000	USD120 000	USD1 430 000	20.11%

（三）以弱货币融资

在以外币标价债券融资中，就像外币的不断升值会增加本币支出一样，外币的不断贬值将会减少本币支出，从而降低其融资成本。为了说明这一点，假定瑞士法郎处于不断贬值的趋势中，在第一年年末瑞士法郎从 0.5 美元贬值至 0.48 美元，在第二年年末贬值至 0.46 美元，在第三年年末贬值至 0.4 美元。在这种情况下，美国公司用前述两种融资方式筹资的成本由表 7.4 给出。

表 7.4 以弱货币融资时两种融资方法的筹资成本比较

融资方法	三年年末			每年融资成本
	1	2	3	
美元标价债券（票面利率 14%）	USD140 000	USD140 000	USD1 140 000	14%
瑞士法郎标价债券（票面利率 10%）	CHF200 000	CHF200 000	CHF2 200 000	
预计瑞士法郎汇率	0.48	0.46	0.4	
美元支付额	USD96 000	USD920 000	USD880 000	2.44%

由表 7.4 可以看到，在以外币标价债券融资中，如果外币贬值，则其潜在收益也是相当明显的。因此，在债券发行时一定要进行选择。一般借款者愿意选择弱货币，从汇率下跌中减轻债务负担。而投资者愿意选择强货币，债券到期时可获得更大的收益。

在不同的债券市场发行债券的各种费率是不同的，即使在同一债券市场，由于以不同货币标价的债券的供求状况不同，其发行费率也是不同的。由此，在综合考虑债券发行市场状况的差异及汇率的预期波动后，债券的真实融资成本应由下式给出：

$$(A-C)\times S_0=\sum_{n=0}^{N}\frac{P\times r\times S_n^{\pm}\times(1-T)}{(1+k)^n}+\frac{P\times S_N^{\pm}}{(1+k)^N}$$

式中：A 为债券融资总额；

C 为融资费用（包括律师费、审计费及承销费等各种费用）；

S_0为该货币当前汇率；

$S_n^{\pm}$ 为该货币第 n 期的预期汇率（用直接标价法表示）；

P 为债券面值；

T 为国际债券发行者在本国的企业所得税率；

r 为债券票面利率；

k 为以该外国货币标价债券的融资成本；

N 为债券期限。

$(A-C)$为企业扣除各种费用后所最终利用的外币资金；相应地，$(A-C)\times S_0$为以本币表示的企业最终使用的资金额；$P\times r$ 为企业每期需支付的以外币表示的利息额；$P\times r\times S_n^{\pm}$为企业第 n 期预期需支付的以本币表示的利息额；$P\times r\times S_n^{\pm}\times(1-T)$为第 n 期企业为支付利息而预期最终实际支付的本币额（扣除利息支付所产生的税收屏蔽后）；$P\times S_N^{\pm}$为企业在债券到期时为支付债券本金所预期需支付的本币额。因此，国际公司在决定以何种货币作为面值货币来发行债券时，应首先对这些货币汇率的变化趋势作出预测，然后根据上式计算出各种情况下的真实融资成本 k，最后通过比较，选择发行 k 值较低的债券。

章后阅读

2014 年中国企业海外举债规模创新高

有数据显示，中国成为 2014 年最大的新兴市场借债人。来自中国的借债人总共发行了价值 1 010 亿美元的债券，交易总数量为 137 桩，创出历史新高。其次是巴西，发债总额为 440 亿美元，交易总数量为 45 桩。墨西哥排在第三，发债总额为 360 亿美元，交易总数量为 42 桩。

近年来，越来越多的中国企业选择海外发债。2014 年，国内的房地产、银行领域的企业成为了海外发债的主体。一方面，海外资本市场的低利息使得企业的发债成本大大降低；另一方面，监管层放松了对企业在离岸市场发行外币债券的监管。这促使海外发债成为中国企业实现国际化运营的关键环节之一。

目前,中国企业尚不能通过直接的监管审批而获准到海外发债。迄今为止,中国企业在境外发债都是通过其境外子公司作为发行主体来进行的,由母公司提供一定形式的增信手段。在过去的一年,房地产企业和银行发债的额度占中国企业海外发债总额的主要部分。

值得注意的是,一旦国内经济放缓或美元走强,国内企业将面临巨大风险。

首先,尽管日本及欧洲的利率还会有一个时期的上升,但是美国退出 QE 及利率上升已经是一种趋势,只不过是时间问题。而美元的利率上升,不仅会直接影响国内企业到海外举债的融资成本,也会影响国际市场资金的流向。这种国际市场资金的突然逆转一定会全面增加国际市场的不确定性,并造成全球市场的汇率波动。

其次,如果全球市场的汇率剧烈波动,不仅可能改变人民币单边升值的趋势,也可能增加人民币汇率的波动性。如果人民币汇率贬值,那么中国企业将面临着巨大的汇率风险,即债务负担会越来越重。

也就是说,在上述情况下,不仅可能出现国际市场的利率走强,也可能导致本币走弱及国内经济的下行,这些都可能推升债券收益率,从而进一步拖累本国经济增长,损害发行人和包括国际投资者及当地银行在内的债权人的利益。这就使得无论是债务人还是债权人都可能面临较大的风险。

资料来源:吴松.2014 年中国企业海外举绩规模创新高.2015-1-6。

本章小结

国际债券市场有外国债券市场和欧洲债券市场两个子市场。外国债券是在一国国内市场发行的以该国货币发行、受该国法律管辖的外国政府或外国公司债券。外国债券市场是传统的国际债券市场,美国、日本、德国、瑞士是最主要的几个外国债券市场。欧洲债券市场产生于 20 世纪 60 年代。目前,其规模远大于外国债券市场,其吸引力源自无政府管制干预、更宽松的信息披露要求及税收优惠等几个方面。

国际债券可以按照不同的标准分类。按照债券利率确定方式可划分为固定利率债券和浮动利率债券。按照债券可转换性可以分为直接债券、可转换债券以及附有认购权证的债券。

国际债券的发行条件由发行人和牵头经理人协商确定,一般包括发行额、票面利率、偿还期限、发行价格、偿还方式、付息方式;债券发行过程中的主要文件包括销售说明书、有价证券申请书、承销协议、信托契约或财务代理协议、律师意见书等;债券的发行程序因发行方式和债券的种类不同而异,并随着市场条件的改变而不断发展变化。

相关链接

http://www.icmagroup.org 国际资本市场协会(International Capital Market Association,ICMA)

http://www.bis.org/statistics/secstats.htm 国际清算银行有关国际证券和借贷的统计数据

http://www.fibv.com 国际证券交易所联合会(FIBV)

http://www.moodys.com.cn 穆迪中国

http://www.standardandpoors.com 标准普尔

思考题

1. 试述国际债券的种类。
2. 简述主要的外国债券市场。
3. 外国债券与欧洲债券有什么区别和联系?
4. 简述欧洲债券的发行程序。

即测即评

请扫描二维码,在线测试本章学习效果。

第8章 国际股票市场融资

本章学习要求

通过本章的学习,应深入了解国际股票市场迅速发展的客观条件、国际股票市场的特点和主要的国际股权融资方式。在此基础上,应能准确把握国际股票的发行程序、发行条件以及发行方式;正确理解存托凭证的分类及不同美国存托凭证(ADR)计划的区别,明确ADR计划的实施步骤。

本章主要概念

"大爆炸"事件(Big Bang)　纽约证券交易所(NYSE)　纳斯达克市场(NASDAQ)　伦敦证券交易所(LSE)　存托凭证(Depositary Receipt)　美国存托凭证(American Depositary Receipt)　全球权益证券发行(Global Equity Issue)　首次公开发行(IPO)　私募(Private Placement)　累积订单发行(Book-building)　固定价格发行(Fixed Price)　招标竞价发行(Auctions)

章前阅读

海外上市的公司应加强自我约束，对外提供更加真实透明的财务报告，杜绝财务造假；完善公司的监督机制，强化股东大会、董事会、监事会与经理的制衡机制，防止以权谋私、损害股东利益的现象发生；认真学习并遵守国外资本市场信息披露制度，确保信息披露的正确、完整、真实。只有更加健全的财务运行体制和透明的信息披露、才能使外国投资者对中国在海外上市的股票重拾信心。

海外上市的公司首先应积极熟悉和适应美国资本市场的游戏规则、金融体系、文化差异和法律法规等。其次，企业平时要加强内部审查，主动将财务透明化，做好企业宣传，提高企业信誉，树立良好形象，提前做好应对准备。面对做空要积极地回应质疑，以专业性的数据进行应对，及时与投资者沟通，面对恶意做空，必要时要进行严厉的调查和诉讼。

资料来源：薛乾.中概股频遭做空的原因及对策分析.中国外资，2012(16)。

第一节　国际股票市场

国际股票是指外国公司在某个国家的股票市场上发行的以本币或以外币交易的股票，它是外国发行人在国际资本市场上筹措长期资金的工具。国际股票市场就是这些股票发行和交易的场所与网络。

一、国际股票市场形成的背景

20 世纪 80 年代中期以来，国际股票市场取得了巨大发展。金融自由化、资本管制放松和信息通信技术的进步为国际股票市场的发展创造了条件。由于国际性的多元化投资组合能更有效地分散风险或增加投资收益，投资者对外国证券投资的需求增加。同时，为了应对日趋激烈的市场竞争，公司需要寻求新的融资渠道。这些因素相互作用推动了国际股票市场的发展。

（一）市场自由化与放松管制

1975 年，美国证券交易委员会和司法部反托拉斯局强制纽约证券交易所废除最低固定佣金规则，允许国外经纪公司成为会员，并在交易所董事会中引入非会员成员。这标志着证券融资和交易自由化的开始。根据英国政府 1983 年与伦敦证券交易所达成的和解条款，伦敦证券交易所于 1986 年 10 月 27 日废除了最低佣金制度，解除了对会员资格的限制，并取消了单一资格交易系统，引进双重资格交易系统。这项被称为“大爆炸”(Big Bang)的改革导致了英国证券市场的重大变革。同年，英国议会通过了具有里程碑意义的综合性证券法案《金融服务法》，确立了证券市场监管的框架。“大爆炸”发生后的 10 年里，几乎所有重要的证券交易所都接受了开放准入和谈判佣金的原则。尽管日本仍然存在固定佣金，但在 1992 年也实施了大宗交易佣金递增式折扣制度，实际上废除了最低佣金费率。

（二）信息与通信技术的进步

信息与通信技术的进步对国际股票市场的发展至关重要。现在，人们可以跨国境地通过各种媒体，如网络、电视、报纸以及与经纪人联系等方式，获得各种市场信息。在大部分经合组织（OECD）国家，借助无障碍付款和交割，可以方便地进行跨境证券交易。证券市场正逐步从实际交易场所转向计算机交易。计算机通过自动报价方式、指令发送、指令匹配，使高效处理指令变成现实。同时，很多市场在交易处理、清算和托管等方面都引进了先进的技术手段。这些现代化的技术手段将诸多市场连接起来，使得国际股票市场迅速扩张。

（三）投资者行为的变化

国际股票投资对于欧洲投资者而言并不新奇。多年以来，最国际化的投资者就是瑞士的银行。长期以来，这些银行吸收了大量外国存款，由于瑞士本国缺乏投资机会，它们一直在国外进行投资。20 世纪 60 年代和 70 年代，它们是美国股票的主要投资者，后来又成为日本股票的重要投资者。排在瑞士之后的国际投资者是英国。英国具有海外资产组合投资的悠久历史，在 1979 年外汇管制解除之后，机构投资者的海外投资迅速增加，其中大部分是进入美国和日本。最近，美国和日本机构投资者不断扩大其国际股票投资额度。此外，新兴市场日趋活跃，吸引了外国投资者的兴趣。

这些变化提高了市场的质量和效率，使股票市场的运作方式发生了根本性的变化，也促进了各国股市的国际化。以证券交易所为例，其国际化突出表现在三个方面：① 交易对象的国际化，在世界各大交易所交易的外国证券不断增加。② 交易主体的国际化，外国投资者的重要性日渐提高。跨国证券投资的自由化在发达国家开始于 20 世纪 70 年代，基本完成于 90 年代中期；在发展中国家开始于 80 年代，现在仍在继续。到 90 年代末期，允许自由出入的发展中国家有 25 个，允许比较自由出入的发展中国家有 12 个。在伦敦证券交易所，外国投资者参与的国内外证券交易量和本国投资者参与的外国证券交易量占总量的 2/3。③ 交易市场的国际化。20 世纪 90 年代出现交易所的国际联合和合并的浪潮。1999 年，阿姆斯特丹、布鲁塞尔、法兰克福、伦敦、马德里、米兰、巴黎、苏黎世 8 家交易所签订了建立全欧市场（Pan-European market）的协议，相互之间可以买卖任何一家参与全行交易的股票，并通过中央清算系统进行清算。2000 年 3 月 18 日，阿姆斯特丹交易所、布鲁塞尔交易所、巴黎交易所的总裁签署协议，决定把这三家交易所合并为泛欧证券交易所（Euronext）。2006 年 6 月，纽约证券交易所与泛欧股票交易所合并组成纽约-泛欧证券交易所（NYSE-Euronext）。伦敦证券交易所和法兰克福证券交易所于 2000 年 5 月 3 日正式宣布合并，组建成新的国际交易所（International Exchange）。

专栏 8.1

国际股票市场的发展

自从 20 世纪 80 年代早期以来，国际股票交易市场逐渐稳步转好。在此之前，国际股票的二级市场交易数量极其有限。当地市场，特别是在欧洲大陆，交易活跃水平很低，市场流动性有限。

在过去相当长的一段时间里，国际股票交易的主要动机是套利，如一个人可以在美国市场买入某只荷兰股票的 ADR，同时在阿姆斯特丹卖出该 ADR 所代表的同等数量的荷兰股票。在用美元买入时，扣除相关的美元支出（佣金），必须低于卖出股票的所得减去佣金和转让手续费后，再减去将外汇转换成美元的成本后的净所得。套利活动使股票在国际市场上的价格与国内市场趋于一致。

接下来的一项发展是为那些有兴趣购买外国证券的客户提供更好的做市商服务。例如，一家美国养老基金想购买富士通公司的股票，但该公司不在美国的任何交易所或纳斯达克系统上市，它就可以通过 ADR 买到。该养老基金会打电话给在纽约的一位日本经纪人。该经纪人会说，"我们接受你们的订单，将隔夜在日本买进富士通股票。明天早上我们会给你们确认，并告诉你们实际购买的美元价格。随后我们将股票存入日本的代理行，把 ADR 记入你们在纽约的账户"。或者，该养老基金也可以打电话给美国的富士通做市商，而得到的回音是："我们现在以 20 美元的价格把富士通美元 ADR 出售给你。"而该美国经纪人如果没有库存富士通 ADR 现货，他会在纽约市场购买或者与日本经纪人隔夜交易以取得他需要交割给养老基金的股票。做市商的价格反映了他必须承担的各种不确定因素。很快，这种国际批量交易服务在美国和欧洲的主要机构投资者中流行起来。某些股票成为国际上最受欢迎的股票，美国和英国公司很快提供这些股票的研究报告。不久，全欧洲和日本的投资者都可以得到这些研究服务。随着时间推移，国际证券交易量急剧增加，定价也将越来越严格。

现在，欧洲、东亚以及北美的许多交易所都接纳国外会员，参与的公司可以利用美国、欧洲和亚洲股票市场做连续 24 小时不间断的交易，成为活跃的做市商。这些公司能够平衡世界范围内的各种订单，而不仅仅局限于本国市场。他们在进行做市活动时，仅限于一些在他们看来有国际需求的股票，而不是像一些国内交易商那样来者不拒，有求必应。现在，大的证券公司为了承担国际证券的交易,要做出许多努力。例如,美国、英国、日本及其他国家的一些大的证券公司,在研究、交易、销售、运行系统和后勤服务以及外汇交易方面,大幅增加人手,就反映出这个问题。此外,他们还大幅增加了市场基础设施建设投入。

这些发展的结果导致了世界范围内权益证券交易额的大幅上升,从1990年的5.8万亿美元上升到2001年的42万亿美元。

二、国际股票市场的分类

根据职能的不同,国际股票市场可以分为发行市场和流通市场。国际股票发行市场是由股份公司发行股票而形成的市场。股票的发行一般有两种情况:一是新设立的股份公司发行股票集资;二是原有股份公司增资扩股发行。

国际股票流通市场又称二级市场,主要由证券交易所、证券交易自动报价系统、经纪人、证券商、投资者以及证券监管机构组成。其中,证券交易所是股票交易市场的中心,是股票集中并按一定规则进行交易的市场,因而被称为有组织的市场。从股票交易数量、交易市值以及公司募集的资本数量等反映市场流动性及资本供给能力的指标来看,世界上最主要的国际性交易所有:纽约-泛欧证券交易所、德国证交所、纳斯达克证券交易所、伦敦证券交易所、多伦多证券交易所、东京证券交易所等(见表8.1)。

表8.1 截至2015年9月全球证券交易所排名(按上市公司市值)

名称	总市值(10亿美元)	占总体比例
美国(纽约泛欧交易所集团)	18.336 69	32.8%
美国(纳斯达克OMX)	6.745 63	12.1%
日本(日本交易所集团)①	4.405 2	7.9%
英国(伦敦交易所集团)②	3.962 37	7.1%
中国(上海)	3.951 57	7.1%
欧洲(纽约-泛欧交易所集团)③	3.184 31	5.7%
中国香港④	2.992 28	5.4%
中国(深圳)	2.651 23	4.7%
加拿大(多伦多)⑤	1.653 37	3.0%
德国(证券及衍生工具交易所)	1.584 97	2.8%

续表

名称	总市值(10 亿美元)	占总体比例
瑞士	1.468 28	2.6%
印度(孟买证券交易所)	1.458 93	2.6%
韩国	1.188 75	2.1%
北欧(纳斯达克 OMX)⑥	1.180 08	2.1%
澳大利亚	1.059 18	1.9%
总计	55.822 84	约 100%

注:

① 由东京证券交易所及大阪证券交易所组成。

② 由伦敦证券交易所及意大利证券交易所组成。

③ 由阿姆斯特丹 Euronext、布鲁塞尔 Euronext、里斯本 Euronext 及巴黎 Euronext 组成。

④ 包括创业板。

⑤ 包括 TSXVenture。

⑥ 由哥本哈根、赫尔辛基、冰岛、斯德哥尔摩、塔林、里加及维尔纽斯交易所组成。

资料来源:香港证券及期货事务监察委员会,http://www.sfc.hk。

表 8.1 显示了 2015 年全球证券交易所的成交额及上市公司市值排名。由于能进入证券交易所进行交易的只是一些挂牌上市的股票,因此那些未能上市的股票只能通过场外市场(又称柜台市场)进行交易。随着科学技术的发展,这一市场已经演化成一个计算机网络市场,建立了证券交易自动报价系统。例如,美国在 1971 年建立了“全美证券商协会证券自动报价系统”(NASDAQ,即纳斯达克证券交易所),该系统是一个完全采用电子交易、为新兴产业提供竞争舞台、自我监管、面向全球的股票市场。纳斯达克证券交易所是美国也是世界最大的股票电子交易市场。

三、国际股票市场的特点

同国际债券市场一样,作为国际资本市场一部分的国际股票市场是由各主要国家股票市场向国际范围延伸而形成的,并无完整的单一市场存在形态。当今世界上一些发达国家和新兴工业化国家及地区都有规模不等的国际股票市场。这些股票市场不仅为市场所在地的国内企业提供了筹集资金的重要手段,而且已逐渐成为跨国公司和外国企业扩大资金来源的重要渠道。这种特性决定了国际股票市场具有以下几个特点。

（一）市场基础广阔

（1）参与国际股票市场运作的各国家和地区股票市场逐渐形成了一个难以分割的网络。

（2）由于交易机构、交易体系等是相同的，除了入市条件、发行范围和方法有所不同外，国际股票发行基本与国内一致。

（3）由于市场大、投资者甚众、资金充裕，众多的市场聚合形成的巨大经济能力，股票得以在世界范围内广泛地发行和上市。尽管股市是高风险的场所，但与股票风险相随的高收益吸引着越来越多的资金进入国际股票市场。众多的投资者不但夯实了市场基础，而且使股票更具有流动性，也使股票市场的风险得到有效、合理的分散。

（二）政府干预的程度不同

传统上，股票市场的高风险引致了政府对这一市场严厉监管。由于单独的各国市场受各国政府当局管辖，这些市场是国际股票市场的有机组成部分，因而整个市场的政府干预程度不同。根据干预程度的不同，国际股票市场的政府干预可以分为三种类型：① 以美国为代表包括日本、韩国、加拿大、中国等的立法管制型；② 以英国为代表包括荷兰、中国香港特别行政区、新加坡、澳大利亚等的自律管制型；③ 以法国为代表包括德国等的立法管制和自律管制混合型。但是，随着全球金融市场一体化的发展、管制放松和竞争加剧，政府干预出现了趋同的势头。

（三）市场种类多样化

分析发行上市的股票状况就可以发现，全球股市可以大致分为三个层次：

（1）国内市场。

（2）由国内市场延伸的包括新兴市场在内的传统国际市场。这一市场的基本特征为股票发行票面货币与发行地的货币一致，类似于前文提到的外国债券市场。

（3）由国内市场延伸的欧洲股票市场。欧洲股票是一个通称，它是指世界各地发起和销售的国际股票。欧洲股票市场源于欧洲债券市场，但在发行方法上与欧洲债券市场有所不同。欧洲债券采取辛迪加统一销售形式，而欧洲股票采取辛迪加划地为界的销售形式，其主要原因在于欧洲股票市场的基本特征是未与国内市场分离。欧洲股票市场的另一个特征是股票发行的面值货币与发行地国家的货币不相一致。欧洲股票市场的诞生与英国伦敦证券交易所在 20 世纪 80 年代依据欧洲债券市场的做法移植发行以美元为面值的股票有关。一家公司可以发行由多国机构承销，并分布在多个市场的股票，有时还伴随国内市场的发行额度。欧洲股票市场可以接纳规模从低于 1 000 万美元到超过 130 亿美元的单笔股票发行，也可接纳 B 级股票（低表决权）（B Shares（Low Vote））、优先股、认股证书与混合工具。

四、国际股票市场指数

很多国家和地区的股市都有一个或几个指数。例如，美国有道琼斯工业指数、标准普尔 500 指数、纽约证券交易所综合指数、纳斯达克和美国证券交易所指数。加拿大有多伦多证券交易所指数，日本有日经平均指数，中国香港地区有恒生指数，英国有 FTSE 100 指数及 FT 所有股票价格指数。还有一些其他国际指数，例如摩根士丹利资本国际公司（MSCI）发布的世界指数、欧洲指数和新兴市场指数，包括全球新兴市场指数和几个地区指数等。作为世界银行的机构，国际金融公司（IFC）也创造了许多新兴市场股票指数，如包含大多数新兴市场的 IFC 全球指数、IFC 调研指数，后者几乎包括了新兴市场上外国投资者可投资的全部股票。IFC 还发布了一些地区指数，如拉丁美洲、亚洲、欧洲和中东指数。

五、国际股权融资的主要方式

国际股票市场是公司拓宽资金来源的重要渠道。但是，公司股票之所以在国际市场发行或上市，除了降低资本成本、拓宽融资渠道外，通常还有以下一个或多个目标：① 提高已发行股票的流动性并且为新股发行提供一个流动性良好的二级市场；② 提高公司对客户、供应商、贷款人以及东道国政府的透明度和认可度；③ 为在东道国市场上收购其他公司的股票创造条件；④ 为作为外国附属机构管理人员和雇员薪酬补偿的股票创造二级市场，改进激励机制。换言之，国际股票融资具有一系列的潜在收益。但是，在国际市场进行国际融资也可能带来额外的风险和费用。公司发行国际股票后，要承受来自市场和监管部门的各种压力；必须支付国际股票发行的费用和经常性的律师、审计师、会计师等专业服务费用；必须披露商业资料及重大事项的信息，使业务公开化；股价可能因外部环境的变化而剧烈波动，由此对公司管理层造成巨大的经营压力；企业有可能被国际投资者敌意收购。这些潜在的收益和风险因具体的融资方式不同而异。

公司进行国际股权融资的常见做法有以下几种：① 在目标市场上向投资者公开发售股票。② 在包括国际和国内不止一个市场上向投资者公开发售，即上文提到的欧洲股票公开发行。③ 在美国 SEC 的 144A 规则下进行私募。④ 向私人股票基金出售股票。私人股票基金通常是由机构和个人投资者组成的有限责任合伙企业。这些投资者在流动性最高的市场上融资，然后把这些资金投向新兴市场上有潜力的公司。投资目标是帮助这些公司进行重组和现代化以迎接日益激烈的竞争和新技术发展。有时也投资于需要与外国跨国企业、合伙企业或战略联盟建立联系的公司和私有化的国有企业。一些规模较小、管理体制和治理机制均不够完善的新兴市场公司,由于实力有限,常常无法为国际化战略预付成本筹集资金。对这类公司而言,向私人股票基金出售股票不失为一种有益的尝试。⑤ 向作为战略联盟的外国公司出售股票。战略联盟通常由进行合资或合营活动以期待获得协同作用(Synergy)的公司组成,它们可能共同分担技术研发的成本或者进行追加的市场营销活动。这样,它们有可能获得规模或范围经济效应,或者许多其他商业利益。但是,有时常被忽略的一种协同作用是一家财力雄厚的公司通过为一家财力薄弱的公司提供价格诱人的股票或债券融资来降低其资本成本的可能性。部分中国国有企业在境外发售股票有时将部分股票销售给具有联盟性质的战略投资者。从融资工具的不同来看,上述融资方式可以分为两类:一是直接发行股票,包括普通股票和特种股票,如上文提到的在欧洲股票市场上发行的 B 级股票;二是发行存托凭证(Depository Receipt,DR)。

第二节 国际股票发行

国际股票市场是一个由各国国内市场、传统的国际市场和欧洲股票市场构成的多元化、层次化的市场体系。不同子市场在市场结构、发行制度、投资者的习惯上不尽相同,国家和民族之间政治、历史、文化渊源和地缘关系上的千差万别又使得各个子市场之间的关联度不同。期待进入国际股票市场的企业情况更是各不相同,故而有必要对国际股票的发行、上市进行介绍。

一、国际股票的发行过程

在不同层次、不同地域的市场发行国际股票的程序不尽相同,但从企业的角度出发,企业国际股票的发行环节基本一致。一般而言,国际股票发行要经历以下步骤。

(一)国际股票发行决策

只有综合分析国际股票发行的利弊,才能最终确定是否要发行国际股票。

(二)选择国际股票发行市场

在企业做出发行国际股票的决策时,首先应该考虑到国际股票发行市场的选择问题,毕竟不同的发行市场为投资者进行股票融资所提供的便利不同,从而直接影响国际股票发行的顺利与否。

（三）选择投资银行

不论是私募发行还是公募发行，投资银行的作用都不能低估。在私募发行中，新股发行人要在投资银行的安排下直接对指定投资者发行股票。在公募发行中，投资银行是发行者与当地证券管理机构及国际投资者之间的中间人，它向发行人提供咨询，帮助其制定稳定的发行方案，从而使其筹资活动能够顺利进行。

（四）拟定发行文件

根据发行市场所在地证券管理机构和证券交易所的发行和上市要求，股票发行者同投资银行一起讨论最佳发行时机和上市途径，并在此基础上，初步拟定发行文件。

（五）资产评估

资产评估是指对企业在评估基准日的所有资产和债务依法进行估价，确定企业的资产规模和资产质量。根据发行市场对发行股票的企业的资产规模要求，发行企业应按照发行市场所在地财务会计准则进行财务审计和资产评估。

（六）资产重组

企业要根据发行条件和融资情况进行企业重组。资产重组是将经过评估的企业资产进行必要的价值形态分离，将优质的经营性资产作为上市发起资产，注入拟发行国际股票的公司中。在重组过程中，企业应当剥离其非经营性资产，并要突出其主营业务，与主营业务无关的经营性资产也应当适当剥离出去，另行运作。

（七）提出发行股票申请

在企业根据投资银行的建议确定初步发行条件后，应制作完备的相关材料，并报请发行地证券发行管理机构审查与登记注册。

（八）股票发行准备

发行人委托投资银行组织承销团，并与证券交易所联系，以确定财务代理机构、股票登记机构与股息分付机构等。

（九）股票发行

在股票获准发行且已注册后，企业要在投资银行的帮助下，根据公司经营状况与发行市场条件来确定股票发行价格，并由承销团进行包销。

专栏 8.2

美国证券市场上外国股票发行上市程序及规定

根据美国《1933 年证券法》，除非某证券的上市登记报表已经提交 SEC

认可,否则禁止发行者或承销商在美国公开推荐出售该证券。除非某证券满足以下两个条件,否则禁止在美国出售该证券:① 该证券的上市登记报表已经被 SEC 认可,② 在确认销售的同时(或预先)交付招股说明书。可以看出,上市登记是发行股票的一个最重要的程序。对于外国发行人的上市登记有如下的规定。

1. 一般上市程序

一般上市程序的规定是根据美国联邦政府和州政府一系列法规、条例及自律性管理机构的规则而制定的,大致分为以下几个阶段 。

(1) 申请前的准备工作。包括申请上市公司按照美国公认的会计准则的规定,重新审核公司账目和记录;选聘承销商,签订意向书,正式确立公司与承销商的关系;委任律师和会计师。

(2) 证券交易委员会的监管和注册。发行股票必须向 SEC 登记注册,注册时必须填写 20-F 申请上市登记表,全面填报公司的业务情况和财务成绩;对公开发售的部分证券进行注册时,需要填报 SEC 的 F-1 表格,列出发售价、证券类别和分销方法等详细资料。F-1 表格包括了招股说明书的内容。根据美国法律,招股说明书是上市公司发布的关于发行股票的唯一信息,因此它既是一份信息披露文件,同时又是一份发行股票文件。在美国首次公开发行(IPO)股票时,外国发行者必须采用这种格式。

(3) 全国证券交易者协会的审核。申请上市的公司的申请除需经过 SEC 的审核外,还需经过全国证券交易者协会的审核。前者重在审核信息披露,后者重在检查承销费用、条款和安排等是否公平,以保护上市公司的利益。只有在全国证券交易者协会完成审核并出具无异议意见书时,SEC 才会宣布有关登记及承销事项生效。

2. 外国公司的上市登记

(1) 上市登记的内容。首次公开发行的程序包括向 SEC 提交上市登记报表,并说明股票在美国上市和出售的情况。SEC 在经过详细的审查评阅后,宣布登记报表是否有效。上市登记报表主要包括招股说明书、细节说明和一些规定必须展示的内容等。

在提交上市登记报表以后和该报表生效之前,招股说明书可以引起潜在购买者的兴趣。发行者一般都把招股说明书印成小册子广泛散发给包销商和金融机构。细节说明和对照索引主要满足有关登记的技术性规定。这一部分包含一些在招股书中没有的信息,例如签约书以及招股说明书中不包括的财务报表。必须展示的内容包括计算每股收益的报表、承销文件等。

（2）上市登记报表的格式。根据《1934 年证券交易法》的规定，外国发行人必须以公开方式填写反映主要财务数据的表格，其主要针对增资发行。为外国发行人设计的上市登记报表表格有 F-1、F-2 和 F-3 三种。F-1 表格主要用于那些在本国证券市场发行 3 年或 3 年以上后，仍未按照《1934 年证券交易法》的规定注册或不符合 F-2 表格和 F-3 表格规定的外国企业。F-2 表格用于那些在公开市场挂牌或已按《1934 年证券交易法》的规定注册，并按 20-F 准备年度财务报告备案，而且在此之前 12 个月内，所有按《1934 年证券交易法》的规定发行公司应做出的文件都已及时做出的外国企业。F-3 表格适用于在公开市场挂牌，或已经按《1934 年证券交易法》的规定注册，并按 20-F 准备年度财务报告备案，在此之前 12 个月内，所有按《1934 年证券交易法》的规定发行公司应做出的文件都已及时做出，由非附属公司持有的发行公司的有投票权的股票在世界范围内至少达到了 3 亿美元市值的公司。发行人选哪一种格式要看其事先是否已经成为 SEC 的报告公司，即是否已经遵循《1934 年证券交易法》的规定定期向 SEC 提交财务报表和业务情况报告。如果是报告公司，那么还要看其成为报告公司时间的长短。

二、国际股票的发行上市条件

依据国际惯例，股票发行上市必须具备一定的条件，遵照一定的程序取得发行资格，并在办理必要手续以后才能发行。股票发行的条件可以分为一般条件和特殊条件。一般条件是指发行人必须依据特定程序，向相关的机构报送有关文件。这些文件包括：发行章程、发行申请书、发行说明书、承销协议、注册会计师报告、律师意见书和公证人报告以及发行人的财务报告等。特殊条件通常适用于初次发行股票的企业，是指法律规定发行人应具有的必要条件。

与发行条件类似的是上市条件，又称上市标准，是指各国证券交易所对申请股票上市的公司依据其当地的情况所作的规定，只有符合这些规定和要求，公司股票才准许在交易所挂牌上市。上市条件通常包括资本额、资本结构、盈利能力、股权分散程度、公司规模等几个方面的内容。

由于中国内地企业发行上市国际股票主要集中在中国香港地区、美国、英国以及新加坡等几个市场，下面具体介绍这些市场上几个主要交易所的发行、上市条件。

（一）纽约证券交易所

1. 上市条件

纽约证券交易所也接受外国公司挂牌上市，上市条件较美国国内公司更为严格，主要包括以下内容：① 社会公众持有的股票数目不少于 250 万股；② 有 100 股以上的股东人数不少于 5 000 名；③ 公司市值不低于 1 亿美元；④ 在最近 3 个财政年度里连续盈利，且在最后一年不少于 250 万美元，前两年每年不少于 200 万美元或在最后一年不少于 450 万美元，3 年累计不少于 650 万美元；⑤ 有形资产净值不少于 1 亿美元；⑥ 对公司的管理和操作方面的多项要求；⑦ 其他有关因素，如公司所属行业的相对稳定性、公司在该行业中的地位、公司产品的市场情况、公司的前景、公众对公司股票的兴趣等。

2. 资格审查

纽约证券交易所要求上市公司提交某些文件和信息，以便对该公司的上市要求进行初步的审查。这些文件和信息包括公司执照、章程、最近 5 年年报的复印件（如果要求译成英语，那么只要 3 年的材料）和最近一次公开发行股票的有关文件等，还涉及公司股票的所有权、雇员和待解决的诉讼等细节。审查是在秘密情况下进行的，初步审查在两个星期内完成。

3. 上市申请

申请公司在收到审查合格通知以后的 6 个月内，可以在任何时候提交一个正式的上市申请。在提交申请的同时，必须附上一张支票以支付最初的上市费用。如果希望迅速提交上市申请，那么纽约证券交易所通常会乐意在进行资格初审的同时审阅公司上市申请的草案，并将在 3～5 周内给出对于申请草案的审查结果。

4. 上市协议

在获得上市许可之前，公司将被要求与纽约证券交易所签订一个上市协议，非美国公司的标准形式的上市协议将阐述有关公司上市的各种约定，包括上市类型及财务和其他信息披露的时间安排。

在纽约证券交易所上市的股票，其交易实行专家代理制（Specialist），通过场内的特许专业经纪人来完成股票的对盘交易。这种场内专业经纪人在接到场外证券经纪商的买卖单后，进行对盘，撮合成交。

（二）纳斯达克市场

纳斯达克（NASDAQ）市场实行双轨制，即分为 NASDAQ 全国市场和 NASDAQ 小型资本市场。前者比后者要求严格，规模较大的公司通常选择全国市场上市而规模较小的选择小型资本市场上市。

1. NASDAQ 全国市场

对于首次发行的公司，根据纳斯达克的标准，必须满足以下 3 个初始上市标准中的一个，且必须满足该标准的全部要求；这一公司必须持续满足其中之一的标准以保持其上市地位。以下简要介绍 NASDAQ 全国市场的初始上市标准。

标准一：① 股东权益达 1 500 万美元；② 最近一个财政年度或者最近 3 年中的两年中拥有 100 万美元的税前收入；③ 110 万股的公众持股量；④ 公众持股的市场价值达 800 万美元；⑤ 每股买价至少为 5 美元；⑥ 至少有 400 个持 100 股以上的股东；⑦ 须满足公司治理要求。

标准二：① 股东权益达 3 000 万美元；② 110 万股的公众持股量；③ 公众持股的市场价值达 1 800 万美元；④ 每股买价至少为 5 美元；⑤ 至少有 400 个持 100 股以上的股东；⑥ 3 个做市商；⑦ 2 年的营运历史；⑧ 须满足公司治理要求。

标准三：① 市场总值为 7 500 万美元，或者资产总额和收益总额分别达 7 500 万美元；② 110 万股的公众持股量；③ 公众持股的市场价值至少达到 2 000 万美元；④ 每股买价至少为 5 美元；⑤ 至少有 400 个持 100 股以上的股东；⑥ 4 个做市商；⑦ 须满足公司治理要求。

2. NASDAQ 小型资本市场

企业想在 NASDAQ 小型资本市场上市，只要符合下列的三个条件及一个原则，就可以向美国的 SEC 及 NASDAQ 申请挂牌。

(1) 先决条件。经营生化、生技、医药、科技（硬件、软件、半导体、网络及通信设备）、加盟、制造及零售连锁服务等公司，经济活跃期满 1 年以上，且具有高成长性、高发展潜力者。

(2) 消极条件。有形资产净值在 500 万美元以上，或最近一年税前净利在 75 万美元以上，或最近 3 年其中 2 年税前收入在 75 万美元以上，或公司资本市值（Market Capitalization）在 5 000 万美元以上。

(3) 积极条件。经 SEC 及 NASDAQ 审查通过后，需有 300 人以上的公众持股（非 IPO 须在国外设立控股公司，原始股东并须超过 300 人）才能挂牌。依美国证券交易委员会手册（SEC Manual），公众持股人之持有股数需要在整股以上，而美国的整股即为基本流通单位 100 股。

(4) 诚信原则。纳斯达克流行一句话：任何公司都能上市，但时间会证明一切。意思是说，只要申请的公司秉持诚信原则，挂牌上市是迟早的事，但时间与诚信将会决定一切。

（三）伦敦证券交易所

英国是欧洲最大的股票市场，也是国际化程度最高的股票市场。世界上

60%以上的跨国交易和90%以上的欧洲跨境交易都要经过伦敦。伦敦证券交易所(London Stock Exchange,LSE)是欧洲最大的证券交易所,也是外国公司通向欧洲市场的大门。在国际证券交易所成立以前,外国股票还主要在有形市场以外通过电话进行交易。为吸引更多的发行人与投资者,交易所创立了“证券交易所自动报价”国际系统,并与传送证券交易所自动报价国际系统价格的路透社系统、NASDAQ 等联网,向全球投资者传送股票价格信息。

在伦敦证券交易所上市的外国公司,必须为已设立公司,事先指定代理人,然后申请上市。根据伦敦证券交易所编撰的上市规则的要求,外国公司在伦敦上市的基本条件如下:① 有 3 年的经营记录,并须呈报最近 3 年的总审计账目。如没有 3 年经营记录,某些科技产业公司、投资实体、矿产公司以及承担重大基建项目的公司,只要能满足伦敦证券交易所上市细则中的有关标准,亦可上市。② 管理层能为公司经营记录承担责任。③ 财务报告一般须按国际或英美现行的会计及审计标准编制,并按上述标准独立审计。④ 按伦敦证券交易所规范要求编制上市说明书,发起人需使用英语发布有关信息。⑤ 总股本不少于 2 500 万英镑,上市后的公众持股数不得低于 25%。一般大型股东,特别是持任何一级股份 5%以上的机构股东,不能算作社会股东。对申请上市的中国公司,伦敦证券交易所参照香港证券交易所对 25%公众持股法令的理解来看待中国公司独特的股权结构。如果申请上市公司有大型机构股东(通常指持有 30%以上股份的股东),应向伦敦证券交易所保证该股东的所有行动都是独立的。

(四) 新加坡证券交易所

1975 年以来,新加坡证券交易所上市分为第一上市和第二上市两个板块,相应的上市基本条件也分为第一上市条件和第二上市条件。前者比后者条件严格,但前者的市场号召力和集资能力比较强。

1. 第一上市条件

基本条件:① 财务报表须符合新加坡或国际会计准则。② 上市后须委任至少两名在新加坡居住的独立董事。③ 须将 25%的股份公开发售给公众。④ 须以非新加坡元报价。⑤ 遵守交易所的持续上市条件和披露政策。

除上述基本条件外,在新加坡以外国家注册的公司和在新加坡注册的公司,还应分别具备以下条件:① 缴足资本至少 3 000 万新加坡元。② 在最近 2 个财政年度里,税前累计赢利至少 1 500 万新加坡元,其中每年的税前赢利至少 200 万新加坡元。③ 在最近 3 个财政年度里,高层管理人员和主要股东大体没有变动。④ 公司董事和主要股东间没有尚未解决的利益冲突。选择新加坡作为第一上市地的公司,新加坡证券交易所就是其主要监管机构,须遵守新加坡证券交易所的持续上市规定。

2. 第二上市条件

已在其他地方上市的公司可选择新加坡作为第二上市地，第一上市地海外证券交易所则是该公司的监管机构。公司应该遵守第一上市证券交易所的持续上市规定，而不必遵守新加坡证券交易所的持续上市规定，但必须向新加坡证券交易所提供在所属证券交易所发表的申请等相关文件。第二上市条件主要如下：① 须在其所注册国的交易所或海外交易所上市。② 公司的市值至少 5 000 万新加坡元。③ 在最近 3 个财政年度里，税前累计赢利至少 1 500 万新加坡元，其中每年的税前赢利至少 200 万新加坡元。④ 寻求挂牌的公司股票必须已具备一个公开市场，并拥有全球股东不得少于 2 000 人。

（五）香港联合交易所主板

1. 香港联合交易所规定的主板上市条件

香港联合交易所（简称联交所）的上市规则规定了主板上市的条件，主要内容如下：

（1）最低公众持股数量和业务记录。市值少于 40 亿港元，公众持有股份至少 25%；市值在 40 亿港元以上，由交易所酌情决定，但一般不会低于 10% 或 10%~25%，每发行 100 万港元的股票，必须由不少于 3 人持有，且每次发行的股票至少由 100 人持有。

（2）最低市值。上市时预期市值不得低于 1 亿港元。

（3）盈利要求。最近一年的收益不得低于 2 000 万港元且前两年累计的收益不得低于 3 000 万港元（上述盈利应扣除非日常业务所产生的收入及亏损）。

（4）上市公司类型。吸引海内外优质成熟的企业。

（5）采用会计准则。香港及国际公认的会计原则。

（6）公司注册和业务地点不限。

（7）公司经营业务信息披露规定。申报会计师报告的最后一个财政年度的结算日期距上市文件刊发日期不得超过 6 个月。

2. 内地企业上市的特殊要求

香港联合交易所对内地企业上市的特殊要求主要如下：

（1）必须是在中国正式注册或以其他方式成立的股份有限公司，且必须受中国法律、法规的制约。

（2）上市后最少在 3 年之内必须聘用保荐人（或联交所接受的其他财务顾问），保荐人除了要确定该公司是否适合上市外，还要向该公司提供有关持续遵守联交所上市规则和其他上市协议的专业意见。

(3) 必须委托 2 名授权代表,作为上市公司与联交所之间的主要沟通渠道。

(4) 可依循中国会计准则及规定,但在联交所上市期间必须在会计师报告及年度报表中采用香港或国际会计标准。上市公司的申报会计师必须是联交所承认的会计师。

(5) 必须委任 1 人在公司股票在联交所上市期间代表公司在香港接受传票及通告。

(6) 必须为香港股东设置股东名册,只有在香港股东名册上登记的股票才可在联交所交易。

(7) 上市前要与联交所签署上市协议。另外,每个董事和监事需向联交所作规定的承诺,招股说明书披露的资料必须是香港法例所规定的。对主要股东的售股限制是上市半年内不能出售该部分股票,半年以后仍要维持控股权。

三、国际股票的发行方式

从世界范围内来看,股票首次公开发行的方式有以下四种:固定价格发行(Fixed Price)、累积订单发行(Book-building)、累积订单和固定价格相结合以及招标竞价发行(Auctions)等。

(一) 固定价格发行

固定价格发行的基本做法是:承销商和发行人在公开发行前商定一个固定价格并据此价格进行公开募集;在批准发行与公司挂牌之前,有一个由公众进行认购的发行期。固定价格发行主要是英国及其以前的殖民地国家和地区如印度、新加坡、中国香港等采用,此外许多欧洲国家如德国、意大利、比利时等也采用这一方式发售首次公开发行的股票。固定价格发行在具体方法上分为两种:公开认购和允许配售,两者的区别在于配股时承销商的灵活性上。在股份分配方面有两种模式:一种是出现超额认购时,承销商必须根据投资者的申购数量按比例配发,如中国香港、新加坡等;另一种是承销商有配股的权利,如澳大利亚、泰国等。

(二) 累积订单发行

累积订单发行在美国被普遍采用。上海石化在美国招股时就是采用这种方式,其特点是在发行时最大限度地体现了市场的作用。累积订单发行的基本做法是事先不确定发行价格和发行股数,而是让投资者在新股发行定价完成之前提出对股份的需求,并根据投资者的需求信息确定发行价格和发行数量。一般包括两个步骤:第一,根据新股的价值、股票发行时的市场条件、发行规模、公司所处行业股票的市场表现等因素确定新股发行的价格区间;第二,主承销商协同上市公司的管理层进行路演(Road Show),向投资者介绍和推介股票,使大机构投资者对发行公司的经营状况、财务信息、发展前景等方面有更直接的了解。路演期间承销商先定出一个价格范围供投资者参考,而投资者根据所获信息报出自己希望的购买价格和数量,承销商由此可基本了解市场对这次发行的态度,从而在原来的价格范围内进行调整,最后确定发行价格,同时确定发行数量和配售给机构投资者和散户的比例,对机构投资者的配售一般依据其累积投标时的申报数量,而对散户一般采用公开认购的方式。

在这类发行中,承销团要承担持有期风险,即从购买证券开始到与客户确认有关销售事项结束阶段股价下跌产生的风险。为了尽量降低这些风险,并为后市提供强有力的潜在支持,承销商一般会超额分配股票,而公司通常给予承销商超额配售选择权。超额配售选择权是指发行人授予主承销商的一项选择权,获此授权的主承销商可根据市场认购情况,在股票发行上市后的一段时间(通常为一个月内),决定是请求发行人额外发行一定数量的股份(通常为不超过本次发行数量的 15%),还是从二级市场购入或两者兼而有之,主要是为了规避承销商的发行风险,支持和稳定二级市场。超额配售选择权在 1963 年美国绿鞋公司首次公开发行股票时最先使用,因此超额配售选择权又被称为“绿鞋”期权。超额配售选择权发行方式逐渐为发行人、承销商和投资者所接受,越来越广泛地应用在发达资本市场股票 IPO 和增发中。

(三)累积订单和固定价格相结合

这种方式常用的做法有两种:一种做法是先按商定的价格区间进行全球性的路演,然后在公开募集前确定最后的发行价格。另一种做法是在进行国际推介的同时进行公开募集,但投资者须支付的买入价格不定,而是采用国际推介时价格区间的上限,待路演结束、最终价格确定后,再将多余的认购款退还给投资者。此种方式通常用于在不同的市场进行全球性招股,主要是为了适应不同国家的监管框架和市场惯例。

(四)招标竞价发行

招标竞价方式是国际上另外一种比较通用的新股发行定价方式,主要在日本、法国和中国台湾等地广泛使用。它的基本做法是通过投资者之间的公开竞价发掘公司股票的投资价值,促使发行价格贴近股票的实际市场价值,并按照投资者竞价高低分配股票。采用招标竞价发行的新股中 50%以上要通过拍卖的方式发售。参与拍卖的主要是机构投资者。从价格确定的方式看,目前采用的方法主要有三种:申购倍率法、价格分布法和完全竞价法。在招标中还要考虑投资者在招标过程中的申购热情、拍卖日至拟公开发售日的时间及这一期间内可能出现的价格风险、拍卖后剩余股份的市场需求等因素，最后确定一个剩余股份的公开发售价格，向一般公众发售。同时规定一个投资者可以购买股票数量的最高限额。这种做法实际上是先由机构投资者通过竞价方式获得一个股票价格，并优先满足机构投资者的需求，然后将剩下的不到50%的股份专门出售给中小投资者。

四、国际股票承销

国际股票通常是由一个承销团包销，即承销商以某个特定的价格从发行人手中购入全部股票，之后将股票销售给最终投资者。在国际上对新股发行进行分销，主要有以下几种方法。

（一）国际分摊

发行人可以通过国际分摊方式，进入国际股票市场，作为国内股票市场的补充。美国公司经常利用国际分摊方式。承销商将总股本中15%～25%的股票，通过另外一个单独的国际承销团，在欧洲股票市场上分销，而且该分销与美国国内进行的分销同步进行。一般来说，国际承销团都是由美国主承销商的国际分支机构担当主承销商，以确保能够强有力地控制股票的分配权。根据协议，分配给国际承销商的股票不能再回到美国销售，反之亦然。

（二）欧洲股票的发售

与欧洲债券市场相对的股票市场被称为欧洲股票市场。与欧洲债券市场一样，欧洲股票市场上没有管制，发行成本相对低廉，并且存在一个数目庞大、高度多样化、流动性极强的国际投资者群体。

欧洲股票市场的发展，为发行人提供了一个新的股权融资渠道。在发行人所在国家的股票市场容量太小或者市场交易过于清淡，不适应大型的、面向机构的分销时，更应该考虑利用这个市场。政府为实现私有化而发行股票就会遇到这种情况，因为这类股票发行规模庞大，需要吸引国际投资者来保持足够的市场流动性。西欧国家都曾利用过这个市场对政府拥有的大型国有企业进行私有化。

（三）私募发行

另外一种作为股票和债券融资渠道的直接发行类型已经有了很长的历史，那就是私募发行。私募（Private Placement）就是证券出售给一小部分有资格的机构购买者。传统上，投资者就是保险公司和投资公司。私募股票通常与公开交易的股票一样，只不过没有登记注册而已。由于证券没有登记出售给公众，投资者通常会采取“购入和持有”的方针。

1990 年 4 月，美国证券交易委员会为鼓励外国公司进入美国证券市场开始实施 144A 规则、S 条例及一项 144 规则的修正条款，合格机构购买者（Qualified Institutional Buyer, QIB）无须遵守从前的持有时间限制和在 SEC 登记注册，同时允许外国发行人借助 144A 规则下的发行进入美国私募市场，而无须在 SEC 登记注册。证券交易商全国协会（National Association of Securities Dealers, NASD）建成了一个被称为 PORTAL 的屏幕式自动交易系统以支持初始发行和为这些未注册的私募股票建立流动的二级市场。

（四）全球股票发行

一些大型的欧洲股票发行实际上是“全球股票发行”（Global Equity Issue），它们往往采用欧洲股票发行与其他市场上同步分摊相结合的方式进行股票发行。例如，1993 年 7 月，阿根廷的 YPF 公司通过在欧洲股票市场、美国市场和阿根廷国内市场（实际上，该公司股票在国内市场上的发行量只占总量的 25%）联合发行，为阿根廷政府募集了 27.6 亿美元资金。YPF 的股票在美国证券交易委员会登记过，但通常情况下，全球股票发行中在美国分摊的部分是根据 144A 规则来处理的。YPF 公司股票的“全球联合发行的协调人”是瑞士信贷第一波士顿公司和美林证券，除了阿根廷国内的分摊部分外，在其他各国的分摊部分，这两家公司也是联合主承销商。

专栏 8.3

中国高科技企业海外上市热潮

北京时间 2014 年 9 月 19 日 21:30，来自阿里巴巴系统的 8 位客户敲响了纽约证券交易所的开市钟，阿里巴巴正式在纽约证券交易所上市。阿里股票以 92.7 美元/股的价格开盘，当日收盘价报 93.89 美元，涨幅达 38.07%，阿里市值达到 2 314.39 亿美元，成为全球第二大互联网公司。不仅如此，阿里巴巴本次上市的融资额达 250.3 亿美元，成为全球有史以来最大规模的 IPO。

阿里巴巴上市后，按照中国互联网协会的排名，我国前十大互联网公司——腾讯、阿里巴巴、百度、网易、搜狐、新浪、奇虎、盛大、巨人、完美世界均选择了在海外上市。如果从第一家于 1999 年海外上市的中华网算起，互联网企业海外上市道路已经走了近 15 年。有数据显示，仅阿里巴巴、京东等 5 家在海外上市的互联网企业总市值就达到了 2.7 万亿元人民币之巨。

目前，我国赴海外上市的企业所处的行业主要集中于互联网和科技领域，均属于战略性新兴行业，并且是相关行业高速发展的阶段。这类企业的风险较大，多数在发展初期难以盈利，但是具有很大的增长潜力。这类企业选择海外上市的主要原因是海外上市门槛较低,海外资本市场能够允许尚未盈利但是潜力巨大的企业进入,同时海外资本市场体系较为完善,有利于这类企业的发展。可以看到,全球的交易所90%以上有国际企业上市,唯独中国没有。中国证券市场缺乏创新,制度成本非常高。

海外上市意味着上市资源的流失,特别是高科技的高附加值企业走向海外,将会影响国内上市企业的结构。而对中国的投资银行以及整个证券业来说,大量优秀企业海外上市,也使它们失去了很多业务发展的机会。这种市场格局如果持续下去,中国可能还会拥有国际一流的实业企业,但很难拥有国际一流的投资银行和基金管理公司,国内证券业将无法得以可持续发展。

第三节 存托凭证的发行与流通

一、存托凭证的概念

存托凭证(Depository Receipt,DR)是一种代表投资者对某种外国证券所有权的可转让凭证,是为了方便证券跨境交易、结算而产生的衍生证券。DR 所代表的基础证券存在于 DR 发行和流通的国家之外,通常是公开交易的普通股股票,现在已经扩展到优先股和债券。同基础证券一样,DR 可以在交易所或场外市场交易,并且可同时在多个国家的市场上流通。

较之于异地发行普通股股票等基础证券,DR 有几个优势:① DR 的投资者基础较普通股更为广泛。② DR 的跨市场交易更为便捷。普通股的跨境交易发生时,必须从一个交易系统转移到另一个交易系统,还需要进行重新登记和交割,手续复杂,影响交易效率,增加交易成本,降低了股票的流动性,而 DR 在不同市场之间的流动就是其发行和注销的过程,这两个过程都是由专业的中介机构(主要是存托银行)来参与完成的,这保证了跨境交易的效率。③ 对发行人而言,建立并维持一个 DR 计划的成本比为发行上市普通股而聘用过户代理和进行登记的成本低得多。

DR 是由摩根银行发明的。1927 年,摩根银行以英国零售商弗里奇百货公司的股票为基础,向美国投资者发行了 DR,这是世界上第一种 DR。此后,由于受经济环境和某些法规的限制以及第二次世界大战的影响,DR 的发行进入了低潮期,直到 1955 年才有新发行的 DR。20 世纪 70 年代后,DR 取得了长足进展。1990—2000 年,在美国两个主要交易所上市的 DR 项目增加超过了 500%。近年来,已有一些中国企业通过发行 DR 在国际股票市场融资。例如,上海石化就曾以在香港发行上市的 H 股为基础发行 DR,并在美国和欧洲配售。

二、存托凭证的分类

（一）按基础证券发行人在发行中的作用分类

按基础证券发行人在发行中的作用分类,DR 可分为参与型的 DR(Sponsored DR)和非参与型的 DR(Unsponsored DR)。这是 DR 分类的第一个层次。非参与型的 DR 是存托银行根据投资者要求,通过境外中介机构经基础证券的外国发行人许可而发行的,存托银行与外国人之间无须签订正式协议。非参与型的 DR 不允许在交易所挂牌,一般只进行柜台交易。由于无法控制 DR 计划的执行过程及发行成本,目前已经极少采用这种方式。

参与型的 DR 由一家存托银行发行,该银行由发行人通过存托协议来指定,外国发行人参与发行。参与型的 DR 由于其信用程度远高于非参与型 DR 的信用程度,因此逐渐成为 DR 的主流。

（二）按发行流通范围分类

按发行流通范围分类,存托凭证可分为美国存托凭证(ADR)、全球存托凭证(GDR)、纽约股票和全球登记股票、其他国家的存托凭证。这是 DR 分类的第二个层次,下面分别介绍。

1. 美国存托凭证(American Depositary Receipt,ADR)

ADR 是发行人将其发行的股票交由存股银行保管,然后以这些股票为基础,委托存托银行在美国市场发行并由美国投资者购买和持有的 DR。ADR 在美国市场上的报价、交易以及交割完全与美国证券一样,这使得美国投资者便捷地通过 ADR 投资于外国公司。

美国市场是 DR 发行最多的市场,几乎所有外国公司(加拿大公司除外)都通过发行 ADR 的形式进入美国股票市场。中国公司亦不例外,中国内地企业在美国发行 ADR 的方式有三种:① 以境外其他交易所上市的股票为基础发行 ADR,如将在香港联交所上市的 H 股和红筹股转为 ADR;② 直接发行三级 ADR;③ 以 B 股为基础发行 ADR。下文将详述 ADR。

2. 全球存托凭证(Global Depositary Receipt,GDR)

1990 年花旗银行第一次引入 GDR。GDR 是指在本国之外两个或更多的市场同时发行的存托凭证,也就是说,GDR 是在两(多)国同时发行的两(多)国存托凭证的综合。目前,大部分的GDR是在美国依照144A规则交易的私募型DR和依照S条例交易的卖给外国投资者的DR。其中,后一种GDR通常以美元标价。

3. 纽约股票(New York Shares)和全球登记股票(Global Registered Shares)

纽约股票是一种创新型的DR,它是ADR的衍生形式。其运行机制与ADR相似,而代表这些股份的DR被发行并卖给国际投资者。它与ADR有两点不同:一是纽约股票虽然在美国登记和交易,但却是发行人所在国的股票,而ADR则是美国证券;二是纽约股票与发行人在国内的股票之间的转换比例是1∶1,而ADR与发行人在国内的股票之间的转换比例可以不是1∶1。

全球登记股票与纽约股票相似,也是一种属于发行人所在国的证券,但却是在国外登记和交易的股票。与纽约股票不同的是,全球登记股票一般在两个国家同时发行。

4. 其他国家的存托凭证

与ADR一样,世界其他国家为了能使外国公司到本国证券交易所上市,都创造了自己的存托凭证,如在布鲁塞尔挂牌上市的国际存托凭证(IDR)、在阿姆斯特丹挂牌上市的荷兰存托凭证(DDR)等。随着欧洲货币联盟的建立和欧元的使用,又出现了以欧元标价的欧洲存托凭证(EDR)。在亚洲出现了在新加坡股票交易所交易的新加坡存托凭证(SDR)。

尽管不同种类的DR的投资者范围不同,但在本质上,各种DR却区别不大,在股息支付、存托银行所提供的服务、有关协议的条款及保证上都是相同的。其运行目的也是相同的:方便证券的跨国界交易和结算,降低交易成本和扩展潜在投资者(尤其是机构投资者)。无论是从法律的观点,还是从运作的、技术的或管理的观点来看都是一回事。由于ADR所处的特殊地位,下面将进一步介绍ADR的分类、发行和交易。

三、美国存托凭证

(一) ADR的分类

按发行方式,ADR分为无限制的ADR和有限制的ADR。前者指公募发行;后者指按144A规则私募发行。在美国,凡发行规模小于500万美元、发行对象少于300人的ADR,属于私募发行;超过这一范围被视为公募发行。无限制的ADR又分为三级:一级ADR、二级ADR和三级ADR。

这里着重分析公开发售条件下三级ADR和144A私募ADR的特点和建立,各类ADR的比较如表8.2所示。

表 8.2　各级 ADR 比较

ADR 类型	一级 ADR	二级 ADR	三级 ADR	144A 私募 ADR
在美国上市的条件和情况	无须上市	在一个主要交易所上市，但不能发行新股筹资	公开发售新股，在一个主要交易所上市	向合格美国机构投资者（QIB）的私募
ADR 交易场所	OTC	NYSE、AMEX 或 NASDAQ	NYSE、AMEX 或 NASDAQ	PORTAL 系统
向 SEC 注册方式	按 F-6 表格	按 F-6 表格	按 F-1 表格	豁免注册
财务信息披露	无须遵循美国通用会计准则，可在《1934 年证券交易法》12g3-2(b)规则下申请豁免	须按 20-F 表格披露年报，并按美国通用会计准则对资产负债表和损益表主要项目进行调整	按 20-F 表格披露年报，再融资时按 F-2 和 F-3 表格披露信息；需完全遵守美国通用会计准则	无须遵循美国通用会计准则，可在《1934 年证券交易法》12g3-2(b)规则下申请豁免
发行 ADR 的目的	扩大投资者基础	扩大投资者基础	融资，扩大投资者基础	融资

注：① 12g3-2(b)豁免规则是根据美国《1934 年证券交易法》的规定，总资产超过 500 万美元，且其证券的美国持有人超过 500 人的外国发行公司，应当遵照该规则进行注册报告，除非满足 12g3-2(b)豁免规则的要求，而无须按 F-6 和 20-F 表格填写报告。因此，对于外国发行公司来说，12g3-2(b)豁免规则对其证券在美国进行二级市场交易而建立非挂牌 ADR，或 144A 规则下的私募具有特别重要的意义。

② F-6 表格是美国《1933 年证券交易法》中，在注册 ADR 时，对于发行者要求的最基本的简式注册登记表格。它由两个部分组成：一是托管银行同意发行 ADR 并监管托管证券的协议，二是美国存托凭证书。

③ 20-F 表格是根据《1934 年证券交易法》的要求，外国发行公司在将其证券或 ADR 在美国全国性证券交易所挂牌上市前必须使用的注册表格。SEC 规定 20-F 表格要求的年度报告必须在该报告使用的财政年度之后的 6 个月之内交全。

1. 一级 ADR

一级 ADR 计划是外国公司进入美国股票市场最简单的方法。由于一级 ADR 是在美国柜台（OTC）市场和美国以外一些国家或地区的交易所，如香港联合交易所、东京证券交易所等交易的，所以这些公司不必遵循美国会计准则和完全符合美国 SEC 公开性要求。一般来说，一级 ADR 计划使外国公司得以享受在美国公开交易其证券的优点，而无须改变既成的编制申报会计报表的方法。

一级 ADR 对外国公司的主要益处是:在更广泛的股东基础上拓展其股票市场,有助于提高或稳定股票价格;改善公司形象,增进美国市场对其产品、服务和融资手段的了解;为公司的股票吸引新的投资者;为公司进入美国市场提供一个低成本的捷径;为公司今后向二级 ADR 和三级 ADR 发展打下基础,等等。在实行一级 ADR 计划的同时,可按 144A 规则进行私募。

2. 二级 ADR 和三级 ADR

二级 ADR 和三级 ADR 均系注册、上市的 ADR。这两种方式比一级 ADR 计划和 144A 私募 ADR 拥有更广泛的股东基础。外国公司利用二级 ADR 计划可以在美国一家交易所上市,但不能公开发售新股筹资。利用三级 ADR 计划可以以公开发售的方式为公司发新股筹资并上市。这两种 ADR 均可以在美国以外的一些交易所上市,都必须符合不同的 SEC 注册和编制申报会计报表的方法,以及美国公认会计准则的要求,还必须满足纽约股票交易所或纳斯达克的上市条件。它们之间的主要区别在于以下方面:

(1) 注册方式不一样,二级 ADR 计划根据《1933 年证券交易法》规定的F-6 表格和《1934 年证券交易法》规定的 20-F 表格注册上市,而三级 ADR 计划根据《1934 年证券交易法》规定的 F-1 表格和 20-F 表格注册上市。

(2) 二级 ADR 不能公开发售新股筹资,只能是从其他上市交易"流"来的 ADR 再上市,是一级 ADR 的延伸;三级 ADR 则能以公开发售的方式筹资。

(3) 二级 ADR 须有其第一上市市场,三级 ADR 则不然。

(4) 公开性不一样。二级 ADR 的 F-6 表格公开性远不如三级 ADR 的 F-1 表格的公开性。

(5) 费用。二级 ADR 计划的费用低,三级 ADR 计划的费用较高。

3. 144A 私募 ADR:私人配售

私人配售是指根据《1933 年证券交易法》第四章第二款的豁免条件,非注册发行人向美国合格机构投资者非公开进行的发售行为,合格机构投资者是指拥有一定数量证券的大型机构、自营商或银行。1990 年 4 月 19 日,SEC 为鼓励外国公司进入美国证券市场开始实施 144A 规则、S 条例及一项 144 规则的修正条款,这一条款允许那些未经注册的外国证券(但不包括普通股)在"粉单"(Pink Sheets,1993 年以后 Pink Sheets 并入 NASDAQ,仅对做市商、经纪人和交易员公布)或者电子公告板(Electronic Bulletin Board)上挂牌交易,并在合格机构投资者之间自由地进行非公开的转售。这就为私募证券的购买者提供了一个更具流动性的二级市场。

通过 144A 规则进行私人配售有如下优点:豁免 SEC 的注册程序和披露要求,不需要按美国 GAAP 会计准则编制财务报表,接受母国经常性的报告内容和程序，费用低，容易进入市场，可为以后公开发行做准备，运作时间短。其主要的不足之处是没有众多的小型投资者基础，流动性较差。

（二）ADR 的发行和流通

1. ADR 计划涉及的主要金融中介

（1）存托银行。存托银行（Depositary）是 ADR 发行流通过程中最重要的市场中介，几乎为 ADR 投资者提供所需要的一切服务：① 作为 ADR 的发行者，在 ADR 基础证券的发行市场安排托管银行；当基础证券被解入托管银行后，立即向投资者发出 ADR；ADR 被注销时，指令托管银行把基础证券重新投入当地市场。② 在 ADR 的交易过程中，负责 ADR 的注册和过户，安排 ADR 在存券信托公司的保管和清算，及时通知托管银行变更股东或债券持有人登记资料，并与经纪人保持联系，保证 ADR 交易的顺利进行。③ 向 ADR 持有人派发美元红利或利息，代理 ADR 持有人行使投票权等股东权利。④ 作为 ADR 持有人和基础证券发行公司的代理和咨询者。向 ADR 持有人提供公司及 ADR 市场信息，解答投资者的询问；向基础证券发行公司提供 ADR 持有人及 ADR 市场信息，帮助发行公司建立和改进 ADR 计划，特别是提供法律、会计、审计等方面的咨询和代理服务；协调 ADR 持有人和发行公司的一切事宜。

选择存托银行的标准主要有如下几个方面：① 具备相当的规模，有广泛的海外分支机构网络，可以方便地接受客户的委托从事外国证券的买卖。② 具有相当的运作能力和先进的服务设备，能及时处理诸如证券发行、过户、注销等一类的事务。③ 具有较强的管理能力与促销能力、发行 ADR 的丰富经验以及在美国投资者中的良好声誉。④ 能提供全面优质的服务，在发行与交易的全过程中具备全面配套的服务体系。目前，主要的存托银行有纽约银行、花旗银行及摩根银行。

（2）托管银行。托管银行是一家由存托银行在基础证券发行市场安排的银行，它通常是存托银行在当地的分行、附属行或代理行，负责保管 ADR 所代表的基础证券；根据存托银行的指令领取红利或股息，用于再投资或汇回 ADR 发行国，并向存托银行提供当地市场信息。尽管有些存托银行由于其内部原因而不得不依赖它们自己的海外分支机构，但选择高素质的当地银行作为托管银行是一种通行的市场惯例。

2. ADR 计划的实施步骤

以一级 ADR 为例介绍 ADR 实施步骤。建立一级 ADR 计划并不困难，成本也很低，一般经由以下程序：① 选择存股银行，存股银行与主承销商磋商有关费用。② 办理资料豁免手续。豁免手续使外国公司只需向美国 SEC 提交一份现成的财务报表的英文本，以及该公司当地的管理当局所要求的其他资料。③ 办理存股协议手续,由外国公司、存股银行和 ADR 持有人三方签署标准的服务合约,它详细规定了各方的责任。④ 按《1933 年证券交易法》填写 F-6 表格。一级 ADR 计划属公开发行,要填写 F-6 表格。一级 ADR 从发行公司立项到最终实现交易约需 11 周时间。具体实施步骤如下:

(1) 立项。首先成立 ADR 实施小组,除发行公司外,还要聘请律师、投资银行等参加,拟定一个 ADR 实施方案,制定出具体实施计划和时间表(第 1—2 周)。

(2) 将 ADR 实施计划提交公司董事会讨论并签字后,向国内主管部门提出申请并得到批准(第 3—5 周)。

(3) 向美国证券交易委员会(SEC)提交美国《1934 年证券交易法》中 12g3-2(b)规则要求的豁免申请表,请求该项豁免,使一级 ADR 可以按美国《1933 年证券交易法》作简单的登记注册(第 3—6 周)。

(4) 按照 SEC 要求准备 F-6 注册表。这是一份简单的 ADR 注册声明,其中包括公司多数董事的签名。发行公司必须将发给股东的或在基础证券发行市场公告的消息以英文全文或摘要提供给 SEC(第 3—6 周)。

(5) 与美国存托银行洽谈、签订存托协议,这是一份标准的服务合约(第 3—6 周)。

(6) 向 SEC 呈交 F-6 表格和存托协议,进行注册登记,获得 SEC 的核准书(第 5—8 周)。

(7) 完成清算交收方案,即不同国家市场之间经纪商的交割清算协议。存托银行可以帮助清算公司和交易所制定一套交收清算程序,并指定好基础证券所在市场的托管银行(第 7—9 周)。

(8) 进行发行和交易的一切准备工作,准备各种单据,请求“证券统一代号”(CUSIP Number,该代号是由 Committee on Uniform Security Identification Procedure 管理,为便于清算而给定的一个统一代号)。获得美国保管信托公司(DTC)合格证。DTC 是一个全国性证券保管信托公司,为其成员公司记录、保存和转让各种证券,参加者有证券经纪人和交易员、银行、信托公司和清算公司,它通过计算机系统过户,可减少 ADR 的实物转移。组织美国承销商在美国进行广泛宣传(第 7—10 周)。

(9) 在国内外刊发广告,开始进行交易,通过做市商在全美证券商协会的柜台交易公告栏或每天的粉单上报价(第 10—11 周)。

3. ADR 的发行、交易和注销

无论是一级 ADR,还是二级 ADR,它们的交易行为都如下所述,大致过程如图 8.1 所示。

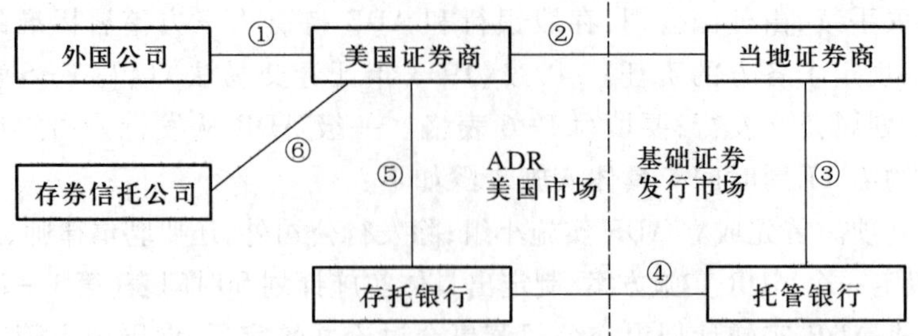

图 8.1　ADR 的发行、交易与注销过程

注：ADR 的发行过程：①→②→③→④→⑤→①（或⑥）。
ADR 的交易过程：①（或⑥）→①（或⑥）。
ADR 的注销过程：①（或⑥）→⑤→④→③。

当一家外国公司完成一项部分以 ADR 形式出售于美国或国际市场的新股发售时，该公司就将股票解往存托银行在当地的托管银行，然后，存托银行向承销团的各承销成员公司发出 ADR。每一个 ADR 计划都要求有一个或几个当地市场的托管银行来提供妥善保管 ADR 所代表的基础股票的服务。以这些 ADR 为基础，形成一个发行、转让或注销 ADR 的有规则的交易市场。

（1）发行。发行或者产生 ADR 的过程，始于投资者决定购买一家外国公司的股票，并就购入事宜联系其经纪人公司。经纪人公司通过自己的国际分公司或外国公司当地市场的经纪人买进股票，并要求将这些股票解入存托银行在当地的托管银行。该经纪人公司要将投资者支付的美元兑换成相应的外汇并付给当地的经纪人。在购入的同一天里，股票被解入托管银行，托管银行随即通知存托银行。存托银行收到通知后，就通过经纪人公司向投资者发出存托凭证。

（2）转让。即市场内部交易。ADR 一旦发出，就可以像其他任何美国证券一样自由地在美国被交易。当 ADR 被出售给另一个美国投资者时，ADR 就非常简单地从一个持有人（售出者）转移到另一个持有人（购入者）手里。这种交易被称为市场内部交易。

市场内部交易的交割与其他任何美国证券都是一样的：在交易日后第五个办公日用美元结算。市场内部交易目前占全部 ADR 交易市场的 95%左右。因此，存托银行最重要的功能是作为股票过户代理（注册处）的作用。基于这个理由，存托银行拥有成熟的股票过户系统和保持相应的运作能力是至关重要的。

（3）注销。投资者要卖出 ADR 时，可通知其经纪人公司。经纪人公司既可以通过市场内部交易将 ADR 在美国市场抛出，也可以通过一种称为跨国界交易的手续将 ADR 在美国市场之外，通常是在当地市场卖出。在跨国界交易中，经纪人公司要么由其自己的国际分公司，要么通过当地市场的经纪人，将股票在当地市场出售。为了交割这种交易，美国经纪人公司在接到将股票出售给当地市场购入者的指示后，就将 ADR 缴回存托银行。存托银行将取消 ADR 并指示托管银行将（ADR 所代表的）基础股票解入购进股票的当地投资者的账户。经纪人公司还要负责将外汇兑换成美元并付给原 ADR 持有人。

（4）交易。即内部交易市场的形成。一旦在美国市场流通的 ADR 达到相当的数量，通常是一家公司发行股份的 3%～6%，一个真正的内部交易市场就开始出现了。在这个市场出现以前，大多数的买进 ADR 都是通过发行 ADR 来实现的。当经纪人执行客户的指令时，他们会通过比较 ADR 的美元价格和当地市场实际股票的美元折算价格来为客户寻求最理想的价位。经纪人可以采用三种方法在提供他们最理想价位的市场买进或卖出：发行新的 ADR，转手已有的 ADR 或注销 ADR。例如，如果一种股票在当地市场的美元折算价是每股 12.25 美元，而 ADR 出售价是每股 12.30 美元，那么经纪人就会用买进股票的方法执行客户的指令，ADR 即随之发出。当基础股票的价格和 ADR 价格持平时，经纪人就简单地以买进、卖出来执行客户的指令。这样不断地买卖 ADR，有助于弥合当地市场和美国市场之间的差价。结果是，95%左右的 ADR 交易是由市场内部交易完成的，其中并不包括 ADR 的发行与注销。

章后阅读

中国企业海外并购的新特征

2014 年，中国企业完成了 154 起海外并购交易，交易金额高达 261 亿美元。2014 年，以欧洲和北美为并购目的地的交易数量占到中国企业海外并购交易总量的 60%左右，而针对东亚等传统并购目的地的交易数量骤减。随着中国对外开放的不断深入，中国企业海外并购的数量和规模迅速增长，并购的主体和重心也有所改变。中国企业海外并购进入了蓬勃发展的黄金时期。

2004 年至 2014 年的 10 年间，中国企业海外并购市场呈现出一派欣欣向荣的景象。其间，海外并购市场规模的年均复合增长率高达 35%，交易数量的年均复合增长率为 9.5%。仅 2014 年一年，中国企业就完成了 154 起海外并购交易，交易金额高达 261 亿美元。

中国企业海外并购持续升温是国内外多方因素合力的结果。从国内情况来看，相对宽松的经济政策以及中国民营企业的崛起推动大量国内企业向国外学习技术和经验，以及通过海外并购来实现全球扩张。

从全球视角来看，中国日益提升的国际影响力和经济实力使不少发达市场卖家认识到与中国企业合作的重要性与优势。此外，欧元区债务危机为中国企业提供了低价收购欧洲企业的契机，而全球金融危机过后欧洲经济减速又为中国企业创造了理想的海外投资环境，不仅相对压低了资产估值，更为未来的经济增长埋下了伏笔。

值得注意的是，随着中国国际化进程的深入，中国企业海外并购的重心和目的也在不断转变。过去五年中以获取能源矿产等战略性资源为目的的海外并购项目数量占比仅为20%，以获得技术、品牌和市场份额为目的的海外并购占比却高达75%左右，这与长期以来的趋势迥然不同。过去，中国企业海外并购大多是由国企为主导的资源驱动型；而今，希望借海外并购之力来获取市场份额及提升核心能力的民营企业占据了越来越大的比例。

现在，中国企业力图通过海外并购来寻求新的利润增长点、占领新的市场，以及成为全球竞争的领导者，而不只是为了保障关键资源的供应。它们还希望通过海外并购获取国外先进技术以及宝贵的品牌和海外市场管理经验。随着海外并购目的的转变，能源和资源类并购项目的数量逐渐减少，工业品、消费品、金融、科技、电信和媒体类并购项目的占比则不断上升。

资料来源：新华网，2015 年 9 月 24 日。

本章小结

金融自由化、管制放松和信息通信技术的进步为资本市场的国际化和国际股票的发展创造了条件。国际股票市场是由各国股票市场向国际范围延伸而形成的。这一市场已逐渐成为跨国公司和外国企业扩大资金来源的重要渠道。公司可以通过在目标市场上向投资者公开发售股票、发行欧洲股票、在美国 SEC 的 144A 规则下进行私募、向私人股份基金出售股票以及向作为战略联盟的外国公司出售股票等途径进行国际股权融资。

国际股票的发行程序和发行条件具有共性。根据国际惯例，股票发行上市必须具备一定的条件，遵照一定的程序取得发行资格，并在办理必要手续以后进行。发行条件可以分为一般条件和特殊条件。上市条件则包括资本额、资本结构、盈利能力、股权分散程度、公司规模等几个方面的内容。国际股票首次公开发行(IPO)的主要方式有固定价格发行、累积订单发行、累积订单和固定价格相结合以及招标竞价发行等几种。新股发行的分销方法有国际分摊、欧洲股票的发售、私募发行、全球发行几种。

存托凭证(DR)是为了方便证券跨境交易、结算而产生的衍生证券，是一种重要的融资工具。按基础证券发行人在DR发行过程中的作用不同，DR分为参与型的DR和非参与型的DR;按发行流通范围的不同，存托凭证可分为美国存托凭证(ADR)、全球存托凭证(GDR)和新加坡存托凭证(SDR)等。ADR又分为无限制的ADR和有限制的ADR。无限制的ADR又分为三级：一级ADR、二级ADR和三级ADR。除了加拿大以外，外国公司主要通过发行ADR进入美国股票市场。

相关链接

http://www.fma.org　国际金融管理协会
http://www.msci.com　摩根士丹利资本国际公司
http://www.newyorkfed.org　纽约联邦储备银行
http://www.iosco.org　国际证监会组织
http://www.nasd.com　美国证券交易商协会
http://www.nyse.com　纽约股票交易所
http://www.londonstockexchange.com　伦敦证券交易所
http://www.bnymellon.com　纽约银行梅隆公司
http://www.adr.com　摩根士丹利ADR中心

思考题

1. 国际股权融资的主要途径有哪些?
2. 简述国际股票的发行步骤。
3. ADR是如何分类的? 试对不同类型的ADR计划进行比较分析。
4. 国际股票首次公开发行可以采取哪几种形式?
5. 简述国际上对新股发行进行分销的方法。

即测即评

请扫描二维码，在线测试本章学习效果。

第四篇
国际金融风险管理

第 9 章 国际金融风险管理概述

本章学习要求

通过本章的学习，应能准确把握国际金融环境的发展现状，正确理解国际金融风险的定义、内涵和起源，国际金融风险的具体类型及其在实务中的表现形式，深入了解国际金融风险管理的定义和动因，熟悉国际金融风险的管理过程，并能灵活运用风险测量的技术和风险处理的主要方法。

本章主要概念

汇率风险/外汇风险（Exchange Rate Risk） 交易风险（Transaction Exposure） 会计风险（Accounting Exposure） 经济风险（Economic Exposure） 利率风险（Interest Rate Risk） 期限不匹配风险（Maturity Mismatch Risk） 缺口头寸（Matched Gap Position） 净利差（Net Interest Margin） 收益曲线风险（Yield Curve Risk） 基差风险（Basis Risk） 风险升水（Risk Premium） 信用风险（Credit Risk） 国家风险（Country/Sovereign Risk） 流动性风险（Liquidity Risk） 操作风险（Operational Risk） 风险值法（Value at Risk，VaR） 压力测试（Stress Testing）

章前阅读

稳步推进金融改革开放

任何的资本流动或要素配置都自然而然地会产生风险，所以在资本项目开放进程中，审慎的、稳健的、渐进式的安排应该是符合逻辑的。我国未来可以预见的政策取向大概有三个方面：一是转变境外资本的流动管理方式，在推进便利化的同时，从正面清单转向负面清单。二是推动资本的双向开放，有序提高跨境资本和金融交易的可兑换程度，取消资格和额度审批。在条件成熟时将相关投资便利扩大到境内外所有合法机构，严格建立 QDII。三是宏观审慎管理，建立健全宏观审慎条件下的外债和流动管理体系，提高可兑换条件下的风险管理水平。

实行资本项目可兑换，需要一个非常强健的、审慎的、微观的金融体系，包括市场体系和机构体系。在市场发育、机构发育层面还有一个非常关键的内容即基础设施建设，所以，要加快建设人民币跨境支付系统，覆盖主要地区高效安全的人民币跨境支付和清算体系，配合"一带一路"战略，支持境内机构使用人民币对外贷款和投资。另外，通过人民币跨境支付系统，可以更加便捷地识别整个资本流动的流量、流向，实行宏观审慎管理和微观审慎监管。

资料来源:《金融时报》,2015 年 3 月 23 日。

第一节　国际金融环境

世界经济的增长和国际贸易的发展是国际金融市场产生和壮大的基础,满足国际贸易和资本融通不断变化的需要成为国际金融市场变迁的原动力。20 世纪 80 年代以来,国际金融环境发生了重大变化。

一、国际金融市场功能增强

（一）充当债权债务清算中心

国际金融市场把全球的经济主体联合为一个整体,全球任何一个角落的公司间的资金往来都在同一个网络、同一个平台上进行,现代通信技术,尤其是互联网技术对全球金融网络的构建发挥了重要的推动作用。它使跨国资金往来得以顺利进行,企业的债权债务清算可以瞬间完成,这些都大大提高了企业经营活动的效率。

（二）为跨国公司提供资金支持

国际金融市场的规模、资金承载能力和运用能力大大超过任何一个国内金融市场,能够为跨国公司大规模的资金调遣提供便利和支持。全球范围的货币与资金融通,有利于迅速有效地满足跨国公司对货币及资金的特殊需求,为企业的发展壮大提供了坚实的后盾。

（三）推动经济和生产国际化

国际金融市场极大地满足了跨国公司经营中对资金、结算等方面的金融需求,有利于降低跨国生产和经营的成本,提高经济效率,从而促进世界经济朝着国际化方向进一步发展。

二、货币安排多样化

国际金融市场的资金融通涉及不同的国际货币,当前占主导地位的国际货币有美元、欧元、日元、英镑和瑞士法郎,以这五种货币为载体的资金交易量占国际金融市场总交易量的95%以上。19世纪末以来,国际货币体系经历了金本位体系、布雷顿森林体系及牙买加体系的更替,现在延续的牙买加体系的突出特点是货币的多元化、汇率的波动性加剧、国际合作解决重大金融问题的努力增强等。牙买加体系建立以来,在"多元制度的货币体系"下,汇率波动剧烈,国际金融风险此起彼伏。1994年年底,墨西哥政府将其货币比索贬值40%,引发了一场严重的金融危机,并波及拉丁美洲、亚洲乃至全球。2000年以来出现了巴西、阿根廷的金融危机、美国股市的暴跌,这些都加剧了全球金融市场的动荡。国际货币之间汇率的频繁、大幅度波动,以及各国货币安排的多样化和灵活性,导致国际金融市场的汇率风险上升。

三、国际金融一体化

国际金融一体化趋势凸显,它既是世界经济全球化的重要组成部分,也是经济全球化的高级阶段。跨国公司的全球投资和全球资本流动是推动金融一体化的两个轮子:生产的全球化客观上要求全球资本能自由流动,而全球资本流动必须以国际金融一体化为前提条件。国际金融一体化具体表现在以下几个方面。

(一)货币一体化

货币一体化,即全球或某一地区的有关国家在货币领域进行协调与结合,形成一个统一体,最终建立一个统一的货币体系。货币一体化要求统一汇率,统一货币,建立中央银行,统一货币金融政策。第二次世界大战后建立的布雷顿森林体系曾经是全球货币一体化的一个尝试,但由于IMF成员国经济结构过于悬殊,工业国之间发展不平衡,货币一体化无法维系。20世纪80年代以来,区域货币一体化方兴未艾,尤其是欧洲货币一体化进展迅速。1999年欧元面世,掀开了货币一体化的新篇章。

(二)金融市场一体化

金融市场一体化,即金融市场的发展超越国界和时区限制,成为全天24小时连续不断营运的一体化金融市场。由于光纤通信、海底电缆、计算机联网等现代通信技术的发展,任何一国的企业都可以参与全球任一主要金融市场的业务活动。随着欧洲货币市场的发展壮大,国际金融市场和国内金融市场日益融合,外国金融机构可以进入本国金融市场活动,本国金融市场也可以经营外国货币业务。金融市场一体化对各国金融市场的稳定和发展产生了深远的影响,高度的相互关联性使得各国金融市场之间表现出"一荣俱荣,一损俱损"的特征。

(三) 金融业务一体化

金融业务一体化,即金融工具、金融业务和金融机构跨越国界,日益国际化。各国金融市场上交易的金融工具逐渐趋同,金融产品的价格也逐步趋同,金融工具创新在国际上迅速传递,一国金融工具创新的成果很快就会成为国际通用的金融工具,金融工具的同质性、可替代性明显提高。

金融业务一体化的最明显特征是金融业务证券化及银行业务表外化。在金融自由化的推动下,各国放松了金融管制,特别是 1999 年美国颁布《现代金融法案》,结束了银行、证券的分业经营,为金融业务证券化进一步扫清了障碍。与金融证券化相伴而行的是全球银行业务的表外化,即不列入资产负债表的收费业务取代传统的银行存货业务而成为银行最重要的业务。银行业务表外化是银行减少坏账、提高盈利水平的一大创新,标志着银行经营进入新的历史阶段,金融服务的供给结构发生了根本性变化。

(四) 金融管理一体化

金融管理一体化,即各国的金融监管和金融政策趋于一致。西方七国首脑会议的一项重要议题就是协调各国的货币金融政策,使各国汇率稳定,利率协调变动,将通货膨胀控制在一定的水平,协同应对外汇投机。

而《新巴塞尔协议》确立的制度框架更多地强调银行自身的内部管理、加强监管检查和市场约束。新制度框架目标是在应对风险方面提供比 1988 年协议更为综合、灵敏的方法,同时保持总的管制资本的水平。这种与潜在风险相一致的资本条件,将有利于银行更有效地管理它们的业务。换言之,在金融自由化的同时,金融管理国际化更为严格和普遍了。

第二节 国际金融风险

一、国际金融风险的定义

国际金融风险是指在国际金融活动中出现的风险。具体说来,国际金融风险是指在国际金融活动中,某些因素在一定的时间内发生始料未及的变动,致使国际金融主体的实际收益与预期收益或实际成本与预期成本发生背离,从而蒙受经济损失的可能性。

根据这一定义,某些因素在一定时间内发生始料未及的变动,即发生了国际金融风险事故。这种风险事故可以细分为三类:①经济事故,即经济因素发生始料未及的变动,诸如汇率发生变动、国际利率发生变动、国际证券价格发生变动等;②政治事故,即政治因素发生始料未及的变动,诸如本国或外国政府更迭、本国或外国政局动荡、本国或外国爆发战争、发生国际政治冲突、爆发国际战争等;③社会事故,即社会因素发生始料未及的变动,诸如本国或外国发生阶级冲突、种族冲突、宗教冲突等。与这三类风险事故相对应,风险事故属于经济事故的国际金融风险可以称为经济性风险,风险事故属于政治事故的国际金融风险可以称为政治性风险,风险事故属于社会事故的国际金融风险可以称为社会性风险。在本章中,我们主要着眼于经济性事故所带来的国际金融风险。

二、国际金融风险因素

国际金融风险因素是国际金融风险事故赖以发生的客观条件,从而是国际金融风险的必要条件。无论何种风险,其风险结果都是直接由其风险事故的发生所导致的,国际金融风险亦不例外。然而,任何风险事故都只有通过一定的机遇才能发生,这就需要有能提供这种机遇的客观条件,这种客观条件就是风险因素。根据前面的定义,国际金融风险结果是直接由国际金融活动中所特有的价格——汇率与国际利率在一定时间内发生始料未及的变动所导致的,因此,汇率与国际利率在一定时间内发生始料未及的变动便是国际金融风险事故。而汇率与国际利率在一定时间内发生变动必须由在相应时间内的国际金融活动提供机遇。由此可见,在一定时间内的国际金融活动便是国际金融风险事故赖以发生的客观条件,是产生国际金融风险的因素。结合国际金融风险的特定风险事故加以具体认识,国际金融风险因素包括两类:一是在一定时间内不同币别货币的相互兑换或折算,二是在一定时间内的国际货币资本借贷。其中,在一定时间内不同币别货币的相互兑换或折算为汇率在该一定时间内发生变动这种风险事故的发生提供了机遇,因此是国际金融风险中汇率风险因素;在一定时间内的国际货币资本借贷为国际利率在该一定时间内发生变动这种风险事故的发生创造了条件,因此是国际金融风险中国际利率风险因素。

三、国际金融风险事故

国际金融风险事故是导致国际金融风险结果的直接原因,从而是形成国际金融风险的充分条件。前面已经提及,国际金融中所特有的价格——汇率与国际利率在一定时间内发生始料未及的变动便是国际金融风险事故。国际金融风险事故在国际金融风险中占据核心地位,它是连接国际金融风险因素与风险结果的桥梁,从而是使国际金融风险由起初的可能最终转化为现实的媒介。前述国际金融风险因素只是发生国际金融风险的必要条件,这是因为,国际金融风险因素只是为国际金融风险事故的发生提供了机遇,相应地为国际金融风险结果的产生创造了前提条件,从而使国际金融风险成为可能。但是,国际金融风险的风险结果能否实际产生,从而使国际金融风险能否由起初的可能最终转化为现实,直接取决于国际金融风险事故是否实际发生。如果仅有风险因素,而风险事故在给定的时间内并不实际发生,则风险结果亦无从产生,相应的国际金融风险亦就在给定的时间内始终仅仅是一种可能。因此,国际金融风险事故是导致国际金融风险的充分条件。

国际金融风险事故既具有必然性,又具有偶然性。国际金融风险事故的必然性,是指国际金融风险事故是不可避免的,是一定会发生的。国际金融风险事故的偶然性,是相对于具体的国际金融主体而言的,国际金融风险事故既可能发生,亦可能不发生;既可能在此时发生,亦可能在彼时发生。如果在某一特定的时间内,国际金融中所特有的价格——汇率与国际利率因其决定因素的矛盾暂时处于均势而保持相对稳定状态,即使有关国际金融主体在该特定时间内从事了不同币别货币的相互兑换或折算和国际货币资本借贷,从而具备了为国际金融风险事故的发生提供机遇的风险因素,而国际金融风险事故对这些国际金融主体而言亦未实际发生。

四、国际金融风险的结果

国际金融风险的结果是由国际金融风险事故给国际金融主体带来的直接影响决定的。根据前面的定义,由国际金融风险事故给国际金融主体带来的直接影响,便是国际金融主体的实际收益与预期收益或实际成本与预期成本发生背离而蒙受的经济损失,就是国际金融风险的结果。

五、国际金融风险的实质:可能性

国际金融风险的实质在于它是一种可能性。前述国际金融风险的因素、事故和结果是构成国际金融风险的基本要素。国际金融风险的受险时间是国际金融风险存在的时间条件。而作为一种风险,国际金融风险其实质是一种可能性。根据前面的定义,这种可能性是由国际金融风险事故发生的可能性所决定的,是出现某种国际金融风险的结果的可能性。

以可能性界定国际金融风险的实质表明这样一种客观事实:在整个受险时间内,国际金融风险事故既可能发生,亦可能不发生。因此,国际金融风险的结果既可能出现,亦可能不出现。在国际金融风险事故未发生以前,即相应的国际金融风险的结果未出现以前,它们都只是一种可能性。故而在受险时间伊始,只能说国际金融风险事故可能发生,相应的国际金融风险的结果也可能出现,有关国际金融主体开始承受国际金融风险,而不能说国际金融风险事故已发生或一定发生,相应的国际金融风险的结果已出现或一定出现,有关国际金融主体已经遭遇国际金融风险。

国际金融风险这种可能性要转化为现实性,除必须具备一定的受险时间这种时间条件和一定的风险因素这种必要条件外,其关键是具备相应的风险事故由可能发生转化为现实发生这一充分条件。只有在整个受险时间内,国际金融活动中所特有的价格——汇率与国际利率确实发生了始料未及的变动,到实际进行不同币别货币的相互兑换或折算和实际偿清或收回国际货币资本时,国际金融主体才会现实地蒙受由实际收益与预期收益或实际成本与预期成本发生背离而形成的经济损失。

六、国际金融风险产生的原因

(一)汇率变动

汇率变动是产生国际金融风险的重要因素之一。作为一种价格,汇率同其他价格一样不是一成不变的,而是随着时间的推移不断发生变动的。汇率变动不是一个孤立的经济现象。一方面,汇率变动是由其他若干变量发生变动所导致的结果;另一方面,汇率变动成为引致国际金融风险的原因。

汇率风险对企业经营的影响主要是汇率波动使企业面临大量的交易风险,当企业的收入和支出不能匹配时,常常使企业陷入财务困境。一个典型的案例就是由于美元/英镑汇率波动而导致的英国雷克航空公司破产案。20 世纪 70 年代后期,由于美元汇率较低,到美国旅游较为便宜,大量英国游客搭乘雷克航空公司的飞机去美国度假,公司的班机座次供不应求。为解决这一问题,雷克公司利用美元融资购置了 5 架 DC10 飞机。雷克公司的年收入主要来源于英国游客,以英镑为主,但却需用美元来偿还购置 5 架 DC10 飞机的债务,这使雷克公司在财务收支上出现了不匹配,因而隐含着大量的外汇风险。1981 年,美元开始变得坚挺,因此以美元计价的债务支出迅速上升,雷克公司经营中隐含的外汇风险暴露出来。随着美元对英镑汇率的不断攀升,雷克公司需要支付越来越多的英镑来偿还美元债务。外汇交易风险的暴露最终导致雷克公司破产。

汇率风险还会对企业的竞争能力带来负面影响。20世纪80年代初美元对日元的升值使美国公司对日本同行的竞争力大为下降。如美元对日元的升值，使美国卡特彼勒公司(Caterpillar)的产品比其竞争对手日本小松公司(Komatsu)的产品更为昂贵,小松公司的相对竞争优势大大提高,汇率变化成为导致卡特彼勒公司市场份额和销售收入下降的主要原因。

（二）利率变动

导致国际金融风险的又一动因是国际利率水平的变动。国际利率亦是国际金融中所特有的一种价格,即以相对数表示的国际货币资本使用权的价格。作为一种价格,国际利率其一般属性和一般变动规律受到利率的一般属性和一般变动规律的决定和支配;作为国际金融中所特有的一种价格,国际利率有别于国内利率的特殊属性和特殊变动规律。

同汇率风险一样,利率风险也严重影响着企业的支出成本和收益。利率对支出的影响主要表现在交易风险方面。利率上升引起企业支出成本的上升及资产价值的下降,如债务融资成本提高和固定收益证券资产价格下降等;对收益的影响则主要表现为企业的经济风险,即利率的变化会引起企业销售量的变化,如房地产及其相关企业的经营状况就严重地受到利率变化的影响。

（三）商品价格变动

企业区分汇率和利率的交易风险和经济风险,比区分商品价格的交易风险和经济风险更加容易。尽管商品价格风险不易界定,但企业还是要经常面临它的威胁。例如,2005年受卡特里娜飓风的影响,国际原油价格突破了每桶60美元的大关。而2006年受伊朗核问题的影响,国际市场原油价格更是冲破每桶70美元的天价,结果导致大批企业特别是航空公司的经营成本巨幅飙升。在企业的利润表上,这种交易风险表现为出售石油的企业收入增加而使用石油的企业支出增加。

第三节　国际金融风险的类型

根据不同的标准,国际金融风险可以分为不同的类型。根据国际金融风险产生的原因可将其分为两大类:系统风险和非系统风险。如图9.1所示。

在金字塔的上方,是系统风险,如出现大的社会动荡、发生战争、出现金融危机等。它对企业的经营影响较大,是企业所不能控制的,我们将它称为第一级风险。在金字塔的中间,是商誉风险、法律风险和竞争风险。它们对企业的经营影响也很大,企业可以影响却不能控制它们,我们称它们为第二级风险。在金字塔

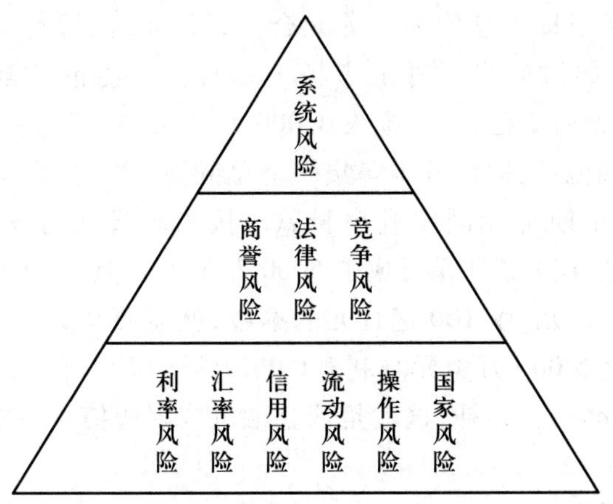

图 9.1　国际金融风险金字塔

的下方，依次是利率风险、汇率风险、信用风险、流动风险、操作风险和国家风险。这些风险是企业可以控制的，我们称之为第三级风险。我们讲的国际金融风险管理，主要是第三级风险的管理。实际上，第三级风险中的六种风险可以归集为市场风险、信用风险和操作风险。下面将以市场风险中的汇率风险和利率风险为重点，对企业所面临的几种风险进行简要的介绍。

一、汇率风险

汇率风险主要包括交易风险、会计风险和经济风险。

（一）交易风险

交易风险（Transaction Exposure），是指在以外币计价的交易中，由于外币和本币之间以及外币与外币之间汇率的波动，使交易者蒙受损失的可能性。属于外币计价的交易主要有三项：第一，以外币计价的商品、劳务的进出口交易；第二，以外币结算的借款或贷款；第三，面额为外币的其他金融资产交易。

交易风险又可分为外汇买卖风险和交易结算风险。

1. 外汇买卖风险

它又称金融性风险，产生于本币和外币之间的反复兑换。这种风险是因买进或卖出外汇而存在的。外汇银行承担的外汇风险主要就是外汇买卖风险。银行以外的企业所承担的外汇买卖风险存在于以外币进行借贷或伴随外币借贷而进行的外贸交易之中。

例如，一日本银行在买进 1 000 万美元后，卖出 800 万美元，还剩下 200 万美元。通常将这 200 万美元称为多头，这种多头将来在卖出时会因汇率水平变化而发生盈亏。如果当日收盘价为1美元合105日元,该银行卖出200万美元应收回2.1亿日元。如果第二天外汇市场美元对日元比价跌至1美元合100日元,那么该行只能收回2亿日元,损失1 000万日元。

再如,中国某金融机构在日本筹集一笔总额为100亿日元的资金,以此向国内某企业发放10年期美元固定利率贷款。按当时日元对美元汇率,1美元合200日元,该机构将100亿日元折成了5000万美元。但10年后日元对美元汇率变成1美元合110日元,仅100亿日元的本金,就需要9 091万美元。而该金融机构到期收回本金5 000万美元与利息(按14%计)700万美元,总计5 700万美元,连借款的本金都难以弥补,这就是该金融机构因所借外币汇率上浮所蒙受的风险。

2. 交易结算风险

它又称商业性外汇风险,是指以外币计价进行贸易及非贸易业务的一般企业所承担的外汇风险,是伴随商品及劳务的买卖的外汇交易而发生的,主要由进出口商承担。交易结算风险是基于将来进行外汇交易而将本国货币与外国货币进行兑换,由于将来进行交易时所适用的汇率没有确定,因而存在风险。进出口商从签订合同到债权债务的清偿,通常要经历一段时间,而这段时间内汇率可能发生变动。于是,未结算的金额就成为承担风险的受险部分。

例如,德国出口商输出价值10万美元的商品,在签订出口合同时,美元与欧元的汇价为1美元=0.952 4欧元,出口10万美元的商品,可换回9.524万欧元。但当货物装船时,美元汇价下跌,欧元上升,汇价变为1美元=0.950 0欧元。这样,德国出口商结汇时的10万美元只能兑换9.5万欧元。于是由于汇率波动使出口商损失了240欧元,结果他不能获得预期利润或只能获得较少的利润。在这里,签订合同时的10万美元金额便是该德国出口商的受险部分。同样,进口商从签订合同到结算为止也要承担外汇风险,原理与出口商相同,只是汇率变动与出口商刚好相反。

如果进出口商在签订合同时,不采用交易双方国家的货币结算,而是采用第三国货币进行结算,第三国汇率的变动也同样使进出口商承担交易结算风险。例如,英国某进口商从德国进口机器零件,双方商定以美元计价结算。每个零件价格1 000美元。签订合同时的汇价为1英镑=2美元,英国进口商应支付500英镑方能兑换到1 000美元,如果进口商将零件的国内销售价定为550英镑,那么每个零件可获50英镑利润。但是合同到期结算时,英镑的汇价下跌,变为1英镑=1.9美元,则1 000美元的零件就要支付526.3英镑,如果按原定销价在国内销售,英国进口商只能获得23.7英镑的利润,结果其预期利润由于汇价变动而减少。这里,1 000 美元一个零件便是英国进口商承担外汇风险的受险部分。

(二)会计风险

会计风险(Accounting Exposure),也称为换算风险(Translation Exposure),是指跨国企业为了编制统一的财务报表,将以外币表示的财务报表用母公司的货币进行折算或合并时,由于汇率变动而产生的账面上的损益差异。虽然会计风险与交易风险不同,它仅仅是一种账面上的损益,但它却会影响企业向股东和公众公布财务报表的数值,可能导致股价和利润率的下跌,从而给企业带来融资能力等方面的障碍。外汇会计风险来源于会计制度的规定,并受不同国家会计制度的制约。汇率的变化,引起公司的资产负债表中某些外币项目金额上的变动。公司在计算报表时,为了把原来用外币计量的资产、负债、收入和费用合并到本国货币账户内,必须把这些用外币计量的项目发生额用本国货币重新表述。这种称作折算的重新表述,要按照公司所在国政府、会计协会和公司确定的有关规定进行。

(三)经济风险

经济风险(Economic Exposure),也称经营风险(Operating Exposure),是指意外的汇率变动引起企业未来期间收益或现金流量变化的一种潜在风险。其中收益指税后利润,现金流量指税后利润加折旧。汇率变动通过对生产成本、销售价格以及产销数量的影响,使企业最终收益发生变化。例如,当一国货币贬值时,出口商一方面因出口货物的外币价格下降,有可能刺激出口使其出口额增加而获益。另一方面,如果出口商在生产中所使用的主要原材料是进口品,因本国货币贬值会提高本币表示的进口品的价格,出口品的生产成本又会增加。结果该出口商在将来的纯收入可能增加,也可能减少。此种风险即属于经济风险。

对经济风险的分析很大程度上取决于公司的预测能力。经济风险定义中的汇率变化仅指意外的汇率变动,而不包括意料到的汇率变动。这是因为企业在经营决策时,已经把意料到的汇率变动对未来收益的影响考虑进去,这种意料到的影响并不一定构成风险。

二、利率风险

(一)期限不匹配风险

期限不匹配风险(Maturity-mismatch Risk)产生于银行某一个时间段内需要重新设定利率的那部分资产与需要重新设定利率的负债之间的差额。

假定某家银行只有一种负债,即金额为 100 万美元、利率为 8%、期限为 90

天的定期存款,再假定该银行将这笔 100 万美元的存款以 10%的固定利率贷给客户,贷款期限则与存款相同。在这种场合以上所说的缺口不存在,称其为期限匹配的缺口头寸(Matched Gap Position)。

如果仅仅以缺口头寸的大小来衡量银行承受的利率风险,那么可以说它没有任何利率风险。设想一下市场利率在 90 天内上升了 100 个基点,银行在存款到期后不得不将存款利率由原先的 8%重新设定为 9%。但由于银行的固定利率贷款也于同一天到期,它的贷款利率也将由 10%提高到 11%。因此,银行以百分比表示的净利差(Net Interest Margin)仍和过去一样,即 2%(见表 9.1)。

表 9.1　期限匹配的缺口头寸

	利率变动前的资产收益和负债成本(%)	重新设定利率当天的资产收益和负债成本(%)	
		利率上升	利率下降
90 天期固定利率贷款	10.00	11.00	9.00
90 天期定期存款	8.00	9.00	7.00
净利差	2.00	2.00	2.00

如果银行将通过 90 天期定期存款取得的资金以浮动利率形式贷放出去,最初利率为 10%,那么在 90 天期间内,贷款利率将会随利率调整期的到来而发生变化,而存款利率则维持不变。由于银行资产的重新定价(即调整利率),在这段时期内要比银行的负债频繁,该银行属于资产敏感。当利率趋于上升时,资产敏感的银行将会获得较多的净利差,这是因为最初为 10%的贷款利率在 90 天期间会提高,而存款利率则仍维持在 8%(见表 9.2)。

表 9.2　利率上升时的资产敏感头寸

	利率变动前的资产收益和负债成本(%)	30 天后的资产收益和负债成本(%)	60 天后的资产收益和负债成本(%)
浮动利率贷款	10.00	11.00	12.00
90 天期定期存款	8.00	8.00	8.00
净利差	2.00	3.00	4.00

反之,当利率趋于下降时,资产敏感的缺口头寸将会使银行的净利差缩小,这是因为随着利率的下降,银行的贷款收入会逐步减少,而它的存款成本仍保持不变(见表 9.3)。

表 9.3 利率下降时的资产敏感头寸

	利率变动前的资产收益和负债成本(%)	30 天后的资产收益和负债成本(%)	60 天后的资产收益和负债成本(%)
浮动利率贷款	10.00	9.00	8.00
90 天期定期存款	8.00	8.00	8.00
净利差	2.00	1.00	0

(二)基差风险

当一般利率水平的变化引起不同种类的金融工具的利率发生程度不等的变动时,银行的盈利所面临的风险称为基差风险(Basis Risk)。

为了便于识别其他形式的利率风险,仍以期限完全相匹配的缺口头寸为例。

在这个例子中,90 天期定期存款与 90 天期固定利率贷款都是在同一天重新定价的,因此按照缺口的定义来衡量,这家银行的资产负债表中不存在任何利率风险。

尽管上述银行在资产和负债的重新定价时间表上并没有任何差别,但这并不表明它的存款利率的变动幅度与贷款利率的变动幅度也正好相等。对利率走势的历史分析证明,即使在同一个时期内,两种不同金融工具的利率也很少按同一个差幅进行调整。

在以上提到的关于相匹配的缺口头寸的例子中,银行的存款利率在 90 天之后将由 8%提高到 9%,贷款利率在同一时期内由 10%提高到 11%,从而使银行的净利差仍然保持在原来 2%的水平。

然而事实上,当银行的存款利率由 8%提高到 9%时,贷款利率的上升幅度通常会超过 100 个基点。在上述例子中,贷款利率的风险升水(Risk Premium)被设定在相当于 90 天定期存款利率的 25%(即 10.00%=8.00%×1.25)。假定风险升水保持不变,那么当 90 天期定期存款利率由 8%提高到 9%时,贷款利率应该从原来的 10%提高到 11.25%(即 9.00%×1.25=11.25%),而不是例子中所说的 11%。这样,银行的净利差收入就会增加 25 个基点,即从 2%增加到 2.25%(见表 9.4 中的①)。

表 9.4 对基本点风险的表述

	利率变动前的资产收益和负债成本(%)	利率提高后的资产收益和负债成本(%)①	利率提高后的资产收益和负债成本(%)②
90 天期固定利率贷款	10.00	11.25	10.75
90 天期定期存款	8.00	9.00	9.00
净利差	2.00	2.25	1.75

从长期来看，风险升水并不是一个固定不变的常数，而是随着市场上对风险认识的变化而不时发生变动。如果前述例子中 25%的风险升水减少到 19.4%，贷款利率增加 75 个基点（即 9.00%×1.194 = 10.75%），这时存款利率如提高 100 个基点，银行的净利差比以前减少 25 个基点（见表 9.4 中的②）。

以上分析表明，即使银行的缺口头寸处于完全匹配的状况，利率的变动仍有可能导致银行的利润水平发生显著的波动。因此，使用缺口头寸作为衡量银行利率风险的唯一手段并不能够达到十分满意的效果。

当各种程度不同的利率变化导致银行的净利差扩大，基点的移动对银行来说就是有利的；反之，如果各种利率的变动差异导致银行的净利差缩小，基点的移动就不利于银行。

银行的资产负债管理委员会对于其银行资产负债表中存在的这种基差风险也必须有一个充分的认识。一方面，不同地区以及不同城市和城镇的存款利率在同一个时期内会发生不同程度的变化；另一方面，由于各银行的资产在结构上的差异，每一家银行的盈利资产的利率在一般利率水平发生变动的情况下会出现程度不同的变化。由上述情况所导致的基差风险对于一家银行的净利差收入往往具有非常重要的影响。

（三）收益曲线风险

收益曲线是将某一债券发行者发行的各种期限不同的债券的收益率用一条线在图表上连接起来而形成的曲线。收益曲线风险（Yield Curve Risk）指的是由于收益曲线斜率的变化导致期限不同的两种债券的收益率之间的差幅发生变化而产生的风险。

随着经济在整个商业周期的不断运动，收益曲线的斜率会呈现显著变化。但在商业周期的大部分过程中，收益曲线的斜率均为正数，即短期利率低于长期利率。在商业周期处于扩张阶段时，央行会提高短期利率以抑制经济过快增长，此时收益曲线的斜率将变为负数，也就是短期利率高于长期利率。

（四）选择权风险

选择权风险，即期权风险（Option Risk），是指银行资产、负债和表外项目中明显存在或暗含的各种选择权带来的风险。一般利率水平如果发生较大的变化，将会促使借款者提早偿还他们的银行贷款，或者促使存款户提前从银行取出他们的定期存款，这对银行的盈利来说，显然构成了另一种风险来源。

在表 9.1 所描述的关于期限匹配的缺口头寸的例子中，我们假定银行可以将 90 天期固定利率贷款账户和 90 天期定期存款账户一直维持到它们的到期日为止。但事实并非如此，如果借款者不会因提早偿还贷款而面临很多的罚款，则他们会在利率下降的情况下用9%的利率获得的新贷款偿还其早先以10%的利率从银行取得的贷款。

假定这笔重新贷款的交易是在借款者获得最初贷款的30天之后发生的,则银行只能在30天的时间里获得200个基本点的净利差收入,而在剩下的60天时间里它的净利差收入仅为100个基点(见表9.5)。

表9.5　利率下降时的隐含期权风险

按时偿还贷款:	最初30天的资产收益和负债成本(%)	第二个30天的资产收益和负债成本(%)	第三个30天的资产收益和负债成本(%)
90天期固定利率贷款	10.00	10.00	10.00
90天期定期存款	8.00	8.00	8.00
净利差	2.00	2.00	2.00
提早偿还贷款:			
90天期固定利率贷款	10.00	9.00	9.00
90天期定期存款	8.00	8.00	8.00
净利差	2.00	1.00	1.00

银行原先预计它能够在整个90天的贷款期间均赚取200个基本点的净利差,但最后它在这段时间的净利差平均只达到133个基点。仅仅由于借款者提早偿还贷款,就使银行的净利差收入减少了33%。

市场利率的提高同样会使银行的净利差受到隐含期权风险的影响,所不同的只是现在这种风险主要来源于银行资产负债中的负债方。

三、信用风险

信用风险是指由于借款者或合同人不按时履行或不履行合同义务而引起的风险。这种风险对于银行业来说尤为明显,借款人可能首先不能支付利息,然后不能偿还所借的款项因而拖欠贷款;紧接着是贷款损失,如果这种损失惨重,就像20世纪80年代美国各家银行在得克萨斯州和新英格兰地区房地产贷款中所遭受的损失那样,整个银行可能因此而垮台。不过,信用风险远不限于这种简单的(然而却很危险的)例子。每当金融机构在将来的某个时候贷款得到偿还的基础上提供信贷的时候,就存在信用风险。在世界交易市场上,一家公司向另一家公司出售证券的时候,它就要冒这样的风险:它购买了准备出售给另一方(即对应的那一方)的证券,而后者可能没有能力付款。由于近年来交易活动变得越来越复杂,而且每一笔交易中涉及越来越多的常常是不同时区的交易方,这种对应方的信用风险变得越来越严重了。一些市场上一天之内交易额的惊人增长意味着,跟踪这种风险已成为对大交易公司的一项重大挑战。

信用风险也存在于由金融机构提供的营业服务中。当一家公司同意结清一家交易公司的证券交易时,它假定自己不会夹在中间,一方是拖欠付款的交易委托人,另一方是拒绝补仓的交易者。因此,信用分析和控制远不是仅仅确保借款人能够付息还本,它还对交易和经营活动产生影响。保险公司也发现,信用分析对它们来说变得日益重要。在人寿保险的投资者或股东要求增加回报的压力下,美国保险公司除了投资于通常的低风险债券外,还被迫使其投资证券组合多样化。它们不得不比过去更多地考虑信用风险。向高回报的垃圾债券过分投资的那些公司,都由于对信用风险缺少考虑而付出了代价。

专栏 9.1

信用风险:逆向选择与道德风险

在管理信用风险时,逆向选择(Adverse Selection)和道德风险(Moral Hazard)的概念为金融机构管理人员提供了一个理解风险的框架。遵循这个思路,银行可以成功地进行放贷。

逆向选择是贷款市场中尚未解决的一个问题。通常,那些最可能违约的借款者会来争取贷款。换言之,往往是那些最可能产生消极后果的人会被选择成为贷款的发放对象。如果借款者想投资于高风险的项目,这样的项目如果成功,回报率也会很高,所以这样的人会最迫切地想得到贷款。但毫无疑问,这样的人最不应该被选中,因为他们最有可能无法还贷。

道德风险是指贷款市场中的借款者可能从事一些贷款者并不认可的投资行为,因而贷款人可能因此面临借款人违约的风险。一般来说,借款者得到贷款以后更倾向于把资金投资于高风险性的项目,以获得高回报。但是,如果这样做,偿还贷款的可能性就小了。

如果想在贷款中获利,金融机构就必须解决逆向选择和道德风险的问题,因为这些问题会增加贷款的风险。金融机构的应对措施包括:筛选和监控,建立长期客户关系,提供贷款承诺,抵押,收取补偿性余额和进行信用分配等。

资料来源:Frederic S. Mishkin, Stanley G. Eakins. Financial Markets and Institutions.3rd ed.Boston:Addison Wesley,2000:619-623.

四、流动性风险

流动性风险是指金融机构无法在不增加成本或资产价值不发生损失的条件下及时满足客户流动性需求的可能性。负债方面的流动性要求银行能随时满足存款人提现或投资者收回投资的需求,资产方面的流动性要求金融机构能随时满足借款人融通资金和正式的贷款需求。如果不能随时满足这两方面的需求,就会出现流动性风险。流动性风险是由资产和负债的差额及期限差异引起的。当负债大于资产时便出现资金盈余,这种情形不会产生流动性风险,但可能产生利率风险,因为对盈余资金进行投资的收益是不确定的;当资产超过负债便出现资金紧缺,这就意味着金融机构具有较多的资金运用而现有的资金来源提供不了相应的资金支持,此时就产生了流动性风险,金融机构存在无法从市场获得流动性以及为满足资金需要必须支付比正常成本高的成本的风险。

金融机构面临两类流动性风险:一种与特定的产品或市场相关;另一种与金融机构的总体资金状况相关。前者是指由于不充足的市场深度或由于市场流动性的中断而导致的风险,后者是指它不能在清算时履行付款义务或支付保证金的风险。金融机构面临流动性风险往往意味着其持有的资产流动性差和对外融资能力枯竭,如果金融机构没有足够的现金支付到期债务,就会被迫出售资产。如果资产的流动性差,该资产就很难以正常的价格出售,金融机构就会因此遭受损失。如果金融机构根本无法出售资产,它就必须依赖对外融资来支付到期债务。而如果对外融资的渠道也丧失了,那么该金融机构就会因无法履行到期债务而被宣布倒闭。1990 年 2 月,Drexel Burnham Lambert 的倒闭就是一例。当时由于该机构持有流动性极差的资产,而且对外融资能力枯竭,所以尽管其持有的流动性差的资产的预期未来的收益率很高,但不能满足存款人提现的需要而被宣布倒闭。

从总体上讲,金融机构的流动性与风险性是相互统一的关系。即流动性越强,风险性越小;流动性越弱,风险性越大。从金融机构的资产方面看,流动性与风险性是一致的。因为流动性较强的资产,如短期有价证券投资等,风险一般较小;反之,流动性较弱的资产,如长期贷款等,风险一般较大。从金融机构的负债方面看,流动性与风险性也是一致的。因为流动性较强的负债,如活期存款、大额可转让定期存单、向其他金融机构拆借资金或向中央银行借款等,风险一般较小;反之,流动性较弱的负债,如定期存款、长期借款等,一般来说风险较大。

五、操作风险

操作风险是指由于信息、通信、交易程序、支付系统和程序的中断，职员或外部人员的欺诈行为以及职员的擅自交易而引起潜在损失的可能性。不管用意多么良好，职员都会犯错误而给公司带来损失；或者是一家金融机构内部的职员或两家或两家以上金融机构的职员之间会进行蓄意的诈骗。随着交易变得越来越复杂，这两种风险造成重大损失的机会也增加了。尽管诈骗的风险特别引人注目和使人不知所措，但它可能常常是这两种风险中危害较小的。即使是利用计算机进行诈骗，也大都可以通过基本的操作控制和检查来对付。但美国的储蓄贷款灾难和国际商业信贷银行丑闻表明，如果任其发展的话，即使诈骗最终被发现，所付出的代价可能也是巨大的。操作风险往往很难被发现，这个问题在大组织内，如商业银行和保险公司内，显得尤为突出。在这样的公司内，关键性的经济决策通常都是由许多贷款业务员、承保员和索赔管理员做出的，其地位要比高层经理低几级，高层经理可能根本不认识他们。因此，经理不仅必须确定如何避免犯大错误，而且必须设法确保这些决策人员不做出一系列不适当的决定，因为这些决定作为一个整体，或许几年以后会造成严重问题。所以，操作风险是大金融机构最高层管理人员所面临的管理挑战的核心，而且像日常的、明显得多的信用风险和市场风险一样严重。

专栏 9.2

操作风险：巴林银行破产案

1995 年 2 月 26 日，具有 233 年历史的英国巴林银行破产。巴林银行破产是因为巴林银行 28 岁的交易员尼古拉斯·里森(Nicholas Leeson)在衍生金融工具交易中损失 13 亿美元，巴林银行无法承受这一巨额损失。

损失是由于期货市场上对日本股票市场指数的风险交易引起的。作为新加坡巴林期货公司的首席交易员，里森持有大量的日经 225 股票指数期货合同。巴林银行在新加坡和大阪交易所持有的账面头寸高达 70 亿美元。

1995 年头两个月，因为市场价格下跌了 15%，巴林银行已经遭受了巨大损失。可是里森仍认为市场可以恢复稳定，又出售期权合同，这更加大了损失。损失的累计并没有阻止里森的交易，他固执地以为自己的估计是正确的，又增加了持有的头寸。最后因为无法支付交易所要求的现金，只好在 2 月 23 日一走了事。之后，他给上级主管发了一份传真，对“留给你的巨大亏空表示诚挚的歉意”。

在事后的检查和研究中，普遍认为巴林银行破产的内在原因是对衍生金融工具交易的风险管理体制存在重大的缺陷和疏漏。主要体现在：(1) 衍生金融工具交易过程缺乏制约和监督。里森既是前台的交易员，又负责账务处理、监督控制、损失分析等后台工作，这就导致里森的交易行为处于没有监督的状态，最终导致衍生金融工具的风险损失达到天文数字。(2) 缺乏对衍生金融工具风险的预警机制。1995 年，里森主要是购进日经 225 股指期货，在大阪交易所，其持仓量一度达到 2 万笔合同，合同价值 20 亿美元，在新加坡交易所，其持仓量达到 50 亿美元。面对如此巨额的持仓量，巴林银行的管理层没有觉察到其蕴含的风险，交易所也没有丝毫的警觉。(3) 仅有的检查和监督也流于形式。后来对巴林银行破产案件的调查显示，里森根本就没有以巴林银行的名义进行过任何货币交易。他只是通过一个内部的记账账户来掩盖他的损失并记录虚假利润，并一直维持了两年时间而没有被发现。巴林银行内部没有明确谁管理他和了解他到底如何赢得的利润。

资料来源：Philippe Jorion. Value at Risk. New York：McGraw Hill，1977；朱忠明，张淑艳. 金融风险管理学. 北京：中国人民大学出版社，2004：149-150。

六、国家风险

国家风险是指某一特定国家的政治或经济条件危及或中断该国清偿贷款或其他债务而导致的损失。

国家风险主要表现为所在国企业或非金融机构因受经济或金融危机的影响而无力偿还债务的风险。国家风险主要包括这两种风险：一是主权风险，是指由于主权国家的政府或政府机构的行为而构成的风险。在跨国银行活动中，当政府或政府机构成为跨国银行的债务人或债务担保人时，跨国银行就产生了主权风险。主权国家政府或政府机构有可能出于其利益的考虑而拒绝履行偿付债务或担保的责任，从而给贷款银行造成损失。二是转移风险，是东道国政府政策或法规禁止或限制资金转移所构成的风险。在跨国银行活动中，当东道国实施严格的外汇管制或资本流动限制时，跨国银行在东道国的存款、收入无法汇出，债务人无法兑换到所需要的偿债外汇，从而给跨国银行造成损失。

除了主权风险和转移风险外，主权国家的政治因素导致社会变动而带来的风险也可包括在国家风险之内，这类风险有的与主权国家的行为有关，有的与主权国家无关。由于这些因素具有给外国贷款人和投资者带来损失的可能性，因此也包括在国家风险的范围内。

由于对金融市场管制的放松，各种风险如市场（利率和汇率）、信用、流动性、操作和国家风险就越来越紧密地结合在一起。如果一家德国投资和交易公司考虑向美国的股票及债券投资，这五种风险都会起作用。显然，它要受市场风险的影响——债券和股票的价值可能下跌，美元对欧元的比价可能降低，这会进一步减少收入。另外，该公司还必须密切关注信用风险——它应该与哪些美国交易公司打交道？而这些公司又有多大把握不会陷入困境，不会突然中断履约？跨国投资一旦失败，可能导致没有充足的资金来面对客户的提现，这时流动性风险应运而生。然而，国家风险的可能性也无处不在：现金紧张的政府会设法通过向这种活动课征新税的办法，阻止跨国投资。最后，还有操作风险——交易活动的复杂性使诈骗活动有机可乘，并增加了交易者犯错误的可能性。

实际上，风险不只是有可能遭受损失，真正的风险是不了解未来。即使行情下跌，若能预先知道这点，也可以对此有所防范，甚至可以从中获利。因此，风险是潜在结果的易变性。行情可能下跌，也可能上涨；信用可能恶化，也可能恢复；经营可能破产，也可能比其他任何人经营得更好；国家政治因素可能起阻碍作用，也可能起促进作用。在现实生活中，生产工业品和消费品的公司总是避免风险，或设法把风险转嫁给另一方。与此形成对照，金融机构必须直面风险带来的挑战，发现风险，控制风险，管理风险，并从中获利。这也正是人们认识风险并进行风险管理的动力之所在。

专栏 9.3

爱尔兰国债危机爆发的原因

全球金融危机爆发之前，爱尔兰的经济增速一直维持在较高水平，其经济发展模式亦备受赞誉，甚至被称为奇迹。1994 年到 2000 年，爱尔兰在经济增长、就业率及外资引进方面均取得了较大进步，跃升至整个欧洲前列。1995 年至 2007 年，爱尔兰经济增长均维持在 5%以上的水平。但是，在经济高速发展的同时，资产泡沫也不断膨胀，为日后危机的爆发埋下了隐患。

自 1994 年起，爱尔兰房地产价格一直不断上升，其对于外资进入房地产行业的不加限制更对房价上涨起到了推波助澜的作用。伴随着房价的上涨，银行信贷也在不断扩张。1994 年至 2008 年，私人信贷占 GDP 比重上升了近四倍之多，与此同时，银行机构的国外债务大量累积。然而，2008 年席卷全球的金融危机爆发，其连锁反应使得爱尔兰的房地产泡沫在一夕间破灭。房地产价格的剧烈下滑直接导致银行业贷款损失严重，爱尔兰五大银行濒临破产，尤其是盎格鲁—爱尔兰银行，亏损居于首位，2010 年税前亏损目前预计为

176亿欧元(约合240亿美元)。为稳定银行系统,爱尔兰政府开始向银行业大量注资,银行负债随即转移至政府身上,银行系统的危机也深化为整个国家的危机。2010年9月,爱尔兰政府称救助五大银行最高可能耗资500亿欧元,预计2010年财政赤字占GDP比重将达到32%,公共债务将占GDP的100%。此消息的公布导致了爱尔兰国债利率的飙升,债务危机也随之爆发。

对于爱尔兰来说,债务危机并非是短期内经济出现问题所引起的,而是政府缺乏对外资的有效监管,对银行业风险控制管理不力,导致不得不动用国家财政为其买单,从而使得整个国家主权信用恶化。

资料来源:杨婧媛,爱尔兰债务危机及主权信用监管问题研究,时代金融,2011(7)。

第四节　国际金融风险管理过程

一、风险识别

国际金融风险的识别,就是辨别金融机构或一般工商企业在经营中所面临的国际金融风险的类别,并对风险的影响程度做出初步评估。风险识别的目的在于全面理解企业经营中所面临的国际金融风险的暴露状况,以利于确定下一步风险管理的重点所在。显然,风险识别是风险管理的首要环节。

具体而言,风险识别包括判断企业经营业务中面临哪些市场风险,这些市场风险之间有何关系,最主要的市场风险是什么,风险产生的最终来源何在,风险结构性质如何(包括风险发生概率与可能产生的影响),最后确定出企业面临的主要市场风险。

假设一家美国生产型企业从国际金融市场借入一笔日元浮动利率贷款用于购入日本的生产设备,其原材料从英国进口,而其产品的一部分销售到德国。下面识别该企业面临的市场风险。

(1) 利息支付而导致的未来现金流出面临的风险。如果企业的现金流都以美元计价,那么预期的现金流出就会面临两种国际金融风险:日元利率风险和美元/日元的汇率风险。当日元利率上升时,未来现金流出增加;日元利率下降时,未来现金流出减少。当美元/日元的汇率上升时,未来现金流出减少;当美元/日元的汇率下降时,未来的现金流出增加。

(2) 原材料采购而导致的未来现金流出面临的风险。这一现金流出面临两种市场风险:原材料价格风险和美元/英镑的汇率风险。原材料价格上升时,未来现金流出增加;原材料价格下降时,未来现金流出减少。美元/英镑的汇率上升时,未来的现金流出减少;美元/英镑的汇率下降时,未来的现金流出增加。

(3) 在德国市场的产品销售而导致的未来现金流入面临的风险。该现金流入也会面临两种市场风险:产品价格风险和美元/欧元的汇率风险。产品价格下降时,未来的现金流入减少;产品价格上升时,未来的现金流入增加。美元/欧元的汇率上升时,未来的现金流入可能减少;美元/欧元的汇率下降时,未来的现金流入可能增加。

当然,汇率的变化也会直接造成以欧元计价的产品价格的变化。同时,产品价格的变化会影响企业产品的市场竞争力,进而影响产品的销售量。因此,上述两种风险虽然是实际存在的,但它们引起现金流实际的变化方向很难定性地确定。为使问题简化,可以假定产品的销售量对价格的弹性非常低,例如在考虑汇率风险时,可以简单假定在签订了固定价格的销售合同的情况下,上述简单的影响关系成立。

通过上述分析,就可以识别出企业经营中面临的国际金融风险。

二、风险预测与测量

对国际金融风险状况识别后,就需对其中较重要的市场风险进行预测和测量。风险预测和测量是风险管理的核心,它直接决定了风险管理的有效性。事实上,国际上金融风险管理的重点大多集中于风险测量的理论和模型方面。

(一) 风险预测

从理论上讲,预测风险发生概率的方法有以下三种。

1. 主观概率法

对于没有确定性规律和统计规律的风险,需要通过专家和管理者的主观判断来分析和估计概率,但这种方法的系统误差较大。

2. 时间序列预测法

利用风险环境变动的规律和趋势来估计未来风险因素的最可能范围和相应的概率,包括移动平均法、回归法等。

3. 累计频率分析法

该方法利用大数法则,通过对原始资料的分析,依次画出风险发生的直方图,由直方图来估计累计频率概率分布。

通过风险预测,管理者可以决定是否进行一项交易或者投资组合,并从风险回报方面判断是否适当。对固有风险和期望回报的标记、数量化及分析的过程一定要在任何交易、新产品和贸易活动被批准或执行之前完成,通过预测收入和与一个交易和贸易活动有联系的风险来源,风险管理可以预测投资组合或商业活动中存在的不正常风险。

（二）风险测量

在风险管理实务中,预测风险的结果通常采用两种方法,即在险价值和压力测试。

1. 在险价值(VaR)

近年来,在风险管理的各种方法中,在险价值(Value at Risk,VaR)引人注目。许多金融机构和法规制定者开始把这种方法看做全行业衡量风险的一种标准。VaR之所以具有吸引力是因为它把金融机构的全部资产组合风险概括为一个简单的数字,并以美元、欧元等主要货币为计量单位来表示风险管理的核心——潜在亏损。VaR还可以应用于许多不同的金融工具,并能将各类工具和资产的风险进行计算和加总。从目前情况看,VaR已开始应用到信用风险管理之中,但主要还是集中在与市场风险相关的领域。

(1) VaR的含义。VaR实际上是要回答金融机构的投资组合在下一阶段可能损失多少资金。或者更精确地说,在概率给定的情况下,投资组合的价值最多可能损失多少。

(2) 计算VaR的方法。为了计算VaR,通常需要选取一个常用的计量单位、一个时间长度以及一个概率值。计量单位可选用美元、欧元或金融机构业务所涉及的其他主要币种。概率值则选取为1%~5%。时间长度可以任选,只是需要选定在投资持有期间,资产组合要素应保持不变。一般所选取的时间为一天、一周或两周。但必须注意的是,在选择时间长度时,应参考投资组合要素中资产的流动性程度以及交易的频繁程度。一般而言,流动性较差的资产,选取的时间也较长。

(3) VaR方法的特点。

① VaR值可以用来简单明了地表示市场风险的大小,单位是美元或其他货币,没有任何技术基础、没有任何专业背景的投资者和管理者都可以通过VaR值对金融风险进行评判。

② VaR方法可以事前计算风险,不像以往风险管理的方法都是在事后衡量风险大小。

③ VaR值不仅能计算单个金融工具的风险,还能计算由多个金融工具组成的投资组合的风险,这是传统金融风险管理所不能做到的。

(4) VaR方法的缺陷。虽然VaR是一种风险管理的重要工具,但其也存在某些缺陷,这些缺陷主要是源于市场现实情况与VaR计算所必需的假定之间的差异。

① 市场并不是正态分布的。VaR 计算中的一个中心假设是市场回报为统计学意义上的正态分布,即标准的钟形曲线。但事实上,这一假定在现实中经常被打破。

② 资产组合是非线性的。大部分 VaR 的计算都假定资产组合价值变动是与市场价格变化严格成比例的。但是如果资产组合中包括衍生产品,资产价值与股票的市场价格就不再是一条直线的关系,而现代国际性金融机构经常会使用衍生产品。

③ 波动性并不是一个常数。很不幸,风险管理者无法依靠历史的平均波动幅度来预测未来的走向。例如,波动幅度是期权价格的决定因素,但计算波动幅度十分困难,含有期权的资产组合的 VaR 值的计算就因此受到相当大的影响,可国际性金融机构是经常在资产组合中使用期权产品的。

④ 市场同时变动,但变动形式不得而知。当今世界中最大的金融风险大多起源于市场风险因素的同时变动。VaR 模型确实也考虑到统计的相关性,但模型描述市场的大幅度变化时(例如 1997—1998 年的亚洲金融危机)还是不够完美。

2. 压力测试(Stress Testing)

上面已经指出 VaR 抓住了金融机构在正常市场环境中的风险,但如果市场条件不正常又怎么防范风险呢?导致不正常市场条件出现的因素数不胜数,从华尔街的一次炸弹袭击到莫斯科的刺杀行为都可以影响市场的变动。风险管理者使用压力测试的方法来衡量金融机构在这些混乱的市场环境中所面临的风险。这种技术使用计算机来营造不同的场景,并计算这些场景中金融机构资产价值的变化。例如,风险管理者可以设计一个场景:墨西哥比索突然贬值 30%,金融机构所有的资产会以这个条件为前提重新计算,得到一个新的对资产回报率的估计。这样设计多个场景,可以算出不同场景中金融机构资产回报率的变化。给每个场景指定一个发生概率,就可以得到一个资产回报率的分布,然后根据这个分布计算 VaR 值。这种方法的优势在于管理者可以不使用历史数据,而是根据设定的可能出现的市场状况来估计,因为市场条件有时可能完全偏离历史的数据。

典型案例

压力测试:大通曼哈顿银行

大通曼哈顿银行在 1998 年的年报中对其使用的压力测试做出解释:

资产组合压力测试方法是管理市场风险的一个重要工具,与 VaR 模型同等重要,也是对 VaR 的一个补充。大通曼哈顿银行根据事先确定的场景来设定市场比率和价格,其中会包括实际的历史数据以及假设的历史事件……

压力测试的主要目的在于预测大通曼哈顿的资产组合所面临的风险。这种测试能够成功实施的关键因素在于连续性以及不断对压力场景进行更新。在这样的动态调整中,头寸以及经济环境的变化因素都包含在内,并对这些因素做出反应,而且会考虑以前出现的场景,特别是有些场景可以进行提炼后再利用。压力测试在每个月随机选取日期进行。1998 年 12 月 31 日,大通曼哈顿银行的压力测试就包括 7 个场景,既有历史的,也有假设的,其中历史场景有 1994 年债券市场的大幅下跌以及 1997 年的墨西哥比索危机和亚洲金融危机。

事实上,大通曼哈顿银行完全有理由称颂自己的风险管理系统。1997 年下半年,银行开始使用压力测试来检验整个交易和贷款资产,分析在各种不可预见的市场逆转情况下这些资产的表现,特别设计了那些可能导致灾难的情况,以考察这些场景对银行的影响。在此基础上,大通曼哈顿管理层制定了一个旨在减少补偿性措施的激励机制。如果风险不能带来相应的回报,这种风险就不会得到补偿,这样,银行就创造出一个比较保守的全面风险管理理念。

资料来源:Chase Manhattan Annual Report,1998.

毫无疑问,VaR 是针对"一般风险"(Event Risk)的,对风险的考虑还是应提高到压力测试的层面上。但压力测试也并不是完美的,同样存在严重缺陷。第一,场景预测方法在本质上是完全主观的,一些不合情理的坏场景也就导致了 VaR 的高数值,因为实际上人们并不善于设想一种从未出现过的场景;第二,场景的选择会受到金融机构本身的资产组合头寸的影响;第三,压力测试方法很难解决相关性问题。因此,压力测试一般来说考察的是某一金融变量在一定时间内的大幅变动,而对国际性金融机构持有的大规模的复杂的资产组合来说并不很适用。所以,这种方法只能是对 VaR 的一种补充,而非替代方法。其最大的优势就在于在设定了准确场景的前提下,管理者可以据此估计主要变量大变动时的负面影响。

三、风险处理

当风险测量完成后,就进入了风险管理的第三阶段——风险处理。所谓风险处理是指综合考虑企业所面临的国际金融风险的性质、大小,企业的经营目标,风险承受能力和风险管理能力,核心竞争力等因素,选择合适的风险管理策略和工具,对其所面临的国际金融风险进行处理,包括风险回避、风险控制、风险隔离、风险结合、风险转移和自我承担等。

（一）风险回避

风险回避就是通过割断主体与风险来源的联系，即通过放弃所从事的风险事件或完全拒绝承担风险，来达到完全消除风险的目的。例如，中断某项有可能带来严重亏损的风险性投资。显然，这不是一种积极的办法，它的使用通常是有一定前提的。例如，这种风险所致的损失频率和幅度相当高，或实施风险管理所耗费的成本远远超过其产生的效益。

（二）风险控制

对企业无法回避或转移的风险，宜通过各种手段来降低其发生的可能性或减少风险带来的损失，也即实施风险控制。从控制的时序上看，风险控制分事先的风险控制和事后的风险控制。事先的风险控制，就是在风险识别和估测的基础上，通过采取事先预防性措施，达到尽可能减少风险的目的。例如，银行对贷款客户进行资信调查，为的就是减少将来的信用风险。事后的风险控制，就是在损失发生之后采取相应的补救措施，把损失减少到最小。例如，立即关闭出现亏损的期货交易头寸，或建立相反的交易头寸，以避免在不利行情下出现更大的亏损。

（三）风险隔离

风险隔离就是合理安排资源，使某一风险事件的发生不会导致主体所有资源的损失。风险隔离有分散和重复两种技术。分散技术体现的基本思想就是投资组合（Portfolio），用一句谚语来表达，就是“所有的鸡蛋不要放在一个篮子里”。这一点在证券投资上尤为重要。以股票市场为例，投资者大多愿意将所有资金分散投资于多种股票，在变化无常的市场中，一种股票上的损失有可能为其他股票上的盈利所弥补，这是单一股票投资无法做到的。

重复技术有时也称冗余技术，即把资源分为现用资源和备用资源两类。当现用资源发生不测时，备用资源可以立即发挥作用，使原有的工作继续进行下去。例如，在一个计算机指挥控制系统中，主机及重要数据都应备份，以避免在这些关键性资源发生意外时影响全部的指挥控制工作。

（四）风险结合

与分散技术不同，风险结合不是将风险分散，而是将它们集中起来。集中的结果不是将风险放大，而是通过对冲效应将其化解。例如，跨国公司通过设立“再开票中心”，将各子公司的外币应付和应收账款集中起来管理，实际上就是利用各子公司应收、应付账款的对冲效应，将外汇风险降至最低。

（五）风险转移

风险转移就是将风险转由其他主体承担，自己不承担。保险是一种最典型的风险转移技术。企业为避免火灾、水灾等可能带来的经济损失，通常会向保险公司购买保险。万一企业遭受这类损失，保险公司将给予相应的赔偿。这样，企业就可以不承担或不完全承担这类损失，风险得以转移。与保险类似的还有期权。对于将来准备买入外汇的企业来说，汇率上涨极为不利，于是，为避免汇率上涨带来的损失，该企业将愿意支付一定的费用来购买保险，即买入一个买权。

除保险之外，风险转移还有许多非保险技术，这些技术一般需要通过签订契约或合同来转移风险。例如，在美日进出口贸易中，美方进口商要求贷款以美元支付，这一要求已在合同中确定下来，这样，日元对美元的汇率风险就转向了日方。又如，在某种商品的销售过程中，买方为防止卖方不能及时交货或提供不符合要求的商品，在合同中订立相应的违约金和赔偿条款。这类契约或合同还有很多，如租赁合同、转包合同、贷款担保等。总之，风险本身并未消失，而是从一方转移到了另一方。

（六）自我承担

自我承担是指由主体自己来承受风险所致损失。尽管主体可以运用前面所讲的各种技术阻止风险损失，但风险不可能被完全转移或消除，因此，在一定的限度内，主体承担风险，有时还是十分必要的。

四、风险管理的实施、评估与调整

风险管理的实施、评估与调整是保证风险管理有效性的重要环节。风险管理的实施贯穿于整个风险管理全过程，而风险管理的评估与调整则进一步对风险管理策略或实施过程存在的问题进行合理调整与改进，从而提高风险管理的有效性。

（一）风险管理的实施

风险管理的实施是为保证风险管理策略、方法的落实和过程的有效进行而展开的一系列管理活动，包括企业风险管理系统的组织结构形式、风险管理系统中各职能部门的功能设置和安排，以及风险管理信息系统的构建等。

（二）风险管理的评估与调整

风险管理的评估与调整是指对风险管理策略实施的有效性进行评价，并在此基础上进行调整和改进。随着时间的推移、市场环境和企业的经营业务的变化，企业面临的市场风险状况可能发生了变化，出现了更好的风险测量手段和更有效的风险管理手段和工具，这就决定了对风险管理的评估不仅要对当前的风险测量方法及风险处理手段的合理性和有效性进行事后评价，还要结合对市场环境状况和企业经营业务发展变化趋势的分析，对现有风险管理的策略与实施进行动态调整。

章后阅读

《多德-弗兰克法案》

《多德-弗兰克法案》(全称《多德-弗兰克华尔街改革和消费者保护法》，Dodd-Frank Wall Street Reform and Consumer Protection Act)，分别于2010年6月30日和7月15日获美国众议院和参议院通过，最后由总统签署，被认为是20世纪30年代以来美国改革力度最大、影响最深远的金融监管改革。该法案旨在通过改善金融体系问责制和透明度，促进美国金融稳定、解决"大而不倒"问题、保护纳税人利益、保护消费者利益。这份庞大的法案，涉及所有的现有监管机构，设立了多个新的机构，包括金融稳定督察院、金融研究办公室和消费者金融保护局，将奠定未来一段时间美国金融监管框架的基础。

法案的要点包括：① 识别和监管系统风险。资产规模大于500亿美元的银行控股公司和金融稳定监督委员会认定的系统性非银行机构，将面临标准更高的审慎监管，必要时拆分，平时收集信息预判风险。② 终结大而不倒。设立有序清偿方案，禁止用税收拯救金融机构，代之以清偿破产方案，必要时由其他大金融机构分担代价。③ 扩大美联储的责任和权限，授予美联储对所有系统性机构的监管权和保障金融稳定的总体责任。④ 限制机动性援助，主要是限制美联储对于单个机构的援助。此外，提出了沃尔克准则，即限制银行控股公司进行自营性交易，比如投资于对冲基金和私募股权，并且禁止危机时拯救这些投资。又次，监管衍生证券的交易。标准化的衍生产品进行集中结算，非标准化的衍生产品提供监管，商品套期交易除外。⑤ 其他重要的监管措施，比如约束抵押贷款的发放，要求对冲基金进行风险披露，解决评级机构的利益冲突，控制货币市场风险，等等。

资料来源：《21世纪经济报道》，2013年6月17日。

本章小结

20世纪80年代以来，国际金融环境发生了重大的变化。随着世界经济和国际贸易的发展，国际金融市场的功能不断增强，货币安排日趋多样化，国际金融一体化趋势明显。国际金融环境的这些变化，使得国际金融风险日益突出，企业国际金融风险的管理也变得越来越重要了。

国际金融风险是指在国际金融活动中，某些因素在一定的时间内发生始料未及的变动,致使国际金融主体蒙受经济损失的可能性。这种风险的内涵在于它是在一定的时间内,以相应的风险因素为必要条件,以相应的风险事故为充分条件,有关国际金融主体承受相应的风险结果的可能性。国际金融风险起源于国际金融市场价格的波动,即汇率波动、利率波动和商品价格波动。

国际金融风险可分为系统风险和非系统风险。本章主要介绍企业可以控制的几种具体的风险类型:市场风险(汇率风险和利率风险)、信用风险、流动性风险、操作风险和国家风险。其中,汇率风险又可细分为交易风险、会计风险和经济风险。利率风险主要包括期限不匹配风险、基本点风险、收益曲线风险和选择权风险。对国际金融风险的正确认识,是我们管理国际金融风险的前提条件。

国际金融风险管理的过程包括以下步骤:风险识别,风险预测和衡量,风险处理,风险管理的实施、评估与调整。其中,风险预测和测量是风险管理的核心,直接决定了风险管理的有效性。本章着重介绍了在险价值和压力测试两种风险测量的模型,以及风险回避、风险控制、风险隔离、风险结合、风险转移和自我承担等风险处理的方法。

相关链接

http://www.imf.org　国际货币基金组织

http://www.worldbank.org　世界银行

http://www.bloomberg.cn　彭博(金融数据提供商)

http://www.riskworld.com　风险世界

http://www.isda.org　国际调换和衍生产品协会

http://www.prsgroup.com　政治风险服务

思考题

1. 国际金融风险的实质是什么?
2. 简述汇率风险的三种表现形式。
3. 简述利率风险的四种表现形式。
4. 什么是 VaR? 如何计算? 为什么使用 VaR?
5. 使用压力测试估计市场风险的优缺点是什么?

案例讨论

一、美国工业公司合并资产负债表

合并资产负债表(1988 年 11 月 30 日)

单位:百万美元

资 产		负债与所有者权益	
流动资产		流动负债	
现金和短期投资	231	应付账款	686
净应收账款	314	应付票据	493
待摊费用	136	应计债务	650
递延所得税获益	67	其他流动负债	236
存货	434	流动负债总计	2 065
流动资产总计	1 182		
固定资产		长期债务	1 115
财产	937	递延所得税	388
厂房建筑	1 363	其他负债	374
机器设备	3 052		
在建工程	166		
固定资产损失	5 518	所有者权益	
固定资产折旧	(1 876)	优先股	234
固定资产总值	3 642	普通股	788
其他非流动资产	189	保留盈余	1 434
其他资产		库存股票	-394
无形资产	65	累计外汇调整额	-8
向国内外分支机构的投资	629	所有者权益总计	2 054
混合资产	289		
其他资产总计	983		
资产总计	5 996	负债与所有者权益总计	5 996

美国工业公司的资产负债表附注中蕴含了比资产负债表本身更丰富的信息。

二、美国工业公司合并资产负债表的附注

（一）会计政策

A. 合并报表的原则——公司的合并报表在每个财政年度末由控股公司美国工业公司及其在国内外的分支机构的财务报表合并编制而成。由于运营上的独特性，美国工业公司的全资财务公司在所有者权益一栏中体现。美国工业公司将被称为“母公司”……

C. 存货——存货计价采用后进先出法。存货中包括铜，它是公司最新开发产品的基本原料……

F. 所得税——所得税在税前财务收入的基础上计缴，税前收入不等于应税收入，区别在于一些特定科目，例如两者在计算固定资产贬值和账面沉淀时采用的期间不同。在美国工业公司，我们采用期内流入流出法来确认投资税收减免额度，这种方法使得公司能够在实际投资发生年度内以投资税收减免额度来冲减所得税。根据 1986 年通过的税收改革法案，1987 年和 1988 年的法定所得税率有所降低。但是由于投资税收减免额度的取消（尽管在 1986 年过渡期内一些减免额度仍然有效）和资本利得税的提高，1987 年的实际所得税率仍然上升了。

G. 固定资产——按成本计价……

J. 外汇折算——国外分支机构的当地货币为功能货币。资产负债表中应用的汇率用于衡量资产和负债的实际价值，公司的经营状况按照一个时期内的平均汇率折算成美元，由货币折算形成的损失或收益列入特别权益留存账户。

（二）国外分支机构

1988 年来自国外分支机构的销售占公司销售总额的 15.5%，1988 年国外分支机构的净收入总额达 1.06 亿美元，国外净资产包括在爱尔兰、意大利和中国台湾的生产设施。

（三）现金和短期投资

现金和短期投资包括商业票据、联合贷款、存单以及银行承兑汇票。为便于信息披露，资产负债表中所有的短期投资被视为现金等价物。全资子公司美国工业财务公司购买了国内分支机构几乎所有的应收票据，国外分支机构则将应收票据出售给独立的财务公司。

（四）优先股

1985 年，美国工业母公司发行了 2 340 000 股盯住利率的优先股，面值为

100 美元/股。首期股息发行截止日为 1986 年 1 月 15 日和 4 月 15 日，股息率为年率 10%。此后股息每季支付一次，每次的股息率比美国 3 个月期、10 年期和 20 年期国债利率三者中最高的一个利率低 1.85%，在 6.75% 至 14.0% 之间。优先股可以根据母公司的需要部分或全部赎回。

请问：从美国工业公司的资产负债表及其附注中，可以发现其面临哪些国际金融风险？应采取什么方法来防范这些风险？

即测即评

请扫描二维码，在线测试本章学习效果。

第 10 章 国际金融风险管理

本章学习要求

通过本章的学习，应深入了解金融风险管理的背景和不同的金融机构所面临的风险类型，熟悉信用风险和流动性风险的衡量和管理方法，掌握利率风险和汇率风险的分析和控制手段，并能对操作风险的判断、预测和管理效果进行客观评价。

本章主要概念

5C 信用评级法(Five Cs of Credit Worthiness)　信用度量制(Credit Metrics)　预计违约频率(Expected Default Frequency)　担保抵押贷款(Collateralized Loan Obligation, CLO)　担保抵押债券(Collateralized Bond Obligation, CBO)　特殊目的公司(Special Purpose Vehicle)　大额负债依赖性(Large Liability Dependence, LLD)　缺口分析报告(Gap Report)　对利率敏感的资产(Rate Sensitive Assets)　对利率敏感的负债(Rate Sensitive Liabilities)　利差(Spread)　外汇净头寸(Net Exposure)

章前阅读

2008 年以来的全球金融危机的爆发，促使全球金融监管当局反思监管框架并加强了对大型金融机构的监管，尤其是系统风险的防范问题，对次贷危机和《巴塞尔协议Ⅱ》的争议和反思，直接推动了《巴塞尔协议Ⅲ》的迅速出台。在次贷危机之后，新协议的补充文件主要集中在公允价值的度量和建模、健全流动性监管的若干原则和额外风险要求准则等。而这次新协议所进行的大规模监管改革，主要集中在以下领域：一是资本监管要求，包括资本的重新定义、资本留存缓冲、逆周期资本缓冲和杠杆比率；二是流动性监管要求，给出了流动性监管的一些工具；三是对《巴塞尔协议Ⅲ》的过渡期的时间表安排。《巴塞尔协议Ⅲ》从 2009 年 7 月由提出提案，到 2010 年 9 月决议通过，只用了不到一年的时间，体现了加强银行体系监管的重要性和紧迫性。

资料来源：钟伟，谢婷.巴塞尔协议Ⅲ的新近进展及其影响初探.国际金融研究，2011(3)。

第一节　信用风险的衡量与管理

信用风险是商业银行经营历史上存在时间最长的风险。在传统业务(或称表内业务)中，这种不确定性表现为借款人未能按贷款合同要求偿还贷款；在现代银行业务(或称表外业务)中，这种不确定性又表现为同商业银行订立金融合约的对方未能按合约要求付出对价。本节主要就商业银行信用风险的衡量与管理两方面的一些问题进行探讨。

一、信用风险衡量

（一）5C 信用评级法

5C 信用评级法(Five Cs of Credit Worthiness)是一种对借款人进行违约可能性分析的模型。该模型着重分析借款人的现金流量及使用这些现金流量来偿还贷款的能力。

商业银行通过发放各类贷款建立了自身的资产组合体系。如果它们不把发放的贷款卖掉(或进行证券化)，那么它们就必须对贷款进行监督以保证其能收回。商业银行进行的贷款分析主要关注借款人的特点(包括财务方面和非财务方面的特点)同其未来偿还贷款行为之间的关系。由于任何未全部收回的贷款都是一笔未完成的业务，这一分析过程就必须始于借款人提出贷款申请，而终于贷款的全部收回。该模型指出，商业银行在贷款的发放和收回过程中需要掌握借款人五方面的实际情况(即 5 个 C)：品德(Character)、还款能力(Capacity)、资本(Capital)、抵押(Collateral)、环境(Condition)。对借款人各方面信息的收集、整理和分析可以使我们对借款人的信用状况有一个整体的认识。

1. 品德与声望

品德与声望主要是指借款人偿债的意愿及诚意。信贷人员必须确定贷款申请人对贷款资金的使用是否有明确的、符合银行贷款政策的目的，是否具有负责任的态度和真诚的还款意愿。信贷人员应认真分析借款人信用状况、过去的偿债记录、与银行的全面关系以及与客户的往来关系。

2. 资格与能力

首先,信贷人员必须确定借款人是否具有申请贷款及签署贷款协议的资格及合法权利。其次,应分析借款人经营管理能力。对企业借款人还款能力的考察可以通过借款人的收益变动状况来分析,因为即使在一段时间里借款人还款很稳定,但若出现借款人自身收益状况变化很大(较高的标准差)的话,那么这也表明该借款人的还款能力可能受到影响。

3. 资金实力

资金实力主要是指借款人资财的价值、性质、变现能力。信贷人员要特别注重借款人在还本付息期间,是否有足够的现金流量来偿还贷款。另外,还要考察借款人(公司或企业)股东的股权分布状况以及财务杠杆状况,因为这些可以作为反映借款人是否会倒闭的重要预警指标。

4. 担保

担保主要是指抵押品及保证人。对于借款人提供的用作还款担保的抵押品,应特别注意抵押品的价值、已使用年限、专业化程度、市场流动性(易售性)、是否投保。如果该抵押品在技术上已过时,或者专业化程度较高,不易出售转让,则其作为抵押品的价值就十分有限。对于由第三者提供保证的贷款,应分析、考察保证人是否具备担保的资格,并审核保证人的资金实力及提供的抵押品。

5. 经营条件和商业环境

经营条件和商业环境主要是指企业自身的经营状况和其外部的经营环境。前者包括企业的经营特点、经营方式、技术情况、竞争地位、市场份额、劳资关系等,这些因素基本上属于企业自身能决定的内容。后者的范围涉及面较广,大至政局变动、社会环境、商业周期、通货膨胀、国民收入水平、产业结构调整等。为了掌握产业及整个商业环境的变动情况,银行应注意收集、建立有关档案,以便事先采取某些必要措施及应变准备,确保银行资产的安全。

尽管5C信用评级法在银行的信用分析中发挥着积极的重要作用,然而实践却证明它存在许多难以克服的缺点和不足。第一,维持这样的专家制度需要相当数量的专门信用分析人员,随着银行业务量的不断增加,其所需要的相应信用分析人员就会越来越多。第二,专家制度实施的效果很不稳定。这是因为专家制度所依靠的是具有专门知识的信贷人员,而这些人员自身的素质高低和经验多少将会直接影响该项制度的实施效果。第三,专家制度的程式化降低了银行应对市场变化的能力。第四,专家制度加剧了银行在贷款组合方面过度集中的问题,反而使银行面临更大的风险。第五,专家制度在对借款人进行信用分析时,难以确定共同要遵循的标准,造成信用评估的主观性、随意性和不一致性。

综上所述,古典信用风险度量方法——5C 信用评级法有着许多难以克服的弊端,这就不得不促使人们去寻求更客观、更有效的度量信用风险的方法和模型来提高银行信用评估的准确性。

(二)信用度量制

1. 产生背景及基本含义

近年来,各国金融监管者和各银行之间一直争论着一个问题:银行究竟应投入多少资本去应付信用风险?以贷款和证券形式为主的银行资产系根据其风险大小来确定风险权数的,如商业贷款的风险权数为 100%,房屋抵押贷款的风险权数为 50%等。从发展的角度看,这些标准未能对公司的放款对象进一步细分。例如贷款对象为信贷等级 AAA 级的公司就应与那些信用等级较低的小型厂商有区别,但按协议规定,银行的上述两种贷款组合必须持有等量的资本,为此,这些银行运用了更复杂的模型,计算出来的资本充足率要求一般不同于法定标准。例如,RA-ROC 模型计算出来的资本金比例对于 AAA 级贷款可能不到 1%,而对于高风险的信贷则为 20%。

为了给信用风险的量度建立一个规范性的市场标准,1997 年 4 月初,美国摩根公司建立了一套衡量信贷风险的市场标准,该模型旨在对具有不同特征的贷款组合计算出银行可承受的亏损额,以及相应的资本准备,并与其他几个国际银行——美洲银行、瑞士银行、瑞士联合银行和巴克莱集团的投资银行等共同研究,推出了世界上第一个评估银行信贷风险的证券组合模型——信用度量制(Credit Metrics)。该模型以信用评级为基础,计算某项贷款或某组贷款违约的概率,然后计算上述贷款同时转变为坏账的概率。该模型通过 VaR 的数值计算力图反映出:银行某个或整个信贷组合一旦面临信用级别变化或拖欠风险时所应准备的资本金数值。该模型覆盖了几乎所有的信贷产品,包括传统的商业贷款、信用证和承付书、固定收入证券、商业合同(如贸易信贷和应收账款)以及由市场驱动的信贷产品如掉期合同、期货合同和其他衍生产品等。贷款多元化的银行由于风险分散,因此所需资本较少。

2. 计算方法

第一步,对信贷组合中的每个产品确定敞口分布。

第二步,计算出每项产品的价值变动率(由信用等级上升、下降或拖欠引起)。

第三步,将单项信贷产品的变动率汇总得出一个信贷组合的变动率值(加总时应考虑各产品之间的相互关系)。

由此可见,在假定各类资产相互独立的情况下,每类资产信用风险组合的风险值等于该类资产的敞口分布与其信用等级变动或拖欠的变动率之积,即等于信用等级变动或拖欠变动率与贷款额之积。

3. 简要评价

实际上,摩根公司的最大愿望是使其模型标准化,最终使巴塞尔委员会接受各银行采用类似的模型来计算其资本充足率标准。目前巴塞尔委员会已经同意各银行自 1997 年起使用各自的模型来衡量市场风险价值(不包括信贷风险),但委员会仍担心这些市场风险模型的可靠性,因此又另外规定这些事先得到委员会批准使用的模型计算出来的所需资本量必须乘以 3。

即使如此,许多银行认为使用自己的模型仍可能降低资本需求数量,从而具有一定的经济性。但是,虽然运用内部模型计算市场风险所需资本充足率的原则已被国际监管机构接受,但承认大银行运用其本身的模型计算的信贷风险和相应的资本充足率仍需时日。

二、信用风险管理

银行能否在激烈的竞争中生存与获胜,关键取决于其管理信贷风险的能力。从历史上看,美国乃至全世界的几次银行业危机都是源于银行发放了过多的低质量贷款,事实上银行偶尔陷入困境的原因可能在于其流动性不足、未被预料到的利率运动以及许多其他原因,但是银行一旦破产,那么必然是由于它们发放了低质量的贷款。专栏 10.1 是银行家们用来规避信用风险的一些基本技术。

专栏 10.1

信用风险管理技术

- 筛选。这是指金融机构收集并有效地评估从大量借款者处得到的可靠信息。如果一家银行要给你贷款,你会被问及大量的私人问题,例如工资、婚姻状况等,这些信息被用来评价你的信用度。向企业发放贷款也同样。银行家关心的是企业的利润或亏损、资产负债以及未来的发展前景。无论是对个人还是对企业贷款,金融机构都必须多方打听消息,这是最基本的。

• 监控。为了减少借款者在获取贷款后从事风险行为的可能性(道德风险),银行家会在贷款合同中写入约束借款者行为的条款。比如银行家会要求企业在借款期限内保持一定的财务比率或限制其分配红利。

• 长期客户关系。这是信用风险的另一个关键因素。一方面,这有助于银行家降低信息收集成本,也就更便于防范信用风险。另一方面,长期客户关系会给借款者施加一定的压力。为不破坏与金融机构建立的关系,借款者会倾向于避免从事风险行为,这样银行可以驾驭那些意想不到的道德风险。

• 贷款承诺。这是指银行在一定时期内按照事先确定的利率向借款者提供一定数额的贷款,这有助于银行与客户建立长期客户关系,也便于银行收集信息。

• 抵押。这是一旦借款者违约时承诺给银行的补偿,银行可以借此减少损失。抵押品条件是对银行的一种重要保护措施,被广泛用于个人或企业贷款中。

• 补偿性余额。这是银行发放商业贷款时的一种特殊的抵押形式,要求借款者在银行的支票账户中保留一定数额的存款。如果企业要求 1 000 万美元的贷款,那么补偿性余额可能至少为 100 万美元,这 100 万美元存放在贷款银行的支票账户中,如果借款者违约,这笔资金就归银行所有了。因此,补偿性余额可以说是一种抵押,可以降低客户违约的可能性,银行也就凭此手段达到了监控客户和减少道德风险的目的。

• 信用分配。这是指即使借款者愿意支付银行的利率甚至提出更高的报价,银行也不同意贷款,或者限制贷款的规模。

资料来源:Frederic S. Mishikn, Stanley G. Eakins.Financial Markets and Institutions.3rd ed.Boston:Addison Wesley Longman,2000:620-624.

(一)基本抵押原则

抵押对银行是非常有益的,它可以减少贷款中的信用风险。虽然债权人可以因债务人不偿还债务而起诉债务人,也可以请求法庭对债务企业进行清算,但是债权人还有一项很重要的权利就是指派接收人员对担保资产进行拍卖。

广义的抵押包括留置、典押、抵押等几种形式。

1. 留置

留置是指银行有权保留债务人的财产权利直到债务清偿。普通的留置行为中,虽然债权人保留了债务人的财产,比如股票,但是财产的所有权仍归债务人所有。尽管如此,一旦债务不能偿还,只要给债务人合理的通知,银行就有权依据留置权拍卖留置的资产。

2. 典押

典押是指将资产、资产的所有权文件或可转让票据存放在银行，作为贷款担保。银行要求客户签署一份典押书。尽管银行保有典押品，但是法定的所有权仍属债务人所有。

3. 抵押

当债务人不能偿债时，基于企业资产的借贷条约，银行有权先于其他债务人从被抵押的资产中获得偿还。

（二）违约事件与保证契约

大多数无担保贷款都包含限制性的约定以保护贷方。这种约定可分为两大类：定量约定和定性约定。

1. 定量约定

定量约定将明确的标准和财务限制施加于借方，借方同意在贷款期间遵守这些约定。一份典型的贷款协议会包含3款或4款定量约定。

（1）净价值检验标准。净价值检验标准又称债务检验标准，是一项限制借方能获得的债务总额的约定，表示为债务占借方总股本的百分比。

借款企业同意除了事先约定的特例外，它的债务总额不超过所有者权益的某一百分比。所有者权益是股本、未分配利润和资本公积与盈余公积之和。这个限制通常定为所有者权益的100%～175%。

（2）对抵押借贷的限制。对抵押借贷的限制是借方企业做出的对抵押借贷进行限制的保证。这种限制通常表示为抵押物占所有者权益的最大百分比。一般来说是介于10%～100%，这要视借方公司的性质而定。

（3）利息保障倍数的检验标准。这一标准是指借方保证企业在特定的时间内（通常是一个财政年度内）的息税前利润（EBIT）至少为应付利息的某一特定倍数。也就是说，利息保障倍数是EBIT与应付利息的一个比率，在约定中可以具体规定这个值不低于2.5。如果银行希望抑制企业过度负债，可以将这一比率规定为3甚至是4。业务呈周期性变化的企业由于利润流很不稳定，可能抵制利息保障倍数检验标准，因为在经济低迷时期，其交易量很小，所以这一标准很可能被打破。

（4）最低净价值。借款企业可能被要求将企业的所有者权益价值维持在一个最低货币数量之上。例如，一个企业可能保证它的所有者权益价值不低于2亿美元。一旦所有者权益的价值跌破2亿美元，就意味着该企业违反了约定。通常最低净价值定为略低于借款企业的流动净价值，与借贷期开始时的净价值相同。因此这个约定为贷方提供了一个早期损失预警。

(5) 最低流动比率。流动比率是指企业的流动资产与流动负债相比的倍数。可以规定流动比率不得低于某一特定的值。尤其是对于有清算危险的企业,银行可以坚持签订这种协议。银行选定一个 1.0~1.5 的值,作为迫近清算危机的早期预警。

2. 定性约定

定性约定是借方做出的非量化保证,用以保护贷方免受损失。对约定的任何违反都视同违约,银行可以要求立即偿还贷款。

(1) 否定保证。否定保证是指借款企业保证不会同更高级别的债权人签订其他的合同,使得在企业发生清算的情况下,债权体系中不会出现比贷款银行级别更高的债权人。

(2) 交叉拖欠条款。银行经常利用这一条款寻求更多的安全保障。这一条款规定,如果企业拖欠了任何一笔超过一定数额的贷款或在与银行交易中违约数额超过一定的限制,将自动认为它在其他所有贷款和银行交易中发生了拖欠。交叉拖欠条款通常规定了最小拖欠数额的范围,一般为所有者权益价值的 1%~2%,或者一笔资金限额,比如 100 万~1 000 万美元。超过这个值,就将触发交叉拖欠。

(3) 重大不利因素条款。银行经常要求加入这一条款,它规定如果受信企业的财务状况,或者其商业地位出现了重大不利的变化,将等同于拖欠。

(三) 资产证券化

资产证券化提供了一种机会,让金融机构从其面临的总信用风险中挑选出各种可能的风险并加以分割,然后重新组合,并以此为基础发行具有不同信用风险特征的票据、证券或信用衍生产品。

在过去的几年中,美国国内通过担保抵押贷款(CLO)进行的贷款出售业务和高收益贷款的证券化业务,以及通过担保抵押债券(CBO)进行的高收益债券的证券化业务发展得非常迅速。银行主要利用这个市场来释放监管资本金,进而为其中间业务提供杠杆支持,在某些情况下,还能降低经济资本金(担保抵押贷款和担保抵押债券有时也被称为担保抵押债务,CDO)。

CLO 和 CBO 是用高收益银行贷款和公司债券作为抵押品发行的证券。其结构非常有效,因为它们将低于投资级别的贷款(或债券)加以组合,使其风险和现金流收入的组合能达到投资级别的要求。这意味着保险公司和养老基金也能投资于这些高等级的票据。CLO 和 CBO 的主要区别在于标的资产的预计收益值和平均期限不同。违约贷款的收益值要比高收益公司债券的收益值高很多。信用评级机构一般估计未保险的公司债券的收益率在 30%～40%，而经保险的银行贷款的收益率可以达到 70%左右。此外，由于贷款是分期偿还的，因此，贷款的持续期要比公司债券的持续期短，风险也要低很多。因此，通过 CLO 来构造达到投资级别的票据要比 CBO 容易一些。

图 10.1 描述了 CLO 的一种基本结构。首先建立一个特殊目的公司（SPV）或信托机构，该机构发行 3 类证券：安全性高的 A 类票据、安全性高的 B 类票据和一种附属付款承诺或“权益票据”。发行收入被用于购买高收益票据，并提供质押。在实践中，CLO 的资产篮子中可能也会包括少量的高收益债券（通常低于 10%）。CBO 的情况则正好相反，其资产篮子中包括的高收益债券一般都超过了 10%。

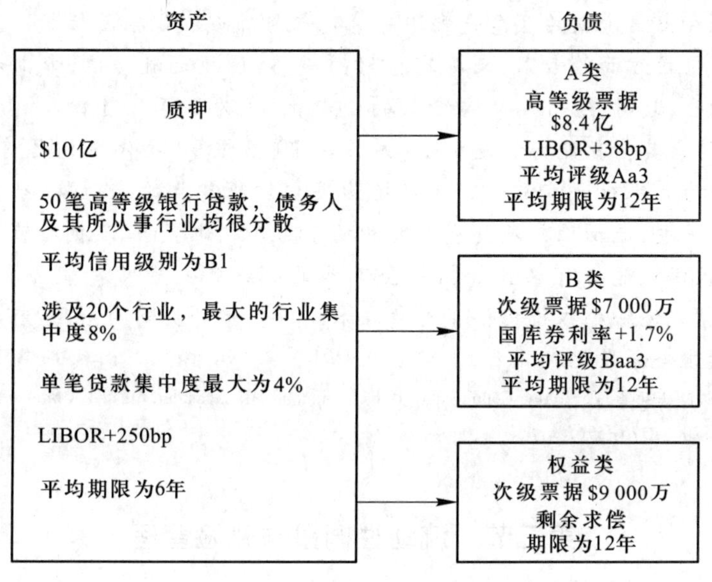

图 10.1　CLO 的基本结构

花旗银行集团主席约翰·里德说：“证券化利用更有效的资本市场，代替低效而又成本较高的金融中介，为负债方提供融资。”这一论断强调了证券化的主要好处和更高效率（较低成本），且暗含着证券化带给银行的主要威胁。资产证券化对银行而言是把双刃剑。银行得自证券化的重要好处在于证券化影响银行的流动性、盈利能力和资本充足率。其优点在于能够使资产收益率增加的同时降低股权乘数，具体如下：出售资产增加流动性，出售资产增加收入，增加服务收入，资本保值。

“低效而又高成本的金融中介”这句话指明了银行所面临的主要威胁及其

生存状态。在充斥着资产证券化的世界中,银行的作用在不断缩减。专栏 10.2 的分析将使这一观点更为清晰。

专栏 10.2

传统银行贷款功能与贷款证券化的对比

传统的银行贷款功能有四个步骤:发起、融资、服务和监控。证券化贷款提供了以更大规模出售资产以及取消融资和监控需要的可能性。证券化贷款功能只有三个步骤:发起、出售和服务。由四个步骤向三个步骤的变化被称作切分(Fragmentation)或传统借贷的分离。在 20 世纪 80 年代之前,银行对传统贷款是相当满意的,包括贷款参与。而现在,银行(尤其是那些大银行)越来越多地在出售贷款的理念支配下寻求发起贷款或组织银团贷款。如果发起行是拥有贷款方面的专家,又具有良好的声誉,但缺乏流动性、资本和成本结构进行融资,此时,它可以从事贷款的证券化,成为证券化贷款人。对于大银行,有效约束其贷款能力的是股本(尤其在 20 世纪 90 年代中期之前)和成本结构。因为大银行通常都能够在市场购买它们所需要的流动性,只要它们能够维持信用度,流动性就不具有多大的约束力。相比较而言,拥有较高资本充足率、贷款评审能力有限且贷款机会不多的小银行则通常有能力提供资金。另外,证券化还给小银行提供了无法在本地贷款市场买到的东西:有机会将它们的贷款组合分散化。

资料来源:Joseph F. Sinkey. Commercial Bank Financial Management. 6th ed. Upper Saddle River:PrenticeHall,2002:575-576.

第二节　流动性衡量与风险管理

银行需要运用其资金的流动性来满足客户提取存款及发放贷款的需求。贷款需求的多样性和存款流的不确定性决定了银行对于流动性资金的需求。很明显,银行的贷款和存款流的不确定性越强,它对于流动性的需求也就越大。银行的信誉可以使其避免存款的挤兑和流动性危机。银行作为经济流动性的主要提供者,在稳定整体经济全局以及增强公众对金融业和实业的信心方面起着很重要的作用。

典型案例

大陆银行的流动性危机:一次电子挤兑

1984年的春季和夏季,伊利诺伊大陆银行及其持股公司(伊利诺伊大陆公司)的流动性危机和对它们的紧急经济援助成为所有金融报道的焦点。伊利诺伊大陆银行曾经是十分积极的贷款人并因此获得声誉,但是1982年,它(还有其他大银行)从佩恩广场银行(俄克拉荷马州)购买的能源贷款后来被证明质量极差,这导致了其经营上的一次重大失败。其结果使大陆银行财务资本和声誉资本都受到了巨大的损失,这最终动摇了不受存款保险制度保护的大额债权人的信心并且促成了对该银行的挤兑。

对大陆银行的挤兑虽然在无声中进行,但却是十分致命的——数十亿美元的短期流动资金和游资以电子转账的形式离开了这家银行。1984年5月17日,挤兑开始后的第7天达到了这次挤兑危机的最高峰。此时,大陆银行需要注入80亿美元的资金以中止电子挤兑的局势。大陆银行的流动性危机从一个极端表现出了积极负债管理的风险(特别是在发生不良放款业务的时候)。如果没有坚实的核心存款基础(如稳定的当地存款),银行十分容易受到无声的电子挤兑的袭击。当以未保险债权人为主的市场对大陆银行的信用度失去信心时,一场无声的电子挤兑就不可避免地开始。1984年大陆银行的流动性危机及对其的经济救援促使银行的负债管理者们去重新思考他们对于购买资金总是不缺的假设,特别是在国际市场中。然而,即使是拥有联邦存款保险公司对全部负债保险的大陆银行也无法阻止无声的电子挤兑。

资料来源:Joseph F. Sinkey. Commercial Bank Financial Management. 6th ed. Upper Saddle River: Prentice Hall, 2002.

一、流动性衡量

由于银行流动性既可以储存在资产负债表中,也可以从市场中获得,因此就需要有两种衡量流动性的方法。储存流动性不涉及公信力因素,因而衡量起来相对容易,而从货币市场上购买的资金由于涉及公信力因素,衡量起来就会复杂一些。

(一)静态流动性衡量

1. 现金流方法:资金的来源与运用

比较和分析银行在短期内(如30天内)的资金来源和运用,便可获得一种流动性的现金流衡量方法。资金的运用(在30天内可以被利用的流动资产)和来源(30 天的短期负债)之间的差额以盈余或赤字的形式显示出了银行的流动性头寸状况(Darling,1991)。虽然盈余表明了银行具有流动性,但银行必须考虑这样一种头寸状况的机会成本。出于同样的原因,银行也必须考虑出现流动性赤字的风险。

预测银行的流动性需求,专家建议在不同的时间段(如 90 天)将流动性盈余或赤字与其资金需求相比较。以这种方式还可以预测净新增贷款(新增贷款-到期贷款-贷款售卖)、净存款流(存款流入-存款流出)以及其他资产和负债的净流动值。这些预期流动资金的总和,加上期初的盈余或赤字便可得出期末的流动性头寸状况。

2. 大额负债依赖性

奉行积极负债管理理念的银行,常被描述为具有大额负债依赖性(Large Liability Dependence,LLD)银行。在一定的条件下,这种依赖性也就意味着银行容易遭受电子挤兑的打击,如 1984 年伊利诺伊大陆银行案和 1989—1990 年新英格兰银行发生的挤兑事件都说明了这一点。衡量大额负债依赖性的方法很多,盖茨咨询公司(Gates Consulting Analysis,Inc.)推荐以下模型:

大额负债-短期投资 LLD=营利性资产-短期投资

该比率能够衡量“热钱”(短期流动资金)对银行营利性资产的支持力度。式中的分子代表了主要由机构提供的对利率反应十分敏感的短期资金。当这一比率较高时,则意味着存在流动性风险。由于通常只有大银行才具有较高比率的大额负债,因此,LLD 比率仅是对大银行有效的流动性风险测算方式。

3. 核心存款对总资产的比率

核心存款是银行能够从当地市场上筹集到的资金,通常都是银行的稳定资金来源。但从新英格兰银行发生的挤兑案例来看,一旦人们对一家银行失去了信心,核心存款同样会流失。银行核心存款对总资产的比率与银行的规模成反比。

4. 贷款及租赁对总资产的比率

虽然证券化这一金融创新使银行贷款具有了更大的流动性,但是在传统意义上,贷款和租赁被认为是银行营利性资产中最缺乏流动性的一部分。如果一家银行的贷款、租赁在总资产中所占的比例很高,则会被认为是“过度贷款”或“流动性相对不足”。相反,如果这一比例很低则表明这家银行具有流动性,但同时也意味着其贷款能力过剩。但比例的高和低是怎样确定的呢? 这还要看银行之间的相关比较。在过去 10 年中,银行业的平均贷款租赁比率在 50%~65%,而只有很少数银行超出了 40%~70%这一区间范围。此外,这一比例往往随着银行规模的扩大而上升。精确地讲,应该通过到期贷款、贷款证券化的难易程度以及对贷款的无追索权售卖来计算这一比率。如果其他条件相同,那么短期贷款和能够被售卖的贷款具有高流动性。

5. 贷款及租赁对核心存款的比率

贷存比是衡量银行流动性的一种较传统的方式,这一比率可以表明银行存款对于贷款需求的满足程度。将贷存比稍微扩展一下,可得到贷款及租赁对核心存款的比率。这一比率可通过前面讲过的"核心存款占总资产的比例"和"贷款、租赁占总资产的比例"算得(将两种比率相除即可)。这一比率越低就意味着银行拥有越多的储存流动性。通过对这一比率组成部分的分析可以发现,贷款、租赁对核心存款的比率随着银行规模的扩大而上升。而且,对于大银行来讲这一比率通常都要大于1(2000年年初,在全球前10大银行中这一比率为2.0),因此,"1"作为银行贷款、租赁对核心存款比率的分界点,也就成为了区分储存流动型银行和负债管理型银行的一个基准,而这一比例为"1"的银行,其规模一般都在30亿美元左右。通过对这一比率组成部分的分析,也可以得出变化临界点为"1"的原因。首先,负债管理型银行所持有的核心存款在总资产中占的比例较小;其次,这类银行更倾向于增加贷款量。随着银行规模的扩大,两方面因素相互作用,最终使银行以较少的核心存款支撑了相对增加的贷款和租赁。

6. 短期投资占总资产的比率

这一比率衡量了在银行总资产中最具流动性的部分所占的比例。短期投资可以被定义为以下三项的总和:① 同业有息存款余额;② 联邦基金售卖和在回售协议(相反为回购协议)项下的证券购买;③ 交易账户资产和一年或一年内到期的证券投资。

(二)动态流动性衡量

静态比率并不能完全反映银行的流动性风险,因为它们忽视了流动性需求与流动性来源的同期性。这一部分将着重介绍流动性需求。银行的流动性需求要根据时期来测量,然后根据变化的需求来安排流动性来源。

1. 短期流动性需求

银行的短期或季节性流动性需求可能由多种来源引发,例如影响存款变动与贷款需求的季节性因素。一般来说,银行的贷款对象多为其存款客户,当存款处于季节性低潮时,贷款可能季节性增长。如果银行的客户比较单一,季节性流动性需求就表现得尤为明显,大部分流动性需求可根据过去的经验进行预测。

大的存款者与贷款者会影响单个银行的短期流动性需求。这些客户的影响程度与银行规模密切相关。银行的周期流动性需求很难测度,这些需求往往是单个银行无法控制的,经济的衰退或高涨与利率变动会带来很大的流动性压力,尤其是当银行由于法规的限制不能变动自己的利率时,这种现象愈发明显,这些周期性压力很难预测。为了应付所有潜在的周期流动性需求,银行可能要持有大量低盈利的流动资产,高流动性头寸的低风险可能不能抵消其降低收益的负面影响。

2. 长期流动性需求

银行需要对长期流动性需求进行长期性预测。这种需求由银行所服务的地区或产业的经济发展所决定。如果经济扩张迅速,那么贷款增长通常快于存款增长,于是银行在较长时期内表现为净现金需求。

此外,在经济发展稳定的地区,当贷款变动不大时,存款会有一个稳定的增长。从长期来观察银行的流动性需求,银行可以保持充足的资金。总之,预测银行的长期流动性需求,必须以长期经济预测为基础估计下一年乃至今后 5 年的存款与贷款水平。

图 10.2 介绍了美国第五国民银行预测其长期流动性需求的方法。银行资产可以分为流动资产(可在 90 天内变现并且没有损失的资产)与非流动资产。图 10.2 中流动资产与非流动资产左侧列出了各种资产类型中典型的账户、资金来源。负债与资本可以分为两类,即波动部分(随季节利率与其他因素的变化而波动较大的部分)与稳定部分。在波动与稳定两部分右侧同样列出了各类中具有代表性的项目,流动资产与波动来源之间的差额即为流动缺口。如果流动资产大于波动来源,这一缺口为正;反之,这一缺口为负。

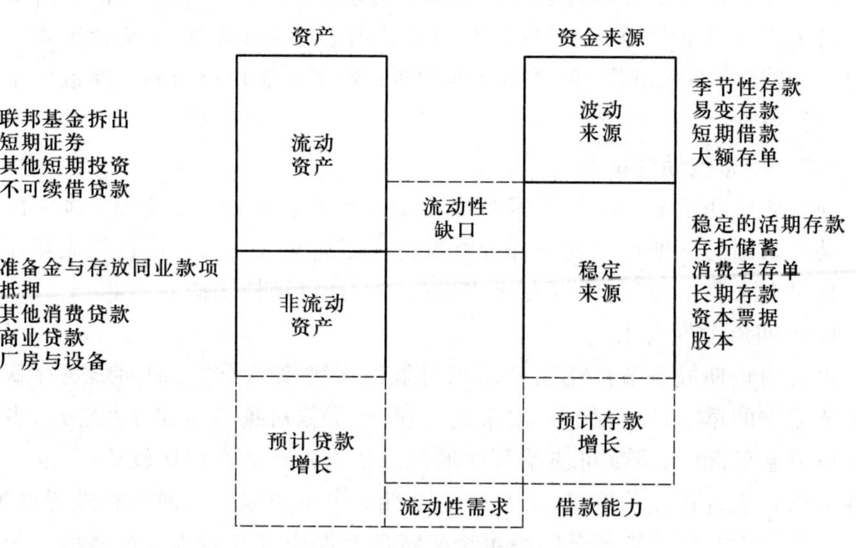

图 10.2　银行长期流动性计划的解释

图 10.2 中的虚线表示了下一个时期的预计资金流动。预计贷款增长超过了预计存款的增加,银行应减少正的流动性缺口或购入资金来满足流动性需求(后面将详细介绍满足流动性需求的方法)。另一方面,如果预计存款增长超过了预计贷款的增加,银行应当改善其流动性头寸或寻求高收益的资产,从而能够运用其多余的流动性。

在实际测量流动性需求时,可以采用将短期与长期合并为一个统一模型的方法。在图 10.3 中,最上面一张图反映了美国第五国民银行每月存款的波动,中间那张图表示贷款需求的增长与波动所引起的流动性需求,最下面一张图代表合并的短期和长期流动性需求。从贷款趋势线的变动中扣除存款趋势线的波动,就可计算出长期流动性。而曲线相对于长期趋势线的波动,则代表了季节性的短期因素。

二、流动性风险管理

提供银行所需的流动性和预计流动性需求同样复杂,许多银行可以较准确地估计其流动性需求,但却没有满足这些需求的恰当政策与方法。在这里,我们将介绍银行的流动性来源和流动性来源与流动性需求的搭配。

(一)流动性来源

1. 传统的流动性来源

传统的流动性来源有两类:第一类是银行短期投资的各种资产,这些资产可在到期时变现,也可在需要流动性时出售以取得现金,并且不会有损失;第二类是银行通过各种途径拆入资金。大银行存款中很大一部分是通过主动负债获取的,只要银行能够维持贷款者对其的信心,并且可以支付现行市场利率,这些来源就是长期的。

2. 创新的流动性来源

银行的流动性来源除上述传统渠道外,美国等西方国家还出现了一些创新渠道。其中有四种方法近年来被广泛使用。第一种方法就是承销标准化的贷款,如家庭抵押贷款,目的在于今后在健全的二级市场上再出售出去。第二种方法是将分期付款贷款、信用卡贷款或抵押贷款证券化。第三种方法是买入将来能以固定价格出售的中长期证券。这种期权特征克服了价格波动风险,并且可以赋予长期证券更好的流动性。第四种方法就是银行利用资本市场债务(例如优先股与资本票据等)为其流动性需求筹资。

(二)流动性来源与流动性需求的搭配

银行必须在各种各样的资产、负债以及创新来源中进行选择,来满足其

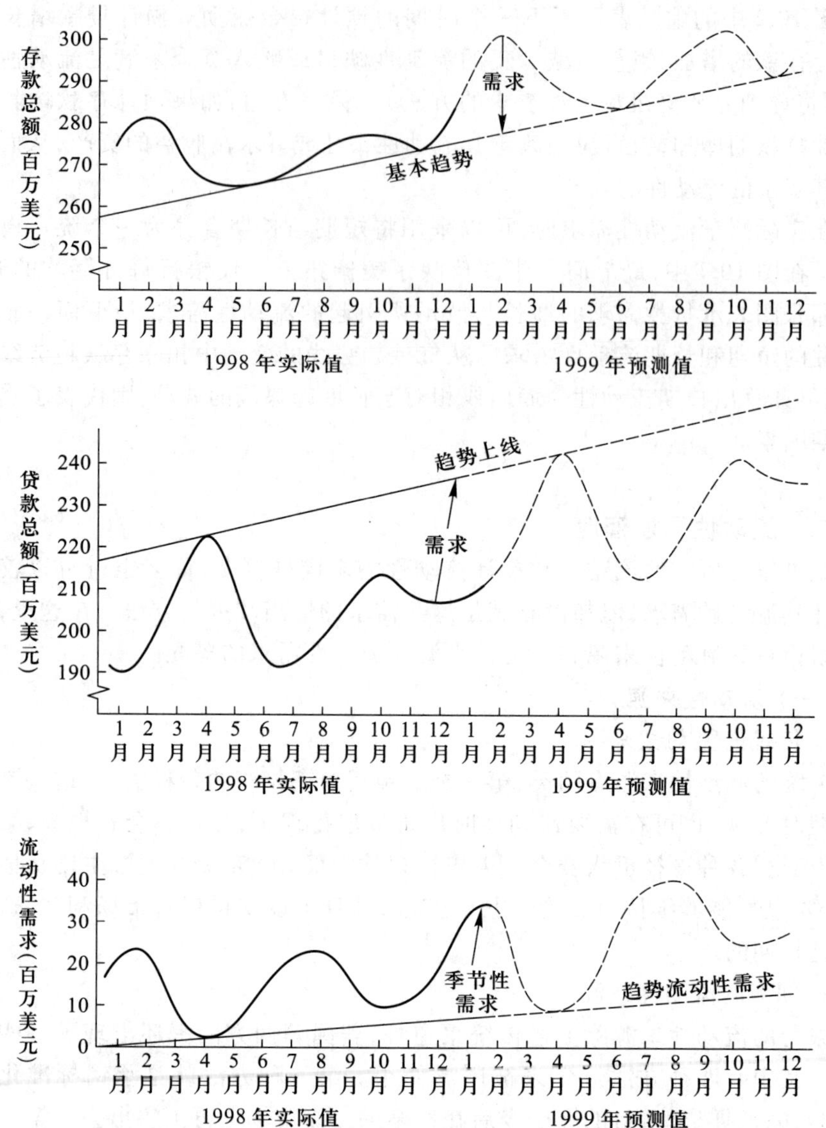

图 10.3　流动性需求的测定

流动性需求。这种选择主要依赖于需要流动性的目的和参与货币市场的差异问题。

1. 需要流动性的目的

一方面,流动性需求产生的原因会影响满足这种需求的来源的选择。例如季节性流动需求、贷款增长与存款流出等。对季节性需求的预测可以以过去的经验为基础,准确度较高,因此利用买入资金形式来满足季节性流动需求的风险较小。

另一方面,利用购入资金来满足动态需求是不恰当的。动态需求更难预测,借款何时与能否被偿还是十分重要的问题。在经济高涨时期,购入资金对提供流动性的贡献可能要受到限制,成本会很高,这一时期贷款需求高涨,而负债来源则可能发生以下几种变化:① 会变得十分昂贵;② 可能受到贷款人对银行还款能力的信心的影响;③ 可能仅限于大银行与比较著名的银行。除了那些货币市场来源充足的银行以外,在繁荣时期持有流动资产满足日益增加的贷款需求要比购入资金有效。持有充足的流动资产,可能在经济循环的初期损失一些现期收入,但大部分银行都希望在今后避免高额成本以及更大的资本损失(如出售贬值债券)。

流动性管理的实质是使早期的收入损失与后期更大的资金成本和资本损失相等。即使借款来源充足的大银行也不愿意过分强调用购入资金来满足动态需要,货币市场的参与取决于银行的声誉,过分注重购入资金可能损害其声誉。要满足长期流动性需求更为复杂。若银行贷款增长超过存款增长,则出现了长期流动性需求。这一需求可通过资产变现或借入资金来满足。问题是可能流动资产的供给与可能的借款金额要受规模的限制。于是,银行不能仅依靠资产的变现来满足资金的持续需求。以迅速增长为目标的银行可能要受到其借款来源多少的限制。这种限制随着银行规模与参与金融市场的程度的不同而变动。要寻求长期的资金来源,可将标准化的贷款出售或证券化,或者将银行贷款限制在某几种特定类型。

最后,银行在拆借资金时应留有余地,为临时流动性需求留有充分的准备。这意味着小银行应尽量少利用借入资金,将其有限的借款能力用作流动性或借款准备,借款能力达到核心存款的100%的大银行会将这种来源限制在75%,以应付未来不测之需。一些银行认为自己拥有可用于销售与证券化的资产,但是销售与证券化只能在市场现行利率上进行,这意味着不小的损失。

2. 参与货币市场

这是银行选择流动性来源的第二位决定因素。在美国,许多小银行只能通过大的代理行向联邦储备借款或拆入联邦基金。如果借款不属于季节性的,这些银行会尽量避免向联邦储备借款,而联邦基金的使用也多限制在银行资本金的75%~125%。这些借款来源方面的限制导致大部分小银行将资产变现或证券化作为其首要的流动性。借款准备金的存在则是为了应付难以预测的流动性需求。

美国的货币中心银行与大的地区性银行处于另一个极端。这类银行如果管理合理,可在国内与国际金融市场上借款,借款形式有大额可转让定期存单、商业票据、银行承兑汇票与欧洲货币。相对于资产总额与资本而言,这些大银行所有借款来源的总和要大于小银行,因而大银行可以在能够出售的流动资产与借款形式之间进行选择,流动性来源的另一个决定因素对这种选择的影响很大。

大银行拆借资金渠道的多样化十分重要,一些贷款人比其他贷款人对借款银行的信用更为敏感,市场也有同样的特征(例如,国内货币市场比欧洲货币市场更为敏感)。通过资金来源的多样化,银行可以利用不同贷款人与借款人对信贷质量敏感性的差异。

介于大银行与小银行之间的中等银行,借款途径包括向联邦储备借款、拆入联邦基金、发行大额定期存单与吸收财政存款。这些银行一般很难进入商业票据市场与大部分国际市场。其借款限制介于大小银行之间。虽然不同银行流动性来源有很大差别,但一般都认为借款用于满足季节性需要,流动资产变现用于满足其他流动性需求。

第三节 利率风险的分析与管理

20 世纪 60 年代以后,一些西方国家和新兴市场国家先后取消了金融管制的政策,推动了利率市场化的进程。进入 80 年代,在国际金融市场上,利率可以在相当短的时间内发生显著的改变。利率变动会对经济主体的收入或净资产价值产生不利影响,由此产生利率风险。如何管理利率风险,如何在利率频繁波动的环境下稳健经营,成为金融机构极为关注的问题。

一、利率风险分析

(一)缺口分析

一家银行的利率风险头寸是由构成资产负债表的无数笔存款和贷款累积的结果。每一笔存款和贷款都有它自己的现金流量特征。

为了对包含在资产负债表中的利率风险有一个全面的了解,银行需要将所有这些存款和贷款交易加以综合,并将它们的现金流量状况和重新定价时间表与一般利率水平的变动联系起来。这项工作如果不依靠计算机是难以完成的。

目前市场上出售的大部分关于银行资产负债管理的计算机软件都具有制作“缺口分析报告”的功能。

缺口分析报告将银行各个生息资产和有息负债项目按照它们重新定价的日期分成不同的时间段,以此确定银行在每一个时间段里究竟是有较多的资产还是有较多的负债需要重新设定利率。

表 10.1 就是一个典型的缺口分析报告。该表显示,在报告期的第一天,某银行有 1 亿美元的资产需要重新设定利率,而需要重新设定利率的负债额仅为 4 100 万美元。两者相减,得出银行第一天的缺口头寸为 5 900 万美元。在下一个时间段(即从第 2 天到第 30 天之间),需要重新设定利率的资产和负债额分别为 1 800 万美元和 3 800 万美元,这使得银行在这段时间出现-2 000 万美元的缺口头寸。这样,到第 30 天为止,该银行累计的缺口头寸为 3 900 万美元。从第 31 天到第 90 天期间,银行继续出现-4 300 万美元的缺口头寸,从而使得该银行从第 1 天起到第 90 天为止的累计缺口由原来的正数变为负数(-400 万美元)。这种对缺口头寸的分析会一直持续到把到期日最长的那个时间段(表中为 5 年以上)内的资产负债数计算完毕为止。此时的累计缺口头寸反映的是银行的净资产头寸,以表 10.1 为例,这家银行的净资产头寸为 3 400 万美元。

表 10.1　缺口分析报告　　单位:百万美元

	1 天	2~30 天	31~90 天	91~365 天	1~2 年	2~5 年	5 年以上	合计
生息资产:								
联邦资金出售	10	0	0	0	0	0	0	10
浮动利率证券	0	10	15	0	0	0	0	25
固定利率证券	0	0	5	20	25	20	10	80
1 年可调整利率抵押贷款	0	5	10	45	0	0	0	60
固定利率抵押贷款	0	1	2	9	13	52	80	157
浮动利率商业贷款	60	0	0	0	0	0	0	60
浮动利率消费者贷款	30	0	0	0	0	0	0	30
固定利率消费者贷款	0	2	4	18	26	30	0	80
每一时间段内需要重新定价的资产总额	100	18	36	92	64	102	90	502

续表

	1 天	2~30 天	31~90 天	91~365 天	1~2 年	2~5 年	5 年以上	合计
有息负债：								
货币市场存款账户	40	0	0	0	0	0	0	40
存折储蓄账户	0	0	1	3	5	15	35	59
90 天期定期存款	1	14	30	0	0	0	0	45
180 天期定期存款	0	10	20	30	0	0	0	60
1 年期定期存款	0	8	16	72	0	0	0	96
2 年期定期存款	0	4	8	36	48	0	0	96
3 年期定期存款	0	2	4	18	24	24	0	72
每一时间段内需要定价的负债总额	41	38	79	159	77	39	35	468
每一时间段内的缺口头寸	59	-20	-43	-67	-13	63	55	34

这里有几点需要加以说明：

(1) 缺口分析报告涉及的只是银行资产负债表中对利率敏感的资产(Rate Sensitive Assets)和对利率敏感的负债(Rate Sensitive Liabilities)。因此，一般来说，凡是无息资产如现金和存放中央银行的款项等均不纳入报告中的资产项目，无息负债如活期存款等都不纳入报告中的负债项目。

(2) 缺口分析报告中所列的各个时间段并不是资产或负债的原始期限，它们指的是从编制缺口分析报告这一天起算至各类资产和负债利率调整日为止的这一段时间，也即利率调整日的余期。这就是为什么在表 10.1 的 2~30 天这一时间段中，既可以在有息负债项下发现 1 400 万美元的 90 天期定期存款，又可以发现 1 000 万美元的 180 天期定期存款等。至于在生息资产项下的某些分期还本的长期贷款，如 1 年可调整利率抵押贷款或固定利率抵押贷款，它们的时间段也是按照利率调整日的余期来划分的。

(二) 持续期

为了解决缺口管理中期限和利率不统一的问题，在实践过程中又引入了“持续期管理”的概念。持续期(Duration)是指对资产负债到期现金流的现值进行加权平均后，与该资产负债价格的比例，故也称加权平均收回期。

以商业银行投资债券为例。由于债券的到期日之前，可能有一次或多次现金流，因此该债券的到期日与其持续期可能不一致。如果该债券只有一笔现金流，则该债券的到期日与其持续期相同。如某 1 年期面额 1 000 万元、利率为 10%的债券，到期一次还本付息，中间没有其他的现金流量，则该笔资产的持续期为 1 年；对于到期可能有数次现金流的债券，其持续期是相应各个现金流偿还期的加权平均，其权数为单个现金流量现值占全部现金流量现值的比率。用公式表示为：

$$T = \sum_{i=1}^{n} T_i \times R_i$$

式中：T_i 为某一现金流的持续期；R_i 为现金流量现值占全部现值的比重。

如一种 2 年期资产在到期日有两笔现金流量，一笔是 1 年期满后偿还 1 000 万元，另一笔是在 2 年期满后偿还 2 000 万元，此期间市场利率均为 10%，那么 1 年后的 1 000 万元的现金流量现值为：

$$1\,000/(1+0.1)=909.09(\text{万元})$$

2 年后的 2 000 万元的现金流量现值为：

$$2\,000/(1+0.1)^2=1\,652.89(\text{万元})$$

$$\text{持续期}=1\times\frac{909.09}{909.09+1\,652.89}+2\times\frac{1\,652.89}{909.09+1\,652.89}$$
$$=1.645(\text{年})$$

例 10.1 某商业银行有期限为 2 年、收益率为 12%的 1 000 万元资产，该资产通过发行大额可转让定期存单来取得。存单分两种：一种是 1 年期利率为 8%的 500 万元存单；另一种是 2 年期利率为 10%的 500 万元存单。在这种情况下，如果市场利率上升 1 个百分点，则净现金流入增加 5.45 万元；反之，利率下降，净现金流入则相应会减少 5.45 万元。具体情况如表 10.2 所示。

表 10.2 持续期内的银行净现金流量变化情况 单位：万元

资产	期限(年)	收益率(%)	负债	期限(年)	利率(%)
1 000	2	12	500	1	8
			500	2	10

资产持续期＝计划期＝2 年资产收益率＝12%

负债持续期＝1×50%+2×50%＝1.5 年负债平均利率

＝(500×8%+500×10%)/1 000＝9%

则该银行净现金流量变化：

$$1\,000\times(1+0.12)\times(2-2)-1\,000\times(1+0.09)\times(2-1.5)=-545(\text{万元})$$

二、利率风险管理

本部分内容专就如何通过选择有利的利率形式、订立特别条款、缺口管理、远期利率协议和利率互换等措施进行利率风险管理做详尽阐述，由于利率期货和利率期权方式的交易原理在前述衍生金融工具篇已有介绍，故本节不再赘述。

（一）选择有利的利率形式

选择有利的利率形式的基本原理是：在受险时间开始之前，在对有关国际货币资本借贷进行磋商时，经济主体根据对利率在未来受险时间的走势所作的预测，选用对自己有利的利率形式，据以成交签约。

选择有利的利率形式的具体做法是：对国际货币资本的借方而言，如果预测利率在未来受险时期内将会上升，则选择固定利率；反之，如果预测利率在未来受险时期内将会下降，则选择浮动利率。与借方相反，对国际货币资本的贷方而言，如果预测利率在未来受险时期内将会上升，则选择浮动利率；反之，如果预测利率在未来受险时期内将会下降，则选择固定利率。

通过上述做法，国际货币的借方与贷方不仅可以将蒙受经济损失的可能性完全转移给交易对方，而且可以为自己争取到获得额外经济利益的机会。在这里，最关键的是要求有关经济主体能够对利率在未来受险时间内的走势做出准确预测。否则，将很难达到风险管理的效果。

（二）订立特别条款

借款人可以在浮动利率的借款协议中，通过增订特别条款，避免利率波动的风险。具体做法主要有以下两种。

1. 设定利率上下限

在增订特别条款时，采用设定利率上限或利率下限的方法，使得借款利率在借款期限内只能在利率上下限之间波动，从而规避利率风险。利率上限也被称为帽子利率，利率下限也被称为领子利率。当市场利率高于帽子利率时，以帽子利率作为借款利率；当市场利率低于领子利率时，则以领子利率作为借款利率。如果在浮动利率的贷款协议中增订了帽子条款，即规定了利率浮动的上限，借款人通常要向贷款人支付一定的费用；如果增订了领子条款，即规定了利率浮动的下限，借款人通常可以得到优惠利率的贷款。领子条款或帽子条款为浮动利率的借款人防止利息成本的波动提供了一定的保护。是否在贷款协议中订立该条款，取决于借款人对待利率风险的态度以及借款人对利率未来走势的预期。

2. 转换利率形式

在增订特别条款时，借款人还可以在浮动利率的贷款协议中转换利率形式。当利率的波动达到协议中规定的最高限或最低限的时候，借款人可以将浮动利率贷款转换为固定利率贷款，从而避免利率进一步波动的风险。由于在签订协议时增加了这样的特别条款，银行要额外地承受超出协议限定之外的利率波动风险，因此必须对这种利率波动的风险进行套期保值，由此产生的额外费用体现在贷款银行提供这种服务的价格里。因此，借款人在签署这项协议之前，要对其利弊慎重权衡。

（三）缺口管理

缺口管理就是根据缺口分析报告，通过管理利率敏感性资产和负债差额，将风险暴露头寸降到最低程度，以获得最大收益。根据敏感性资产和负债的规模，利率敏感性缺口可分为三种情况，即正缺口、负缺口和零缺口。

1. 正缺口

正缺口是指利率敏感性资产总量大于利率敏感性负债总量。

在这种情况下，当利率上升，商业银行对敏感性金融资产负债重新定价后，由敏感性资产带来的收入增长幅度要大于敏感性负债带来的支出增长幅度，从而使商业银行的净收入增加，盈利水平相应提高；当利率水平下降时，商业银行对敏感性金融资产负债重新定价后，敏感性资产的收入和敏感性负债的支出都会减少，但前者下降的数额要大于后者，因此商业银行净收入将会减少，盈利水平也会下降。

例 10.2 某商业银行总资产有 1 200 万元，其中敏感性资产为 1 000 万元，平均收益率 10%，非敏感性资产 200 万元，利率 8%；敏感性负债为 800 万元，平均成本 8%，非敏感性负债 300 万元，平均成本 7%；自有资本 100 万元。缺口管理方法如表 10.3 所示。

表 10.3 利率变化前的利率敏感性缺口管理

	资产（万元）	平均收益率（%）	负债（万元）	平均成本（%）
利率敏感性	1 000	10	800	8
利率非敏感性	200	8	300	7
资本金			100	
合计	1 200		1 200	

净收入 = 1 000×10% + 200×8% − 800×8% − 300×7% = 31（万元）

敏感性缺口 = 1 000 − 800 = 200（万元）

当利率上升 1 个百分点，则敏感性资产负债的利率水平同时上升 1 个百分点，如表 10.4 所示。

表 10.4　利率上升时的利率敏感性缺口管理

	资产（万元）	平均收益率（%）	负债（万元）	平均成本（%）
利率敏感性	1 000	11	800	9
利率非敏感性	200	8	300	7
资本金			100	
合计	1 200		1 200	

净收入 = 1 000×11%+200×8%−800×9%−300×7% = 33（万元）

或者：利率变化前净收入+敏感性缺口×利率变动水平 = 31+200×1% = 33（万元）

利率下降时的结果也可做同样推导。

2. 负缺口

负缺口是指利率敏感性资产总量小于利率敏感性负债总量。在这种情况下，当利率上升，商业银行对敏感性金融资产负债重新定价后，由敏感性资产带来的收入增长幅度要小于敏感性负债带来的支出增加幅度，商业银行净收入将会下降；当利率水平下降时，敏感性资产的收入和敏感性负债的支出都会减少，但前者下降的数额要小于后者，商业银行净收入反而会比以前有所增加，盈利水平也会相应提高。

3. 零缺口

零缺口是指利率敏感性资产总量等于利率敏感性负债总量。在这种情况下，无论利率水平如何变化，由于资产收入和负债支出水平将发生同等规模的变化，因此利率的变化将不会影响商业银行净收入的变化。

利率敏感性缺口还可以用利率敏感性资产与利率敏感性负债的比率来表示，这项指标称为利率敏感率。

缺口管理是商业银行在利率变动循环时期防范利率风险、保证银行利差最大化的重要措施，其基本做法就是随着利率变动，调整敏感性资产负债结构。金融机构采用何种方式防范利率风险，取决于利率变动情况。即利率上升时，采用正缺口管理方式；当利率下降时，则保持负缺口。通过改变资金缺口的大小，达到利润最大化。

缺口管理虽然比较常用，但也有不完善之处。首先，它没有考虑一个时期内各种头寸的不同特点，特别是它假定了所有头寸是同时到期或可以同时重新定价的，这种简化方式对计算结果的准确程度有很大影响；其次，它忽略了不同头寸的利率差异,以及由此产生的不同现金流。尽管如此,缺口管理由于其简明适用,仍是利率管理常用的方法之一。

例 10.3　某金融机构有敏感性资产 8 000 万元,预计下半年资产和负债的利差率为 5%,利差率变动幅度为±10%,利率变动预期为±2%,则有:

敏感性缺口目标值/盈利敏感性资产＝10%×5%÷2%＝25%

得出敏感性缺口目标值为 2 000(8 000×25%)万元。假如该银行目前缺口为 1 600 万元,当利率上升 2%时,则应增加 400 万元(2 000 万元－1 600 万元)的资产,以达到目标要求值。

(四)远期利率协议

远期利率协议(FRAs)是一种灵活的简单易行的利率风险管理工具。单独使用或连续使用它们可以使投资者和借款者将发生在未来某一特定时日的单一现金流量的单个利率锁定。

为了在现在将未来借款的远期利率成本锁定,投资者可以买入一个 FRAs。若结算日的参考利率高于协定利率,该投资者可以收到现金,以对其必须以更高的利率借款予以补偿。如果结算日的参考利率要低一些,该投资者虽然需要支付现金,但却可以在市场上获得较低的借款利率。其净结果是在成交日将借款利率锁定在远期利率的水平上。但需要注意的是,该投资者并没有锁定其借款的信用利差,因为在结算日上只有现金支付发生,该投资者还必须进入市场以确保实现一项真实的贷款。

例 10.4　某银行购买了一份"6 对 9"(Six Against Nine Months)的远期利率协议,名义金额为 5 000 万美元,协议利率为 5.30%,以 LIBOR 为参考利率,如果 6 个月后 3 个月 LIBOR 为 5.50%,FRAs 的价值为:

$$\frac{(0.055-0.053)\times\frac{90}{360}\times 50\,000\,000}{1+0.055\times\frac{90}{360}}=24\,661(\text{美元})$$

这表明作为买方的该银行应向卖方收取 24 661 美元,因为参考利率要高于协定利率。

远期利率协议的优势在于:

(1) 远期利率协议在对利率风险实行保值过程中并不扩大资产负债规模。远期利率协议的前身是远期存款或贷款协议,即交易双方约定在未来某日以预定利率存贷一笔款项。这种行为虽然防止了利率多变的风险,但同时扩大了双方的资产负债。远期利率协议则能够在防范利率风险的同时,不扩大资产负债规模,以保持资本充足比率和增加资产收入。

(2) 转嫁利率风险。FRAs 合约的买方可以将未来的利率成本或收益锁定。

(3) 市场风险小。FRAs 合约结算时,只是以现金结算市场参考利率与合约协定利率的差额,合约本身并无实际的借贷发生。

(4) 信用风险小。FRAs 主要是银行同业间的交易,买卖双方违约现象很少。

(五) 利率互换

虽然利率互换产生于降低筹资成本的需要,它也可用于管理利率风险。借款机构通过利率互换合同锁住利差(Spread)来避免利率波动风险。

例 10.5　某家银行拥有固定利率的长期资产,而它的债务却是短期的。在这种情况下,银行势必担心利率的上升可能对其盈利产生负面影响。举例而言,该银行资产组合中的商业贷款采用 5 年期的固定利率 8%,其本金为 1 000 万美元。假定该贷款的利息半年支付一次,本金 5 年以后一次付清。这意味着在不发生违约的情况下,今后 5 年中每 6 个月的现金流量将为 40 万美元。为了给其贷款提供融资,该银行发行了 6 个月的存款凭证,利率为 6 个月的 LIBOR+30 个基点。银行所面临的风险是:6 个月的 LIBOR 超过 7.7%时,其利差将出现负值。原因是,银行必须支付 7.7%加上 30 个基点的利息(约 8%)给存款凭证的认购者。为此,银行的目标应当是把利息收入锁定在融资成本之上。

综上所述,该银行所面临的资产/负债问题有两个:① 长期贷出,短期借入;② 如果 6 个月 LIBOR 上升,利差收入将会下降,甚至出现负值。

假定市场上存在一种 5 年期的利率互换合同,其名义债务余额也为 1 000 万美元,并具备以下特点:① 每 6 个月该银行将根据 6.5%的利率按半年付息;② 每 6 个月银行按 LIBOR 获取利息。根据以上利率互换合同,银行的利差如表 10.5 所示。

表 10.5　利率互换中银行利差情况

银行收到的年利率:	
从商业贷款组合	8%
从利率互换合同	6 个月 LIBOR
总和	8%+6 个月 LIBOR
银行付出的年利率:	
付给存款凭证的认购人	6 个月 LIBOR+30 个基点
付给利率互换合同	6.5%
总和	6.5%+6 个月 LIBOR+30 个基点

净利差：(8%+6 个月 LIBOR)-(6.5%+6 个月 LIBOR+30 个基点)

$$= 1.5\% - 30\times\frac{365}{360}\times 0.01\%$$

$$= 1.2\%$$

因此无论 LIBOR 如何变化，该银行锁住了 120 个基点的利差收入。

当然在实际运用过程中，由于合同中的金融中介机构参与协议双方的撮合过程，通常要收取 0.25%~0.50%的佣金。如果该协议的中介机构为某方作保，还要收取一定的额外费用。

第四节　汇率风险的分析与管理

从事国际信贷和国际支付活动的银行及其他金融机构，通常在国际范围内收付大量外汇或拥有以外币表示的债权债务，或以外币标示其资产与负债的价值。各国使用的货币不同，加上国际汇率频繁波动，给外汇持有者或使用外汇者带来不确定性，即带来汇率风险。本节将从汇率风险分析和汇率风险管理两方面介绍汇率风险。

一、汇率风险分析

银行发生外汇风险，不外乎出于这两种原因：① 持有多头或空头外汇头寸；② 外汇资产负债总量、结构不相等。当一家银行的某种外汇净头寸(Net Exposure)不等于零时(多头>0 或空头<0)，不曾预期的汇率变动就有可能导致其取得收益或发生损失。汇率的波动幅度越大，这类外汇净头寸的风险就越大。外汇净头寸的计算公式为：

$$NET=[A(FX)-L(FX)]+NTP(FX)$$

式中：$A(FX)$为外汇账面资产；$L(FX)$为外汇账面负债；$NTP(FX)$为外汇净交易头寸，即买入外汇与卖出外汇之差。

净外汇账面头寸 $A(FX)-L(FX)$，类似于本章第三节在讨论利率风险管理时提到的缺口或持续期缺口。外汇金融资产和负债与本币金融资产(证券、贷款和银行间存款)和负债(存款、CDs、银行间借款)相比，区别仅在于它是以外币计价的，除此以外，并无不同。

外汇净头寸来自为其顾客买卖外汇以及银行自营外汇过程中的结余。银行从事四种外汇交易活动，有两种是为其顾客买卖外汇：① 便利国际贸易；② 投资外国金融资产和实际资产。另外两种是银行自营外汇买卖:①对冲;②投机。与这四种外汇交易活动密切相关的是,银行还通过外汇和利率衍生品交易活动,为其公司客户和个人客户提供风险管理服务,银行借此获得费用收入。

若银行外汇净头寸(NET)为零,则银行就不存在外汇风险。一家银行的全部外汇净头寸是其各项外汇净头寸的加总。当 $NET>0$ 时,称为外汇净多头头寸,这时的外汇风险来自未曾预期到的外汇贬值;当 $NET<0$ 时,称为外汇净空头头寸,这时的外汇风险来自未曾预期到的外汇升值。汇率变动带来的外汇净头寸价值变化(ΔV)可用公式表示如下:

$$\Delta V=NET\times[S(t)-S(t-1)]$$

式中:$S(t)$为 t 时点上的即期汇率;$S(t-1)$为 $t-1$ 时点上的即期汇率。

如果 $NET=0$,或汇率没有发生变动,就不存在外汇风险。发生 $NET=0$ 的条件为:$A(FX)=L(FX)$且 $NTP=0$,或一笔外汇净多头头寸交易正好被另一笔外汇净空头头寸冲销,反之亦可。这样的条件是在银行的资产负债表内达到的。当银行不能在表内平衡时,就需要运用表外技术,诸如远期、期货、期权和互换之类的衍生品交易来对冲风险。

下面以一家墨西哥银行的外汇交易为例来说明上述两个公式的运用。该银行的本币为比索,外汇为美元,该银行持有 1 000 万美元的美国国库券,其他美元资产 1 亿美元,美元负债为 9 000 万,比索对美元的中间汇率由 7.751 9 比索/美元变为 7.849 3 比索/美元:

$$NET=10\ 000-9\ 000+1\ 000=2\ 000(\text{万美元})$$

和

$$\Delta V=20\ 000\ 000\times(7.751\ 9-7.849\ 3)=-1\ 948\ 000(\text{比索})$$

该银行处于外汇净多头头寸地位,美元对比索价值的下跌就会使其发生外汇价值损失。美元对比索贬值,使其损失 1 948 000 比索或 251 293 美元(按 7.751 9比索/美元计)。该银行有两种方法来避免这一外汇净多头头寸风险,要么调整资产负债表使得 $NET=0$,要么运用外汇衍生品来对冲外汇净多头头寸风险(如卖空美元期权)。

二、汇率风险管理

运用各种金融工具化解和降低汇率风险是商业银行等金融机构最常见的汇率风险管理方法。这一小节就金融机构如何利用各种限额控制、表内套期保值和远期外汇合同、货币互换等工具防范汇率风险做详尽介绍,至于本书其他部分已经介绍的外汇期货、外汇期权等工具的原理,本节不再赘述。

（一）各种限额控制

商业银行在外汇市场上的参与程度是不同的，有些银行可能从不涉足外汇市场，而另一些银行则是外汇市场的活跃参与者。在后者中，有些只是限制自己为公司或客户做外汇交易的代理人，而另一些则是自己也积极地进行交易。通常来说，汇率风险的报告采取较简单直接的方式，只需记录现货与远期市场的各种货币头寸。交易者为汇率风险设置一个额度限制，然后就实时监测汇率市场的变化，或只监视每日的收盘情况。也有一些外汇交易活跃的银行开始对 VaR 方法发生兴趣，逐渐在外汇风险管理中使用这种方法。但额度控制仍然是外汇交易风险控制的主要方法，它为所交易的币种的现货和远期都设置限制。许多商业银行对汇率风险暴露头寸所设置的限制都以经验或主观判断为基础，然而也有一些银行在尝试着利用类似于利率风险管理模型的方法，以使决策更加客观。

针对交易中存在的汇率风险，银行通常采取各种限额控制，主要可以分为以下四类：

（1）即期外汇头寸限额。这种限额一般根据交易货币的稳定性、交易的难易程度、相关业务的交易量而定。

（2）掉期外汇买卖限额。由于掉期汇价受两种货币同业拆放利率的影响，故在制定限额时，必须考虑到两种货币利率的稳定性，远期期限越长，风险越大。同时，应制定不匹配远期外汇买卖限额。

（3）敞口头寸限额。敞口头寸也称为缺口头寸，是指没有及时抵补形成的某种货币多头或者空头。敞口头寸限额一般需要规定相应的时间和金额。

（4）止损点限额。止损点限额是银行对交易人员建立外汇头寸后，面对汇率风险引起的外汇损失的限制，是银行对最高损失的容忍程度，而这种容忍程度主要取决于银行对外汇业务的关注程度和对外汇业务收益的期望值。在市场中的参与程度越高，期望收益越高，愿意承担的风险就越大。

除了制定每天各类交易的限额之外，还需制定每日各类交易的最高亏损限额和总计最高亏损限额。当这些限额被超过时，银行将进入市场，进行相应的外汇即期、远期、掉期以及期货和期权等交易，将多余的头寸对冲掉。

无论是采用模型还是根据经验对汇率风险暴露头寸设置限制，一般都需要对汇率变化所可能带来的损失进行模拟。在模拟时，既可以设想一个汇率的变化范围，也可以利用历史数据中最大的汇率变化来模拟最坏的情况（压力测试），或者利用历史数据估计扰动的分布。在后种情况下，需要考虑标准差。近年来，在为单个币种或多种相关的货币集合的风险暴露设置限制时，许多银行也将各币种间的“协变化”(Covariability)考虑在内。

（二）表内套期保值

假定某银行为利率为15%、期限为1年的1亿美元贷款筹措资金时，选择相当于1亿美元的、利率为11%的1年期英镑定期存款，而不是原来的美元定期存款。此时它的资产负债组合如表10.6所示。

表 10.6　资产负债组合

资产负债	负债
1亿美元贷款(利率9%) 相当于1亿美元的英镑贷款(利率15%)	1亿美元定期存款(利率8%) 相当于1亿美元的英镑定期存款(利率11%)

表10.6显示这家银行的资产负债组合不仅在期限方面完全匹配，而且在币种的构成方面完全匹配。现在分别按照两种假设条件来分析该银行在资产收益和负债成本之间的利差变化：① 假设英镑兑美元汇价由原来的 $ 1.60/£ 1 降为 $ 1.45/£ 1；② 假设英镑兑美元汇价由原来的 $ 1.60/£ 1 升为 $ 1.70/£ 1。

1. 英镑贬值

我们已经知道，当英镑汇率降为 $ 1.45/£ 1 时，上述银行的英镑贷款报酬率(按美元计算)等于4.218 75%。现在再来计算它的1亿美元的英镑负债的美元成本。具体步骤如下：

(1) 在年初以11%的利率借入相当于1亿美元的1年期英镑定期存款。按照原来 $ 1.60/£ 1 的汇率，按英镑计价的这笔定期存款金额为£ 6 250万(即1亿/1.60)。

(2) 到年末时银行必须连本带息向英镑定期存款持有者支付：

£ 6 250万×1.11=£ 6 937.5万

(3) 当英镑汇价在年末降为 $ 1.45/£ 1 时，银行以美元计价的本息付款等于10 059.375万美元(£ 6 937.5万× $ 1.45/£ 1)，即它以美元计价的资金成本等于0.593 75%。

因此，该银行在年底时的资产平均报酬率为：

美元资产报酬率+英镑资产报酬率=0.5×0.09+0.5×0.042 187 5=6.609%

它的负债平均成本为：

美元负债成本+英镑负债成本=0.5×0.08+0.5×0.005 94=4.297%

它的净收益为：

资产平均报酬率-负债平均成本=6.609%-4.297%=2.312%

2. 英镑升值

我们已经知道,当英镑币值由年初的 \$ 1.60/£ 1 升为年末的 \$ 1.70/£ 1 时,以美元计价的英镑贷款的报酬率等于 22.188%。现在我们需要计算出银行在年末需要向英镑定期存款持有者支付的、按美元计价的本息金额:6 937.5 万× \$ 1.70/£ 1= \$ 11 793.75 万,即它以美元计价的英镑筹资成本等于 17.937 5%。

因此,该银行在年底时的资产平均报酬率为:

$$0.5\times0.09+0.5\times0.221\ 88=15.594\%$$

它的负债平均成本为:

$$0.5\times0.08+0.5\times0.179\ 375=12.969\%$$

它的净收益为:

$$15.594\%-12.969\%=2.625\%$$

从上面的两种假设所产生的结果可以看出,一家银行如果将它的外币资产与外币负债直接匹配,则无论汇率在贷款期间发生什么样的变动,其利差都可以锁定为正数。具体到上例,当英镑升值时,利差为 2.625%;当英镑贬值时,该银行的利差为 2.312%。避免了英镑汇率下跌给该项资产组合可能造成的利率亏损(-1.39%)。

(三)远期外汇合同

银行可以利用远期外汇市场对表内的外币资产头寸进行保值,例如它可以出售一笔一年期的英镑远期合同。这种远期外汇合同并不反映在银行的资产负债表内,而是作为表外的或有资产。它的作用在于抵消因外币贷款期满时的英镑现货汇率的不稳定而产生的风险。在银行看来,与其年末按照目前无法知道的汇率将其英镑贷款本息兑换成美元,不如现在就按照已知的美元兑英镑的远期汇率将预期的英镑贷款本息收入以远期合约的形式予以出售,以便年末时以英镑向远期合约的买方换回美元。正是通过出售这种英镑远期合约,银行得以避免未来现货汇率变动对其英镑贷款收益率所产生的负面影响。

具体地说,上述银行是采取下列步骤对它的外汇风险进行表外套期保值的。

(1) 年初银行以现货汇率将 1 亿美元换成 6 250 万英镑。

(2) 银行随即以 15%的年利率将 6 250 万英镑贷给英国某客户。

(3) 银行将预期的英镑贷款本息收入以 1 年期远期汇率予以出售。

假定年初时这一远期汇率为 \$ 1.55/£ 1,即与当时的现货汇率相比存在 5 美分的贴水。以百分比表示,即:

$$(1.55-1.60)/1.60=-3.125\%$$

这意味着年末银行将 7 187.5 万英镑的本息收入付给远期合约的买方时,后者将向银行支付：

£ 6 250 万×1.15×＄ 1.55/£ 1＝£ 7 187.5 万×＄ 1.55/£ 1＝＄ 11 140.6 万

（4）年末英国借款者将向银行偿付贷款本息 7 187.5 万英镑。

（5）银行将它收到的 7 187.5 万英镑付给 1 年期远期合约的买方，同时从后者处获得 11 140.6 万美元。

假定不存在借款者拖欠还款或远期合约买方违约的情况，上述贷款的收益率一开始就已锁定在：

$$(11\ 140.6-10\ 000)/10\ 000=11.406\%$$

换句话说，无论美元兑英镑的汇价在一年贷款期内发生什么变化，上述贷款收益率都会因银行采取的表外套期保值方法而得以保证。给定这一英镑贷款的收益率，该银行整个资产组合的预期报酬率为：

$$0.5\times0.09+0.5\times0.114\ 06=10.203\%$$

鉴于这家银行的 1 年期美元定期存款的利息成本为 8%，因此，无论从它最初提供英镑贷款到 1 年之后该笔贷款本息收回期间美元兑英镑的现货汇率发生什么样变化，它均能够在 1 年内将其无风险的利差收入锁定在 2.203%的水平。

上述例子表明，只要银行不断地减少其美国国内的贷款，同时不断地增加对英国的贷款，并对后者进行套期保值，它就有利可图，因为经套期保值，以美元计价的英镑贷款收益率 11.406%超过了国内贷款收益率 9%。但是，随着银行增加对英国客户的贷款，银行需要在现货市场购入更多的英镑，这将提高以美元表示的英镑现货价格，使其超过原来的＄ 1.60/£ 1。此外，银行也会因为其英镑贷款收益的增加而出售更多的远期英镑以换取美元，从而使远期汇率低于原来的＄ 1.55/£ 1。

可见，英镑的远期和即期汇率之间的差价扩大，对银行来说，利用远期合约对英镑贷款进行套期保值的吸引力将会逐步减少。这个过程将持续下去，直到银行的 8%的筹资成本正好等于其利用远期合约保值的英镑贷款的收益率为止。换句话说，此时如通过借入美元换取英镑，并利用远期合约对英镑贷款进行套期保值，已不再有任何利润可言。

（四）货币互换

正如利率互换合同可以用来对利率风险敞口进行保值，银行可以使用货币互换合同对其外汇风险敞口进行保值。下例说明的是，当银行的资产和负债之间的币种不相匹配时，它们如何利用货币互换合同来避免外汇风险。

假定一家美国银行的固定利率资产全部以美元计价，但该资产组合中有一部分是通过发行总面值为 5 000 万英镑的 4 年期英镑债券提供资金的，每年的息票率固定为10%。再假定有一家英国银行的固定利率资产全部以英镑计价，它发行了总面值为1亿美元、期限为4年期、每年的息票率同样为10%的美元债券，作为其资金来源的一部分。这两家银行都面临着外汇风险。对美国银行而言，它的风险在于今后4年内美元兑英镑的汇价可能下跌，从而使它每年用于支付英镑债券利息以及到期后的本金的美元成本增加。换言之，相对于目前的汇率来说，它将需要拿出更多的美元用来兑换英镑以支付债券本息。另一方面，英国银行担心美元兑英镑的汇价提高，这样，利用其资产所产生的英镑现金流量偿付美元债券本息就会遇到困难。

实际上，这两家银行可以从事一笔货币互换合同交易来避免各自的外汇风险。按照合同规定，英国银行每年以英镑形式向美国银行付款，其金额相当于后者因发行英镑债券而需支付的英镑本息。与此同时，美国银行每年以美元形式付款给英国银行，金额相当于后者必须支付的美元债券本息。通过上述交易，英国银行实际上把它的固定利率美元负债转换成固定利率英镑负债，使它更好地与英镑固定利率资产所产生的现金流量相匹配。同样，美国银行也把它原来的固定利率英镑负债转换成固定利率美元负债，从而可以与它现有的美元资产的现金流量相匹配。在对现金流量进行交换之前，合同双方通常会根据各自对未来汇率变动趋势的估计，就某一个固定的汇率水平达成一致意见。就我们的例子来说，这一固定汇率在合同一开始就设定为＄2/￡1。表10.7列示了英、美两家银行通过货币互换合同进行交易所产生的现金流量。

表10.7　固定利率货币互换合同所产生的现金流量

年份	现金流量		以美元计价英国银行付款（按＄2/￡1汇率计算）	以美元表示的两家银行净现金流量
	美国银行（百万美元）	英国银行（百万英镑）		
1	10	5	10	0
2	10	5	10	0
3	10	5	10	0
4	110	55	110	0

在以上例子中，两家银行负债的固定利率假定都为10%。实际上，利率相等并不是固定利率货币互换合同的必要条件。例如，可以假定美国银行发行的英镑债券的息票率每年为5%，而英国银行发行的美元债券的年息票率仍为10%。这样，表10.7中美国银行根据互换合同支付的美元款项保持不变，但英国银行

每年的英镑付款额却减少了 250 万英镑(或 500 万美元)。因利率不同而造成的两家银行付款差额可以通过以下两种办法来弥补:一种办法是由英国银行在合同生效当日向美国银行一次性支付一笔款项,其金额相当于按现在值计算的、两家银行每年在现金流量上出现的差额。另一种办法是每年由英国银行向美国银行付一笔款项,用于抵消每年在货币互换合同上产生的现金流量差额。此外,如果美元市场汇率在货币互换合同生效期间升值,该合同对美国银行来说就变得较为昂贵;反之,如果美元贬值,英国银行就会发现合同的成本提高了。

最后要说明的是,以上关于货币互换合同的介绍是以合同双方均按固定利率付款作为假设条件的。如果把货币互换合同与利率互换合同结合起来,还可以产生一种以固定利率交换浮动利率为特征的货币互换合同。

到目前为止,我们都是使用一种外币的例子来讨论完全匹配或不相匹配的外币资产和外币负债的组合对银行承受的外汇风险所造成的不同影响。实际上,许多大的商业银行持有多种外币的资产和负债头寸。就像外汇交易涉及多种外币一样,资产负债组合的币种的多样化有可能减少银行整个资产的报酬和负债的成本所面临的外汇风险。

经验数据证明,由于各国的利率或股本报酬率的变动通常不会同步发生,银行因资产负债组合多样化而获得的潜在收益可以抵消它在各单一币种的资产负债头寸上存在的互不匹配所导致的风险。当然,银行对外汇风险的管理离不开对市场的分析及进一步对汇价的预测。预测越准确,外汇风险的管理也就会越有效。

第五节　操作风险的衡量与管理

专栏 10.3

商业银行操作风险实施条件

1. 商业银行应当建立清晰的操作风险管理组织架构、政策、工具、流程和报告路线。董事会应承担监控操作风险管理有效性的最终责任,高级管理层应负责执行董事会批准的操作风险管理策略、总体政策及体系。商业银行应指定部门专门负责全行操作风险管理体系的建设,组织实施操作风险的识别、监测、评估、计量、控制、缓释、监督与报告等。

2. 商业银行应当建立与本行的业务性质、规模和产品复杂程度相适应的操作风险管理系统。该管理系统应能够记录和存储与操作风险损失相关的数据和操作风险事件信息，能够支持操作风险及控制措施的自我评估和对关键风险指标的监测。该管理系统应配备完整的制度文件，规定对未遵守制度的情况进行合理的处置和补救。

3. 商业银行应当系统性地收集、跟踪和分析与操作风险相关的数据，包括各业务条线的操作风险损失金额和损失频率。商业银行收集内部损失数据应符合本附件第四部分的规定。

4. 商业银行应当制定操作风险评估机制，将风险评估整合入业务处理流程，建立操作风险和控制自我评估或其他评估工具，定期评估主要业务条线的操作风险，并将评估结果应用到风险考核、流程优化和风险报告中。

5. 商业银行应当建立关键风险指标体系，实时监测相关指标，并建立指标突破阈值情况的处理流程，积极开展风险预警管控。

6. 商业银行应当制定全行统一的业务连续性管理政策措施，建立业务连续性管理应急计划。

7. 商业银行负责操作风险管理的部门应定期向高级管理层和董事会提交全行的操作风险管理与控制情况报告，报告中应包括主要操作风险事件的详细信息、已确认或潜在的重大操作风险损失等信息、操作风险及控制措施的评估结果、关键风险指标监测结果，并制定流程对报告中反映的信息采取有效行动。

8. 商业银行的操作风险管理系统和流程应接受内部独立审查，内部独立审查应覆盖业务部门活动和全行各层次的操作风险管理活动。

9. 商业银行应当投入充足的人力和物力支持在业务条线实施操作风险管理，并确保内部控制和内部审计的有效性。

10. 商业银行的操作风险管理体系及其审查情况应接受银监会的监督检查。

资料来源：《资本管理办法》，附件12“操作风险资本计量监管要求”。

一、操作风险的衡量方法

（一）基本指标法

这是指银行按照一个基本指标对银行可能遭受的操作风险计量风险资本。《新巴塞尔协议》中规定银行用总收入作为计算的基本指标，以此为基础乘以一个固定的比例（新协议规定为15%），按照计算出的数据计提操作风险资本。

（二）标准法

标准法中银行的业务分为 8 个产品线，在各产品线中，总收入代表业务经营规模，也大致代表各产品线的操作风险暴露。计算各产品线资本要求的方法是用银行的总收入乘以一个该产品线适用的系数（用 β 值表示）。标准法按各产品线计算总收入，而非在整个机构层面计算，例如，公司金融指标采用的是公司金融业务产生的总收入。总资本要求是各产品线监管资本的简单加总。在标准法下，《新巴塞尔协议》将银行的业务分为 8 个产品种类（Business Line）：公司金融（Corporate Finance）、交易和销售（Trading & Sales）、零售银行业务（Retail Banking）、商业银行业务（Commercial Banking）、支付和清算（Payment & Settlement）、代理服务（Agency Services）、资产管理（Asset Management）和零售经纪（Retail Brokerage）。对每一产品种类，用银行的总收入乘以一个该产品种类适用的系数（用 β 系数表示），得到各产品种类的资本要求。在各产品种类中，总收入是个广义的指标，代表业务经营规模，能够大致代表各产品种类的操作风险暴露。β 系数代表行业在特定产品种类的操作风险损失经验值与该产品种类总收入之间的关系。产品种类与 β 系数对应关系如表 10.8 所示。

表 10.8 与产品种类相对应的 β 系数

产品种类	β 系数	产品种类	β 系数
公司金融 β_1	18%	支付和清算 β_5	18%
交易和销售 β_2	18%	代理服务 β_6	15%
零售银行业务 β_3	12%	资产管理 β_7	12%
商业银行业务 β_4	15%	零售经纪 β_8	12%

（三）另一种形式的标准法

《新巴塞尔协议》规定各国监管当局可根据本国情况决定是否允许银行采用另外一种形式的标准法。在该方法下，除零售银行业务和商业银行业务这两类业务外，其计算操作风险资本的方法与标准法相同。对于这两类业务，用贷款和垫款乘以一个固定系数 m 代替总收入作为风险指标。在该方法下计算操作风险资本的公式为：

$$K_{RB}=b_{RB}\times m\times LA_{RB}$$

式中：K_{RB} 为零售银行业务的资本；b_{RB} 为零售银行业务的 b 值；LA_{RB} 为零售贷款和垫款之和的前三年年均余额；m 为 0.035。

（四）高级计量法

银行在达到《新巴塞尔协议》规定的一般标准、定性标准、定量标准等标准的基础上，通过内部操作风险计量系统计算监管资本。新协议中规定银行机构在使用高级计量法时应获得监管当局的批准。

（五）局部使用

《新巴塞尔协议》就基本指标法、标准法、高级计量法三种方法的使用作出规定，在符合一定的条件（具体参见《新巴塞尔协议》）时，新协议允许银行就部分业务使用高级计量法，对其余业务使用基本指标法或标准法。

（六）操作风险在险价值（Operational Risk VaR）

这是指在详细分析金融机构所有有关流程后，将内部控制措施看作调节点，对每一调节点控制失败时的损失情况进行估计，同时估计控制失败的概率。由此得到计算在险价值的两个参数，然后确定一定的置信水平，进而得到某一控制点的在险价值。在考虑多个控制点失灵所带来的损失情况下，利用该法通过对各控制点操作风险在险价值进行加总可计算出整个银行机构的操作风险在险价值。

二、操作风险管理

（一）制度建设

在风险管理的制度建设方面有两个重点：一是明确高级管理层的风险管理职责；二是形成完备的内部控制和审计程序。

1. 风险管理职责

应当谨慎地制定风险管理政策，使风险管理过程条文化，以明确不同的事情由不同的人管理。董事会在管理操作风险方面的主要职责是负责审批管理风险的政策。国外很多金融企业在董事会下专门成立审计委员会，以建立严密的内部控制体系。首席执行官（CEO）对制定操作风险管理政策负全部责任，而且通常应当在制定政策和监督合规性方面获得某些高级管理人员的帮助。风险管理部门与交易部门是操作风险控制的具体执行部门，承担着风险管理的具体职责。首席财务官（CFO）也应当在制定企业操作风险政策和监督其实施方面发挥积极的作用。

2. 风险管理程序

操作风险的管理程序应该和银行的整体风险管理程序相统一。风险管理程序主要包括三个方面：① 全面的风险计量方法；② 详细界定的风险限额、准则和其他参数；③ 用以控制、监督和报告风险的强大的管理信息系统。这些内容对于操作风险的管理是最基本的。

3. 内部控制和审计

操作风险的内部控制应该成为银行内部控制体系的一个组成部分,是银行内部控制整体结构的延伸,并应该完全纳入日常的工作流程。在操作风险的内部控制方面,应该突出以下内容:

(1) 银行应当对其主要的经营活动进行内部控制。

(2) 要形成有利于风险管理的控制环境。

(3) 对实现目标的相关风险进行识别和分析,这是确定如何管理风险的基础。

(4) 要建立确保管理指令得以实施的措施和程序。

(5) 监督评价系统的实施质量和有效性。

(二) 自我评估和风险管理层评估

在没有专门机构来评估操作风险时,每个业务管理人员就需要进行自我评估。在正常情况下,高级管理层试图通过运用适当的激励手段将业务经理的个人利益与公司利益结合为一个整体。如果这种结合是有效的,那么自我评估的确可以比较准确地反映风险的真实情况。然而不幸的是,面临困境的业务经理们即使是在风险很高的时候也都倾向于将风险的增长看做是暂时的。换句话说,正好在风险评估最重要的时候,自我评估最容易得出错误的答案。为了保证客观性、一致性和透明性,独立风险管理部门必须独立地收集和整理数据。

那么,在没有真正的风险管理团队的情况下,如何评估操作风险呢?

第一,对获得的信息进行分析,同业务经理层进行谈话,可以让操作风险的评估者对操作风险有一个基本的认识,必须保证所获得信息的精确性、集中性(数据收集活动对操作风险的关注程度)和及时性。

第二,风险管理者们必须对所有相关业务了如指掌。通过出席各种业务管理层会议,参加新产品审批,参考定期的管理报告,风险管理者可以增进对业务的了解。这也是信用风险管理者们和市场风险管理者们对各自的风险领域保持及时和实时观察的手段。

常常用来支持自我评估的另一个理由是:操作风险管理者不大可能像业务人员那样了解业务活动,因此由风险管理者所做的风险评估就是不完全或者不准确的。然而,这个说法混淆了风险管理者和业务管理者各自的角色和责任。业务管理者的确应当比操作风险管理者更加了解业务。但是,运营管理者受训于估测风险,就像人寿保险管理者受训于解释医疗报表和一定统计数据的风险因素一样。我们既不能指望人寿险管理者是个医疗专家,也不能指望他能够开出各种药方——他的任务只是解释和抽取风险信息。

再者,也可以从信用风险管理者方面获得相似的论据。信用风险管理者观察、分析和解释公司的有关信息,以估测公司的信用风险,但不能认为他/她能够管理该公司。正相反,银行能够通过训练这些人使用最实用的风险管理工具来降低操作风险。

(三)整合的操作风险测量模型

大多数金融机构都有一套规则来衡量市场风险,另一套规则来衡量信用风险,并且正在开发第三套规则来衡量操作风险。不过,目前大银行正在致力于整合这些方法。具体来说,就是试图用一种新的与市场风险 VaR 和信用风险 VaR 相一致的操作风险 VaR 分析方法。从风险透明度和监管资本两者的角度来看,开发一种统一的风险衡量模型有重要的意义。举例来说,如果人们仅仅简单地将市场风险 VaR、操作风险 VaR 和信用风险 VaR 加总来得出总体的 VaR(而不是开发一种整合的模型),往往就会高估风险的规模。对这些数据进行简单的加总忽略了市场风险、信用风险和操作风险之间的相互作用和相关度。

随着信用衍生品的出现,银行更加倾向于在逐日盯市的基础上对信用产品进行估价。相似地,保险产品的出现也会对操作风险起到一定的价格发现作用。而正如我们所看到的,市场风险定量技术正在飞速发展,不难预计这样的技术也会运用到操作风险 VaR 的开发上。

一些提供全面服务的咨询企业已经开始协助银行开发一种全面的风险分布图,详细说明操作风险的成分。而且,诸如 Connecticut - based 这样的风险管理咨询企业也在向企业提供操作风险数据。咨询方和银行实务人员对操作风险的共同关注可以提高操作风险 VaR 的估测效率。

对银行而言,一项主要的挑战就是找到精密而又实用的方法来估测操作风险,并且能为监管机构所接受。在理想情况下,将来的整体风险评估模型将会包括市场风险 VaR 和操作风险 VaR,并能根据它计算出监管资本和经济资本。

章后阅读

根据国务院第 207 次常务会议精神,2012 年 6 月 8 日,中国银监会发布《商业银行资本管理办法(试行)》(以下简称《资本办法》),并于 2013 年 1 月 1 日起实施。

近年来,我国银行业有序推进改革开放,不断提高资本和拨备水平,风险防控能力持续增强,为我国抵御国际金融危机的负面冲击,实现国民经济平稳健康发展做出了重要贡献。当前，银行业稳步实施新的资本监管标准，强化资本约束机制，不仅符合国际金融监管改革的大趋势，也有助于进一步增强我国银行业抵御风险的能力，促进商业银行转变发展方式、更好地服务实体经济。

2011 年以来，银监会认真借鉴国际金融监管改革的成果，结合我国银行业的实际情况，着手起草《资本办法》，不断丰富、完善银行资本监管体系。起草过程中，银监会认真考虑了当前复杂多变的国内外经济环境和银行业实际情况，多次公开征求意见，并对实施新监管标准可能产生的影响进行了全面评估，对《资本办法》的内容进行了慎重调整，构建了与国际新监管标准接轨并符合我国银行业实际的银行资本监管体系。《资本办法》分 10 章、180 条和 17 个附件，分别对监管资本要求、资本充足率计算、资本定义、信用风险加权资产计量、市场风险加权资产计量、操作风险加权资产计量、商业银行内部资本充足评估程序、资本充足率监督检查和信息披露等进行了规范。

资料来源：中国银行业监督管理委员会，《银监会发布〈商业银行资本管理办法(试行)〉》，2012 年 6 月 8 日。

本章小结

对金融机构而言，为得到报酬而管理风险是其成功的核心技能。商业银行、证券公司、保险公司以及其他金融机构在其业务运作和经营管理上都不可避免地会遭遇各种风险的困扰，从而影响其经营绩效和盈利水平。虽然这些金融机构所经营的业务各不相同，但所面临的风险本质上都是一样的，不外乎是信用风险、流动风险、市场风险(利率风险和汇率风险)、操作风险和国家风险等几类。

信用风险是商业银行经营历史上存在时间最长的风险。在信用风险衡量方面，5C 信用评级法着重分析借款人的现金流量及使用这些现金流量来偿还贷款的能力。信用度量制旨在对具有不同特征的贷款组合计算出银行可承受的亏损额，以及相应的资本准备。在信用风险管理方面，银行应重视抵押品的价值，签订定量或定性的限制性约定，并学会运用资产证券化这一新工具来寻求更多的安全保障。

银行需要运用其资金的流动性来满足客户提取存款及发放贷款的需求，一旦这一要求不能得到满足，流动性风险就出现了。由于银行流动性既可以储存在资产负债表中，也可以从市场中获得，因此有两种衡量流动性的方法：静态流动性衡量和动态流动性衡量。对流动性风险进行管理时，不仅要考虑流动性的来源，还要注意将流动性来源和流动性需求相搭配。

利率和汇率市场化后，利率风险和汇率风险成为金融机构极为关注的问题。对利率风险的管理应从缺口分析和持续期管理两方面着手。利率风险管理的方法包括选择有利的利率形式、订立特别条款、缺口管理、远期利率协议和利率互换等。对汇率风险的衡量与利率风险衡量类似，都是衡量某种头寸的暴露程度。运用各种金融工具化解和降低汇率风险是商业银行等金融机构最常见的汇率风险管理方法，本章就金融机构如何运用各种限额控制、表内套期保值和远期外汇合同、货币互换等工具防范汇率风险做了详尽介绍。

操作风险是难以量化和管理的一类风险。其衡量方法有基本指标法、标准法和操作风险在险价值等，管理方法则包括制度建设、自我评估和风险管理层评估、风险整合测量。

相关链接

http://www.ratings.com　标准普尔评级网站

http://www.jpmorgan.com　J.P.摩根公司网站

http://www.citigroup.com　花旗集团

http://www.loanpricing.com　贷款定价网站

http://www.fdic.gov　联邦存款保险公司

思考题

1. 5C 信用评级法中的 5C 分别代表什么？
2. 贷款参与和证券化的区别在哪里？
3. 利率上升（下降）将如何影响有正缺口和负缺口的银行？
4. 如何用金融衍生工具管理外汇风险？
5. 如何管理操作性风险？

计算题

1. 某商业银行的资产负债表可简化如下：

某银行(简化)资产和负债表　　单位:亿元

资产		负债	
利率敏感性资产 1 500	浮动利率贷款	利率敏感性负债 3 500	浮动利率存款
	证券		浮动利率借款
固定利率资产 6 500	准备金	固定利率负债 4 500	储蓄存款
	长期贷款		股权资本
	长期证券		

请回答以下问题:

(1) 该银行的利率敏感性缺口是多少?

(2) 当所有资产的利率是 5%,而所有负债的利率是 4%时,该银行的利润是多少?

(3) 当利率敏感性资产和利率敏感性负债的利率都增加 2 个百分点以后,该银行的利润是多少?

2. 某年 7 月 1 日,在伦敦外汇市场上,美元兑瑞士法郎的 3 个月远期汇率为 USD/CHF = 1.613 7。按此汇率,瑞士的一家商业银行分行从顾客手中买入 600 万美元的 3 个月远期外汇,并向顾客卖出 300 万美元的 3 个月远期外汇,从而出现 300 万美元的 3 个月远期外汇头寸多头。然而,一周以后,当该分行要实际抛出多头的 300 万美元的 3 个月远期外汇时,美元兑瑞士法郎的 3 个月远期汇率下跌为 USD/CHF = 1.502 5,下跌幅度为 7%。

(1) 按照该多头出现日的 3 个月远期汇率计算,该分行若抛出多头的 300 万美元的 3 个月远期外汇,到期交割时可以收入多少瑞士法郎?

(2) 该分行按此汇率将多头的 300 万美元的 3 个月远期外汇抛出,实际能收入多少瑞士法郎? 损失多少?

即测即评

请扫描二维码,在线测试本章学习效果。

参考文献

[1] 姜波克.国际金融新编.4 版.上海:复旦大学出版社,2008.

[2] 单忠东,綦建红.国际金融.北京:北京大学出版社,2005.

[3] 刘园.国际金融.北京:北京大学出版社,2007.

[4] 木原大辅.期货.北京:科学出版社,2004.

[5] 约翰· 赫尔.期权、期货和其他衍生品.6 版.北京:清华大学出版社,2009.

[6] 田源.期货交易全书.北京:中国大百科全书出版社,1993.

[7] 安妮· 派克,杰弗利· 威廉斯.期货交割.北京:中国财政经济出版社,1998.

[8] 李国华,张凯.期货与期权市场简明教程.北京:经济管理出版社,2010.

[9] 约翰· C.考克斯,马克· 罗宾斯坦.期权市场.北京:清华大学出版社,2001.

[10] 欧阳良宜.期权期货市场理论与操作.2 版.北京:中国发展出版社,2008.

[11] 唐· M.钱斯.衍生金融工具与风险管理.5 版.北京:中信出版社,2004.

[12] 埃里克· 布里斯,蒙齐尔· 贝莱拉赫.期权、期货和特种衍生证券:理论、应用和实践.北京:机械工业出版社,2002.

[13] 查尔斯· M.S.萨克里弗.股指期货.李飞,黄栋,等,译.北京:中国青年出版社,2008.

[14] 布赖恩· 伊科尔.利率风险管理.北京:中信出版社,2004.

[15] 涂永红.外汇风险管理.北京:中国人民大学出版社,2004.

[16] 杰夫· 马杜拉.国际金融管理.7 版.北京:北京大学出版社,2003.

[17] 勒内·M.斯塔茨.风险管理与衍生产品.北京:机械工业出版社,2004.

[18] 艾伦·C.夏皮罗.跨国公司财务管理.7版.蒋屏,等,译.北京:中国人民大学出版社,2005.

[19] BRIGHAM E F ,HOUSTON J F.财务管理基础.张志强,等,译.北京:中信出版社,2004.

[20] 米歇尔·克劳伊,丹·加莱,罗伯特·马克.风险管理.北京:北京大学出版社,2005.

[21] 布赖恩·科伊尔.利率风险管理.谭志琪,王庆,译.北京:中信出版社,2003.

[22] 约翰·J.斯蒂芬.用金融衍生工具管理货币风险.徐杰,译.北京:中国人民大学出版社,2004.

[23] 约翰·赫尔.风险管理与金融机构.王勇,译.北京:机械工业出版社,2010.

[24] 杰夫·马杜拉.国际财务管理.张俊瑞,田高良,李彬,译.北京:北京大学出版社,2010.

[25] 戴维·K.艾特曼,亚瑟·I.斯通希尔,迈克尔·H.莫菲特.跨国公司金融.9版.何海峰,郭洪珍,田光宁,译.北京:北京大学出版社,2005.

[26] 亚洲开发银行.东亚货币与金融一体化.财政部国际司,译.北京:经济科学出版社,2005.

[27] 魏振祥.期权投资.北京:中国财政经济出版社,2003.

[28] 巴曙松,牛播坤,等.2010年全球金融衍生品市场发展报告.北京:北京大学出版社,2010.

[29] 布赖恩·凯特尔.企业家外汇市场指南.刘沙,等,译.上海:三联书店上海分店,1990.

[30] 刘园.国际金融风险管理.北京:对外经济贸易大学出版社,1998.

[31] 理查德·M.莱维奇.国际金融市场价格与政策.北京:中国人民大学出版社,2003.

[32] 约翰·赫尔.期权、期货和其他衍生品.3版.北京:华夏出版社,2004.

[33] 麦克唐纳.衍生品市场基础.任婕茹,戴晓彬,译.北京:机械工业出版社,2009.

[34] 罗伊·C.史密斯,英戈·沃尔特.全球银行学.上海:上海译文出版社,2005.

[35] 傅连康.货币均衡、汇率和金融危机.上海:上海财经大学出版社,2011.

[36] 欧洲期货交易所.利率衍生产品交易策略.北京:中信出版社,2004.

[37] 苏瑞什·M.桑德瑞森.固定收益证券市场及其衍生产品.龙永红,等,译.北京:中国人民大学出版社,2006.

[38] 孔立平.国际金融.北京:清华大学出版社,2010.

[39] 蒋先玲.项目融资.北京:中国金融出版社,2008.

[40] 宗良.跨国银行风险管理.北京:中国金融出版社,2002.

[41] 朱忠明,张淑艳.金融风险管理学.北京:中国人民大学出版社,2004.

[42] 简·E.休斯,斯科特·B.麦克唐纳.国际银行管理:教程与案例.刘群艺,李新新,译.北京:清华大学出版社,2003.

[43] 唐纳德·R.费雷泽,等.商业银行业务:对风险的管理.康以同,等,译.北京:中国金融出版社,2002.

[44] 乔治·H.汉普尔,多纳德·G.辛曼森.银行管理:教程与案例.陈雨露,等,译.北京:中国人民大学出版社,2002.

[45] 詹原瑞.银行信用风险的现代度量与管理.北京:经济科学出版社,2004.

[46] 罗斯,赫金斯.商业银行管理.刘园,等,译.北京:机械工业出版社,2007.

[47] 约瑟夫·F.辛基.商业银行财务管理.黄金老,等,译.北京:中国人民大学出版社,2004.

[48] 冯彦明,等.银行管理理论与实务:中国银行业管理案例启示及观念转变.北京:经济管理出版社,2003.

[49] 宋清华,李志辉.金融风险管理.北京:中国金融出版社,2003.

[50] 张金清.金融风险管理.上海:复旦大学出版社,2009.

[51] 保罗·克鲁格曼,茅瑞斯·奥伯斯法尔斯.国际经济学:理论与政策.8版.北京:中国人民大学出版社,2011.

[52] 马雷克·凯宾斯基,托马斯·扎斯特文尼克.金融数学:金融工程引论.2版.北京:中国人民大学出版社,2010.

[53] The Wall Street Journal.March 15 ,2006 ;Feburary 17 ,2005.